PREFACE

Cours Supérieur de Français is a modern program designed for students who have completed the Third Level in their study of French and who are now ready to explore the language and literature of France in greater detail.

The workbook is organized in five units: *Structure et Usage, Étude de Vocabulaire, Locutions Idiomatiques, Esquisse de la Littérature Française,* and *Compréhension Auditive.* These units are divided into self-contained chapters, each concentrating on one specific topic.

The comprehensive units on structure and on idioms aim directly at strengthening the student's linguistic skills. The chief purpose of the special unit on word study is to expand and enrich the student's vocabulary, making him increasingly aware of nuances in the French language. In the unit on auditory comprehension, exclusive attention is devoted to developing, through a variety of procedures, greater proficiency in understanding the spoken language.

The unit on literature has the following major objectives: to present a concise, chronological overview of French literature from its origins to the present day; provide selections of interest and worth as examples of the literature of each century; guide the student and test his understanding of the selections by means of questions on content, style, and literary merit; suggest topics for French conversation and composition related to the historical background and the literary works of each period.

The foreign language is used throughout all units except where principles relating to structure and usage are explained. In order to insure complete understanding, such explanations are provided in English. Model sentences in French are used to illustrate and clarify the principles taught.

Every chapter includes a wealth of challenging exercises, all in French, to give the student continuous practice in speaking the foreign language as well as in reading and writing it. Review of material studied at earlier levels is incorporated throughout the program. Included at intervals in the workbook are *Exercices de Récapitulation,* which may be used either as comprehensive reviews or as periodic tests.

A useful appendix is available to the student who may need to recall verb forms, review elementary idioms, or refer to the list of common geographic names. A French-English vocabulary is included for convenience at the end of the book.

In summary, the materials and techniques in this book help the more advanced student to develop still further his linguistic skills and, at the same time, to deepen his appreciation of French literature.

—E. B.

TABLE DES MATIÈRES

I. Structure et Usage

II. Étude de Vocabulaire

III. Locutions Idiomatiques

IV. Esquisse de la Littérature Française

V. Compréhension Auditive

Appendice

I. Structure et Usage

1. LE NOM

FORMATION OF FEMININE NOUNS

In general, feminine nouns correspond closely to their masculine equivalents.

a. Some nouns have the same form in both the masculine and the feminine.

un (une) **artiste**	un (une) **enfant**
le (la) **camarade**	le (la) **locataire**
le (la) **concierge**	le (la) **malade**
le (la) **domestique**	le (la) **secrétaire**
un (une) **élève**	le (la) **touriste**

b. The feminine is often formed by adding **e** to the masculine.

l'**ami**, l'ami*e*	le **voisin**, la voisin*e*
l'**Anglais**, l'Anglais*e*	le **client**, la client*e*

c. Some nouns ending in **-n** or **-t** in the masculine form the feminine by doubling the final consonant before adding **e**.

le **chien**, la chien*ne*	le **lion**, la lion*ne*	le **chat**, la chat*te*
le **citoyen**, la citoyen*ne*	le **Parisien**, la Parisien*ne*	le **muet**, la muet*te*
l'**Italien**, l'Italien*ne*	le **paysan**, la paysan*ne*	le **sot**, la sot*te*

d. The feminine equivalents of masculine nouns in **-er** end in **-ère**.

le **berger**	la berg*ère*
l'**étranger**	l'étrang*ère*
l'**ouvrier**	l'ouvri*ère*

e. The feminine equivalents of masculine nouns in **-eur** derived from a present participle end in **-euse**.

le **chanteur**, la chant*euse*	le **patineur**, la patin*euse*
le **danseur**, la dans*euse*	le **vendeur**, la vend*euse*
le **menteur**, la ment*euse*	le **voyageur**, la voyag*euse*

f. The feminine equivalents of masculine nouns in **-teur** not derived from a present participle end in **-trice**.

l'**acteur**, l'ac*trice*	l'**instituteur**, l'institu*trice*
le **directeur**, la direc*trice*	le **spectateur**, la specta*trice*

g. Some feminine nouns are formed by adding **sse** to the masculine.

le **comte**, la comte*sse*	le **prince**, la prince*sse*
l'**hôte**, l'hôte*sse*	le **traître**, la traître*sse*

h. Other feminine nouns and their masculine equivalents are:

le **bouc,** goat	la *chèvre,* goat
le **bœuf,** ox	
le **taureau,** bull	la *vache,* cow
le **coq,** rooster	la *poule,* hen
le **dieu,** god	la *déesse,* goddess
le **dindon,** turkey	la *dinde,* turkey
le **duc,** duke	la *duchesse,* duchess
l'**empereur,** emperor	l'*impératrice,* empress
l'**époux,** husband	l'*épouse,* wife
le **héros,** hero	l'*héroïne,* heroine
le **mâle,** male	la *femelle,* female

1

le **mari,** husband   la *femme,* wife
le **mouton,** sheep   la *brebis,* sheep
le **roi,** king   la *reine,* queen
le **veuf,** widower   la *veuve,* widow
le **vieillard,** old man   la *vieille,* old woman

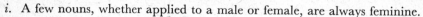

i. A few nouns, whether applied to a male or female, are always feminine.

la **connaissance,** acquaintance   la **sentinelle,** sentinel, sentry
la **personne,** person   la **victime,** victim

j. Some nouns, whether applied to a male or female, are always masculine.

l'**auteur**   le **médecin**
le **docteur**   le **peintre**
l'**écrivain**   le **poète**
le **guide**   le **professeur**
le **juge**   le **témoin**

Note: When applied to women, these nouns may be preceded by the word **femme:** une *femme* **docteur.**

k. Several nouns have the same form for masculine and feminine but a different meaning for each gender.

le **bourgogne,** Burgundy (*wine*)	*la* **Bourgogne,** Burgundy (*province*)
le **champagne,** Champagne (*wine*)	*la* **Champagne,** Champagne (*province*)
le **critique,** critic	*la* **critique,** criticism
le **livre,** book	*la* **livre,** pound
le **manche,** handle	*la* **manche,** sleeve
le **mémoire,** memo, memoir	*la* **mémoire,** memory
le **mode,** method, mood (grammar)	*la* **mode,** fashion
le **mort,** dead person	*la* **mort,** death
le **page,** page boy	*la* **page,** page (of book, etc.)
le **pendule,** pendulum	*la* **pendule,** clock
le **politique,** politician	*la* **politique,** politics
le **poste,** position, station, set	*la* **poste,** post office
le **somme,** nap	*la* **somme,** sum
le **tour,** trick, turn, trip	*la* **tour,** tower
le **vapeur,** steamship	*la* **vapeur,** steam
le **vase,** vase	*la* **vase,** mud
le **voile,** veil	*la* **voile,** sail

FORMATION OF PLURAL NOUNS

Nearly all irregularities in forming the plural affect the masculine. Feminine nouns generally have regular plurals.

a. Most French nouns form their plural by adding **s** to the singular: le **nid,** les nid**s**. However, nouns ending in **-s, -x,** or **-z** remain unchanged.

le tapis, les tapis   la voix, les voix   le nez, les nez

b. Most nouns ending in **-al** change to **-aux** in the plural.

l'**hôpital,** les hôpit*aux*   le **rival,** les riv*aux*

Exception: le **bal,** les **bals**

c. Nouns ending in **-au, -eau, -eu,** and **-œu** add **x** to form the plural.

le **tuyau,** les tuyau*x*, pipe(s)   le **lieu,** les lieu*x*
le **rideau,** les rideau*x*   le **vœu,** les vœu*x*, wish(es), vow(s)

Exception: le **pneu,** les **pneus**

d. Most nouns in **-ou** form their plural regularly, by adding **s**: le **clou,** les clou*s*, nail(s). However, seven nouns in **-ou** add **x** in the plural.

le **bijou,** les bijou*x*, jewel(s)	le **genou,** les genou*x*, knee(s)
le **caillou,** les caillou*x*, pebble(s)	le **hibou,** les hibou*x*, owl(s)
le **chou,** les chou*x*, cabbage(s)	le **joujou,** les joujou*x*, toy(s)
	le **pou,** les pou*x*, louse, lice

e. Other irregular plurals are:

le **ciel,** les *cieux*	monsieur, *messieurs*
l'**œil,** les *yeux*	madame, *mesdames*
le **travail,** les *travaux*	mademoiselle, *mesdemoiselles*
le **vitrail,** les *vitraux*	gentilhomme, *gentilshommes*

f. Rules for the formation of the plural of hyphenated compound nouns are difficult to formulate, especially since usage is constantly changing. However, it can be stated that: (1) the only components that take a plural sign are nouns and adjectives; (2) compounds in which the first element is a verb or a preposition such as **après** or **hors** are generally invariable. Observe that to a large degree the *meaning* of the element determines whether or not it is made plural.

Some variable compound nouns to note are:

l'arc-en-ciel, les arc*s*-en-ciel	rainbow(s)
le beau-frère, les beau*x*-frère*s*	brother(s)-in-law
le cerf-volant, les cerf*s*-volant*s*	kite(s)
le chef-d'œuvre, les chef*s*-d'œuvre	masterpiece(s)
le chou-fleur, les chou*x*-fleur*s*	cauliflower(s)
la grand-mère, les grand-mère*s*	grandmother(s)
le grand-père, les grand*s*-père*s*	grandfather(s)
le petit-fils, les petit*s*-fils	grandson(s)
la petite-fille, les petite*s*-fille*s*	granddaughter(s)
le timbre-poste, les timbre*s*-poste	postage stamp(s)
le tire-bouchon, les tire-bouchon*s*	corkscrew(s)

Some invariable nouns to note are:

l'abat-jour, les abat-jour	lampshade(s)
l'après-midi, les après-midi	afternoon(s)
le cache-nez, les cache-nez	muffler(s)
le gratte-ciel, les gratte-ciel	skyscraper(s)
le hors-d'œuvre, les hors-d'œuvre	appetizer(s)
le pare-brise, les pare-brise	windshield(s)
le rendez-vous, les rendez-vous	appointment(s)
le réveille-matin, les réveille-matin	alarm clock(s)
le serre-livres, les serre-livres	book end(s)

g. Some nouns are used only in the plural.

les **environs** (*m.*)	surroundings
les **fiançailles** (*f.*)	engagement
les **frais** (*m.*)	expenses
les **mathématiques** (*f.*)	mathematics
les **mœurs** (*f.*)	customs

h. A few nouns, although they have a singular form, are more commonly used in the plural with the meanings given below.

les **ciseaux** (*m.*)	scissors
les **lunettes** (*f.*)	eyeglasses
les **vacances** (*f.*)	vacation

EXERCICES

A. Compléter les phrases en employant le pluriel des mots entre parenthèses :

1. (un après-midi) :   Elles passaient _____ à coudre et à causer.

2. (le vers) :   Enfin Malherbe vint et, le premier en France,

   Fit sentir dans _____ une juste cadence. —BOILEAU

3. (cache-nez de laine) :   Quand nous faisons du ski, nous portons toujours des _____

   _____

4. (un œil bleu) :   Tous leurs enfants ont _____.

5. (mon cerf-volant) :   Mon père s'amusait plus que moi à jouer avec _____

6. (pneu crevé) : Ce matin ils ont dû changer deux _____

7. (un timbre-poste étranger) :   Nous cherchions un bureau de tabac pour acheter _____

   _____

8. (le cheveu) :   Si j'ai le temps aujourd'hui, j'irai me faire couper _____

9. (cet abat-jour) :   Comment trouvez-vous _____?

10. (le mal) :   Nous avons tous assez de force pour supporter_____
    d'autrui. —LA ROCHEFOUCAULD

11. (le prix du repas) :   Aucune réduction ne sera accordée pour _____
    que le client n'aura pas pris.

12. (un serre-livres en argent) :   Tout à coup, elle s'arrêta court : elle avait remarqué _____

    _____

13. (le genou) :   Il essaya de se baisser sans plier _____.

14. (du ciel) :   Que la terre est petite à qui la voit _____! —J. DELILLE

15. (son beau-frère) :   Il avait promis de rejoindre bientôt _____.

B. Donner l'équivalent masculin ou féminin, selon le cas :

1. un nouveau client   _____

2. des comtesses jalouses   _____

3. le premier patineur   _____

4. cette artiste sincère   _____

5. une institutrice pareille   _____

6. des citoyennes loyales   _____

7. le coq blanc   _____

8. des lions féroces   _____

9. une danseuse de ballet   _____

10. les spectateurs muets   _____

11. ce vieux chat   _____

12. une dinde délicieuse   _____

13. un tel secrétaire   _____

14. tous les vendeurs principaux _____

15. son hôte _____

   C. Mettre au pluriel les mots en italique; faire tout autre changement nécessaire:

1. Le *hibou* est un oiseau de proie nocturne. _____

_____

2. Je ne pourrai pas vous accompagner, *madame*; j'ai un *rendez-vous* important. _____

_____

_____

3. Cet écrivain a composé un *chef-d'œuvre* fameux. _____

_____

4. Pendant la pluie, un *arc-en-ciel* était visible derrière le *gratte-ciel*. _____

_____

_____

5. Le *prisonnier* avait creusé un *trou* secret dans le mur. _____

_____

6. La *grand-mère* et le *grand-père* gâtent toujours leur *petit-fils*. _____

_____

7. Quel *travail* le *monsieur* avait-il approuvé? _____

_____

8. Le bruit de votre *réveille-matin* me dérange. _____

_____

9. Les pommes de terre et le *chou-fleur* frais étaient exquis. _____

_____

10. Le *pou* est un insecte sans ailes. _____

_____

   D. Donner le nom, avec l'article défini, qui correspond à la définition:

1. promesse mutuelle de mariage _____

2. grande pièce de toile qui reçoit le vent pour faire marcher les bateaux _____

3. contraire de "le mâle" _____

4. assemblées où l'on danse _____

5. femme qui écrit des poèmes _____

6. instrument en acier fait avec deux lames mobiles, qui sert à couper _____

7. petits jouets d'enfant _____

8. eau qui devient gaz _____

9. objets d'ornement d'une matière ou d'un travail précieux _____

10. temps de repos accordé à ceux qui travaillent _____

E. Souligner la réponse convenable entre parenthèses:

1. Le docteur Roux occupe (un, une) poste difficile; c'est (un, une) personne très habile.

2. Rosa Bonheur était (un, une) peintre de la vie des champs.

3. Chacun avait le droit de parler à (son, sa) tour.

4. (Le, La) critique n'avait jamais visité (le, la) Champagne.

5. Elles sont toujours habillées (au dernier, à la dernière) mode.

6. (Ce, Cette) poste de radio nous plaît beaucoup.

7. Sa femme est (un, une) médecin célèbre.

8. On pouvait distinguer l'objet sur l'eau: c'était (un, une) vapeur.

9. La concierge a ouvert la porte en (un, une) tour de main.

10. Les manches de votre blouse sont trop (courts, courtes).

11. (Le, La) politique avait promis (un, une) livre de chocolat (au, à la) page.

12. Fatigués, ils ont fait (un, une) somme pendant l'après-midi.

13. Pouvez-vous mettre ces cartes (au, à la) poste quand vous sortirez?

14. Il avait plus (d'un, d'une) tour dans son sac!

15. Que pensez-vous des "Mémoires" de Saint-Simon? (Ils, Elles) sont extraordinaires.

F. Remplacer le tiret par l'article défini:

1. François Villon, amoureux de la vie, craignait ------- mort.

2. Le sergent envoya ------- sentinelle pour découvrir la cause du vacarme.

3. En français le subjonctif est ------- mode qui exprime le doute et l'émotion.

4. ------- bourgogne et ------- champagne sont les vins que le touriste préférait.

5. Le menteur était ------- victime d'une illusion.

6. Il avait dû marcher dans ------- vase qui se trouvait tout le long du ruisseau.

7. L'enfant serrait bien ------- manche de son couteau.

8. Le vieillard, ayant perdu ------- mémoire, n'a pas reconnu son fils.

9. Gautier est ------- connaissance dont je vous ai parlé.

10. ------- voile de dentelle couvrait la tête de la veuve.

11. Ayant donné ------- somme d'argent au fleuriste, elle mit les fleurs dans ------- vase.

12. Ils ont fait ------- critique du roman qui venait de paraître.

13. Avez-vous appris ------- mode d'emploi de cet outil?

14. Les voyageurs ont fait ------- tour de la ville.

15. Si vous désirez savoir l'heure, regardez ------- pendule sur le bureau.

G. Compléter le sens de la phrase en employant un des mots indiqués ci-dessous:

bergers	hôtesses	ouvrières
brebis	lunettes	pendules
cailloux	mathématiques	témoins
chèvres	menteuses	vaches
ciseaux	mœurs	

1. Pour devenir physicien, on doit suivre un bon nombre de cours de ------------------------------.

2. Sur la plage il n'y avait pas de sable, seulement des ----------------------------.

3. Ses sœurs espèrent devenir ------------------------------ de l'air; elles aiment voyager en avion.

4. Pour mieux voir quand il lit, il porte des ----------------------------.

5. Les taureaux sont les mâles des ----------------------------.

6. L'anthropologiste étudiait les usages particuliers, c'est-à-dire les ---------------------------- du peuple étranger.

7. Dans quelle usine ces ---------------------------- travaillent-elles?

8. Elle savait que ses voisines ne lui disaient pas la vérité et que, par conséquent, elles étaient

----------------------------.

9. On emploie des ---------------------------- pour régulariser le mouvement de ces horloges.

10. Se peut-il qu'elles aient été ---------------------------- de cet accident?

H. Donner les équivalents féminins ou masculins des mots en italique; faire tout autre changement nécessaire:

1. Le *vieillard* généreux offrait un *chien* au *voyageur*. --
----

2. Ce n'est pas un *heros*; c'est le pire des *traîtres!* ---
----

3. Le jeune *paysan* est parti avec son *épouse* pour voir la capitale. -------------------------------
----

4. En visitant la ferme, les petits *enfants* s'amusaient à regarder quelques *chèvres* et plusieurs *bœufs* énormés. --
----

5. Le *directeur* distingué du groupe parlait à voix basse à certaines *actrices* et à de nombreux *chanteurs*.

----

6. Quel *dieu* ces *étrangers* avaient-ils adoré? ---

7. Le *veuf* malheureux porte le deuil de sa *femme* bien-aimée. --------------------------------------
----

8. L'*empereur* refusa de reconnaître que le *prince*, fils de sa *sœur*, était l'héritier présomptif de la couronne.

----

9. Ce *berger* italien garde bien ses *moutons*, qui lui donnent de quoi vivre. ----------------------------
----
----

10. Le *roi* avait invité au palais son ami le *duc*, récemment arrivé de l'Europe orientale. ----------------
----
----

2. L'ARTICLE

USES OF THE DEFINITE ARTICLE

The definite article is used in French in the following cases:

a. With nouns used in a *general* or *abstract* sense:

Les chiens aboient; *les chats* miaulent.	Dogs bark; cats mew.
Pourquoi préférait-il *les mathématiques* à *la chimie?*	Why did he prefer mathematics to chemistry?
L'argent ne fait pas *le bonheur.*	Money does not make happiness.

b. With names of languages (except immediately after **parler,** after **en,** and in an adjective phrase with **de**):

Étudieront-ils *le portuguais* ou *l'espagnol?*	Will they study Portuguese or Spanish?

But:

Ne parle-t-on pas *français* presque tout le temps dans la classe de français?	Don't they speak French almost all the time in the French class?
Elle a traduit le poème en *russe.*	She translated the poem into Russian.

c. With names of parts of the body, and often with articles of clothing, when the possessor is clearly indicated:

Il m'a serré *la main.*	He shook my hand.
Elle avait *le chapeau* sur la tête.	She had her hat on her head.

Note: When the possessor must be clarified, the possessive adjective is used.

Ses dents brillent comme des perles.	His teeth gleam like pearls.

d. With titles of rank or profession followed by a name, except in direct address:

le cardinal Richelieu	Cardinal Richelieu
le colonel Chabert	Colonel Chabert
la reine Marie	Queen Mary

But:

Bonsoir, *docteur* Mollet.	Good evening, Doctor Mollet.

e. With proper nouns that are modified:

la pauvre Louise	poor Louise
le Paris du Moyen Age	Paris of the Middle Ages

f. With place names, except names of cities:

Le Japon et *l'Inde* sont des pays de *l'Asie.*	Japan and India are countries of Asia.
Le Rhône prend sa source dans *les Alpes* et se jette dans *la Méditerranée* près de *Marseille.*	The Rhone rises in the Alps and empties into the Mediterranean near Marseille.

Note: For additional information on the use of the article with place names, see pages 120–121.

g. In the singular, with days of the week to show regularly repeated action:

Ils jouaient au golf *le mardi* et *le jeudi.*	They used to play golf on Tuesday(s) and Thursday(s).

Note: The article is omitted if the day mentioned is one specific day.

Comptez-vous partir *vendredi?*	Do you intend to leave on Friday?

h. With names of seasons and colors:

L'hiver est la plus froide des saisons.	Winter is the coldest of the seasons.
Le bleu ne vous va pas bien.	Blue does not suit you.

i. With nouns of weight and measure to express *a (an)* or *per:*

On vend ces prunes deux francs ***le kilo.***	These plums sell for two francs per kilogram.
Ce vin rouge coûte sept francs ***la bouteille.***	That red wine costs seven francs a bottle.

Note: With expressions indicating frequency of time, **par** is generally used without the article.

Vous rendent-ils toujours visite deux fois **par an?**	Do they still visit you twice a year?

To express *in* with parts of the day:

L'après-midi elle donne des leçons particulières.	In the afternoon she gives private lessons.

k. In a number of fixed expressions, such as:

> à l'école, à l'église, à la maison
> au crayon, à l'encre
> le mois dernier, la semaine passée, l'année prochaine

USES OF THE INDEFINITE ARTICLE

For the most part, the indefinite article is used in French as in English. Any differences in usage relate mainly to the omission of the article in French. These points are explained below.

OMISSION OF THE DEFINITE AND INDEFINITE ARTICLES

The article is omitted in the following cases:

a. Before an unmodified noun of nationality, occupation, or profession:

Est-elle Américaine?	Is she an American?
Georges voudrait devenir acteur.	George wants to become an actor.

Note: If the noun is modified, the article must be used.

C'est ***un acteur*** célèbre.	He is a famous actor.

b. Before nouns in apposition which serve merely to explain:

Marie-Antoinette, femme de Louis XVI	Marie-Antoinette, the wife of Louis XVI
M. Dulac, professeur de français	Mr. Dulac, a teacher of French

c. In numerical titles of monarchs:

François Ier	Francis the First
Napoléon III	Napoleon the Third

d. After the exclamatory adjective **quel** (**quelle**):

Quel perroquet extraordinaire!	What an unusual parrot!

e. Before the numbers **cent** and **mille:**

cent fois	a hundred times
mille papillons	a thousand butterflies

f. In numerous fixed expressions combining a verb and noun, or a preposition and noun:

avoir peur	**perdre de vue**	**faire plaisir**	**prendre garde**
avec soin	**d'après nature**	**par terre**	**à voix basse**

g. In condensed phrases, such as headings, advertisements, titles of books and stories, proverbs, and enumerations:

Acte Premier, Scène II   **Maison à louer**
Lettres de mon moulin (par A. Daudet)   **Contentement passe richesse.**
Hommes, femmes, enfants, vieillards, tous voulaient voir le héros.

THE PARTITIVE CONSTRUCTION

a. The idea of *some* or *any* before a noun is regularly expressed in French by **de** *plus the definite article*.

   du **miel,** some honey   ***de la*** **paille,** any straw   ***des*** **volets,** some shutters

   Note: The plural of the indefinite article is the partitive **des.**

               une **armoire,** a closet   ***des*** **armoires,** some closets

b. In general, **de** is used *without the article*, when an adjective precedes the noun.

      de **bon miel,** some good honey   ***de*** **beaux ruisseaux,** beautiful streams

Note

1. With *singular* nouns, the definite article is usually retained in *familiar speech:* ***du*** **bon miel.**

2. The definite article is retained with both singular and plural nouns when the adjective and noun are inseparable, forming one idea.

      du **bon sens,** common sense   ***des*** **jeunes gens,** young people
      des **petits pains,** rolls   ***des*** **bons mots,** witticisms

3. When the adjective follows the noun, the article is normally used.

      de l' **huile épaisse**   ***du*** **nylon bleu**   ***des*** **compagnies aériennes**

c. **De** is used *without the article* after a negative expression.

   Ils n'ont pas ***de*** soucis.   They have no cares.
   Sait-elle taper sans faire ***de*** fautes?   Can she type without making (any) mistakes?

Note

1. The definite article is retained after a negative used with the verb **être.**

   Ce n'est pas ***du*** cuir.   That's not leather.
   Vous n'êtes plus ***des*** enfants.   You are no longer children.

2. The definite article is retained after a negative expressing a contrast.

   Ne me donnez pas ***des*** bonbons, mais ***des*** fruits, s'il vous plaît.   Don't give me candy, but fruit, please.
   Pas ***de la*** honte, mais ***de l'*** orgueil, l'a empêché de répondre.   Not shame, but pride, kept him from replying.

3. The definite article is retained after **ne . . . que,** unless there is an adjective preceding a plural noun.

   Cet artiste ne peint que ***des*** portraits.   That artist paints only portraits.

                  But:

   Elle n'achète que ***de*** vieux portraits.   She buys only old portraits.

d. The partitive is omitted after **sans** and **ni . . . ni.**

   Il n'y a pas de rose sans épines.   There is no rose without thorns.
   Elle ne portait ni bagues ni bracelets. She wore neither rings nor bracelets.

e. The partitive is omitted after verbs, adjectives, and other expressions that normally take **de.**

> Je peux me passer *de* sucre.   I can do without sugar.
> Ce politique est-il libre *de* préjugés?   Is that politician free of prejudice?
> Nous avions besoin *de* secours.   We needed help.

f. After the partitive **de,** the definite article may be replaced by a demonstrative or possessive adjective.

> Qui a bu de *cette* eau minérale?   Who drank some of this mineral water?
> Voulez-vous emprunter de *mes* vêtements?   Do you want to borrow some of my clothes?

g. If the noun is omitted, the idea of *some* or *any* is expressed by the pronoun **en.**

> A-t-on découvert des empreintes digitales? Non,   Did they find any finger prints? No, they didn't
> on n'*en* a pas découvert.   find any.

Note: For additional information on the partitive construction, used with adverbs and nouns of quantity, see pages 121–122.

EXERCICES

A. Remplacer au besoin les tirets par les mots qui manquent:

1. Le travail éloigne de nous trois grands maux: _____ ennui, _____ vice, et _____ besoin. —VOLTAIRE

2. Elle nous a écrit _____ samedi qu'elle arriverait à Rome _____ mardi.

3. _____ artichaut et _____ chou-fleur sont mes légumes préférés; _____ champignon et _____ épinards sont _____ autres légumes délicieux.

4. Chaque jour les élèves apportaient _____ école leurs livres _____ italien et _____ allemand.

5. Une personne sans _____ patience ne peut pas devenir _____ professeur.

6. _____ humanité roule toute entière sur _____ amour et _____ faim. —A. FRANCE

7. L'homme n'est _____ ange _____ bête. —PASCAL

8. Quand est-ce que _____ petit Michel s'est brûlé _____ jambe?

9. Mon père voyage au Mexique où l'on parle _____. Tiens, je ne savais pas que votre père comprend _____.

10. Ces œufs sont chers? Non, seulement trois francs _____ douzaine.

11. Elle est assez jolie mais je crois que _____ cou ressemble à celui d'un cygne.

12. L'amour de _____ justice n'est, en la plupart des hommes, que _____ crainte de souffrir l'injustice. —LA ROCHEFOUCAULD

13. Pierre qui roule n'amasse pas _____ mousse.

14. L'optimiste est celui qui fait ses mots croisés directement _____ encre.

15. Une des grandes applications de _____ énergie nucléaire est _____ production de _____ eau potable à partir de _____ eau de mer.

16. _____ grands artistes n'ont pas _____ patrie. —MUSSET

17. Je suggère que nous cueillions des fraises, et non _____ framboises.

18. Le matin, notre gazon est presque toujours couvert de _____ rosée.

19. Elle levait _____ bras comme si elle voulait tirer les rideaux.

20. Le joueur a fait _____ semblant de savoir perdre avec _____ plaisir.

B. Écrire la forme convenable de l'article partitif:

1. Avez-vous _____ nouveaux romans à me prêter? Oui, j'ai _____ romans, mais je n'ai pas _____ romans intéressants.

2. Comment trouvez-vous ces livres-ci? Ce ne sont pas _____ romans; ce sont _____ biographies.

3. A présent, je ne lis que _____ romans. Choisissez donc _____ ces romans-là.

4. Si nous n'avions point _____ défauts, nous ne prendrions pas tant de plaisir à _____ remarquer dans les autres. —LA ROCHEFOUCAULD

5. C'est _____ soie? Non, ce n'est pas _____ soie; c'est _____ nylon.

6. On ne voyait que _____ jeunes gens dans la salle.

7. Espérons qu'il a _____ bon sens. Je suis sûr qu'il _____ a.

8. Ils n'y fabriquent que _____ voitures, _____ belles voitures.

9. Pourquoi commandez-vous toujours _____ rosbif, _____ pommes frites, et _____ petits pois?

10. Le haut-parleur diffusait sans arrêt _____ discours persuasifs de propagande.

11. Prêtez-moi _____ votre papier; je dois prendre _____ notes.

12. Jusqu'à présent, il n'a fait _____ mal à personne.

13. L'art ne fait que _____ vers, le cœur seul est poète. —CHÉNIER

14. Ils avaient disparu sans laisser _____ trace.

15. Choisissons un endroit où il y ait _____ ombre, pas _____ soleil.

C. Compléter les phrases en français:

1. Il y a _____ vols _____ semaine, même _____, dans toutes les directions.
There are a thousand flights a week, even on Sunday, in all directions.

2. Louis Pasteur, _____ et _____, fut un grand bienfaiteur du genre humain.
Louis Pasteur, a chemist and a biologist, was a great benefactor of mankind.

3. _____, il a _____, mais il ne voit rien.
In the morning, his eyes are open, but he sees nothing.

4. Bonne nuit. Faites _____ beaux rêves!
Good night. Pleasant dreams!

5. Quel est son métier? Il est _____. Est-il _____? Oui, _____ _____.
What does he do? He is an artist. Is he European? Yes, he is a Swiss painter.

6. Toute l'affaire a commencé à _____, _____ de _____.
The whole affair began in London, the capital of England.

7. Je me tenais _____ dans _____.
I was holding my head in my hands.

8. Dans une heure, les agents étaient _____ de la foule turbulente.
In an hour, the police were masters of the unruly crowd.

9. _____ union fait _____ force.

Unity means strength. (In union there is strength.)

10. Bonjour, _____. Avez-vous fait la connaissance _____
_____ ?

Good morning, Doctor Mercier. Have you met Captain Lacroix?

11. _____, nous espérons jouer au golf _____
_____.

Next year we hope to play golf on Saturdays.

12. Ils ne veulent pas _____ responsabilités; ils ne veulent que _____ privilèges.

They do not want responsibilities; they want only privileges.

13. Est-il permis d'entrer dans ce musée _____?

Are you allowed to go into this museum without a ticket?

14. Quel pays est plus loin _____, _____ ou
_____?

Which country is farther from the United States, Brazil or Peru?

15. _____ je lui ai envoyé une carte écrite _____. _____
plaisanterie!

Tuesday I sent him a card written in Greek. What a joke!

16. J'avais gardé mes gants pour ne pas me casser _____.

I had kept my gloves on in order not to break my nails.

17. Auriez-vous aimé demeurer dans _____ du 18e siècle?

Would you have liked to live in 18th century London?

18. Si vous avez besoin _____, Monique peut vous _____
_____.

If you need any information, Monica can give you some.

19. _____ me fait penser _____, _____
_____, enfin, _____.
Spring makes me think of trees, of grass, in short, of green.

20. C'est à Pau, _____ près de _____, que naquit _____
_____.

It was in Pau, a town near Spain, that Henry the Fourth was born.

3. L'ADJECTIF

FORMATION OF THE FEMININE

a. The feminine singular of adjectives is regularly formed by adding **e** to the masculine: **sourd**, sourd*e*; **carré**, carré*e*. However, if the masculine ends in mute **-e**, there is no change in the feminine: **fidèle**, fidèle.

b. Adjectives ending in **-x, -f,** and **-er** generally form the feminine in **-se, -ve,** and **-ère**, respectively.

nombreux, nombreu*se*	**neuf,** neu*ve*	**léger,** lég*ère*
sérieux, sérieu*se*	**pensif,** pensi*ve*	**entier,** enti*ère*

c. Certain adjectives double the final consonant before adding **e** to form the feminine.

ancien, ancien*ne*	**européen,** européen*ne*	**muet,** muet*te*
bas, bas*se*	**gentil,** gentil*le*	**pareil,** pareil*le*
bon, bon*ne*	**gras,** gras*se*	**parisien,** parisien*ne*
chrétien, chrétien*ne*	**gros,** gros*se*	**quel,** quel*le*
cruel, cruel*le*	**italien,** italien*ne*	**sot,** sot*te*
épais, épais*se*	**moyen,** moyen*ne*	**tel,** tel*le*

d. Exceptional cases of the formation of the feminine are listed below.

aigu, *aiguë*	**doux,** *douce*	**franc,** *franche*	**public,** *publique*
blanc, *blanche*	**faux,** *fausse*	**grec,** *grecque*	**sec,** *sèche*
bref, *brève*	**favori,** *favorite*	**inquiet,** *inquiète*	**secret,** *secrète*
complet, *complète*	**frais,** *fraîche*	**long,** *longue*	**turc,** *turque*

e. A few adjectives have a double masculine form in the singular. The feminine has the same stem as the alternate masculine form.

m. sing.	*m. sing.*	*f. sing.*	*m. pl.*	*f. pl.*
beau	**bel**	bel*le*	**beaux**	bel*les*
fou	**fol**	fol*le*	**fous**	fol*les*
mou	**mol**	mol*le*	**mous**	mol*les*
nouveau	**nouvel**	nouvel*le*	**nouveaux**	nouvel*les*
vieux	**vieil**	vieil*le*	**vieux**	vieil*les*

un *beau* réseau	un *bel* habit	une *belle* vedette
de *beaux* réseaux	de *beaux* habits	de *belles* vedettes

Note: The alternate masculine form is used only in the *singular* before words beginning with a vowel or mute **h.**

FORMATION OF THE PLURAL

a. The plural of masculine and feminine adjectives is regularly formed by adding **s** to the singular: **parfait,** parfait*s*; parfaite, parfaite*s*. However, if the singular ends in **-s** or **-x**, there is no change in the plural.

exquis, exquis; **exquise,** exquise*s*
jaloux, jaloux; **jalouse,** jalouse*s*

b. Most masculine adjectives ending in **-al** in the singular end in **-aux** in the plural.

loyal, loy*aux*   **social,** soci*aux*
mondial, mondi*aux*   **spécial,** spéci*aux*

Note: All feminine plurals of adjectives are regular. Irregularities occur in the masculine only.

c. The adjective **tout** has the irregular plural **tous** in the masculine.

14

AGREEMENT OF ADJECTIVES

a. Adjectives and participles used as adjectives agree in gender and number with the nouns or pronouns they modify.

Ces pays sont situé*s* en plein*e* zone tempéré*e*.   These countries are located right in the temperate zone.

b. An adjective modifying two or more nouns of different genders is in the masculine plural.

Le marin et sa femme sont reconnaissant*s*.   The sailor and his wife are grateful.

c. When two adjectives are used to form a compound adjective of color, they are invariable, that is, masculine singular.

des yeux **bleu clair**   light blue eyes
des robes **vert foncé**   dark green dresses

POSITION OF ADJECTIVES

a. Descriptive adjectives generally follow the noun they modify.

un gazon *mouillé,* a wet lawn   des animaux *sauvages,* wild animals

Note: Sometimes a descriptive adjective *precedes* the noun (1) for emphasis, (2) when used figuratively, (3) to denote an inherent quality or trait.

le *savant* professeur   ce *brillant* orateur   la *blanche* neige

b. Some short descriptive adjectives usually precede the noun.

beau	grand	long	vieux
bon	gros	mauvais	vilain
court	jeune	nouveau	
gentil	joli	petit	

un *long* trajet   son *nouveau* héros
une *grosse* faute   ce *nouvel* hôpital

c. Other common adjectives that precede the noun are:

autre	dernier	premier	tel
chaque	plusieurs	quelque	tout

une *telle* aventure   *quelques* hirondelles   le *premier* rôle, the leading role

d. Certain French adjectives have two or more meanings. In their normal position, *after* the noun, they have their literal meaning. *Before* the noun, they have a different meaning.

une maison *ancienne*   an old house
un *ancien* ambassadeur   a former ambassador

un soldat *brave*   a brave soldier
un *brave* soldat   a fine (worthy) soldier

une victoire *certaine*   a sure victory
un *certain* auteur   a certain (indefinite) author

un bijou *cher*   an expensive jewel
un *cher* collègue   a dear (esteemed, cherished) colleague

le mois *dernier*   last month (just passed)
le *dernier* mois   the last month (of a series)

une méthode *différente*	a different (distinct) method
différentes personnes	various (some) persons
cet artiste *grand*	that tall artist
ce *grand* artiste	that great artist
l'idée *même*	the very idea
la *même* idée	the same idea
un avocat *méchant*	a spiteful (mean, vicious) lawyer
un *méchant* avocat	a bad (incompetent) lawyer
un *méchant* enfant	a bad (naughty) child
le vieillard *pauvre*	the poor (needy) old man
le *pauvre* vieillard	the poor (pitiful) old man
ma chambre *propre*	my clean room
ma *propre* chambre	my own room
une personne *seule*	one person alone, a mere person
la *seule* personne	the only person

COMPARISON OF ADJECTIVES

Denise est *plus* active *que* ses sœurs.	Denise is more active than her sisters.
Denise est *moins* active *que* ses sœurs.	
Denise n'est pas *si* (*aussi*) active *que* ses sœurs.	Denise is not so active as her sisters.
Denise est *aussi* active *que* ses sœurs.	Denise is as active as her sisters.
Denise est *la plus* (*la moins*) active des sœurs.	Denise is the most (least) active of the sisters.

a. The comparative of inequality is formed by placing **plus** or **moins** before the adjective. The comparative of equality is formed with **aussi;** after a negative, **si** often replaces **aussi.**

b. The superlative is expressed by placing the proper form of the definite article before the comparative of inequality.

c. The possessive adjective may replace the definite article in the superlative if the adjective precedes the noun.

son meilleur roman	his best novel

     But:

ses heures *les* plus joyeuses	his happiest hours

d. The position of adjectives in relation to the noun is generally the same in the positive, comparative, and superlative. However, any superlative adjective may follow the noun.

COMPARATIVE	SUPERLATIVE
une brise *plus* douce	la brise *la plus* douce
un *plus* joli collier	*le plus* joli collier
	or: le collier *le plus* joli

e. A few adjectives have irregular comparisons.

bon	*meilleur,* better	*le meilleur,* (the) best
mauvais	plus mauvais ⎱ worse *pire* ⎰	le plus mauvais ⎱ (the) worst *le pire* ⎰
petit	plus petit, smaller (in size)	le plus petit, (the) smallest
	moindre, less (in importance)	*le moindre,* (the) least

f. **Most**, in the sense of *very, extremely*, is often expressed by the adverbial expression **on ne peut plus.**

> Votre femme est **on ne peut plus** douée.   Your wife is most gifted.

g. After a superlative, *in* is expressed by **de.**

> C'est le port **le plus important** *du* pays.   It is the most important port in the country.

NUMERAL ADJECTIVES

CARDINALS

21	vingt et un	80	quatre-vingts	412	quatre cent douze
32	trente-deux	81	quatre-vingt-un	1.000	mille
43	quarante-trois	90	quatre-vingt-dix	1.106	mille cent six
54	cinquante-quatre	91	quatre-vingt-onze	7.815	sept mille huit cent quinze
65	soixante-cinq	99	quatre-vingt-dix-neuf	100.000	cent mille
71	soixante et onze	100	cent	1.000.000	un million
76	soixante-seize	101	cent un	1.000.000.000	un milliard
78	soixante-dix-huit	400	quatre cents		

Note

1. Compound numbers through 99 are hyphenated, except in the numerals 21, 31, 41, 51, 61, and 71, where the hyphen is replaced by **et.**

2. **Un** and compounds ending in **un** agree in gender with the noun modified.

> trente et *un* vaisseaux   quatre cent *une* tonnes

3. **Quatre-vingts** and the plural of **cent** drop the **s** before another number and also when used in an ordinal sense, as in house numbers, page numbers, and dates.

> quatre-*vingt* **cinq** coquilles   trois *cent* onze camions
> à la page quatre-*vingt*   l'an mil huit *cent*

4. **Cent** and **mille** are not preceded by the indefinite article as in English.

> *cent* moineaux   a hundred sparrows
> *mille* orphelins   a thousand orphans

5. **Mille** is invariable. However, in dates, the form **mil** as well as **mille** is also found.

> trois *mille* clous   three thousand nails
> en l'an *mil* (*mille*) deux cent quatorze   in the year 1214

6. Observe that in French numerals, periods are used where commas would be used in the United States.

7. Since **million** and **milliard** are nouns of quantity, they take **de** before a following noun.

> quatre millions *d'*âmes   douze milliards *de* dollars

ORDINALS

1st	premier, première	9th	neuvième	80th	quatre-vingtième
2nd	{ deuxième	10th	dixième	81st	quatre-vingt-unième
	{ second(e)	16th	seizième	100th	centième
3rd	troisième	19th	dix-neuvième	101st	cent unième
5th	cinquième	41st	quarante et unième	1000th	millième

Note

1. Originally **second** referred to the second in a series of only two, while **deuxième** referred to the second of more than two. Today, however, this distinction is generally not observed.

2. There is no elision of the vowel before **huit, huitième, onze,** and **onzième.**

le **huit** août, August 8th   *la* **onzième** heure, the eleventh hour

3. Contrary to English usage, cardinal numbers precede such adjectives as **premier, dernier,** and **prochain.**

ces *quatre* **premiers** rangs	these first four rows
les *trois* **dernières** fois	the last three times
nos *deux* **prochaines** semaines	our next two weeks

4. **Premier** is the only ordinal used in dates and titles of sovereigns. In all other cases, the cardinal is used.

François *Premier* (François 1er)
Henri *Quatre* (Henri IV)
le *premier* avril (le 1er avril)
le *vingt* juin (le 20 juin)

5. For numerals used as collective nouns, see page 122.

FRACTIONS

1/2 {	la moitié		
	un demi		
1/3	un tiers		

1/4	**un quart**	
3/4	**trois quarts**	
2/5	**deux cinquièmes**	

4/7	**quatre septièmes**
11/12	**onze douzièmes**
9/100	**neuf centièmes**

les **trois quarts** des habitants	three-quarters of the inhabitants
les **cinq sixièmes** des votants	five-sixths of the voters

Note

1. Fractions in French are formed as in English, by using cardinals in the numerator and ordinals in the denominator. Only **moitié, demi, tiers,** and **quart** are irregular.

2. **Moitié,** like the other fractions, is a noun, generally used with an article. **Demi** is used principally as an adjective. It is invariable when used with a hyphen before the noun; otherwise, it agrees with the noun.

la **moitié** de la récompense	half the reward
une *demi*-livre	a half pound
deux livres et *demie*	two pounds and a half

EXERCICES

A. Compléter chaque expression en employant l'adjectif convenable dans la liste de droite:

1. _____ les piétons   plusieurs   habile

2. des meubles _____   quel   reconnaissants

3. un _____ espoir   telle   tous

4. _____ roches   grasse

5. l'artisan _____   muets

6. la peau _____   anciens

7. des autoroutes _____   fol

8. une _____ beauté   gros

9. de _____ souliers   épais

10. un brouillard _____   pareilles

B. Donner les formes convenables des adjectifs entre parenthèses:

1. (poudreux, léger) Je crois qu'en janvier la neige sera plus ------------------------, plus
   --------------------, plus rapide.

2. (inquiet, public) La femme du député avait été -------------------------- à cause de l'état des
   affaires --------------------------.

3. (long, bref) Au lieu d'être ------------------, la réunion était ------------------.

4. (trouvé) Des solutions peuvent et doivent être --------------------.

5. (sot, faux) Serait-elle assez ---------------- pour croire ces nouvelles ------------------?

6. (dangereux, sec) Deux ponts ------------------------------ traversaient la rivière ------------.

7. (mou, frais) N'achetez pas ces pêches --------------------; elles ne sont pas --------------.

8. (égal) Un triangle isocèle a deux côtés ------------------.

9. (aigu, craintif) Puisque sa voix est ---------------------- et ----------------------------, elle
   nous irrite.

10. (moyen, grec) Quelle est la température ------------------------- des îles ------------------?

C. Choisir la réponse convenable entre parenthèses:

1. Plus ça change, plus c'est la (même chose, chose même).

2. Si un homme est honnête et bon, c'est un (brave homme, homme brave).

3. Le patron possédait une (certaine qualité, qualité certaine) qu'on ne pouvait pas décrire.

4. Un acteur de haut taille est une (grand acteur, acteur grand).

5. C'est un (seul homme, homme seul); il n'a ni famille ni amis.

6. Je les ai rencontrés la (veille même, même veille) de leur anniversaire.

7. Ce costume lui coûtera six cents francs; c'est un (vêtement cher, cher vêtement).

8. Savez-vous que vous m'avez prêté une (paire méchante, méchante paire) de ciseaux?

9. Je suis convaincu que vous remporterez un (certain succès, succès certain).

10. Celui-là manque de mérite; c'est un (méchant poète, poète méchant).

11. La quatrième semaine de février est la (dernière semaine, semaine dernière) du mois.

12. A-t-elle pris votre montre? Non, elle a pris sa (montre propre, propre montre).

13. Ce (pauvre monsieur, monsieur pauvre), avec tous ses problèmes, est millionnaire.

14. Il y a (certaines choses, des choses certaines) qui m'ennuient.

15. Un (méchant père, père méchant) manque de bonté.

D. Compléter les phrases en français:

1. La ligne droite est --- d'un point
   à l'autre.
   A straight line is the shortest distance from one point to another.

2. --------------------------------------- n'avait pas la ------------------ autorité
   sur ses fils.
   The former lawyer did not have the least authority over his sons.

3. _____, plus de _____ personnes ont

   assisté à la cérémonie _____.

   On the eleventh of April, more than two thousand persons attended the Christian ceremony.

4. Avez-vous vu des grenouilles _____ près du marais?

   Did you see any light green frogs near the marsh?

5. Je crains que _____ n'aient exprimé _____

   _____.

   I am afraid that different doctors have expressed the same opinion.

6. C'est _____ monde, n'est-ce

   pas?

   He is the least jealous husband in the world, isn't he?

7. Le facteur n'avait pas lu l'avertissement: "Attention! _____."

   The postman had not read the warning: "Beware! Vicious dog."

8. Elle n'est pas _____ sa _____

   _____.

   She is not so charming as her Parisian cousin.

9. _____ égalent _____.

   Six-ninths are equal to two-thirds.

10. Ses _____ révélaient que c'était _____

    _____ et _____.

    His very actions revealed that he was a great hero and a brave leader.

11. Je dois avouer, messieurs, que vous êtes on _____

    _____, même _____ quelques-uns de mes amis.

    I must confess, gentlemen, that you are most loyal, even more loyal than some of my friends.

12. Le jardinier avait planté _____ fleurs pendant les

    _____ du printemps.

    The gardener had planted more than five hundred flowers during the first two weeks of spring.

13. Quoique Colette ne soit pas _____ la

    classe, c'est _____ qui soit toujours _____

    _____ en ce qui concerne son travail.

    Although Colette is not the brightest in the class, she is the only girl who is always serious about her work.

14. Se peut-il qu'il passe _____ de son temps à étudier

    _____?

    Is it possible that he spends about half his time studying the Turkish language?

15. Guillaume portait _____ avec _____

    _____.

    William was wearing a dark blue shirt with a red tie and handkerchief.

4. PRONOMS PERSONNELS; ADJECTIFS ET PRONOMS POSSESSIFS

FORMS OF PERSONAL PRONOUNS

CONJUNCTIVE				DISJUNCTIVE
Subject	*Direct Object*	*Indirect Object*	*Reflexive*	
je (j')	me (m')	me (m')	me (m')	moi
tu	te (t')	te (t')	te (t')	toi
il	le (l')	lui	se (s')	lui
elle	la (l')	lui	se (s')	elle
nous	nous	nous	nous	nous
vous	vous	vous	vous	vous
ils	les	leur	se (s')	eux
elles	les	leur	se (s')	elles

Personal object pronouns are placed immediately before their verb, except in affirmative commands. In the *affirmative imperative*, object pronouns are placed directly after the verb and are linked to it by hyphens. The pronouns **me** and **te** become **moi** and **toi** after the verb.

> *Me* réveillez-vous? Non, je ne *vous* réveille pas.
> Ne *les* a-t-il pas réveillés? Ne *les* réveillez pas.
> Réveillons-*la*. Réveillez-*moi*.

USES OF *Y* AND *EN*

a. **Y** and **en** are used both as pronouns and as adverbs.

b. **Y** generally refers to things or places, rarely to people. It generally replaces **à** + noun, but may also replace other prepositions of location such as **chez, dans, en, sous,** or **sur** with a noun. **Y** is most commonly translated *to it* (*them*), *in it* (*them*), *on it* (*them*), and *there* when the place has already been mentioned.

> Vont-ils **au cirque** (chez Alain, en Espagne)? Non, ils n'*y* vont pas.
> La carte était **sur** (sous) **le bureau?** Oui, elle *y* était.

Note: The adverb **là** is used to mean *there* when the place has not been previously mentioned.

> Que faites-vous *là?*   Assieds-toi *là*.   Mettez *là* ce piano.

c. **En** replaces **de** + noun and usually refers to things. The English equivalent is generally *of it* (*them*), *from there*, and *from it* (*them*). As a partitive, **en** has the meaning of *some* or *any*. **En** is always expressed in French even though its equivalent may not be expressed in English. **En** must be used when the noun is omitted after words of quantity, including numbers, and after expressions requiring **de**.

> Donnez-moi **de la moutarde,** s'il vous plaît. *En* voici. Prenez-*en*.
> M. Pasquet vient **de Normandie?** Oui, il *en* vient.
> Combien **d'étoiles** filantes avez-vous vues? Nous *en* avons vu des centaines.
> Vous souvenez-vous **de son nom?** En effet, je m'*en* souviens bien.

DOUBLE OBJECT PRONOUNS

Double object pronouns, like single object pronouns as well as **y** and **en,** directly precede the verb or the complementary infinitive except in the affirmative imperative.

ORDER BEFORE THE VERB

me					
te	le (l')				
se	la (l')	lui	y	en	VERB
nous	les	leur			
vous					

Il *me l'*arrache.
Je compte *la lui* raconter.
Ne *les y* avait-elle pas remarqués?
Ne *leur en* empruntons pas.

ORDER AFTER THE VERB (AFFIRMATIVE IMPERATIVE)

		Direct Object	*Indirect Object*		
VERB		-le -la -les	-moi -toi -lui -nous -vous -leur	-y	-en

Rendez-*les-moi*.   Allons-*nous-en*.   Dites-*le-leur*.   Portez-*les-y*.

Note: The combinations **moi** + **en** and **toi** + **en** become **m'en** and **t'en**.

Envoyez-*m'en*.   Va-*t'en*.

SPECIAL CASE OF DOUBLE OBJECT PRONOUNS

If the pronouns **me (-moi)**, **te (-toi)**, **se, nous,** or **vous** are used as *direct* objects, the indirect object pronoun must be *disjunctive*.

Présentez-**moi** *à elle*.   Introduce me to her.
Il refuse de **se** rendre *à eux*.   He refuses to surrender to them.

INVARIABLE *LE*

The *invariable* pronoun **le** is used to replace a previously mentioned *infinitive, clause, adjective,* or *unmodified noun* (including feminine or plural).

Guillaume espère **réussir**. Raoul *l'*espère aussi.   William hopes to succeed. Ralph does, too.

Nous partirons ce soir si vous *le* préférez.   We shall leave tonight if you prefer.

Étaient-elles **fatiguées**? Non, elles ne *l'*étaient pas.   Were they tired? No, they weren't.

Êtes-vous **danseuses**? Non, nous ne *le* sommes pas.   Are you dancers? No, we are not.

Note: The *variable* pronouns **le, la, les** are used to replace a modified noun mentioned previously.

Êtes-vous **la belle-mère** de Lucie? Mais oui, je *la* suis.   Are you Lucy's mother-in-law? Yes, of course I am.

Sont-ils **vos amis**? Certainement, ils *les* sont.   Are they your friends? Certainly, they are.

Uses of Disjunctive Pronouns

The disjunctive pronouns refer chiefly to persons and are used in the ways explained below.

a. After a preposition:

> avant *toi*   sans *lui*   derrière *eux*   pour *elle*   quant à *moi*

b. When the pronoun has no verb expressed:

> Qui l'a dérangé? Pas *moi*.   Elle était plus émue que *lui*.

c. In a compound subject or object:

Toi et *lui,* vous savez danser!	You and he can dance!
Le directeur nous a reconnus, Louis et *moi*.	The principal recognized Louis and me.

Note: Observe that disjunctive pronouns of different persons are generally summarized by the conjunctive pronouns **nous** and **vous**.

d. For emphasis:

Elle est très douée, *elle*.	*She* is very gifted.
Ils ne l'aiment pas, *lui*.	They don't like *him*.
Lui bavarde; *moi,* je me tais.	*He* chatters; *I* keep quiet.
Je vous le défends à *vous!*	I forbid *you!*

e. After **ce** + **être**:

C'est *nous* qui sommes reconnaissants.	We are the ones who are grateful.
Est-ce *elles* qui l'ont approuvé?	Are they the ones who approved it?
Ce n'est pas *moi*. Ce sont *eux*.	I'm not the one. It is they.

Note

1. The plural form **ce sont** is used in declarative sentences with **eux** and **elles**. The interrogative form is **est-ce**. If a **qui** clause follows the disjunctive pronoun, the verb of the clause **agrees** with the disjunctive pronoun.

2. When the disjunctive pronouns **moi** and **toi** are used as subjects, they are followed by conjunctive pronouns **je** and **tu** respectively before their verbs. In other cases the conjunctive pronoun is generally omitted.

> *Moi,* **je** pense qu'il a raison.
> *Toi,* **tu** as perdu la fiche.

f. With **-même (-mêmes)** for greater emphasis to express the idea of *-self, -selves*:

Je l'ai accompli *moi-même*.	I accomplished it myself.
Ils en avaient été témoins *eux-mêmes*.	They had witnessed it themselves.

Note

Some French verbs take **à** with a disjunctive pronoun rather than a conjunctive indirect object pronoun. Included in this category are verbs of motion, such as **aller, venir,** and **courir,** as well as **penser à, songer à, être à** (*to belong to*) and reflexive expressions taking **à,** such as **se fier à** (*to trust*) and **s'attendre à** (*to expect*).

L'enfant a couru *à lui*.	The child ran to him.
Songeras-tu souvent *à moi?*	Will you think of me often?
Nous nous sommes fiés *à eux*.	We trusted them.

POSSESSIVE ADJECTIVES

a. With parts of the body, the possessive adjective is frequently replaced by the definite article if the identity of the possessor is clear.

Il m'a tourné **le dos.** He turned his back on me.
Elle s'était brulé **la main.** She had burned her hand.

b. When possession refers to things or places, the word **en** is generally used instead of the possessive adjective.

Quelle belle **cathédrale!** Regardez-*en* les vitraux. What a beautiful cathedral! Look at its stained glass windows.
Ces **fleurs** me plaisent, mais je n'*en* connais pas le nom. I like these flowers, but I don't know their name.

POSSESSIVE PRONOUNS

le mien, la mienne, les miens, les miennes
le tien, la tienne, les tiens, les tiennes
le sien, la sienne, les siens, les siennes
le nôtre, la nôtre, les nôtres, les nôtres
le vôtre, la vôtre, les vôtres, les vôtres
le leur, la leur, les leurs, les leurs

Note

1. Possessive pronouns agree in gender and number with the nouns they replace.

sa caravane et *la mienne* his trailer and mine
vos frais ou *les siens* your expenses or hers

2. The definite article preceding the possessive pronoun contracts after **à** and **de.**

de votre vélo et *du* mien of your bike and mine
à ses clients et *aux* leurs to his customers and theirs

3. For the purpose of clarity or stress, **à** + disjunctive pronoun may be added to the possessive pronoun or adjective.

Ce sont les siens *à lui.* They are *his.*
As-tu vu ses perles *à elle?* Have you seen *her* pearls?
C'est mon idée *à moi.* That's *my own* idea.

4. To express *simple possession* after **être, à** is used with a disjunctive pronoun. To indicate *distinction*, the possessive pronoun is used.

Les vêtements étaient *à nous.* The clothes were ours.
Cet éventail est *le mien,* pas *le sien.* This fan is mine, not hers.

IDIOMATIC EXPRESSIONS WITH POSSESSIVE ADJECTIVES AND PRONOUNS

Bonjour, *mon oncle.* Good morning, Uncle.
 (formal address to relatives)

Voici les médailles, *mon colonel.* Here are the medals, sir (colonel).
 (addressing a superior officer)

un de mes voisins a neighbor of mine
une de ses sœurs a sister of his
Je l'ai vu *de mes propres yeux.* I saw him with my own eyes.
Il l'a écrit *de sa propre main.* He wrote it with his own hand.
Saluez-les *de ma part.* Give them my regards.
Serez-vous *des nôtres?* Will you join our party (Will you be one of us)?

Rappelez-moi au bon souvenir des vôtres.	Remember me to your folks.
De mon côté, je ne pouvais pas le nier.	For my part, I could not deny it.
On ne peut toujours *faire à sa tête.*	You cannot always do as you please.
Nous espérons *recevoir* bientôt *de vos nouvelles.*	We hope to hear from you soon.
Revenons à nos moutons.	Let's come back to our subject.
Ça, *c'est mon affaire.*	That's my business. Leave that matter to me.
Je lui ai *souhaité sa fête.*	I wished him many happy returns.
Pour retrouver sa boucle d'oreille, elle a dû *revenir sur ses pas.*	To find her earring, she had to retrace her steps.
Qu'est-ce qu'il avait accompli *de son vivant?*	What had he accomplished during his lifetime?

EXERCICES

A. Répéter la phrase en remplaçant les mots en italique par des pronoms:

1. Maman a sorti *les petits pains du four.*---

----

2. Posons *la question à ces savants.* ---

----

3. Je suggère qu'elle se vante moins *de ce qu'elle fait.*-------------------------------------

----

4. L'arbitre ne lui a pas infligé *une peine sévère.* -------------------------------------

----

5. Il ne pouvait pas me montrer *sa nouvelle Citroën.* -------------------------------------

----

6. Doit-on payer *l'addition à la caisse?* ---

----

7. L'explorateur savait qu'il y avait *des terres* à découvrir. -------------------------------

----

8. Ne vous a-t-il pas offert *son portefeuille?* ---

----

9. Nous leur pardonnons *toutes leurs fautes.* ---

----

10. Les touristes ont décidé de s'asseoir *sur le gazon.* -------------------------------------

----

11. Je me ferai un plaisir de vous procurer *deux billets.* -------------------------------------

----

12. Quand a-t-on envoyé *un astronaute dans la lune?* -------------------------------------

----

13. Relisez-moi *ces derniers mots;* je ne les ai pas compris. -------------------------------

----

14. Nous nous sommes rendu compte *de notre erreur.* -------------------------------------

----

15. Demande *le Guide Michelin à Jacques*. ---

B. Remplacer le tiret par le pronom qui manque:

1. C'était mon affaire, à ------------ seul.

2. L'italien est facile à apprendre, mais il est difficile d' ------------ posséder les finesses.

3. Sont-elles les sœurs de Michel? Oui, elles ------------ sont.

4. Je me demandais si ------------, d'où ils étaient, pouvaient l'entendre.

5. C'est ------------ que nous avons reconnue.

6. As-tu vu ma règle? Non, je n'ai pas vu --------------------------; celle-ci est à moi.

7. Qui les a accompagnées chez elles? Leur professeur les ------------ a accompagnées.

8. Pour devenir mince et ------------ rester, vous devrez suivre ce régime.

9. Est-ce ------------ qui as fait venir le spécialiste?

10. Elles pourront le retrouver ------------ -mêmes.

11. ------------ et sa mère sont partis de bonne heure.

12. J'avais oublié les clefs de ma maison; heureusement, je pouvais------------ ouvrir une fenêtre.

13. S'ils préfèrent ne pas téléphoner, je peux le faire pour ------------.

14. Êtes-vous vendeuse, mademoiselle? Non, je ne ------------ suis pas.

15. Marguerite s'était retournée, ------------ aussi.

C. Choisir la réponse qu'on ne peut pas substituer dans la phrase pour les mots en italique:

1. Quand y *resteront-elles?*
   a. avez-vous assisté   *b*. répondrait-elle   *c*. se couche-t-il   *d*. fait-il lourd
2. Es-tu *fier?* Bien sûr, je le suis.
   a. actrice   *b*. sa cousine   *c*. extrêmement heureuse   *d*. très modeste
3. Je ne les aime pas, *ces couleurs.*
   a. eux   *b*. moi   *c*. toi et lui   *d*. les vôtres
4. Je suis certain qu'elle en *a peint.*
   a. demandera plusieurs   *b*. avait pris   *c*. va   *d*. est venue
5. C'est *M. Valière* qui mène le mouvement.
   a. toi   *b*. elle   *c*. moi   *d*. lui
6. Qui *vous* les a enlevés?
   a. te   *b*. nous   *c*. leur   *d*. me
7. Ils le lui ont *vendu.*
   a. parlé   *b*. volé   *c*. ôté   *d*. arraché
8. Il l'en a *remercié.*
   a. rempli   *b*. couvert   *c*. félicité   *d*. donné
9. Vous *pensez* à lui?
   a. vous fierez   *b*. avez couru   *c*. attendiez   *d*. songiez
10. Elles en ont *rêvé.*
    a. le nom   *b*. une quinzaine   *c*. autant   *d*. racontés

D. Donner le mot qui manque:

1. Sa mère lui a lavé ---------- figure.

2. Ce n'est pas à ---------- de m'en mêler.

3. La Terre est beaucoup plus aplatie aux Pôles qu'on ne ---------- pensait.

4. Je l'ai fait _____ ma propre main.

5. "Combien _____ voulez-vous, _____ capitaine?" demanda le caporal.

6. Je voudrais être _____ vôtres demain soir, si ça vous est agréable.

7. Ce projet me plaît, mais qui peut _____ garantir le résultat?

8. Saluez votre père de ma _____.

9. Mais vous l'avez soupçonné vous-_____!

10. Pour m'aider, il me prit _____ bras.

    E. Compléter les phrases en français:

1. Si vous _____, _____ .

If you have too many, lend me some.

2. Vous et moi _____.

You and I will send it to her.

3. A-t-il l'intention _____?

  Does he intend to introduce himself to us?

4. Il n'_____ aura plus jamais.

There will never again be any.

5. _____ l'a vu _____

    _____.

A cousin of ours saw it with her own eyes.

6. Ces vêtements sont les _____, pas _____.

These clothes are ours, not theirs.

7. Elle a besoin de soucoupes? _____. _____

    _____.

She needs saucers? Here are three. Give them to her.

8. Est-ce que Louis nous amènera au musée? Non, c'est moi qui _____.

Will Louis take us to the museum? No, I will take you there.

9. Ne manquez pas de nous rappeler _____

    _____.

Don't fail to remember us to your folks.

10. Il _____ tous les jours.

He used to complain to me every day.

5. PRONOMS RELATIFS;
PRONOMS ET ADJECTIFS INTERROGATIFS

RELATIVE PRONOUNS

The most common relative pronouns and their uses are discussed below.

a. **qui**, *who, which, that:* subject of a verb; used for both persons and things:

Est-ce lui *qui* t'a reconnu?	Is he the one who recognized you?
Voilà l'école *qui* vient de s'ouvrir.	There's the school that just opened.

b. **que (qu')**, *whom, which, that:* direct object of a verb; used for both persons and things:

C'était leur voisine *qu'*ils ont blâmée.	It was their neighbor (whom) they blamed.
Comment trouvez-vous le magnétophone *que* vous avez acheté?	How do you like the tape recorder (that) you bought?

c. **qui,** *whom:* object of a preposition; used only for persons:

C'est un architecte pour *qui* j'ai beaucoup d'admiration.	He is an architect for whom I have a great deal of admiration.
Les gens à *qui* nous rendrons visite demeurent en Belgique.	The people (whom) we shall visit live in Belgium.

d. **lequel (laquelle, lesquels, lesquelles),** *which:* object of a preposition; normally used for things:

Nous pouvions voir le mur derrière *lequel* se trouvait la maison.	We could see the wall behind which stood the house.
Voici la bibliothèque dans *laquelle* je garde mes meilleurs livres.	This is the bookcase in which I keep my best books.

Note

1. To avoid ambiguity, where two or more persons are involved, **lequel,** etc., may replace one of the other relative pronouns.

> Il écrira à la **sœur** de Pierre, *laquelle* je connais bien.
> Le **cousin** de Juliette, *lequel* vient d'arriver, aime le cinéma.

2. The prepositions **à** and **de** contract with forms of **lequel** in the usual manner: **auquel, auxquels, auxquelles, duquel, desquels, desquelles.**

e. **dont** (invariable), *of whom, of which, from whom, from which, whose:* used for both persons and things; generally replaces **de qui** or **duquel:**

Étienne est l'élève *dont* le professeur est le plus fier.	Stephen is the pupil whom the teacher is most proud of.
C'est son manque de respect *dont* elle se plaint.	It's his lack of respect she complains about.
Gide est l'auteur *dont* elles lisent les œuvres.	Gide is the author whose works they are reading.
Comment trouvez-vous la façon *dont* il patine?	How do you like the way he skates?

However, when the relative pronoun refers back to a noun that is preceded by a *preposition*, **dont** may not be used. Instead, a form of **duquel** or **de qui** is used.

La place **au milieu** *de laquelle* se trouve une colonne de bronze . . .

The square in the middle of which stands a bronze column . . .

Mon ami, **au père** *de qui* je vous ai présenté . . .

My friend, whose father I introduced you to . . .

f. **où,** *where, in which, on which, when:* refers to an antecedent denoting *place* or *time.* Thus it often replaces a relative pronoun preceded by a preposition such as **dans** or **sur.**

le magasin *où* (= dans lequel) je l'ai rencontré

the store in which I met him

le trottoir *où* (= sur lequel) la neige était tombée

the sidewalk on which the snow had fallen

le jour *où* elle est revenue d'Europe

the day (when) she returned from Europe

g. **ce qui,** *what:* subject of a verb

ce que (qu'), *what:* direct object of a verb

ce dont, *what:* used with expressions taking **de**

ce à quoi, *what:* used with expressions taking **à**

Ce qui est sur le bureau m'appartient.

What is on the desk belongs to me.

Voici *ce que* nous avons décidé.

This is what we have decided.

Comprennent-ils *ce dont* elle parle?

Do they understand what she's talking about?

Personne ne pouvait deviner *ce à quoi* je pensais.

No one could guess what I was thinking of.

Note

1. After the direct object pronouns **que** and **ce que,** the subject noun and the verb are sometimes inverted, especially when the verb is shorter than the subject. In general, French prefers to avoid ending a sentence with a verb.

Quel est le journal *que préfèrent* la plupart de vos amis?

Which is the newspaper that most of your friends prefer?

Je ne sais pas *ce que font* ces messieurs.

I don't know what those gentlemen are doing.

2. The compound forms **ce qui** and **ce que** are used in French to summarize a previous clause. In English the relative pronoun *which* is sometimes used for the same purpose but this usage is generally restricted to conversation.

Quelquefois les étudiants sont mal préparés, *ce qui* dérange leur professeur.

Sometimes the students are unprepared, (a fact) which disturbs their teacher.

Elle passe la plupart du temps à rêver, *ce que* je ne puis comprendre.

She spends most of the time dreaming, which I cannot understand.

3. The forms **ce qui, ce que, ce dont,** and **ce à quoi** are used after the pronoun **tout** to express *everything that, all that.*

tout ce qui serait arrivé

everything that would have happened

tout ce que j'ai fait pour vous

all (that) I have done for you

tout ce dont ils nous ont remerciés

everything (that) they thanked us for

tout ce à quoi nous tenons

all (that) we value

SUMMARY OF RELATIVE PRONOUNS

PRONOUN	MEANING	USE
qui	who, which, that, whom	subject, for persons and things object of preposition, for persons
que (qu')	whom, which, that	direct object, for persons and things
lequel, etc.	which	object of preposition, principally for things
dont	of (from) whom, of (from) which, whose	for persons and things
où	where, in (on) which, when	expressions of place and time
ce qui **ce que (ce qu')** **ce dont** **ce à quoi**	what (that which) what (that which) what (that of which) what (that to which)	subject direct object with expressions taking **de** with expressions taking **à**

INTERROGATIVE PRONOUNS

The most common interrogative pronouns with their uses are:

a. **qui, qui est-ce qui,** *who:* subject of a verb

Qui a rompu le silence?   } Who broke the silence?
Qui est-ce qui a rompu le silence?

b. **qui, qui est-ce que (qu'),** *whom:* direct object

Qui doit-on prévenir en cas d'accident?   } Whom are we to notify in case of accident?
*Qui est-ce qu'*on doit prévenir en cas d'accident?

c. **qui,** *whom:* object of a preposition

Pour *qui* travaillez-vous?   For whom do you work?

Note

à qui, *whose,* is used with **être** to show ownership

de qui, *whose,* is used with **être** to express personal relationship or authorship

A qui est ce réveille-matin?   Whose alarm clock is this?
De qui est-il le petit-fils?   Whose grandson is he?

d. **qu'est-ce qui,** *what:* subject of a verb

Qu'est-ce qui vous a attiré à ce lieu?   What attracted you to this place?

e. **que (qu')** or **qu'est-ce que (qu')**
    qu'est-ce que (qu') } *what:* direct object

    Que faut-il faire? }
    *Qu'est-ce qu'*il faut faire? } What must we do?

f. **quoi,** *what:* object of a preposition

    De quoi avez-vous honte?   What are you ashamed of?

Note

1.   The interrogative **quoi** may also be used independently, without a preposition.

    Savez-vous ce qu'ils ont cassé? Non, *quoi?*   Do you know what they broke? No, what?

2.   **Que** or more emphatically **quoi** may be used before an infinitive.

    Il ne saurait *que* repasser.   He wouldn't know what to review.
    Que dire (*Quoi* dire)?   What is one to say?

g. **lequel (laquelle, lesquels, lesquelles),** *which, which one(s):* subject, direct object, object of a preposition; used for both persons and things

    Lesquelles de ces inventions sont protégées par un brevet?   Which of these inventions are protected by a patent?

   Note: When **à** and **de** are used with forms of **lequel,** the usual contractions take place.

    Auquel vous intéressez-vous?   Which one are you interested in?
    Desquelles vous souvenez-vous?   Which ones do you remember?

SUMMARY OF INTERROGATIVE PRONOUNS

	SUBJECT	DIRECT OBJECT	OBJECT OF PREPOSITION
PERSONS	**qui,** who **qui est-ce qui,** who	**qui,** whom **qui est-ce que,** whom	**qui,** whom
THINGS	**qu'est-ce qui,** what	**que,** what **qu'est-ce que,** what	**quoi,** what
PERSONS AND THINGS	**lequel,** etc., which, which one	**lequel,** etc., which, which one	**lequel,** etc., which, which one

INTERROGATIVE ADJECTIVE

a. **Quel (quelle, quels, quelles),** *which, what,* is the interrogative adjective.

    Quelles lettres de ce mot ne se prononcent pas?   Which letters in this word are not pronounced?
    Sur *quel* lac cet hôtel donne-t-il?   What lake does that hotel overlook?

b. **Quel,** etc., may be separated from its noun by a form of the verb **être.**

    Quelle *est* la meilleure façon de le faire?   What is the best way of doing it?

IDIOMATIC INTERROGATIVE EXPRESSIONS

Qu'est-ce que c'est?	What is it?
Qu'est-ce que c'est que cela?	What is that?
Qu'est-ce que c'est que la paléontologie?	What is paleontology?
Qu'y a-t-il?	What's the matter?
Qu'importe?	What does it matter?
Qu'est-il devenu? Que va-t-elle devenir?	What has become of him? What will become of her?
Quoi de nouveau? Quoi de plus simple?	What's new? What could be easier?
A quoi bon (pleurer)?	What's the use (of crying)?

EXERCICES

A. Relier les deux phrases en employant un pronom relatif:

MODÈLE: Vous pouvez avoir le roman. Je l'ai déjà lu.
   Vous pouvez avoir le roman que j'ai déjà lu.

1. C'était une petite rue. J'en ai oublié le nom. --

2. Nous avons suivi le chemin. Il borde le lac Léman. --------------------------------------

3. Je n'oublierai jamais le moment. J'ai fait sa connaissance. ----------------------------

4. Voici la récompense. Je vous ai promis la récompense. ----------------------------------

5. Qu'avez-vous acheté aux Galeries Lafayette? Nous ne l'avons pas vu. ----------------

6. Regardez cette belle villa. Il y a tant de pins autour d'elle. ------------------------------

7. Tous les avions sont équipés d'un radar. Le radar scrute l'horizon. ----------------------

8. De quoi a-t-on félicité le dramaturge? Je ne sais pas. -----------------------------------

9. C'est vraiment cette petite araignée. Cécile en a peur? ----------------------------------

10. Elle a ouvert la cage. Le perroquet y parlait. --

11. Qu'est-ce qui avait créé le vacarme? On a refusé de me le dire. --------------------------

12. Aidez-nous à ramasser les légumes. On les a déchargés du camion. ----------------------

13. Où est-ce que j'ai mis le chiffon? J'ai essuyé les meubles avec le chiffon. _____

_____

_____

14. Qu'est-ce qu'il y a de spécial dans ce parc? Sauriez-vous me le dire? _____

_____

_____

15. Elle n'a pas remarqué l'expression du passager. Elle était assise près de lui. _____

_____

B. Remplacer le tiret par le pronom ou l'adjectif convenable:

1. _____ n'est pas clair n'est pas français. —RIVAROL

2. Nous ne pouvons pas nous rappeler son adresse. _____ faire?

3. Tous les hôtels _____ les noms figurent dans ce livret sont recommandés.

4. _____ est-ce que c'est que cela?

5. On affaiblit tout _____ on exagère. —DE LA HARPE

6. _____ a causé cet affreux tremblement de terre?

7. Il fut incapable de mesurer le temps pendant _____ il resta étendu, les yeux ouverts.

8. Bonjour, Mme Panet. _____ bon vent vous amène?

9. C'est le métier _____ je préfère.

10. _____ de plus agréable que des vacances à la campagne?

11. L'homme ne sait jamais _____ il veut: il aspire à percer les mystères et dès qu'il les a pénétrés, il désire les rétablir. —AMIEL

12. A _____ devons-nous nous adresser?

13. Ils y sont arrivés au moment précis _____ le jour se levait.

14. Nous aimons toujours ceux _____ nous admirent et nous n'aimons pas toujours ceux _____ nous admirons. —LA ROCHEFOUCAULD

15. _____ vont-elles devenir?

16. Henri imite bien ses camarades, _____ nous amuse.

17. Il y avait dans la façon _____ ils se mouvaient un air étrange de condescendance.

18. C'est un événement _____ pourrait avoir des suites désastreuses.

19. Dis-moi _____ tu manges, je te dirai ce que tu es. —BRILLAT-SAVARIN

20. C'est un pays pour la libération _____ tant de patriotes se sont sacrifiés.

21. A _____ bon raconter l'histoire si personne ne s'y intéresse?

22. C'était une vieille pour _____ j'ai toujours éprouvé de la tendresse.

23. On pouvait voir des montagnes _____ les sommets approchent les cinq mille mètres d'altitude.

24. _____ de ces champs est le plus fertile?

25. _____ embrassiez-vous tout à l'heure dans la salle d'attente?

26. _____ fait le bonheur des hommes, c'est d'aimer à faire _____ ils ont à faire. —HELVETIUS

27. Quels fruits délicieux! _____ sont les prunes les plus douces?

28. Sentez-vous l'odeur des biscuits _____ l'on est en train de faire cuire?

29. C'est la lampe à _____ je tiens le plus.

30. Qui est-ce _____ va participer à cet ouvrage?

31. Quel est le restaurant _____ vous avez pris le déjeuner?

32. Alain n'est pas toujours le premier de sa classe. _____ importe?

33. Vous rendez-vous compte de _____ veut le public?

34. On doit admirer la manière _____ vous travaillez.

35. Au moment _____ elle arrivera, nous partirons en vacances.

C. Écrire la question pour chacune des réponses suivantes en remplaçant l'expression en italique par un pronom ou un adjectif interrogatif:

MODÈLE: J'ai reçu *un beau cadeau.* Qu'avez-vous reçu?

1. *Son hésitation* empêche de résoudre le problème. _____
_____

2. Ces bagages sont à *ce commis voyageur.* _____
_____

3. Nous aimons mieux *celui-ci.* _____
_____

4. J'avais retenu *une place au théâtre.* _____
_____

5. *Personne ne* veut risquer une nouvelle guerre froide. _____
_____

6. C'est *une coquille que j'ai trouvée sur la plage.* _____
_____

7. Les ouvriers écoutaient *le porte-parole du maire.* _____
_____

8. *La mini-jupe* était bannie et considérée comme démodée. _____
_____

9. Je suis le frère *du compositeur.* _____
_____

10. Elle voulait acheter le manteau *aux boutons d'or.* _____
_____

11. Il *n'y a rien.* _____
_____

12. La gosse était fascinée par *les taureaux.* --

----

13. Des savants ont découvert *le volcan actif* pendant leur expédition scientifique. ------------

----

----

14. Les libraires avaient décidé de se réunir chez *M. Grimaud.* ----------------------------

----

15. Un égout est *un conduit souterrain pour l'écoulement des eaux de pluie.* -----------------

----

D. Compléter les phrases en traduisant les mots entre parenthèses:

1. (which)   L'homme a besoin d'un toit sous ---------------------- reposer sa tête.

2. (What)   ---------------------- on n'a jamais mis en question n'est point prouvé. —DIDEROT

3. (Whom)   -- tout le monde regardait?

4. (Of which one)   ---------------------- de ces appareils vous plaigniez-vous tout à l'heure?

5. (what)   Je ne savais ------------ répondre.

6. (that)   Les choses ------------ l'on sait le mieux sont celles ------------ on n'a pas apprises.
—VAUVENARGUES

7. (What is)   -- qu'un rossignol?

8. (all that)   La liberté est le droit de faire ------------------------------ les lois permettent.
—MONTESQUIEU

9. (Which)   ------------------ sont les pays qui font partie de cette organisation internationale?

10. (what)   Avec ------------ le juge a-t-il signé le document?

11. (without whose help)   Daniel est un ami fidèle --
---------------- je n'aurais pas réussi.

12. (what)   Le charme: ---------------------- dans les autres nous rend plus contents de nous-mêmes.
—AMIEL

13. (which)   Vos études vont de mal en pis, ---------------------- je regrette beaucoup.

14. (What)   -- vous fait croire qu'elle ne sera pas de retour ce
soir?

15. (Whose)   ---------------------- Mlle Toussaint est-elle la tante?

16. (Which)   ---------------------- de ces coiffures vous plaît le plus?

17. (what)   Quand on n'a pas ------------------ l'on aime, il faut aimer -------------------- l'on
a. —BUSSY-RABUTIN

18. (everything) Qu'il est généreux! Il m'offre toujours ---------------------------------- il n'a
plus besoin.

19. (What)   ------------ peuvent faire les pompiers s'ils arrivent tard?

20. (Whose)   ---------------------------------- sont ces objets d'art que vous avez empruntés?

21. (Which ones)   _____ n'a-t-il pas encore essayés?

22. (what)   Tu sais ce qu'il m'a dit? Non, _____?

23. (what)   Je suis curieux de savoir _____ vous songez en ce moment.

24. (which)   A _____ représentation préférez-vous assister?

25. (What)   _____ le metteur en scène a entrepris de faire?

6. ADJECTIFS ET PRONOMS DÉMONSTRATIFS; ADJECTIFS ET PRONOMS INDÉFINIS

DEMONSTRATIVE ADJECTIVES

a. The demonstrative adjectives **ce, cet, cette,** and **ces** (*this, that, these, those*) must be repeated before each noun.

cette huile et *ce* vinaigre	this (that) oil and vinegar
ces avions et *ces* navires	these (those) planes and ships

b. Wherever it is necessary to distinguish between *this* and *that* or *these* and *those,* **ci** and **là** with hyphens are added to the nouns for clarity, emphasis, or contrast.

cette paire-*ci* ou cette paire-*là*	this pair or that pair
ces disques-*là,* et non ces disques-*ci*	those records, not these records

DEMONSTRATIVE PRONOUNS

a. **Celui,** the variable demonstrative pronoun, has the following forms:

SINGULAR	PLURAL
celui (*m.*) **celle** (*f.*)	**ceux** (*m.*) **celles** (*f.*)

b. The forms of **celui** are not used alone. They must be followed by one of the following constructions: (1) **-ci** or **-là**; (2) a relative pronoun, usually **qui, que,** or **dont**; (3) a prepositional phrase usually introduced by **de.**

1. **celui (celle)-ci,** this (one), the latter
   celui (celle)-là, that (one), the former
   ceux (celles)-ci, these, the latter
   ceux (celles)-là, those, the former

   Quel tissu a-t-elle choisi, *celui-ci* ou *celui-là?*   Which fabric did she select, this one or that one?

   Note: In a French sentence, **celui-ci,** etc. (*the latter*) is mentioned before **celui-là,** etc. (*the former*). In English, the reverse order is used.

Jeanne d'Arc et Sainte Geneviève furent deux Françaises célèbres; *celle-ci* vécut au cinquième siècle et *celle-là* au quinzième.	Joan of Arc and Saint Genevieve were two famous French women; the former lived in the fifteenth century and the latter in the fifth.

2. **celui (celle) qui,** the one that
   celui (celle) que, the one that
   celui (celle) dont, the one whose, the one of which
   ceux (celles) qui, the ones that, those that
   ceux (celles) que, the ones that, those that
   ceux (celles) dont, the ones whose, the ones of which

Celui qui a la parole est notre maire.	The one who has the floor is our mayor.
Je préfère les miens à *ceux que* vous avez.	I prefer mine to those that you have.
Montrez-moi *celle dont* il s'agit.	Show me the one we're concerned with.

3. **celui (celle) de,** the one of
   ceux (celles) de, the ones of, those of

Tout le monde admire sa pelouse et *celle de* son voisin.	Everyone admires his lawn and his neighbor's.
Les jouets de l'enfant et *ceux de* sa sœur avaient coûté beaucoup d'argent.	The child's toys and his sister's (those of his sister) had cost a good deal of money.

c. **Ceci** (*this*) and **cela** (*that*) are invariable pronouns referring to facts, ideas, and things indicated but not named.

Voulez-vous bien me prêter **ceci?**	Are you willing to lend me this?
Que pensent-ils de **ceci?**	What do they think of this?
Cela (**Ça**) ne peut pas durer longtemps.	That cannot last long.
Vous ne leur ferez jamais faire **cela.**	You'll never make them do that.

Note: The form **ça** often replaces **cela** in conversation.

d. **Ce** (*it, he, she, this, that, they, these, those*) is used as an invariable demonstrative pronoun with the verb **être. Ce** replaces **il(s)** and **elle(s)** in the constructions described below.

1. Before a *modified* noun:

C'est **un pneu de rechange.**	It's a spare tire.
C'étaient **des auberges de la jeunesse.**	They were youth hostels.

But *unmodified:*

Il est **astronaute.**	He's an astronaut.

2. Before a *proper noun:*

C'est **Eugène** qui me l'a dit.	Eugene is the one who told me.
C'était **Noël.**	It was Christmas.

3. Before a *pronoun:*

Est-ce **le vôtre?** Oui, c'est **le mien.**	Is it yours? Yes, it's mine.
C'est **celui** que je préfère.	That's the one I prefer.
Ce n'est pas **nous** qui l'avons gâté.	We aren't the ones who spoiled him.
C'est **cela.**	That's it. (That's right.)

4. Before a *superlative:*

Ce seront **les meilleurs** de la classe.	They will be the best in the class.
Est-ce **le seul** qui puisse le faire?	Is he the only one who can do it?

5. In *dates:*

C'était hier **le premier juin.**	Yesterday was June 1st.
Ce sera demain **vendredi.**	Tomorrow will be Friday.

6. Before a masculine singular *adjective* to refer to an idea or action previously mentioned. In this case, the English equivalent of *ce* is *it* or *that*.

On dit que le crime ne paie pas. **C'est vrai.**	They say crime doesn't pay. It's true.
Claire voudrait devenir hôtesse de l'air? **C'est intéressant.**	Claire would like to become an airline stewardess? That's interesting.

7. Before an *adjective* + **à** + *infinitive* with passive meaning.

C'est **agréable à voir.**	That's pleasant to see. (= to be seen)
C'était **impossible à lire.**	It was impossible to read. (= to be read)

For additional information on the passive voice, see page 89.

Note: Impersonal **il** (*it*) is used with **être** and an adjective before **de** + *infinitive* (see page 101) and before a clause beginning with **que.**

Il est impossible de lire son écriture.	It is impossible to read his handwriting.
Il est impossible que nous lisions son écriture.	It is impossible for us to read his handwriting.

8. In the construction **c'est** + a noun to summarize a previous clause beginning with **ce qui, ce que,** or **ce dont:**

Ce qui est ennuyeux, *c'est sa façon* de parler.	What is annoying is the way she speaks.
*Ce qu'*ils craignaient, *c'était une révolution.*	What they feared was a revolution.
Ce dont je me souviendrai le mieux, *c'est leur sang-froid.*	What I shall remember best is their composure.

Note

The singular form **c'est** generally becomes **ce sont** before a plural noun or pronoun of the third person. However, the singular is common in familiar usage, although not always accepted as grammatically correct.

Ce sont (C'est) les romans qui m'intéressent.

C'étaient (C'était) des voyages inoubliables.

Ce ne sont pas eux. (Ce n'est pas eux.)

The interrogative form corresponding to **ce sont** is **est-ce.**

Est-ce les éclairs qui vous effraient?

INDEFINITE ADJECTIVES AND PRONOUNS

Although some indefinites have been studied previously, certain ones require additional clarification. These are discussed below.

a. **aucun(e) . . . ne** and **nul(le) . . . ne,** *any, no, none, no one:* adjective and pronoun; generally used in the singular:

Aucun (*Nul*) héros *n'*aurait agi ainsi.	No hero would have acted that way.
Je *n'*en ai remarqué *aucun.*	I haven't noticed any.
Aucune de ces femmes *ne* la connaît. *Aucune?*	None of these women knows her. None?
*Nul n'*osera l'essayer.	No one will dare to try it.

b. **autre,** *other:* adjective and pronoun:

un(e) autre, another (= a different one)
bien d'autres, many others
autre chose, something else
autre part, elsewhere
de temps à autre, from time to time
l'un(e) l'autre, each other (of two) ⎱ used for reciprocal action,
les un(e)s les autres, one another (of more than two) ⎰ especially with reflexive verbs
ni l'un ni l'autre, neither
nous autres étudiants, we students ⎱ to distinguish from other groups
vous autres Parisiens, you Parisians ⎰

Elle a changé; c'est *une autre* femme.	She has changed; she's a different woman.
Ils se blâmaient toujours *l'un l'autre.*	They were always blaming each other.
Vous autres photographes, vous avez l'occasion de voyager.	You photographers have a chance to travel.

Note: **Encore un** is used to express *another* in the sense of *an additional one.*

encore une fois (once more)   encore un mot (one more word)

c. **autrui,** *others, other people:* invariable pronoun, used most frequently after prepositions:

Il sait gagner le respect *d'autrui.*	He knows how to win the respect of others.
Elle trouve son bonheur dans celui *d'autrui.*	She finds her happiness in that of others.
Faisons **pour** *autrui* ce que nous voudrions qu'il fît pour nous.	Do unto others as you would have them do unto you.

d. **chaque,** *each, every* (adjective)
   chacun(e), *each, each one, everyone* (pronoun) } used only in the singular; stress the individual

    Chaque pays a ses traditions.   Each (Every) country has its traditions.
    Chacun a ses propres traditions.   Each one has its own traditions.

e. **on,** *we, you, they, people, someone, one* (pronoun)

    On n'interrompt jamais personne.   { We (You) never interrupt anyone.
                                      No one is ever interrupted.

f. **soi,** *oneself:* disjunctive pronoun used after prepositions; refers back to an indefinite subject such as **on, chacun, personne,** and **tout le monde:**

    Chacun était fier de *soi.*   Each one was proud of himself.
    On a souvent besoin d'un plus petit que *soi.*   We often need someone smaller than ourselves.

Note

1. The pronoun **on** may be used only as subject and refers to an indefinite person or persons. It always takes a third person singular verb. **On** has several possible equivalents in English. The active construction with **on** is often used in French where English would use the passive. (See page 89.)

2. The form **l'on** may be used for the sake of euphony after certain monosyllables ending in a pronounced vowel sound, such as **que, et, ou, où,** and **si.**

    ce que *l'on* fabrique   what they manufacture
    si *l'on* vous appelait   suppose you were called

3. The possessive adjective corresponding to the pronoun **on** is **son, sa, ses.**

    On doit se souvenir toujours de ses obligations.

g. **quelque,** *some*
   quelques, *some, a few* } adjective
   quelqu'un(e), *someone, somebody, anyone*
   quelques-un(e)s, *some, some people, any, a few* } pronoun

    Il y avait *quelques* impôts à payer.   There were some taxes to pay.
    Quelques-unes des femmes avaient perdu connaissance.   A few of the women had fainted.

Note: **Quelque** may also be used as an invariable adverb meaning *about, approximately,* and sometimes *however.*

    Elle est âgée de *quelque* trente ans.   She is about thirty years old.
    Quelque ambitieux qu'il soit, . . .   However ambitious he may be, . . .

h. **quelconque(s),** *any . . . whatever, any . . . at all* (adjective, following the noun)
   quiconque, *whoever:* pronoun

    Donnez-moi un stylo *quelconque.*   Give me any pen at all.
    Quiconque viendra sera le bienvenu.   Whoever comes will be welcome.

i. **tout, toute, tous, toutes,** *every, all* (adjective)
   tout, *all, everything* (pronoun)
   tous (*pl.*), *all, everyone* (pronoun)

    Tout chemin mène à Rome.   All roads lead to Rome.
    Il y avait de l'eau de *tous* côtés.   There was water on all sides.
    Toutes les femmes s'étaient sauvées.   All the women had escaped.
    Tout lui faisait peur.   Everything would frighten her.
    Tous avaient embarqué.   Everybody had embarked.

EXERCICES

A. Donner le pronom convenable (**ce, c', il, elle, ils, elles**):

1. _____ sont des boîtes à chaussures.
2. _____ sont en Bretagne.
3. _____ est cela.
4. _____ sont eux qui souffriront.
5. _____ est partie de bonne heure.
6. _____ est une enseigne rouge au néon.
7. _____ sont celles du commerçant.
8. _____ sera difficile de les cacher.
9. _____ était hier jeudi.
10. _____ est le nôtre.
11. Est-_____ utile à savoir?
12. _____ était douanier.
13. _____ était un soleil aveuglant.
14. _____ était cinq heures et quart.
15. Elle est toujours fatiguée. _____ est curieux.
16. _____ étaient bleues.
17. _____ est le moindre de mes soucis.
18. _____ est Jean-Paul.
19. Est-_____ juste qu'elle en profite?
20. _____ sont d'accord.

B. Remplacer le tiret par un pronom convenable:

1. La peinture n'est qu'un pont jeté entre l'esprit du peintre et _____ du spectateur. —DELACROIX
2. Pendant votre voyage, avez-vous visité des musées? Non, _____.
3. _____ ne doit pas penser toujours à soi.
4. A cause de la glace, leur voiture a dérapé. _____ est affreux!
5. _____ des invités refusèrent son invitation.
6. La syntaxe de cette langue est un handicap sauf pour _____ qui sont habitués à des constructions complexes.
7. Quand auront-ils l'occasion de se voir _____ les autres?
8. _____ est dangereux de nager pendant une tempête.
9. Ce qu'on attend avec curiosité, _____ est la nouvelle silhouette que les couturiers vont nous imposer.
10. On peut obtenir la justice pour les autres, jamais pour _____. —A. CAPUS

C. Remplir chaque tiret en employant une fois chacun des mots indiqués à droite:

1. C'est en sachant bien choisir que _____ évite la médiocrité.
2. Cela ne lui fait _____ plaisir.
3. _____ pourra résoudre le problème méritera une récompense.
4. Votre histoire m'intéresse. Avez-vous _____ chose à me raconter?
5. _____ ne possède d'autre droit que _____ de toujours faire son devoir. —A. COMTE
6. Les hôtels sont classifiés en trois catégories principales dont _____ a une subdivision.
7. Un paysage _____ est un état de l'âme, et qui lit dans tous les deux est étonné de retrouver la similitude dans _____ détail. —AMIEL

aucun
autre
celui
chacun
chacune
chaque
d'autrui
l'on
nul
quelconque
quelqu'un
quiconque
soi
tous
tout

8. Il est drôle que vous ne puissiez pas reconnaître vos propres défauts mais que vous aperceviez toujours ceux _____.

9. Ne jamais parler de _____ aux autres et leur faire toujours parler d'eux-mêmes, c'est tout l'art de plaire. _____ le sait et tout le monde l'oublie. —LES GONCOURT

10. _____ homme est mortel.

11. On est toujours l'enfant de _____. —BEAUMARCHAIS

12. Nous cherchons _____ le bonheur, mais sans savoir où, comme des ivrognes qui cherchent leur maison, sachant confusément qu'ils en ont une. —VOLTAIRE

D. Donner le mot qui manque:

1. De temps à _____ ils oublient le jazz pour écouter un disque de Beethoven.

2. L'homme absurde est _____ qui ne change pas. —A. BARTHÉLÉMY

3. _____ de ces verres n'a été cassé.

4. Ce qui me plaît surtout dans ce poème, _____ est l'image que crée l'auteur.

5. Il y avait _____ quinze personnages mentionnés dans la distribution de la pièce.

6. Gisèle n'ira pas en Suède avec ses sœurs? Non, elle compte aller _____ part cet été.

7. Que voulez-vous que je prenne, _____ ou cela?

8. Je ne suis pas sûr où _____ on peut obtenir un tel outil.

9. Vous _____ professeurs, vous avez passé beaucoup d'années à l'université.

10. Qu'est-ce qui vous fait croire que cette cire-ci vaut mieux que _____-là?

E. Traduire en français les mots entre parenthèses:

1. (*the one that*): De tous vos appareils électriques, quel est _____ vous est le plus utile?

2. (*we stay*): En restant mince, _____ toujours jeune.

3. (*others*): Bien _____ ont assisté à la cérémonie, y compris le premier ministre.

4. (*the latter, the former*): Ces deux dames sont très célèbres: _____ est poète; _____ est artiste.

5. (*Some*): _____ des animaux s'étaient échappés du cirque.

6. (*That*): _____ ne mène à rien.

7. (*We Americans*): _____ ne comprenons pas fréquemment ce qui se passe à l'étranger.

8. (*those diamonds, these*): Est-ce que _____ sont plus brillants que _____?

9. (*others*): Doit-on juger _____ par soi-même?

10. (*the ones that*): Ces cartes sont _____ je peux me passer.

11. (*any at all*): Prenez une ampoule _____ qui se trouve sur ce tabouret.

12. (*other people's*): Elle s'occupe de ses propres affaires sans se mêler de _____.

7. TEMPS DE L'INDICATIF

PRESENT INDICATIVE

a. The present tense (**le présent**) of the indicative of regular verbs can be found by dropping the infinitive endings and adding the personal endings.

> for **-er** verbs: *-e, -es, -e, -ons, -ez, -ent*
> for **-ir** verbs: *-is, -is, -it, -issons, -issez, -issent*
> for **-re** verbs: *-s, -s, -, -ons, -ez, -ent*

However, the third person singular of **rompre** and **interrompre** ends in *-t*: il romp*t*; il interromp*t*.

Note

For forms of the present indicative of the three regular conjugations, see Appendix, pages 286–287.
For the present indicative of irregular verbs, see Appendix, pages 288–293.

b. Although each of the irregular verbs has its own distinctive forms, the following statements apply to all such verbs:

1. The first person plural of irregular verbs ends in **-ons,** except **nous sommes.**
2. The second person plural ends in **-ez,** except **vous dites, vous êtes, vous faites.**
3. The third person plural ends in **-ent,** except **ils vont, ils ont, ils sont, ils font.**

Note: The two forms for the first person singular of **pouvoir** are interchangeable, with these exceptions:

1. the negative is **je ne peux pas** or **je ne puis.**
2. the inverted question form is **puis-je?**

IMPERATIVE

a. The forms of the imperative are the same as the corresponding forms of the present indicative, except that **-er** verbs and verbs conjugated like **-er** verbs drop the final **s** in the familiar imperative. However, when linked to the pronouns **y** and **en,** all familiar imperatives retain the **s.**

> *Montre* des robes à la cliente, s'il vous plaît.
> *Montres-*en à la cliente, s'il vous plaît.
> *Va* vite chez toi. *Vas-*y vite.

Note: For forms of the imperative of the three regular conjugations, see Appendix, page 287.

b. The verbs **avoir, être,** and **savoir** have exceptional imperatives:

> **avoir:** aie, ayons, ayez
> **être:** sois, soyons, soyez
> **savoir:** sache, sachons, sachez

c. The third person singular and plural of the subjunctive introduced by **que** is often called the third person imperative.

> Qu'elle *attende!*   Let her wait!
> Qu'ils le *fassent!*   Let them do it!

d. **Voulez-vous (bien)** with the infinitive may be used as a polite substitute for the command form.

> *Voulez-vous* (*bien*) baisser le store.   Please lower the shade.

e. In public notices, road signs, and general directions, the infinitive frequently replaces the imperative.

> Ne pas *se pencher* en dehors.   Do not lean out.
> *Écrire* en toutes lettres.   Write in full.
> *Prendre* deux cuillerées à thé par jour.   Take two teaspoons a day.

43

EXERCICES

A. Compléter les citations suivantes en mettant les infinitifs au présent de l'indicatif:

1. Le cœur a ses raisons que la raison ne _____ pas. —PASCAL
      connaître

2. Toute la morale humaine . . . _____ de ce principe unique: respect égal et réciproque
      dépendre

de la dignité humaine. —P.-J. PROUDHON

3. Ce qu'ils peuvent n'est rien: ils sont comme nous sommes
      Véritablement hommes,

Et _____ comme nous. —MALHERBE
      mourir

4. L'orgueil _____ du cœur le jour où l'amour y _____. —GAUTIER
      sortir   *entrer*

5. Le temps _____, le temps _____, madame,
      s'en aller   *s'en aller*

Las! le temps, non, mais nous _____ —RONSARD
                              s'en aller.

6. Même quand l'oiseau _____ on _____ qu'il a des ailes. —LEMIERRE
                marcher   *sentir*

7. Je _____ ordinairement à ceux qui me _____ raison de mes
      répondre   *demander*

voyages: que je _____ ce que je _____, mais non pas ce que je _____.
            savoir   *fuir*   *chercher*
—MONTAIGNE

8. O liberté, que de crimes on _____ en ton nom! —MME ROLAND
                        commettre

9. Les grandes pensées _____ du cœur. —VAUVENARGUES
                    venir

10. C'est de la familiarité que _____ les plus tendres amitiés et les plus fortes haines.
                          naître
—RIVAROL

11. Cette saison me _____, j'en _____ la froideur;
                plaire   *aimer*
Sa robe d'innocence et de pure candeur

_____ en quelque façon les crimes de la terre. —SAINT-AMANT
      Couvrir

12. Tous les corps, le firmament, les étoiles, la terre et ses royaumes, ne _____ pas le moindre
                                                              valoir
des esprits . . . . —PASCAL

13. Il n'est pas permis à tous les hommes d'être grands, mais ils _____ tous être bons.
                                                    pouvoir
—MARMONTEL

14. Les jeunes gens _____ moins de leurs fautes que de la prudence des vieillards.
                souffrir
—VAUVENARGUES

15. Les maximes _____ au lecteur parce qu'elles le _____ penser. —CONDILLAC
                   plaire   *faire*

B. Former des phrases au présent avec les sujets indiqués:

    MODÈLE: penser à l'avenir   *elle*
              Elle pense à l'avenir.

1. rugir de colère   *les lions*

2. fondre en larmes   *elle*

3. vivre à la campagne   *je*

4. ne pas empêcher notre départ   *la pluie*

5. établir un bon budget   *nous*

6. apercevoir le bac au loin   *ils*

7. suivre un régime   *ma sœur*

8. ne pas sourire assez   *vous*

9. dormir debout   *tu*

10. avertir son ami d'un danger   *Alfred*

11. se taire quand le professeur parle   *les étudiants*

12. ne pas conduire au lac   *ce chemin*

13. faire de son mieux   *nous*

14. éteindre le feu   *qui*

15. s'asseoir près du piano   *je*

C. Répéter chaque phrase en substituant la forme convenable du verbe entre parenthèses:

1. Tout le monde me *regarde.*   (interrompre)

2. *Finissons* ce rapport intéressant.   (lire)

3. Combien est-ce que ça *coûte?*   (valoir)

4. Elles *comptent* en acheter.   (devoir)

----

5. *Prenez* l'occasion d'y assister.   (saisir)

----

6. Ses réponses vous *amusent?*   (surprendre)

----

7. Thérèse *mentionne* souvent son séjour en Provence.   (décrire)

----

8. Qu'*attendent*-ils?   (craindre)

----

9. Tu ne *patines* jamais, n'est-ce pas?   (mentir)

----

10. Pourquoi *répond*-il tout le temps?   (se battre)

D. Écrire la forme convenable du présent ou de l'impératif:

1. (pouvoir)   Je serai enchanté de vous accompagner si je _____.

2. (envoyer)   _____-moi un exemplaire de ton dernier roman.

3. (jouir)   Il est évident que vous _____ d'une santé extraordinaire.

4. (boire)   _____ cette eau minérale si vous avez soif.

5. (appartenir) Est-ce que ces bas extensibles vous _____?

6. (mettre)   Je me _____ en route tout de suite.

7. (être)   _____ gais, toi et moi!

8. (donner)   Ouvre cette boîte de chocolat et _____-en à ton frère.

9. (coudre)   Depuis quand _____-elle ce manteau?

10. (courir)   Ne _____ pas si vite; vous me perdez.

11. (falloir)   Qu'est-ce qu'il leur _____?

12. (disparaître) Ces modes _____ peu à peu.

13. (offrir)   Nous vous _____ nos marchandises.

14. (avoir)   _____ la bonté de me passer la moutarde, monsieur.

15. (s'en aller) Ses forces _____; il est très faible.

The tenses most frequently used to express action in the past are the imperfect (**l'imparfait**), the **passé composé**, and the **passé simple**.

IMPERFECT INDICATIVE

a. The imperfect indicative of irregular verbs, like that of regular verbs, can be found by dropping the **-ons** from the first person plural of the present tense and adding the personal endings:

-ais, -ais, -ait, -ions, -iez, -aient

INFINITIVE	FIRST PERSON PLURAL OF PRESENT	IMPERFECT
connaître	connaissons	je *connaissais*
lire	lisons	je *lisais*
prendre	prenons	je *prenais*
tenir	tenons	je *tenais*

Note: For the forms of the imperfect of the three regular conjugations, see Appendix, page 286.

b. The forms of **être, falloir,** and **pleuvoir** are:

être: j'*étais*   falloir: il *fallait*   pleuvoir: il *pleuvait*

c. The imperfect tense is used for specific kinds of past action: *continuous, repeated,* or *habitual.* Thus the principal signs of this tense in English are the words *was* and *were* with the ending *-ing,* and *used to.* English also uses a simple past tense and, at times, the word *would* in the sense of *used to.*

Les enfants **buvaient** du lait chaud.	The children were drinking (used to drink, drank, would drink) warm milk.

d. Since the imperfect stresses *continuity,* it is the tense most frequently used: (1) for description in the past; (2) with verbs denoting mental action or emotional state in the past.

Il *faisait* des éclairs, et les vagues **ressemblaient** à des montagnes.	There were flashes of lightning, and the waves looked like mountains.
Je *croyais* qu'elle les *connaissait.*	I thought she knew them.

e. A few verbs have other translations of the imperfect in addition to those mentioned above.

j'avais = I had   **j'étais** = I was   **je pouvais** = I could

PASSÉ COMPOSÉ

Verbs Conjugated With *Avoir*

a. The passé composé of most verbs is formed by combining the present tense of **avoir** and the past participle of the verb. The endings of past participles of regular verbs are *é* (for -er verbs), *i* (for -ir verbs), and *u* (for -re verbs). The passé composé is used to express an action *completed* in the past. It is the tense of conversation and informal writing.

Elle *a rangé* les papiers du dossier.	She arranged the papers of the file.
La résistance des colonies *a abouti* à la proclamation de l'indépendance.	The resistance of the colonies resulted in the proclaiming of independence.
Ils m'*ont rendu* l'argent sans rien dire.	They gave me back the money without saying anything.

Note: For the forms of the passé composé of the three regular conjugations, see Appendix, page 286.

b. The following irregular verbs, and the verbs conjugated like them, have irregular past participles:

asseoir, *assis*	craindre, *craint*	faire, *fait*	pleuvoir, *plu*	taire, *tu*
avoir, *eu*	croire, *cru*	falloir, *fallu*	pouvoir, *pu*	tenir, *tenu*
boire, *bu*	devoir, *dû* (*f. due*)	lire, *lu*	prendre, *pris*	valoir, *valu*
conduire, *conduit*	(*pl. dus, dues*)	mettre, *mis*	recevoir, *reçu*	vivre, *vécu*
connaître, *connu*	dire, *dit*	offrir, *offert*	rire, *ri*	voir, *vu*
coudre, *cousu*	écrire, *écrit*	ouvrir, *ouvert*	savoir, *su*	vouloir, *voulu*
courir, *couru*	être, *été*	plaire, *plu*	suivre, *suivi*	

c. Past participles conjugated with **avoir** agree in gender and number with the *preceding* direct object (if there is one).

Voici la **médaille** que le héros a *reçue.*	Here is the medal the hero received.
Quelles **difficultés** a-t-on *surmontées?*	Which difficulties did they overcome?

Verbs Conjugated With *Être*

tomber, to fall

I fell, I have fallen, I did fall

MASCULINE SUBJECTS	FEMININE SUBJECTS
je *suis* tomb*é*	je *suis* tomb*ée*
tu *es* tomb*é*	tu *es* tomb*ée*
il *est* tomb*é*	elle *est* tomb*ée*
nous *sommes* tomb*és*	nous *sommes* tomb*ées*
vous *êtes* tomb*é(s)*	vous *êtes* tomb*ée(s)*
ils *sont* tomb*és*	elles *sont* tomb*ées*

a. Sixteen common verbs, when used *intransitively*, are conjugated with **être** in the passé composé. The past participles of these verbs are listed below.

allé	**entré**	**parti**	**revenu**
arrivé	**monté**	**rentré**	**sorti**
descendu	**mort**	**resté**	**tombé**
devenu	**né**	**retourné**	**venu**

Les héritiers ne *sont* pas *arrivés* à l'heure.   The heirs did not arrive on time.
Pourquoi *est*-elle *devenue* si obstinée?   Why has she become so stubborn?

Note: Observe that past participles conjugated with **être** agree, like adjectives, in gender and number with the *subject*.

b. Some of these verbs may be used *transitively* (with a direct object). In that case, they are conjugated with **avoir.**

Il *a rentré* sa voiture au garage.   He put his car back into the garage.
Elle *a sorti* le rôti du four.   She took the roast out of the oven.
J'*ai monté* l'escalier à toute vitesse.   I went up the stairs as fast as possible.
N'*ont*-ils pas encore *descendu* les bagages?   Haven't they brought down the luggage yet?

PASSÉ SIMPLE

hésit*er*	rempl*ir*	vend*re*
I hesitated	*I filled*	*I sold*
j'hésit*ai*	je rempl*is*	je vend*is*
tu hésit*as*	tu rempl*is*	tu vend*is*
il (elle) hésit*a*	il (elle) rempl*it*	il (elle) vend*it*
nous hésit*âmes*	nous rempl*îmes*	nous vend*îmes*
vous hésit*âtes*	vous rempl*îtes*	vous vend*îtes*
ils (elles) hésit*èrent*	ils (elles) rempl*irent*	ils (elles) vend*irent*

a. For regular verbs, the forms of the passé simple are found by dropping the infinitive ending and adding the following personal endings:

    1. for all **-er** verbs: *-ai, -as, -a, -âmes, -âtes, -èrent*
    2. for regular **-ir** and **-re** verbs: *-is, -is, -it, -îmes, -îtes, -irent*

b. Verbs with irregular stems in the passé simple have the endings: *-s, -s, -t, -ˆmes, -ˆtes, -rent.* The stems generally have the vowels **i** or **u.**

mettre: je mis, tu mis, il mit, nous mîmes, vous mîtes, ils mirent
vivre: je vécus, tu vécus, il vécut, nous vécûmes, vous vécûtes, ils vécurent
venir: je vins, tu vins, il vint, nous vînmes, vous vîntes, ils vinrent

The irregular verbs listed below and the verbs conjugated like them have irregular stems in the passé simple.

INFINITIVE	PASSÉ SIMPLE	INFINITIVE	PASSÉ SIMPLE
s'asseoir	je m'*assis*	mourir	il *mourut*
avoir	j' *eus*	naître	je *naquis*
boire	je *bus*	paraître	je *parus*
conduire	je *conduisis*	plaindre	je *plaignis*
connaître	je *connus*	plaire	je *plus*
construire	je *construisis*	pleuvoir	il *plut*
coudre	je *cousis*	pouvoir	je *pus*
courir	je *courus*	prendre	je *pris*
craindre	je *craignis*	recevoir	je *reçus*
croire	je *crus*	rire	je *ris*
devoir	je *dus*	savoir	je *sus*
dire	je *dis*	se taire	je me *tus*
écrire	j' *écrivis*	tenir	je *tins*
être	je *fus*	traduire	je *traduisis*
faire	je *fis*	valoir	je *valus*
falloir	il *fallut*	venir	je *vins*
joindre	je *joignis*	vivre	je *vécus*
lire	je *lus*	voir	je *vis*
mettre	je *mis*	vouloir	je *voulus*

c. The passé simple is used chiefly in *historical* and *literary* writing to express an action completed in the past.

Henri IV **promulgua** l'édit de Nantes.   Henri IV promulgated the Edict of Nantes.
Elle **reçut** un collier de diamants.   She received a diamond necklace.

In conversation and informal writing, such past action is expressed by the passé composé.

EXERCICES

A. Former des phrases à l'imparfait, au passé composé, et au passé simple en employant les sujets indiqués:

MODÈLE: remplir la bouteille   *je*
Je remplissais la bouteille.
J'ai rempli la bouteille.
Je remplis la bouteille.

1. prendre certaines précautions   *tu*

----

2. arriver à destination   *ils*

----

3. obtenir de bons résultats   *elle*

----

4. éviter les conflits   *je*

----

5. ne pas faire semblant de le croire   *nous*

----

6. servir de planche à repasser   *la table*

----

7. ne jamais être actives   *elles*

----

8. tomber par terre   *l'échelle*

----

9. saisir l'outil par le manche   *le plombier*

----

10. sortir sa monnaie de son sac   *la ménagère*

B. Répondre au passé composé:

MODÈLE: Vous jouez au tennis?
J'ai déjà joué au tennis.

1. Elle coud le bouton? ------------------------------------

2. Je mets un timbre sur la carte? ------------------------

3. Les poètes lisent leurs poèmes? -----------------------

4. Tu bois l'apéritif? ---

5. Eugène suit un cours de biologie? ----------------------------------

6. Nous recevons les cadeaux? ---

7. Vous êtes dans un grand embarras? ----------------------------------

8. Sylvie va au supermarché? --

9. Elles voient les revues? ---

10. On descend les valises? ---

C. Répéter la phrase en remplaçant l'expression en italique par la forme convenable de chaque verbe entre parenthèses:

1. Le sculpteur *fut* à Rome.   (naître, arriver, vivre, mourir)

----

2. Quelle voiture *a-t-il achetée?*   (conduire, vouloir, rentrer, vendre)

----

3. Que *faisais-tu* ce matin?   (construire, peindre, dire, remplir)

----

4. Ils *n'osèrent pas* l'essayer.   (devoir, compter, pouvoir, réussir à)

----

5. Pourquoi *ont-ils voyagé* ainsi?   (rire, revenir, agir, mourir)

----

6. Beaucoup de personnes *ont demeuré* ici.   (naître, disparaître, rester, souffrir)

----

7. Pourquoi le mendiant le *suivit-il?*   (dire, tenir, voler, craindre)

-----

8. Me *parliez-vous?*   (sourire, comprendre, lire, mentir)

-----

9. Je *rendis* toutes les perles.   (recevoir, remettre, ramasser, vouloir)

-----

10. Pourquoi *ne l'avez-vous pas choisi?*   (attendre, dire, avoir, éteindre)

D. Mettre au passé en employant le passé simple et l'imparfait:

MODÈLE: Je remarque les gants qu'elle porte.
Je remarquai les gants qu'elle portait.

1. Ils aperçoivent que quelqu'un les suit. -----

-----

2. Il vient vers moi pendant que je finis ma tâche. -----

-----

3. La révolution a lieu pendant que nous étudions à l'étranger. -----

-----

4. Je bois l'eau minérale qui se trouve dans le réfrigérateur. -----

-----

5. Ils s'asseyent sur le canapé qui leur plaît tant. -----

-----

6. Il ne reconnaît pas le chauffeur qui le conduit. -----

-----

7. Rient-elles de la jeune fille qui rougit? -----

-----

8. Nous voyons les danseuses qui marchent sur la pointe des pieds. -----

-----

9. Je regarde mon père qui jouit d'un repos bien gagné. ------------------------------------

----

10. Quand ils quittent l'immeuble, ils ont froid. -----------------------------------

----

E. Mettre les paragraphes suivants au passé, selon l'usage de la conversation:

1. Il fait noir et il pleut à verse. Les ouvriers montent dans leur camion stationné, et le véhicule commence à rouler, descend la rue, et arrive en face d'une vieille usine.

----

2. Quand j'entends sonner le téléphone, je ferme mon livre et je cours vers la table. C'est, peut-être, l'agence qui m'appelle? On va voir.

----

3. Les lumières du feu qui tremblent devant moi semblent me sourire. Je crois qu'elles veulent me parler. Je ne peux pas bouger.

----

4. Paul rentre chez lui, rassuré. Il sait qu'il vaut la peine de travailler dur maintenant. Il prend ses lunettes, ouvre l'armoire, et cherche son manuscrit.

----

5. On frappe les trois coups, et la pièce commence. La scène est bien éclairée, et la vedette porte un costume magnifique. A la fin de la pièce, nous applaudissons avec la plupart des spectateurs. Nous regrettons de voir tomber le rideau, mais nous partons. C'est une pièce qu'il faut voir!

FUTURE AND CONDITIONAL

a. The future (**le futur**) and the present conditional (**le conditionnel présent**) are formed by adding the personal endings to the infinitive. In **-re** verbs, the final **e** is dropped before the endings are added.

b. The endings for all verbs in the future are related to the present tense of **avoir**: *-ai, -as, -a, -ons, -ez, -ont.*

The endings of the conditional are the same as those of the imperfect indicative: *-ais, -ais, -ait, -ions, -iez, -aient.*

> *Note:* For the forms of the future and conditional of the regular conjugations, see Appendix, page 286.

Prendrez-vous part avec les autres à la manifestation?	Will you take part with the others in the demonstration?
L'Assemblée générale de l'O.N.U. **ajournera** sa session après-demain.	The U.N. General Assembly will adjourn the day after tomorrow.
Oserais-tu abuser de sa générosité?	Would you dare take advantage of his generosity?
Nous **choisirions** la compagnie aérienne la plus experimentée du monde.	We would choose the world's most experienced airline.

c. The verbs listed below have an irregular stem in the future and the conditional.

INFINITIVE	FUTURE	CONDITIONAL
aller	j'*irai*	j'*irais*
s'asseoir	je m'*assiérai* / je m'*assoirai*	je m'*assiérais* / je m'*assoirais*
avoir	j'*aurai*	j'*aurais*
courir	je *courrai*	je *courrais*
cueillir	je *cueillerai*	je *cueillerais*
devoir	je *devrai*	je *devrais*
envoyer	j'*enverrai*	j'*enverrais*
être	je *serai*	je *serais*
faire	je *ferai*	je *ferais*
falloir	il *faudra*	il *faudrait*
mourir	je *mourrai*	je *mourrais*
pleuvoir	il *pleuvra*	il *pleuvrait*
pouvoir	je *pourrai*	je *pourrais*
recevoir	je *recevrai*	je *recevrais*
savoir	je *saurai*	je *saurais*
tenir	je *tiendrai*	je *tiendrais*
valoir	je *vaudrai*	je *vaudrais*
venir	je *viendrai*	je *viendrais*
voir	je *verrai*	je *verrais*
vouloir	je *voudrai*	je *voudrais*

d. In addition to the usual translation, certain conditional forms often have other translations:

> **je devrais** = I ought, I should (in the sense of obligation)
> **je pourrais** = I could
> **je voudrais** = I would like

e. The conditional is frequently used in French as in English to soften a question or a reply.

Auriez-vous son numéro de téléphone?	Would you have his telephone number?
Je ne **saurais** vous le dire.	I can't (couldn't) tell you.

f. *Immediate* future is often expressed in French by the following constructions: (1) the present tense; (2) the present tense of **aller** + the infinitive.

Nous **partons** tout de suite.	We shall leave at once.
Je **vais** le **faire** maintenant.	I'll do it now.

SPELLING CHANGES IN *-ER* VERBS

Certain verbs of the first conjugation undergo spelling changes.

a. Verbs ending in **-cer** change **c** to **ç** before **a** or **o** to retain the soft **c** sound.

annon*cer,* to announce

present:
  j'annonce, tu annonces, il annonce, nous annon**ç**ons, vous annoncez, ils annoncent
imperfect:
  j'annon**ç**ais, tu annon**ç**ais, il annon**ç**ait, nous annoncions, vous annonciez, ils annon**ç**aient
passé simple:
  j'annon**ç**ai, tu annon**ç**as, il annon**ç**a, nous annon**ç**âmes, vous annon**ç**âtes, ils annoncèrent

b. Verbs ending in **-ger** insert mute **e** between **g** and **a** or **o** to retain the soft **g** sound.

na*ger,* to swim

present:
  je nage, tu nages, il nage, nous nag**e**ons, vous nagez, ils nagent
imperfect:
  je nag**e**ais, tu nag**e**ais, il nag**e**ait, nous nagions, vous nagiez, ils nag**e**aient
passé simple:
  je nag**e**ai, tu nag**e**as, il nag**e**a, nous nag**e**âmes, vous nag**e**âtes, ils nagèrent

c. Verbs ending in **-yer** change **y** to **i** before mute **e.**

netto*yer,* to clean

present:
  je netto**i**e, tu netto**i**es, il netto**i**e, nous nettoyons, vous nettoyez, ils netto**i**ent
future:
  je netto**i**erai, tu netto**i**eras, il netto**i**era, nous netto**i**erons, vous netto**i**erez, ils netto**i**eront
conditional:
  je netto**i**erais, tu netto**i**erais, il netto**i**erait, nous netto**i**erions, vous netto**i**eriez, ils netto**i**eraient

However, verbs ending in **-ayer** may or may not change the **y** to **i.**

payer, to pay: **ils payent** or **ils paient**
              je payerais or **je paierais**

d. Verbs with mute **e** in the syllable before the infinitive ending change mute **e** to **è** when the next syllable contains another mute **e.**

ach*ever,* to complete

present:
  j'ach**è**ve, tu ach**è**ves, il ach**è**ve, nous achevons, vous achevez, ils ach**è**vent
future:
  j'ach**è**verai, tu ach**è**veras, il ach**è**vera, nous ach**è**verons, vous ach**è**verez, ils ach**è**veront
conditional:
  j'ach**è**verais, tu ach**è**verais, il ach**è**verait, nous ach**è**verions, vous ach**è**veriez, ils ach**è**veraient

However, two common verbs, **appeler** and **jeter,** as well as their compounds, double the consonant instead of adding the grave accent.

il appe**ll**e, he calls	je je**tt**e, I throw
j'appe**ll**erai, I will call	ils je**tt**eront, they will throw
vous appe**ll**eriez, you would call	nous je**tt**erions, we would throw

e. Verbs with **é** in the syllable before the infinitive ending change **é** to **è** only before the mute endings **-e, -es, -ent.** The future and the present conditional remain unchanged.

protéger, to protect

present:

je prot**è**ge, tu prot**è**ges, il prot**è**ge, nous protégeons, vous protégez, ils prot**è**gent

COMMON -*CER* VERBS

annoncer, to announce
avancer, to advance; be fast
  (of clocks and watches)
commencer, to begin

effacer, to erase, efface
exercer, to exercise, practice
lancer, to hurl, launch
menacer, to threaten

placer, to place, set
prononcer, to pronounce
remplacer, to replace
renoncer à, to give up

COMMON -*GER* VERBS

arranger ⎫ to set in order
ranger ⎭
bouger, to move, stir
changer, to change
corriger, to correct
déranger, to disturb

exiger, to require
infliger, to inflict
manger, to eat
nager, to swim
neiger, to snow
obliger, to oblige, compel

partager, to share, divide
plonger, to plunge, dive
protéger, to protect
songer, to think
soulager, to lighten, ease
voyager, to travel

COMMON -*YER* VERBS

balayer, to sweep
employer, to use, employ
ennuyer, to bore

essayer, to try, try on
essuyer, to wipe, endure
nettoyer, to clean

se noyer, to drown
payer, to pay, pay for

COMMON VERBS WITH MUTE *E* IN STEM

MUTE *e* CHANGES TO *è*

acheter, to buy
achever, to complete
amener, to bring (here), lead to
élever, to bring up, raise
emmener, to lead away, take away
enlever, to remove, take off
geler, to freeze
lever, to raise, lift
mener, to lead, take
peser, to weigh
se promener, to take a walk

CONSONANT DOUBLES

appeler, to call
jeter, to throw, throw away
rappeler, to recall, call again

COMMON VERBS WITH *É* IN STEM

céder, to yield
célébrer, to celebrate
compléter, to complete
espérer, to hope

exagérer, to exaggerate
interpréter, to interpret
posséder, to possess, own
préférer, to prefer

protéger, to protect
répéter, to repeat
révéler, to reveal

EXERCICES

A. Répondre en imitant le modèle:

MODÈLE: Aujourd'hui l'eau devient de la glace.   Et demain?
        Demain l'eau deviendra de la glace.

1. Aujourd'hui la chaleur fait fondre la neige.   Et demain?

----

2. Ce matin nous ne prenons pas notre parapluie.   Et ce soir?

----

3. Aujourd'hui il pleut à petites gouttes.   Et demain?

----

4. A présent ils ne cèdent pas à la force.   Et la semaine prochaine?

----

5. Ce matin je m'assieds près du lac.   Et cet après-midi?

----

6. Aujourd'hui vous nettoyez les fenêtres.   Et le mois prochain?

----

7. Maintenant le soleil couchant disparaît à l'horizon.   Et demain soir?

----

8. Actuellement elles possèdent une belle propriété.   Et à l'avenir?

----

9. Cette année on élève les prix.   Et l'année prochaine?

----

10. A présent je me rappelle clairement le jour de la fête.   Et la semaine prochaine?

B. Former des phrases au futur et au conditionnel en employant les sujets indiqués:

MODÈLE: prendre le petit déjeuner   *nous*
      Nous prendrons le petit déjeuner.
      Nous prendrions le petit déjeuner.

1. atterrir sur la lune   *le cosmonaute*

----

2. les recevoir à bras ouverts   *je*

----

3. avoir à lire l'affiche   *vous*

----

4. exagérer leurs récits   *elles*

----

5. ne pas mourir martyr pour sa cause   *il*

----

6. jeter des cris   *les petits*

----

7. le voir de tes propres yeux   *tu*

----

8. geler l'eau du marais   *le froid*

----

9. en savoir bon gré au pharmacien   *ils*

----

10. ne pas employer ce remède   *elle*

----

11. devenir le chef de l'entreprise   *M. Redon*

----

12. cueillir des fruits mûrs   *elles*

----

13. se promener pour faire de l'exercice   *je*

----

14. obtenir des renseignements   *nous*

----

15. ne pas aller très loin   *cet argent*

C. Compléter chaque phrase en donnant la forme convenable du verbe:

1. Corrigez-vous le défaut? Oui, nous le _____.

2. Qui répétera cette expérience? Les savants la _____ dans un proche avenir.

3. Que pesez-vous? Je _____ ce colis lourd.

4. Je vous ennuie? Mais non, vous ne m'_____ pas du tout.

5. Qui protégiez-vous? Je ne _____ personne.

6. Qu'est-ce que vous remplacez? Nous _____ tous nos vieux meubles.

7. Je n'annonçai pas son arrivée, moi. Il l'----------------------------- lui-même.

8. Où est-ce que je jette cette peau de banane? -----------------------------la dans ce sac.

9. Vous m'appelez, Nicole? Non, je ne vous ----------------------------- pas.

10. Vous espérez atteindre votre but? Je l'----------------------------- bien!

    D. Mettre l'infinitif en italique au temps indiqué:

    AU FUTUR

1. Aucun défaut ne *pouvoir* échapper à nos spécialistes.   -----------------------------

2. *Révéler*-vous jamais votre formule secrète?   -----------------------------

3. Qui *vivre voir*.   -----------------------------

4. Nous *nettoyer* la salle en y passant l'aspirateur tous les deux jours.   -----------------------------

5. Combien *valoir* ces actions l'année prochaine?   -----------------------------

    AU CONDITIONNEL

6. Je *vouloir* retenir une bonne chambre.   -----------------------------

7. Ils *préférer* attendre que de revenir.   -----------------------------

8. Le chien *aboyer* si quelqu'un essayait d'y entrer.   -----------------------------

9. Leur *envoyer*-vous l'argent si vous l'aviez?   -----------------------------

10. Elle a dit qu'elle *enlever* les rideaux.   -----------------------------

    À L'IMPARFAIT

11. Cette production *exiger* un énorme effort.   -----------------------------

12. Si jeunesse *savoir*, si vieillesse *pouvoir*. —H. ESTIENNE   -----------------------------

13. Les horloges *avancer* de dix minutes.   -----------------------------

14. Pour exécuter de grandes choses il faut vivre comme si on ne *devoir* jamais mourir. —VAUVENARGUES   -----------------------------

15. Ils *partager* les frais d'essence.   -----------------------------

    AU PASSÉ SIMPLE

16. Sa cheville *commencer* à lui faire mal.   -----------------------------

17. Enfin Malherbe *venir* et, le premier en France, *Faire* sentir dans les vers une juste cadence. —BOILEAU   -----------------------------

18. Mon esprit *plonger* donc sous ce flot inconnu, Au profond de l'abîme il *nager* seul et nu.—HUGO   -----------------------------

19. Les nuages nous *menacer* d'un orage.   -----------------------------

20. Je *placer* la clef sur le bureau.   -----------------------------

    E. Continuer la série en substituant dans la phrase précédente les mots indiqués; faire tous les changements nécessaires:

        Elle paie le morceau de musique.

1. Nous -----------------------------

2. ------- *interprétez* -----------------------------

3. Il _____

4. Nous _____

5. _____ *commencions* _____

6. Je _____

7. Ils _____

8. _____ *achevez* _____

9. Tu _____

10. Elle _____

11. _____ *jettes* _____

12. Je _____

13. Vous _____

14. _____ *essayons* _____

15. Elles _____

16. _____ *corrigèrent* _____

17. Je _____

18. Il _____

19. _____ *achèterez* _____

20. Ils _____

F. Dans chaque série, changer la première phrase en substituant les mots indiqués. Faire tous les autres changements nécessaires:

1. Il vit aux États-Unis, où il exerce la médecine et voyage beaucoup.

Il vivait _____

2. Pourquoi ne faites-vous pas le travail? Vous pouvez le faire et vous devez le faire.

Pourquoi ne feriez-vous pas _____

3. Il hésite; puis il change d'avis; enfin il renonce aux cigarettes.

Il hésita; _____

4. Elle croit que nous irons au bal, qu'elle nous y verra et que nous célébrerons ensemble.

Elle croyait _____

5. Arrangez cette salle, enlevez le tapis, et nettoyez le plancher avec une brosse.

Arrange _____

6. Tous les jours j'ai l'intention de lui parler, j'essaie de le faire, mais la peur m'oblige à me taire.

_____ j'avais _____

7. Il savait que nous prononcions bien la langue et que nous corrigions toutes nos erreurs.

Il sait que _____

8. Elle regarde sa montre, elle se lève vite, et elle court à l'école.

Elle regardera _____

9. Pourquoi ne répondent-elles pas? Pourquoi ne viennent-elles pas? Sont-elles malades?

Pourquoi ne répondraient-elles pas? _____? _____?

10. Je vois qu'il neige et qu'on amène les enfants à la maison.

Je voyais _____.

SPECIAL USES OF CERTAIN TENSES OF THE INDICATIVE

a. **Depuis** and similar expressions are used with the present tense in French to express an action begun in the past and still continuing in the present.

$$\left.\begin{array}{l}\textbf{depuis}\\ \textbf{il y a ... que}\\ \textbf{voici (voilà) ... que}\end{array}\right\}\text{for}$$

$$\left.\begin{array}{l}\textbf{depuis quand?}\\ \textbf{depuis combien de temps?}\\ \textbf{combien de temps y a-t-il que?}\end{array}\right\}\text{how long?}$$

Ils s'en *plaignent* depuis des mois. **Il y a** des mois **qu'ils** s'en *plaignent*. **Voici (Voilà)** des mois **qu'ils** s'en *plaignent*.	They have been complaining about it for months.
Depuis quand s'en *plaignent*-ils? **Depuis combien de temps** s'en *plaignent*-ils? **Combien de temps y a-t-il qu'ils** s'en *plaignent?*	How long have they been complaining about it?

Observe that in the equivalent English construction, the present perfect tense, generally progressive, is used.

b. **Depuis** and similar expressions are used with the imperfect tense in French to express an action begun in the past and still continuing up to a given point in the past.

$$\left.\begin{array}{l}\textbf{depuis}\\ \textbf{il y avait ... que}\\ \textbf{voici (voilà) ... que}\end{array}\right\}\text{for}$$

$$\left.\begin{array}{l}\textbf{depuis quand?}\\ \textbf{depuis combien de temps?}\\ \textbf{combien de temps y avait-il que?}\end{array}\right\}\text{how long?}$$

Ils s'en *plaignaient* depuis des mois. **Il y avait** des mois **qu'ils** s'en *plaignaient*. **Voici (Voilà)** des mois **qu'ils** s'en *plaignaient*.	They had been complaining about it for months.
Depuis quand s'en *plaignaient*-ils? **Depuis combien de temps** s'en *plaignaient*-ils? **Combien de temps y avait-il qu'ils** s'en *plaignaient?*	How long had they been complaining about it?

Observe that in the equivalent English construction, the past perfect tense, generally progressive, is used.

Note: The word **depuis** is never omitted in French, as *for* may be omitted in English.

c. For other situations involving duration of time, **combien de temps?** (*how long?*) and **pendant** (*for*) are used. With the future tense, however, **pour** (*for*) is often used.

Combien de temps peignez-vous chaque soir?	How long do you paint each evening?
Je peins **pendant** deux heures.	I paint for two hours.
Combien de temps sont-ils restés en Belgique?	How long did they stay in Belgium?
Ils y sont restés (**pendant**) quinze jours.	They stayed there (for) two weeks.
L'artiste sera en ville **pour** l'hiver.	The artist will be in town for the winter.

Note: **Pendant** and **pour**, like *for* in English, are sometimes omitted.

d. After **quand** (*when*), **lorsque** (*when*), **aussitôt que** (*as soon as*), **dès que** (*as soon as*), **après que** (*after*), and **pendant que** (*while*), French uses the *future* tense or, less frequently, the *future perfect* if future time is implied.

Quand le téléphone *sonnera,* je vous le ferai savoir.	When the phone rings, I'll let you know.
Il te demandera pardon **dès qu'**il se *rendra* compte de son faux pas.	He will apologize to you as soon as he realizes his blunder.
Que diront-ils **après que** nous *sortirons* (*serons sortis*)?	What will they say after we leave?
Amusez-vous bien **pendant que** vous *serez* en vacances.	Have a good time while you are on vacation.

Note: In all other cases, the tense used after these conjunctions is the same as the tense used in English.

Lorsqu'elle se trompe, elle l'avoue.	When she is wrong, she admits it.
Aussitôt que l'artiste avait achevé l'œuvre, il a quitté son atelier.	As soon as the artist had finished the work, he left his studio.

PRESENT PARTICIPLE

a. The present participle in French ends in **-ant.** (The English equivalent ends in *-ing.*) The French stem is the same as that of the first person plural of the present indicative.

INFINITIVE	FIRST PERSON PLURAL	PRESENT PARTICIPLE
hésiter	**hésitons**	*hésitant,* hesitating
ravir	**ravissons**	*ravissant,* delighting
vendre	**vendons**	*vendant,* selling
lancer	**lançons**	*lançant,* hurling
devoir	**devons**	*devant,* owing
voir	**voyons**	*voyant,* seeing
boire	**buvons**	*buvant,* drinking

b. Verbs with irregular present participles are:

avoir, *ayant*   **être,** *étant*   **savoir,** *sachant*

c. The present participle may be used as a *verb* to express action or state of being. In this case, it is invariable and is often followed by a complement.

Une femme **tenant** une clef à la main s'est dirigée vers nous.	A woman holding a key in her hand came toward us.
Ne **sachant** que faire, j'ai éclaté de rire.	Not knowing what to do, I burst out laughing.
Ils sont entrés **chantant** joyeusement.	They came in singing merrily.
Étant restés quelques jours à la maison, nous nous sentions beaucoup mieux.	After staying home for a few days, we felt much better.

Observe that the present participle of **avoir** and of **être** may be used as an auxiliary verb.

d. The present participle may be used after the preposition **en** (*while, by, in, on, upon*). It is then invariable.

En le *reconnaissant,* elle cria de joie.	On recognizing him, she shouted with joy.
Je me suis endormi **en** *lisant* le journal.	I fell asleep while reading the newspaper.
En *travaillant* dur, on peut réussir.	By working hard, you can succeed.

Note

1. **En** is the only preposition that is followed by the present participle. All other prepositions take the infinitive.

2. The word **tout** is used with **en** (*while*) and the present participle for emphasis.

Elle est partie *tout* **en pleurant**.	She left while still crying.
Tout **en écoutant** le conférencier, nous prenions des notes.	While still listening to the lecturer, we were taking notes.

3. When the present participle is used with **en,** it refers to the subject of the sentence.

e. The present participle may be used as an *adjective* to express description. In this case, it agrees in gender and number with the noun or pronoun it modifies.

La **lumière** devenait de plus en plus *éclatante.*	The light was becoming more and more dazzling.
On a découvert des **mines** *flottantes.*	They discovered floating mines.
Je trouve ces **contes** très *intéressants.*	I find these stories very interesting.
Elle est bien *amusante,* n'est-ce pas?	She is very amusing, isn't she?

EXERCICES

A. Pour chacune des phrases suivantes, donner une phrase équivalente avec *depuis*:

1. Voici une demi-heure que sa fille téléphone à ses amies. _____

_____

2. Combien de temps y a-t-il que vous jouez dans cette pièce? _____

_____

3. Il y avait plus d'un siècle que les deux nations se battaient. _____

_____

4. Combien de temps y avait-il qu'il souffrait de cette maladie? _____

_____

5. Il y a trop longtemps qu'il dépend de ses parents. _____

_____

6. Voilà plusieurs mois que je suivais ce régime strict. _____

_____

7. Combien de temps y a-t-il que nous nous connaissons? _____

_____

8. Il y avait longtemps qu'il faisait semblant d'aimer sa belle-mère. _____

_____

9. Combien de temps y avait-il que ses clients se plaignaient de lui? _____

_____

10. Il y a pas mal de semaines que Louis porte cette barbe. ---

----

B. Répondre à chaque question par une phrase complète en français:

1. Depuis combien de temps font-ils partie de cette société? ---------------------------------

----

2. Que ferez-vous aussitôt que vous compléterez votre œuvre? ------------------------------

----

3. Combien de temps y a-t-il que je suis dans cet hôpital? -----------------------------------

----

4. Où iront-ils quand l'ouragan arrivera? --

----

5. Depuis quand voyagiez-vous avant l'accident? --

----

6. Combien de temps Denise a-t-elle pu se taire? --

----

7. Que devra-t-il faire quand il n'aura pas de quoi vivre? ----------------------------------

----

8. Depuis combien de temps pleuvait-il quand elle a décidé de sortir? --------------------

----

9. Combien de temps y avait-il que tu les attendais à la gare? ------------------------------

----

10. Depuis quand promet-il de nous envoyer de ses nouvelles? ---------------------------

----

C. Dans chaque série, changer la première phrase en substituant les mots indiqués. Faire tout autre changement nécessaire:

1. Je me brosse les dents après que nous avons fini de manger.

Je me brosserai ---.

2. Il y a une heure qu'elle coud cette robe.

Il y avait ---

3. Que pouvait-elle faire pendant que j'apprenais par cœur le poème?

Que pourra-t-elle ---?

4. Ce commis voyageur descend à l'hôtel quand ses affaires le retiennent ici.

---------------------------------- descendra ---.

5. Combien de temps y a-t-il qu'elle vous en veut?

Combien de temps y avait-il ---?

6. Aujourd'hui elle s'est levée quand le réveille-matin a sonné.

_____ se lèvera _____.

7. Essayez de nous rendre visite lorsque vous aurez le temps.

Ils essaient de _____.

8. Je vous aide quand vous voulez ranger votre chambre.

Je vous aiderai _____.

9. Nous nous assiérons dans le jardin lorsqu'il fera beau.

Nous nous asseyions _____.

10. Dès que le visiteur arrive, ils vont à sa rencontre.

_____, ils iront _____.

D. Écrire la forme convenable du verbe en italique:

1. J'espère que vous ferez bien attention quand vous _descendre_ l'échelle.   _____

2. En _forger_ on devient forgeron.   _____

3. Il y avait une semaine que je _prendre_ des leçons particulières.   _____

4. Tout en _regarder_ autour d'eux, ils sont montés à leur appartement.   _____

5. Combien de temps leur _falloir_-il demain pour décorer la salle?   _____

6. L'appétit vient en _manger;_ la soif s'en va en _boire_.   _____

7. Dès que je me _être_ rasé, je prendrai le petit déjeuner.   _____

8. Combien de temps y avait-il qu'il s'en _rendre_ compte?   _____

9. Hier soir nous _se réunir_ chez Armand pendant trois heures.   _____

10. La perle au fond des mers naît de la chair _vivre_.   _____

11. Combien de temps y a-t-il qu'elle _dormir_ sans bouger?   _____

12. _Se lever_, je suis sorti pour prendre de l'air.   _____

13. _Avoir_ pris le parti d'être digne de l'honneur, il se mit au travail.   _____

14. Aussitôt que je les _voir_, je les ai reconnus.   _____

15. Nous _être_ en France pour un mois pendant les grandes vacances.   _____

16. Je vous dirai le secret après qu'il _partir_.   _____

17. Il y a un mois qu'elle _s'inquiéter_ de sa santé.   _____

18. L'homme est parti tout en _menacer_ de les détruire.   _____

19. Depuis quand _être_-elle fatiguée avant d'en découvrir la cause?   _____

20. Ils se sont couchés à dix heures, _devoir_ aller le lendemain matin à l'aéroport.   _____

E. Relier les deux phrases selon les modèles suivants en remplaçant le premier verbe par le participe présent :

MODÈLES : Jacques marchait à l'école. Il a rencontré un ami.
En marchant à l'école, Jacques a rencontré un ami.

Nous avions vu le film. Nous sommes sortis du cinéma.
Ayant vu le film, nous sommes sortis du cinéma.

1. Il accomplit sa mission. Il essaie d'éviter les inconvénients. ------------------------------

2. La famille avait demeuré dix ans dans cette vieille maison. La famille a décidé de déménager. ------

3. Elle voyait le revenant. Elle a perdu connaissance. ------------------------------

4. Nous étions arrivés trop tard. Nous avons dû rester dans la salle d'attente. ------------------

5. Je nage dans la piscine. Je manque de me noyer. ------------------------------

6. Ils construisaient l'hôtel de ville. Ils se sont fait mal. ------------------------------

7. Elle s'est peignée. Elle se regarde dans la glace. ------------------------------

8. Je reçois la mauvaise nouvelle. Je ne puis cacher ma douleur. ------------------------------

9. Ils avaient commis un crime. Ils furent emmenés en prison. ------------------------------

10. Elle nettoie le tapis. Elle trouve une pièce de monnaie. ------------------------------

8. AUTRES TEMPS COMPOSÉS; VERBES PRONOMINAUX; ACCORD DU PARTICIPE PASSÉ

COMPOUND TENSES

Compound tenses are formed with the auxiliary verb **avoir** or **être** and the past participle.

Passé Composé

(present of the auxiliary + the past participle)

j'ai hésité, I hesitated, I have hesitated, I did hesitate

je suis tombé(e), I fell, I have fallen, I did fall

Note: For additional information on the passé composé, see pages 47–48.

Pluperfect (**le plus-que-parfait**)

(imperfect of the auxiliary + the past participle)

j'avais hésité, I had hesitated

j'étais tombé(e), I had fallen

Future Perfect (**le futur antérieur**)

(future of the auxiliary + the past participle)

j'aurai hésité, I shall have hesitated

je serai tombé(e), I shall have fallen

Past Conditional (**le conditionnel passé**)

(conditional of the auxiliary + the past participle)

j'aurais hésité, I would have hesitated

je serais tombé(e), I would have fallen

Passé Antérieur

(passé simple of the auxiliary + the past participle)

j'eus hésité, I had hesitated

je fus tombé(e), I had fallen

Note: The passé antérieur is limited in its use. It is rarely used except in literary passages where it replaces the pluperfect after conjunctions of time such as **quand, lorsque, dès que, aussitôt que,** and **après que.** It is also used in a main clause beginning with **à peine.**

Ils se mirent au travail **aussitôt qu'**ils *furent rentrés*.	They set to work as soon as they had returned.
A peine *eut*-elle *vendu* sa propriété qu'elle regretta sa décision.	Hardly had she sold her property when she regretted her decision.

PRONOMINAL VERBS

a. Pronominal verbs are those which have one of the following personal pronouns as direct or indirect object: **me, te, se, nous, vous.** This pronoun object represents the same person or thing as the subject.

> Je *me lèverai* à sept heures précises.
> Nous ne *nous parlions* pas ce jour-là.
> Vous ne *vous vantez* jamais.
> Soudain la porte *s'est ouverte*.

FORMS OF PRONOMINAL VERBS

se reposer, to rest

PRESENT INDICATIVE

I (do) rest, I am resting

je *me repose*	nous *nous reposons*
tu *te reposes*	vous *vous reposez*
il (elle) *se repose*	ils (elles) *se reposent*

IMPERFECT:	je *me reposais*	I was resting, I used to rest
FUTURE:	je *me reposerai*	I will rest
CONDITIONAL:	je *me reposerais*	I would rest
PASSÉ SIMPLE:	je *me reposai*	I rested

IMPERATIVE

AFFIRMATIVE	NEGATIVE
repose-toi, rest	*ne te repose pas,* do not rest
reposez-vous, rest	*ne vous reposez pas,* do not rest
reposons-nous, let us rest	*ne nous reposons pas,* let us not rest

PASSÉ COMPOSÉ

I rested, I have rested, I did rest

je *me suis* reposé(*e*)	nous *nous sommes* reposé(*e*)s
tu *t'es* reposé(*e*)	vous *vous êtes* reposé(*e*)(*s*)
il *s'est* reposé	ils *se sont* reposés
elle *s'est* reposée	elles *se sont* reposées

PLUPERFECT:	je *m'étais reposé*(*e*)	I had rested
FUTURE PERFECT:	je *me serai reposé*(*e*)	I shall have rested
PAST CONDITIONAL:	je *me serais reposé*(*e*)	I would have rested
PASSÉ ANTÉRIEUR:	je *me fus reposé*(*e*)	I had rested

Note

1. Pronominal verbs are conjugated with the auxiliary **être.**

2. Past participles of pronominal verbs agree in gender and number with the *preceding direct object*, if there is one.

b. The pronominal verb may be used reflexively. When the verb is reflexive, the action is performed by the subject on itself.

Any French verb that takes an object, direct or indirect, may be made reflexive by adding a personal pronoun that refers back to the subject.

A verb that is reflexive in French is not necessarily reflexive in English.

Elle *s'enrhumait* chaque hiver.	She would catch cold every winter.
Vous *êtes-vous rappelé* son prénom en la voyant?	Did you recall her first name when you saw her?
Je dois *m'acheter* une montre-bracelet.	I must buy myself a wristwatch.

c. Pronominal verbs may be used in the plural to show *reciprocal* action, that is, action of one part of the subject on another part. For the sake of clarity, the expressions **l'un(e) l'autre** and **les un(e)s les autres** are often added.

Ils *se rencontrèrent* à l'université.	They met at the university.
Nous *nous sommes félicités*.	{We congratulated ourselves. {We congratulated each other.
Nous *nous sommes félicités* l'un l'autre.	We congratulated each other.
Les deux sœurs *s'écriront* l'une à l'autre.	The two sisters will write to each other.
Ces marchands ne *s'aiment*-ils pas **les uns les autres?**	Don't those merchants like one another?

d. In other pronominal verbs, the pronoun has been assimilated into the meaning of the verb, and its reflexive force is no longer felt.

Nous *nous en doutions* dès le commencement.	We suspected it from the beginning.
Ne *vous moquez* pas de lui.	Don't make fun of him.
Le surlendemain il *s'en est allé*.	Two days later he went away.

e. The pronominal verb is often used as a substitute for the passive when the agent is not specified. This construction is used almost exclusively in the third person with a thing or things as subject.

Seulement le fouettement de la pluie contre les vitres *s'entendait*.	Only the beating of the rain on the window-panes could be heard.
Attention! Ces ampoules *se brisent* facilement.	Be careful! These bulbs break (are broken) easily.

For additional information on the passive voice, see page 89.

f. When names of parts of the body are used with reflexive verbs, the definite article, rather than the possessive adjective, is used.

Venez-vous de vous laver *les* cheveux?	Have you just washed your hair?
Il se frottait *les* mains.	He was rubbing his hands.

VERBS THAT CHANGE MEANING WHEN USED PRONOMINALLY

Numerous verbs change their meaning when they are used pronominally. The most common are listed below.

agir, to act, behave	**s'agir de,** to be a question of, be about
aller, to go	**s'en aller,** to go away
amuser } **divertir** } to amuse	**s'amuser** } **se divertir** } to have a good time, enjoy oneself
appeler, to call	**s'appeler,** to be called
approcher, to bring near	**s'approcher de,** to approach, come near
appuyer, to support, sustain	**s'appuyer,** to lean
asseoir, to seat	**s'asseoir,** to sit down
attendre, to wait (for)	**s'attendre à,** to expect
battre, to beat	**se battre,** to fight
charger, to load, charge, entrust	**se charger de,** to take care of, undertake
demander, to ask (for)	**se demander,** to wonder
diriger, to direct	**se diriger vers,** to head for, go toward
douter de, to doubt	**se douter de,** to suspect
endormir, to put to sleep	**s'endormir,** to fall asleep
ennuyer, annoy, vex, bore	**s'ennuyer,** to get bored
garder, to keep	**se garder de,** to beware of, take care not to
lever, to raise, lift	**se lever,** to get up, rise
marier, to marry off, give in marriage	**se marier à (avec),** to marry, get married (to)
mettre, to put (on)	**se mettre à,** to begin to

nommer, to name, call	**se nommer,** to be called
occuper, to occupy	**s'occuper de,** to attend to, look after, take charge of
passer, to pass, spend (time)	{**se passer,** to happen {**se passer de,** to do without
plaindre, to pity	**se plaindre,** to complain
porter, to carry	**se porter,** to feel (of health)
rappeler, to call back	**se rappeler,** to recall, remember
remettre, to put back, hand over, postpone	**se remettre,** to recover
rendre, to give back, return	{**se rendre,** to surrender, yield {**se rendre à,** to go to
retourner, to return, go back	**se retourner,** to turn around
réunir, to bring together, join	**se réunir,** to meet
sauver, to save	**se sauver,** to run away, escape
servir, to serve	**se servir de,** to use
tromper, to deceive	{**se tromper,** to be mistaken, make a mistake {**se tromper de,** to be wrong about, take the wrong . . .
trouver, to find	**se trouver,** to be, be situated
vanter, to praise	**se vanter,** to boast

OTHER COMMON PRONOMINAL VERBS AND EXPRESSIONS

s'abonner à, to subscribe to
s'accorder, to agree
s'accoutumer à }
se faire à } to get used to
s'habituer à }
s'adresser à, to apply to, refer to
s'arrêter, to stop
se baigner, to bathe
se blesser, to hurt oneself, get hurt
se casser la jambe, to break one's leg
se coiffer, to put on one's hat, arrange one's hair
se coucher, to lie down, go to bed, set
se débarrasser de, to get rid of
se décider à, to decide to
se dépêcher }
se hâter } to hurry
se presser }
se déshabiller, to get undressed
s'échapper, to escape
s'écrier, to exclaim
s'efforcer de, to strive to
s'éloigner, to move off, go farther away
s'emparer de, to get hold of
s'enrhumer, to catch cold
s'étonner (de), to be astonished, be surprised (at)
se fâcher (contre), to get angry (with)
se faire mal, to hurt oneself, get hurt
se fier à, to trust

se figurer, to imagine
s'habiller, to dress, get dressed
s'inquiéter }
se tourmenter } to worry
s'intéresser à, to be interested in
se laver, to wash, get washed
se méfier de, to mistrust, beware of
se mettre en colère, to get angry, lose one's temper
se mettre en route, to start out
se moquer de, to make fun of, laugh at
se moucher, to blow one's nose
se noyer, to drown
se peigner, to comb one's hair
se pencher, to lean
se précipiter, to rush
se procurer, to obtain, get
se promener, to take a walk
se quereller, to quarrel
se raser, to shave
se rendre compte de, to realize
se reposer, to rest
se réveiller, to wake up
se sentir, to feel
se souvenir de, to remember
se taire, to be silent, keep quiet
se tirer d'affaire, to get along, get out of difficulty

AGREEMENT OF THE PAST PARTICIPLE

a. Past participles conjugated with **avoir** agree in gender and number with the *preceding direct object*, if there is one.

Quoiqu'on lui ait offert une récompense, il **l'a** *refusée.*	Although they offered him a reward, he refused it.
Combien de **dommages** le cyclone a-t-il *infligés?*	How much damage did the cyclone inflict?
Est-ce que l'homme a pu dompter les **forces** naturelles qu'il a *déchaînées?*	Has man been able to tame the natural forces that he has unchained?

Note

1. There is no agreement with the pronoun **en.**

Avez-vous vu des fantômes dans le château désert? Non, mais nous **en** avons *entendu.*	Did you see any ghosts in the deserted castle? No, but we heard some.

2. The past participle of **faire** is invariable *when followed by an infinitive.*

Je n'ai pas reconnu votre maison. L'avez-vous *fait* repeindre?	I didn't recognize your house. Have you had it painted?
Les vieux arbres? Je les ai *fait* arracher.	The old trees? I had them uprooted.

b. Past participles of pronominal verbs agree in gender and number with the *preceding direct object,* if there is one.

Ils **se** sont *passés* de vacances.	They did without a vacation.
Elles **se** sont *données* entièrement à la tâche.	They gave themselves fully to the task.
Avez-vous vu les **étrennes** qu'elles se sont *envoyées?*	Have you seen the New Year's presents they sent each other?

But:

Se sont-ils *menti?*	Did they lie to each other?
Elles se sont *envoyé* des cadeaux.	They sent gifts to one another.

c. Past participles of the sixteen intransitive verbs conjugated with **être** agree in gender and number with the *subject.* (See page 48.)

Elles sont *nées* à l'étranger.	They were born abroad.
Seraient-**ils** *rentrés* tard?	Would they have arrived home late?

d. Past participles of verbs used in the passive, since they are also conjugated with **être,** agree in gender and number with the *subject.*

La **circulation** avait été *arrêtée.*	The traffic had been stopped.
Notre **conversation** fut *interrompue* par un bruit sourd.	Our conversation was interrupted by a thud.

e. Past participles used as adjectives agree in gender and number with the noun they modify.

Des **édifices** monstrueux *climatisés, construits* de béton et de verre, bordaient les deux côtés de l'avenue.	Monstrous air-conditioned buildings, constructed of concrete and glass, lined both sides of the avenue.
Ennuyée de la pièce, **elle** sortit à la fin du premier acte.	Bored by the play, she left at the end of the first act.

EXERCICES

A. Former des questions en employant les sujets indiqués:
MODÈLE: (au passé composé) retenir une chambre　　　*il*

　　　A-t-il retenu une chambre?

AU PLUS-QUE-PARFAIT:

1. ne pas se couper　　　　　*Jeanne*

----

2. se couper la main   *Jeanne*

_____

3. les amener avec toi   *tu*

_____

4. venir nous en remercier   *ils*

_____

AU FUTUR ANTÉRIEUR:

5. prouver leur théorie   *les physiciens*

_____

6. s'endormir dans son berceau   *le bébé*

_____

7. ne pas rentrer en Amérique   *vous*

AU CONDITIONNEL PASSÉ:

_____

8. arriver mal à propos   *nous*

_____

9. ne pas se marier avec lui   *elle*

_____

10. la reconnaître à sa voix   *je*

_____

B. Former des phrases à l'impératif:

1. se garder de le faire   *vous*

_____

2. ne pas se moquer de lui   *tu*

_____

3. se mettre en route à l'instant   *nous*

_____

4. ne pas se pencher par la fenêtre   *vous*

_____

5. s'en aller au plus vite   *nous*

_____

C. Donner la forme convenable du participe passé:

1. (fonder)   C'est un principe sur lequel la société est _____.

2. (casser)   Elle se serait _____ le bras si Pierre n'y avait pas été.

3. (bâtir)   Quand va-t-il bâtir des maisons? Il en a déjà _____.

4. (faire)   A-t-il fait cirer ses souliers? Oui, il les a _____ cirer.

5. (partager)   Le bon sens est la chose du monde la mieux _____. —DESCARTES

6. (offrir)   Les programmes qui vous sont _____ sont changés fréquemment.

7. (préparer)   Quels repas délicieux elle s'est _____!

8. (donner)   Ils se sont _____ la main.

9. (avoir)   C'est une idée qu'il n'avait jamais _____.

10. (échanger)   Pas une parole n'était _____.

11. (réveiller)   _____ pendant la nuit, ils ne pouvaient pas se rendormir.

12. (naître)   Je suis jeune, il est vrai: mais aux âmes bien _____.
La valeur n'attend point le nombre des années. —CORNEILLE

13. (essayer)   Quels genres n'aurait-il pas _____?

14. (écrire)   Ce sont des articles _____ par des journalistes italiens.

15. (acheter)   Voici les chaussettes que je me suis _____.

16. (couper)   Dans ses bras elle portait des fleurs _____.

17. (sourire)   Ils se sont _____ l'un à l'autre.

18. (passer)   La lecture de tous les bons livres est comme une conversation avec les honnêtes gens des
siècles _____. —DESCARTES

19. (arrêter)   Deux voleurs ont été _____ ce matin.

20. (faire)   As-tu corrigé les erreurs que tu as _____?

D. Compléter les phrases:

1. Je me suis brûlé _____ langue en mangeant ce potage chaud.

2. Une personne qui ne se rappelle pas un événement ne s'en _____ pas.

3. Vous fiez-vous aux flatteurs? Non, je me _____ d'eux.

4. Un poing est une main _____.

5. Les deux frères se protègent l'un _____.

6. A peine se _____-elles assises à table que le téléphone sonna.

7. S'est-elle lavée? Elle ne s'est _____ que la figure.

8. Où as-tu mis les framboises? Je les ai _____ dans une assiette.

9. De quoi est-il question? Il s' _____ de ses finances.

10. Avez-vous contracté un rhume? Oui, il paraît que je me _____.

11. Ce n'est pas la route que nous devons suivre. Il est probable que nous nous sommes _____
de route.

12. Si l'on se fait à une certaine chose, on s'y _____.

13. Avez-vous employé un crayon pour tracer le dessin? Non, je me _____ d'un
stylo.

14. Une personne qui se fâche _____ en colère.

15. Au lieu d'acheter *Le Monde* tous les jours, nous avons décidé de nous y _____.

E. Remplacer l'infinitif en italique par la forme convenable du verbe:

1. (plus-que-parfait)   Elle *se réveiller* de très bonne heure.   --

2. (passé composé)   Les actrices *se regarder* d'un air ennuyeux.   --

3. (conditionnel passé) Qu'est-ce que nous *devoir* éviter?   --

4. (passé composé)   Et rose, elle *vivre* ce que vivent les roses,
   L'espace d'un matin. —MALHERBE   --

5. (impératif)   Puisque tu ne t'es pas encore coiffée, prends ce peigne et *se peigner*.   --

6. (passé composé)   Quelle autorité est-ce qu'il *se déléguer?*   --

7. (présent)   Cette boisson *se boire* de plusieurs façons.   --

8. (plus-que-parfait)   Ils ne *s'éloigner* que d'une cinquantaine de kilomètres.   --

9. (passé composé)   L'homme *naître* libre, et partout il est dans les fers. —J.-J. ROUSSEAU   --

10. (conditionnel passé) Elles *se parler* si elles avaient eu un téléphone.   --

F. Compléter les phrases en anglais:

1. Je ne me serais jamais douté de sa sincérité.

   -- his sincerity.

2. Cela ne se dit pas en français moderne.

   That -- in modern French.

3. Ils s'attendaient à un accueil empressé.

   -- a warm welcome.

4. Se serait-il noyé s'il n'avait pas su nager?

   ------------------------------------ if ------------------------------ to swim?

5. Nous nous verrons demain soir au concert.

   -- tomorrow night at the concert.

6. Quand il eut fini l'ouvrage, il le leur montra.

   --, he showed it to them.

7. Qu'est-ce qui se serait passé s'ils s'en étaient rendu compte?

   What ------------------------------------ if ------------------------------?

8. Le Français ne peut se passer de la conversation et de la société d'autrui.

   The Frenchman cannot --.

9. Elle était impatiente de le faire, ce qui se comprend facilement.

   She was impatient to do it, --.

10. Je me demande comment vous allez vous tirer d'affaire.

-- how you are going --.

11. Dès qu'elle fut morte, les héritiers arrivèrent.

--, the heirs arrived.

12. De temps en temps, ils se prêtaient des ustensiles de jardinage.

From time to time, -- garden tools.

13. S'il ne veut plus tous ces effets, pourquoi ne s'en débarrasse-t-il pas?

If he no longer wants all these belongings, why --?

14. Aussitôt que le prisonnier se fut échappé, on se mit à le chercher.

As soon as the prisoner ------------------------------, ------------------------------ to look for him.

15. Ce phare se voit de loin à moins que la brume ne soit trop épaisse.

That lighthouse -- unless the fog is too thick.

9. LA NÉGATION

COMMON NEGATIVES USED WITH VERBS

ne . . . **pas,** not
ne . . . **pas du tout,** not at all
ne . . . **point,** not, not at all
ne . . . **jamais,** never
ne . . . **plus,** no more, no longer
ne . . . **guère,** hardly, scarcely
ne . . . **rien,** nothing
ne . . . **personne,** no one, nobody

ne . . . **ni . . . ni,** neither . . . nor
ne . . . **ni ne,** neither . . . nor (used with correlative simple verbs)
ne . . . **que,** only
ne . . . **aucun (aucune),** no, none, no one
ne . . . **nul (nulle),** no, none, no one

POSITION OF NEGATIVES

a. In simple tenses, **ne** precedes the verb and pronoun objects; the second part of the negative follows the verb (or the subject pronoun in interrogative word order).

On **ne** donne **rien** si libéralement que ses conseils. —LA ROCHEFOUCAULD	We give nothing so freely as our advice.
L'homme **ne** vit **pas** seulement de pain.	Man does not live by bread alone.
Ne serez-vous **pas** des nôtres ce soir?	Won't you join us tonight?

b. In compound tenses, the second part of most negatives precedes the past participle.

N'ont-ils **rien** découvert?	Didn't they find out anything?
Il **n'**avait **jamais** vu plus loin que le bout de son nez.	He had never seen further than the tip of his nose.

c. The pronouns **personne** and **aucun,** when used as object, follow the past participle in a compound tense.

Son arrivée **n'**a étonné **personne.**	His arrival surprised no one.
Cela **n'**aurait plu à **personne.**	That wouldn't have pleased anyone.
Des pots-de-vin? Il **n'**en a jamais pris **aucun!**	Bribes? He has never taken any.

d. **Que** directly precedes the word or words restricted, as the word *only* does in English.

Nos vertus **ne** sont le plus souvent **que** des vices déguisés. —LA ROCHEFOUCAULD	Our virtues are most often only vices in disguise.
Le chauffeur de taxi **n'**y avait été **qu'**une fois auparavant.	The taxi driver had been there only once before.

e. The idea of *only* is expressed by **seulement** before a subject or when the verb is omitted.

Seulement un matelot pourrait faire un tel nœud.	Only a sailor could make such a knot.
Combien de fautes as-tu faites? **Seulement** deux.	How many mistakes have you made? Only two.

f. **Aucun** and **nul,** used as adjectives, precede the nouns they modify.

Elle n'avait **aucune** chance.	She had no luck.
Aucun complet ne lui va mieux.	No suit fits him better.
Vous n'avez **nulle cause** de vous plaindre.	You have no cause to complain.

g. Each part of **ni . . . ni** precedes the word or words restricted. However, if simple tenses are connected, the negative used is **ne . . . ni ne.**

Elle *n'a ni* écrit *ni* téléphoné.	She neither wrote nor phoned.
Ni ce monsieur *ni* cet autre *n'*est le père des enfants.	Neither this gentleman nor the other is the children's father.
A cause de leur peur, ils *ne* mangeaient *ni ne* dormaient.	Through fear, they neither ate nor slept.

Note

Rien, personne, and **aucun** are used as both object pronouns and subject pronouns. **Nul** may be used only as a subject pronoun.

La vérité est en marche; *rien ne* peut plus l'arrêter.—ZOLA	Truth is on the march; nothing can stop it now.
*Personne n'*y a fait objection.	No one objected to it.
Aucun ne saura jamais pourquoi il a hésité.	No one will ever know why he hesitated.
*Nul n'*est prophète en son pays.	No man is a prophet in his own country.

h. Both parts of the negative generally precede the infinitive.

Elle s'ennuie à *ne rien* **faire.**	She is getting bored doing nothing.
Nous espérons *ne jamais* **rebrousser** chemin.	We hope we will never turn back.
Il faut faire semblant de *ne pas* les **voir.**	We must pretend not to see them.

OMISSION OF *NE* OR *PAS*

a. **Ne** is used only with a verb. However, the second part of a negative may be used without a verb while still retaining its negative meaning.

Plus de bêtises!	No more nonsense!
Y avait-il un espoir? *Aucun.*	Was there any hope? None.
Cette nature morte te plaît? *Pas du tout.*	Do you like that still-life? Not at all.

b. **Jamais** { used with a verb but without **ne** = *ever.* used with a verb and **ne** = *never.* used alone, without a verb and **ne** = *never.*

Pourrez-vous *jamais* oublier ce paysage?	Will you ever be able to forget this scenery?
Non, je *ne* pourrai *jamais* l'oublier.	No, I'll never be able to forget it.
Jamais de la vie!	Never (in my life)!

c. **Ne** is frequently used without **pas** with the verbs **pouvoir, savoir, cesser,** and **oser,** especially before an infinitive.

Ils *ne pouvaient* se souvenir de la date.	They couldn't remember the date.
Il *ne sait* ce qu'il veut.	He doesn't know what he wants.
Cette cloche *ne cesse* de sonner.	That bell does not stop ringing.
Je *n'ose* regarder par la fenêtre.	I don't dare look out the window.

d. When **il y a (voici, voilà) que** is followed by a compound tense, **ne** is generally used without **pas.**

| **Il y a** longtemps que je *ne* vous ai vu. | { I haven't seen you for a long time. It has been a long time since I've seen you. |
| **Voici (Voilà)** deux mois que nous *n'*avons reçu de ses nouvelles. | We haven't heard from him for two months. |

e. **Ne** is used alone in certain fixed expressions and certain proverbs.

Si je *ne* me trompe . . .	If I'm not mistaken . . .
*N'*importe.	Never mind. No matter.
Elle a un je *ne* sais quoi qui m'intrigue.	She has something indefinable that intrigues me.
Il *n'*est pire eau que l'eau qui dort.	Still waters run deep.
Qui *ne* dit mot, consent.	Silence gives consent.

MULTIPLE NEGATIVES

a. **Ne** may be used with two or more negatives. Some common combinations are listed below.

ne . . . plus guère	ne . . . jamais personne
ne . . . plus personne	ne . . . jamais rien
ne . . . plus rien	ne . . . jamais nulle part
ne . . . plus jamais *or* ne . . . jamais plus	

Je **ne** dis **plus rien.**	I will say nothing more.
Elle **n'a plus jamais** voulu le voir.	She never wanted to see him again.
N'ont-ils **jamais rien** accompli?	Haven't they ever accomplished anything?

Observe that where multiple negatives are used, **plus** and **jamais** precede the others.

Note

1. The negative **ne . . . point,** although stronger than **ne . . . pas,** is used today only in formal writing. In familiar usage, **ne . . . pas du tout** is used instead. **Ne . . . nul** also is generally restricted to literary writing.

2. The *pronoun* **personne** is masculine but the *noun* **personne** is feminine.

Personne ne s'est *fâché.*	No one got angry.
Deux **personnes** étaient *parties.*	Two persons had left.

3. **Si** (*yes*) is used to contradict a negative question or statement.

Il **ne** nage **guère** en hiver, n'est-ce pas? *Si,* il nage toute l'année.	He scarcely swims in winter, does he? Yes, he swims all year.
N'avez-vous **pas** ralenti au carrefour? Mais *si.*	Didn't you slow down at the intersection? Of course.

b. The expression **ni . . . non plus** (*neither*), or simply **non plus,** is used with a noun or disjunctive pronoun.

M. Meunier **ne** va jamais au cinéma. Sa femme *non plus.*	Mr. Meunier never goes to the movies. Neither does his wife.
Étienne ne pouvait pas mentir. *Ni* moi *non plus.*	Steven couldn't lie. Neither could I.

EXERCICES

A. Répondre négativement à chaque question par une phrase complète:

1. Leur patron est-il ange ou bête? --

----

2. Qu'est-ce qui tourne autour de la lune? --

----

3. Quand fait-il chaud au pôle nord? --

----

4. Quelle étiquette a-t-elle exigée? --

----

5. Parlez-vous ou lisez-vous l'italien? --

----

6. Qui voulaient-elles surprendre? --

----

7. Qu'est-ce que le pêcheur a attrapé? ---

----

8. Elle s'est amusée ou ennuyée à la soirée? ---

----

9. Lequel de ces magasins se ferme à midi? ---

----

10. Qui tient à faire une partie de pelote? --

B. Mettre à la forme négative:

1. Elle fait des promenades. Moi aussi. --

----

2. Ont-ils rencontré quelqu'un à Paris? --

----

3. J'oublie toujours quelque chose. --

----

4. Ils parlent souvent de politique ou de religion. --

----

5. Le leur aviez-vous encore offert? ---

----

6. Quelqu'un est allé à sa rencontre. --

----

7. Le commis accuse ou défend ses collègues. ---

----

8. Y avait-il quelque chose de délicieux à partager? ---

----

9. L'a-t-il jamais mentionné à quelqu'un? --

----

10. Quelque chose vous empêche de nous dire la vérité. ---

C. Employer la négation indiquée dans les phrases suivantes; faire tout autre changement nécessaire:

1. (ne aucun)   On célèbre une fête aujourd'hui.

----

2. (ne ni ni)   Le piéton a regardé à droite et à gauche.

----

3. (ne rien)   Avait-elle jamais écrit?

----

4. (ne ni ne)   Ces artisans veulent et peuvent réussir.

----

5. (ne personne)   Nous avons décidé d'écouter.

----

6. (ne que)   Peut-être que tout cela avait été de la pure invention.

----

7. (ne plus)   Y êtes-vous jamais retourné?

----

8. (ne rien)   Je préfère manger.

----

9. (ne ni ni)   Elle a fait les exercices et appris les mots nouveaux.

----

10. (ne aucun)   On en aurait reconnu.

D. Remplacer le tiret par le mot qui manque:

1. Si je ne me _____, vous êtes le mécanicien à qui j'ai parlé hier.

2. Il y a longtemps que je _____ me suis reposée.

3. _____ des tours n'était bien construite.

4. Il n'y a _____ rien à expliquer.

5. Il ne s'agit _____ de cuivre _____ de bronze.

6. Sont-elles gâtées? Pas du _____.

7. Il vaut mieux ne _____ dire que de parler trop.

8. Cet écrivain a un je ne sais _____ de mystérieux, n'est-ce pas?

9. Pourquoi ne va-t-elle jamais _____ part sans sa mère?

10. Rien de plus dangereux qu'une idée quand on n'a _____ une idée. —ALAIN

11. Je _____ descends ni _____ monte; je reste ici.

12. Elle a vu pas mal d'abat-jour mais elle n'en a acheté _____.

13. Il n' _____ demander encore de l'argent à son père.

14. Eux n'ont pas participé à l'expérience. Ni nous non _____.

15. Vous ne savez pas écrire à la machine? Mais _____, je sais bien le faire.

16. _____ ne l'a entendu rentrer.

17. Il _____ pire eau que l'eau qui dort.

18. _____ plusieurs semaines qu'il ne nous a écrit.

19. Ni César _____ Pompée _____ devait être empereur.

20. Le vieil ambassadeur ne voyage _____ guère à l'étranger.

21. _____ personne n'est exempt de payer les impôts.

22. Il me semble que Martine _____ cesse de bavarder.

23. _____ ne brille comme le soleil.

24. Je ne _____ qui l'a remplacé.

25. Ces gens ne travaillaient _____ ne jouaient; ils étaient trop fatigués.

E. Compléter les phrases en traduisant les mots entre parenthèses:

1. (nothing is)

_____ plus beau que le vrai, dit un vers respecté;
Et moi, je lui réponds, sans crainte d'un blasphème:

_____ vrai que le beau, _____ vrai sans beauté. —MUSSET

2. (None)   Quelle voiture vous plaît? _____.

3. (never greets anyone)   Ce coiffeur _____.

4. (Nothing at all)   Eh bien, chéri, qu'as-tu acheté aujourd'hui? _____.

5. (understood only)   Il _____ trop ce qui allait se passer.

6. (not to fall)   Je me suis arrêté pour _____.

7. (Neither salt nor pepper)   Qu'est-ce qu'il a mis sur sa salade? _____
_____; seulement de l'huile.

8. (Absolutely not)   Vous ont-ils aidés à l'accomplir? _____.

9. (since I've played tennis)   Il y a des années _____.

10. (neither drinks nor eats)   Pourquoi est-ce que sa fiancée _____
de bon appétit?

11. (No one had disturbed anything)   _____;
tout était en bon état.

12. (Never mind)   Vous ne pouvez pas m'y accompagner? _____.

13. (We hardly noticed)   _____
la mise en scène.

14. (never alone)   Dînez-vous souvent en ville? Oui, mais _____.

15. (am neither the first nor the last)   Moi, je_____
_____!

10. L'ADVERBE

FORMATION OF ADVERBS

a. Derivative adverbs, accounting for most French adverbs, are formed by adding **-ment** to the masculine singular of the corresponding adjective if it ends in a vowel.

absolu, absolu***ment***   autre, autre***ment***   vrai, vrai***ment***

Exceptions: fou, ***follement***   gai, ***gaiement***

Note: Simple or primitive adverbs, a smaller group containing some of the most important French adverbs (**alors, trop, presque, souvent**), are not derived from other French words although in some cases they are compounds of other words (**surtout, pourtant**).

b. If the masculine singular of the adjective ends in a consonant, **-ment** is added to the feminine singular. Most derivative adverbs are formed in this way.

complet, ***complètement***   sec, ***sèchement***   sérieux, ***sérieusement***

Exceptions: gentil, ***gentiment***   bref, ***brièvement***

c. A few adjectives change mute **e** to **é** before adding **-ment.**

aveugle, ***aveuglément***   immense, ***immensément***   profond, ***profondément***
énorme, ***énormément***   précis, ***précisément***   obscur, ***obscurément***

d. Adjectives ending in **-ant** and **-ent** have adverbs ending in **-amment** and **-emment.**

constant, ***constamment***   suffisant, ***suffisamment***   patient, ***patiemment***
élégant, ***élégamment***   évident, ***évidemment***   prudent, ***prudemment***
puissant, ***puissamment***   fréquent, ***fréquemment***   récent, ***récemment***

Exception: lent, ***lentement***

e. A few adjectives are used in the masculine singular as adverbs in certain fixed expressions.

parler ***bas,*** to speak low	arrêter (couper) ***court,*** to stop (cut) short
sentir ***bon,*** to smell good	aller ***droit,*** to go straight
tenir ***bon,*** to stand firm, hold tight	travailler ***dur*** (***ferme***), to work hard
coûter (payer) ***cher,*** to cost (pay) dearly	parler ***haut,*** to speak loud

f. As a substitute for an adverb of manner, especially where the adverb is long and clumsy or where no adverb exists, French often uses the constructions below.

1. The expression **d'une façon** or **d'une manière** with a modifying adjective:

Les deux frères pensent ***d'une façon semblable.***	The two brothers think alike.
Cet auteur écrit ***d'une manière remarquable.***	That author writes remarkably well.

2. A phrase beginning with **avec:**

Il s'est battu ***avec courage*** (= courageusement).	He fought courageously.
Elles dansent ***avec grâce.***	They dance gracefully.

3. Other adverbial phrases:

Ce n'est pas le moment de parler ***à la légère*** (= légèrement).	This is not the time to speak lightly.

La foule s'est dispersée **peu à peu** (=graduellement).

The crowd gradually broke up.

Nous le voyons **de temps en temps**.

We see him occasionally.

Il fumait sa pipe **d'un air content**.

He was smoking his pipe contentedly.

Note

1. **Tout, bien,** and **fort** are commonly used adverbs synonymous with **très.**

Leur appartement est **tout** petit.
Ses fils étaient **bien** jeunes.
L'artisan était **fort** habile.

2. The adverb **peu** may be used with an adjective to express a negative idea; in this case, it is generally equivalent to the English prefixes *un-* and *in-.*

peu apparent, inconspicuous
peu appétissant, unappetizing
peu artistique, inartistic
peu commun, uncommon, unusual

peu confortable, uncomfortable
peu coûteux, inexpensive
peu familier, unfamiliar
peu flatteur, uncomplimentary

peu nécessaire, unnecessary
peu profond, shallow
peu sympathique, uncongenial

C'était évidemment un portrait **peu flatteur**.

It was obviously an unflattering portrait.

Ce lac est-il profond ou **peu profond?**

Is that lake deep or shallow?

POSITION OF ADVERBS

a. An adverb modifying a verb in a simple tense is usually placed directly after that verb.

N'obéit-elle pas **aveuglément** à sa mère?

Doesn't she obey her mother blindly?

Je lisais **couramment** l'allemand.

I used to read German fluently.

b. In compound tenses, the position of the adverb varies. Most adverbs, especially long ones and adverbs of time and place, generally follow the past participle. A few common ones, such as **bien, mal, souvent, toujours, déjà,** and **encore,** as well as the adverbs of quantity, usually precede the past participle.

Ils ont attendu **patiemment** son arrivée.

They awaited his arrival patiently.

Vous êtes-vous **déjà** rasé?

Have you already shaved?

c. For the sake of emphasis, an adverb, especially an adverb of time, may stand at the beginning of the clause.

Fréquemment on peut entendre des avions.

Frequently you can hear planes.

d. Short adverbs such as **bien, mieux,** and **mal** often precede the infinitive.

Pour **mieux** voir, elle a changé de place.

To see better, she changed her seat.

e. When **peut-être** and **à peine** are used at the beginning of a clause, the subject and verb are usually inverted. This construction is used primarily in written French.

Peut-être est-il vrai que . . .
A peine fut-elle arrivée que . . .

Note: As an alternate construction to **peut-être** with inverted word order, **peut-être que** is used.

Peut-être qu'ils l'ont mérité.

f. When the adverb **aussi** comes first in its clause, it means *therefore, and so.* In this case, **aussi** is generally followed by inverted word order.

La crise économique était grave. **Aussi** le président **a-t-il décidé** d'adopter une série de mesures.

COMPARISON OF ADVERBS

a. Adverbs are compared like adjectives, except that the article in the superlative is always **le.**

puissamment, *plus* puissamment, *le plus* puissamment
souvent, *plus* souvent, *le plus* souvent

b. A few adverbs have irregular comparisons.

POSITIVE	COMPARATIVE	SUPERLATIVE
bien, well	*mieux,* better	*le mieux,* (the) best
mal, badly	plus mal ⎱ worse *pis* ⎰	le plus mal ⎱ (the) worst *le pis* ⎰
beaucoup, much	*plus,* more	*le plus,* (the) most
peu, little	*moins,* less	*le moins,* (the) least

c. When a clause introduced by **que** (= *than*) follows an affirmative comparison of inequality, **ne** is inserted in that clause. In such instances, there is an implied negation.

Vous êtes **plus habile que** nous *ne* le croyions.　You are more skillful than we thought.
Elle danse **mieux que** je *ne* l'espérais.　She dances better than I hoped.

d. Before numerals, *than* is expressed by **de.**

Ce diamant vaut plus (moins) *de cinq mille* francs.　This diamond is worth more (less) than five thousand francs.

e. Comparison may also be expressed by the adverb **davantage** (*more*) which is generally used without a complement, often at the end of the clause.

Je n'en ai pas dit *davantage.*
Il aurait voulu faire *davantage* pour nous.

OTHER EXPRESSIONS OF COMPARISON

Il devient *de plus en plus* faible.　He is getting weaker and weaker.
Chaque année il pleut *de moins en moins*.　Each year it rains less and less.
Les affaires vont *de mal en pis*.　Business is going from bad to worse.
Plus je mange, *plus* j'ai faim.　The more I eat, the hungrier I feel.
Moins on étudie, *moins* on apprend.　The less we study, the less we learn.
Plus vous jouez, *moins* vous gagnez.　The more you play, the less you earn.
Faites-vous *de votre mieux?*　Are you doing your best?
Tant mieux (*pis*) pour eux!　So much the better (worse) for them!

EXERCICES

A. Récrire chaque phrase en y ajoutant l'adverbe qui correspond à l'adjectif entre parenthèses:

1. (récent)　Je ne les ai pas rencontrés. ---

----

2. (mauvais)　Ils ont nourri l'animal. ---

----

3. (furieux)　Est-il vrai qu'ils se soient défendus? ---

----

4. (bref)   Cet été je l'avais vue. _____

5. (aveugle)   Il a couru dans l'allée obscure. _____

6. (franc)   Je préfère que nous en parlions. _____

7. (régulier)   Faites-vous votre gymnastique matinale? _____

8. (furtif)   Elle a essuyé une larme. _____

9. (prudent)   Il marchait dans l'herbe pour ne pas renverser la boisson. _____

10. (correct)   Est-ce que j'ai entendu votre réponse? _____

11. (profond)   Son discours ne vous aurait pas impressionnés. _____

12. (bon)   Ne s'est-il pas exprimé sur ce sujet? _____

13. (précis)   Les faits nous mèneront à cette conclusion. _____

14. (gentil)   Sa mère lui a offert une poupée. _____

15. (sec)   Le politique a répondu à toutes les questions. _____

B. Remplacer l'expression en italique par un adverbe ou par une locution adverbiale selon l'indication entre parenthèses:

1. (adverbe)   Ils faisaient la queue *avec patience* devant l'arrêt d'autobus. _____

2. (avec)   Traitez-les *doucement*. _____

3. (manière)   C'est un romancier qui sait écrire *avec élégance*. _____

4. (adverbe)   Si vous le faites, vous m'aiderez *d'une façon énorme*. _____

5. (avec)   Se sont-ils avancés *soigneusement*? _____

6. (façon)   Elle avait meublé l'appartement *avec intelligence*. _____

7. (adverbe)   On ne l'aurait jamais fait souffrir *d'une manière cruelle*. _____

8. (avec)   Le mistral souffle *violemment*. _____

9. (adverbe)   Les flâneurs marchent *avec lenteur*. _____

10. (adverbe)   Ils racontaient *avec gaieté* toutes sortes d'aventures. _____

C. Remplacer le tiret par l'équivalent français:

1. (So much the worse)
Ses affaires le retiennent ici? _____ pour lui!

2. (speak low)
Il faut _____; c'est une affaire confidentielle.

3. (fastest)
Par quel moyen voyage-t-on _____ pour aller d'ici au Mexique?

4. (The more . . . the more)
_____ on a d'esprit, _____ on est mécontent de ce qu'on a. —D'ALEMBERT

5. (work too hard)
J'espère que vous ne devrez pas _____.

6. (less than)
Nous avons fait _____ dix kilomètres à pied ce jour-là.

7. (pay dearly)
S'il ose le faire, il va le _____.

8. (than he appears)
Il est plus intelligent _____.

9. (more and more)
Cet orateur devient _____ éloquent.

10. (went straight)
Dans leur conversation, les deux rivaux _____ au fait.

D. Remplacer le tiret par le mot qui manque:

1. Sa condition va de _____ en pis.

2. On a essayé de le faire changer d'avis, mais il a tenu _____.

3. Un sage agit sagement; un fou agit _____.

4. Elle a pu se tirer d'affaire? _____ mieux pour elle!

5. Est-il possible qu'ils aient gaspillé plus _____ huit cents dollars?

6. Quand on est fatigué, on ne peut faire de son _____.

7. Ce chien aboie sans cesse. Pourquoi lui faut-il _____ aboyer?

8. Il y a beaucoup moins d'ingrats qu'on _____ croit; car il y a bien moins de généreux qu'on _____ pense. —SAINT ÉVREMOND

9. Parlez plus _____; je ne peux guère vous entendre.

10. Étudie-t-elle avec diligence? Bien sûr, elle étudie _____.

E. Compléter les phrases en français:

1. Qui se conduit _____ lui?
Who behaves more politely than he?

2. Ces muguets que tu viens de cueillir _____.
Those lilies of the valley that you just picked smell good.

3. Nous avons _____.
We looked everywhere for our keys.

4. De tous mes amis, Philippe --.
Of all my friends, Philip dances the best.

5. Soudain, le chauffeur ---.
Suddenly the driver stopped short.

6. La pièce leur ---.
The play pleased them very much.

7. ------------------ il dort, ------------------ il est fatigué.
The less he sleeps, the more tired he is.

8. --- vous nagez --
nage, moi.
Generally you swim better than I do.

9. A-t-il ----------------------------------- la station-service?
Has he already purchased the service station?

10. Il paraissait que l'eau devenait ---.
It seemed that the water was getting deeper and deeper.

11. PHRASES CONDITIONNELLES; LA VOIX PASSIVE; VERBES AUXILIAIRES

CONDITIONAL SENTENCES

A conditional sentence consists of two parts: (1) the condition or **"si"** (*if*) clause; and (2) the main or result clause. Either may come first in the sentence. The tense used in the main clause is the same in both French and English. The three principal types of conditional sentences are explained below.

a. When the verb in the main clause is in the future, present, or imperative, the present indicative is used in the **"si"** clause.

Nous lui *répondrons*	si elle *pose* une question.	
Nous lui *répondons*		
Répondez-lui		

We will answer her		if she asks a question.
We answer her		
Answer her		

b. When the main clause is in the present conditional, the imperfect is used in the **"si"** clause.

Nous lui *répondrions* si elle *posait* une question.

We would answer her if she asked (were to ask) a question.

c. The same sequence of tenses applies in compound tenses, with the auxiliary considered as the verb. Thus when the past conditional is used in the main clause, the pluperfect is used in the **"si"** clause.

Nous lui *aurions répondu* si elle *avait posé* une question.

We would have answered her if she had asked a question.

SEQUENCE OF TENSES

Si CLAUSE	MAIN OR RESULT CLAUSE
present ⟷	future / present / imperative
imperfect ⟷	present conditional
pluperfect ⟷	past conditional

Note

1. With few exceptions, the only tenses used in **si** clauses are the present indicative, the imperfect, and the pluperfect.

2. When there are two **si** clauses, **que** is often substituted for **si** in the second clause. This **que** is followed by the subjunctive. (See page 115, *f.*)

3. In conditional sentences, **si** means *if*. However, when the main clause is understood, **si** is sometimes translated by *suppose*.

Si nous partions ce soir.

Suppose we were to leave tonight.

4. When **si** means *whether*, it may be followed by any tense, just as in English.

Nous ne savons pas si elles s'en rendront compte.

We don't know *whether* they will realize it.

Je ne savais pas si tu t'en rendrais compte.

I didn't know *whether* you would realize it.

Savez-vous s'il s'en est rendu compte?

Do you know *whether* he realized it?

THE PASSIVE VOICE

a. The passive is formed by combining any tense of **être** with the past participle of the verb. Since the past participle is conjugated with **être**, it agrees with the subject in gender and number.

Était-elle *accompagnée* de son mari?	Was she accompanied by her husband?
Le gouverneur **fut** *respecté* de tout le monde.	The governor was respected by everyone.
Sa générosité ne **sera** jamais *oubliée*.	His generosity will never be forgotten.
Les jumeaux **avaient été** *élevés* par leur frère aîné.	The twins had been brought up by their older brother.
Les visiteurs **ont été** bien *accueillis*.	The visitors were well received.

b. The passive is generally avoided in French, especially when the agent is not expressed, by using an active construction with the pronoun **on** followed by the third person singular of the verb.

On l'avait trompée.	She had been deceived.
Parle-t-on français en Suisse?	Is French spoken in Switzerland?
On servira le dîner à sept heures.	Dinner will be served at seven.
On aurait détruit le village.	The village would have been destroyed.
Va-t-on les *inviter* au bal?	Are they going to be invited to the dance?

c. The passive is less frequently replaced by the pronominal form of an active verb. In this case, the subject is generally a thing or things.

Ces revues *se publient*-elles en Europe?	Are these magazines published in Europe?
Rien ne *se perd*; rien ne *se crée*.	Nothing is lost; nothing is created.
Cet édifice *s'est construit* rapidement.	That building was put up quickly.
Le bleu ne *se portera* pas l'année prochaine.	Blue will not be worn next year.
Beaucoup d'énergie *s'était gaspillée*.	Much energy had been wasted.

EXERCICES

A. Donner les deux autres phrases conditionnelles qui manquent pour compléter la série de trois phrases:

MODÈLE: Si elle change d'avis, nous resterons.
Si elle changeait d'avis, nous resterions.
Si elle avait changé d'avis, nous serions restés.

1. Si vous vous trompiez, qu'est-ce qui arriverait?

----

2. Antoine se mettra à votre disposition s'il peut vous être utile.

----

3. Si j'avais partagé son opinion, je le lui aurais dit.

----

4. Si nous voulons nous reposer un peu, y aura-t-il assez de temps?

----

5. On la croirait si elle disait la vérité.

----

6. S'il y a une panne d'electricité, que pourrons-nous faire?

----

7. Si les parquets étaient de beau chêne, elle en serait ravie.

----

8. Où irez-vous si nous devons nous rendre à Nîmes?

----

9. Si le secrétaire m'en avait averti, cela m'aurait soulagé l'esprit d'un grand poids.

----

10. Si l'on s'efforce de le faire, on atteindra son but.

B. Donner la forme convenable du verbe:

1. prendre: Si tout le monde _____ garde de perdre son sang-froid, il y aurait moins de querelles.

2. reconnaître: Je ne suis pas sûr s'ils me _____ quand ils me verront.

3. valoir: S'il _____ la peine d'attendre, nous aurions attendu.

4. rendre: Si vous avez mes cahiers, _____-les-moi, s'il vous plaît.

5. protéger: Ne _____vous pas votre famille si on l'attaquait?

6. savoir: Si elle _____ faire la cuisine, il l'aurait épousée.

7. s'ennuyer: Amenez-le au cirque s'il _____.

8. pouvoir: Si tu arrives à l'heure, nous ------------------------ prendre de bons billets.

9. mener: Savez-vous si Nicole ---------------------- la danse hier soir?

10. se passer: Si les ouvriers avaient fait la grève, qu'est-ce qui --
-------?

    C. Répondre à chaque question en imitant le modèle:

      MODÈLE: Que feras-tu s'il fait chaud? (aller à la plage)
             S'il fait chaud, j'irai à la plage.

1. Que fera-t-il s'il voit la bête?   (courir à toute vitesse) --
----

2. Qu'auraient-ils fait si nous ne l'avions pas fini?   (se fâcher contre nous) ----------------------
----

3. Que ferais-tu si elle ne venait pas?   (lui envoyer un télégramme) ------------------------------
----

4. Qu'est-ce que je ferai si la pièce n'obtient aucun succès?   (essayer de nouveau) ------------------
----

5. Qu'aurions-nous fait si on nous l'avait refusé?   (retourner en ville) ----------------------------
----

6. Que ferait-on si on perdait son porte-clefs?   (acheter d'autres clefs) ------------------------
----

7. Que fais-tu s'il neige?   (faire du toboggan sur la piste) ----------------------------------
----

8. Qu'aurait-il fait si elle s'était mise à chanter?   (rire aux éclats) ----------------------------
----

9. Que feriez-vous si l'enfant pleurait?   (essuyer ses larmes) ------------------------------------
----

10. Que fera-t-elle si on la blâme?   (devenir furieuse) --

    D. Continuer la série en substituant dans la phrase précédente les mots indiqués; faire tous les changements nécessaires:

1. Si j'ai le temps, je verrai l'exposition.

2. ------- j'avais ----------------, --.

3. ------- j'avais eu --------------, --.

4. --------- nous ----------------------------, nous --.

5. ------- il faisait beau, --

6. ----------------------------------, nous irons à --

7. ------- il avait fait --------------, --

8. --, faites-le-moi savoir.

9. S'ils viennent, --

10. _____, que feront-ils?

11. _____ étaient venus, _____?

12. _____, _____ feraient-ils?

13. _____, _____ font-ils?

14. _____ il pleut, _____?

15. _____, elle ne sort pas.

16. _____ il pleuvait, _____.

17. _____, _____ sortira _____.

18. _____ elle avait été fatiguée, _____.

19. _____, elle se reposerait.

20. _____, _____ repose.

E. Remplacer chaque phrase par une phrase équivalente avec _on_:

1. Cela ne se fait pas.

_____

2. Vos appareils photographiques ont-ils été volés?

_____

3. Comment s'explique son bonheur?

_____

4. Quand cette autoroute sera-t-elle construite?

_____

5. Devraient-elles être nourries à jamais?

_____

6. Enfin les projets s'accomplirent.

_____

7. Vos services seront toujours appréciés.

_____

8. Beaucoup d'argent aura été gaspillé.

_____

9. Les repas sont servis à toute heure.

_____

10. Toutes ces méthodes n'auraient pas été apprises.

_____

F. Transformer les phrases suivantes en employant un verbe pronominal:

MODÈLE: On ne dit pas cela.
Cela ne se dit pas.

1. On lit vite ces contes intéressants.

   ----

2. On ne brise pas facilement ces verres.

   ----

3. Quelle couleur portait-on cette année?

   ----

4. On vend les petits pains ici.

   ----

5. Les nuages pouvaient être vus à l'horizon.

   ----

6. Comment écrit-on ce mot?

   ----

7. On ouvrait la banque à neuf heures.

   ----

8. Comment est-ce qu'on expliquerait ce phénomène?

   ----

9. On télévisera ce programme en direct par satellite.

   ----

10. Comment appelle-t-on ce peintre?

AUXILIARY VERBS

a. A few French verbs (**devoir, falloir, pouvoir, savoir, vouloir**), when followed by the infinitive, act as auxiliary verbs, forming with the infinitive a complete verbal phrase such as the following:

Nous *devons* les **éviter**.	We must avoid them.
Elles ne *pouvaient* le **refuser**.	They couldn't refuse.

b. **Devoir** followed by the infinitive is generally used to express *necessity* or *obligation*. The meaning of **devoir** varies with the tense.

devoir, to have to, to be (supposed) to

Elle *doit* attendre.	She has to wait. She must wait. She is (supposed) to wait.
Elle *devait* attendre.	She had to wait. She was (supposed) to wait.
Elle *devra* attendre.	She will have to wait.
Elle *a dû* attendre.	She had to wait. She has had to wait. She must have waited.
Elle *dut* attendre.	She had to wait. She must have waited.

Elle *avait dû* attendre.	She had had to wait.
Elle *devrait* attendre.	She ought to wait. She should (= ought to) wait.
Elle *aurait dû* attendre.	She ought to have waited. She should (= ought to) have waited.

Note

1. In addition to *necessity* and *obligation*, **devoir** also expresses *probability* or *inference*.

Ils *doivent* être fatigués.	They must be tired (= They are probably tired).
Ils *ont dû* être fatigués.	They must have been tired (= I suppose they were tired).

2. The past participle of **devoir** has a circumflex accent only in the masculine singular: *dû, due, dus, dues.*

3. When used with a noun object, **devoir** means *to owe*.

Vous me *devez* encore mille **francs**.	You still owe me a thousand francs.

falloir, to be necessary

a. **Falloir** is an impersonal verb, stronger than **devoir**, used to express *necessity*. It is often followed by the infinitive.

Il *faut* **éteindre** la lumière.	It is necessary to turn out the light. You must turn out the light.
Il ne *faut* pas **mentir**.	We must not lie.

b. An indirect object pronoun may be used before **falloir** to specify the person or persons referred to.

Qu'est-ce qu'il *leur* **fallait** faire?	What did they have to do?
Il *lui* **faudra** travailler.	She will have to work.

c. The subjunctive is commonly used with **falloir**.

Il ne *faut* pas qu'il les **voie**.	He must not see them.
Il *faudra* que les menuisiers le **réparent**.	The carpenters will have to repair it.

d. **Falloir** and **devoir** often express similar ideas.

Tu *dois* réfléchir. Il *faut* que tu réfléchisses. Il te *faut* réfléchir.	You must think.

e. The negative **il ne faut pas** means *must not*. To express *not to have to* or *it is not necessary*, French uses the expression **il n'est pas nécessaire.**

Il ne faut pas tant travailler.	You must not work so hard.
Il n'est pas nécessaire de tant travailler.	It isn't necessary to (You don't have to) work so hard.

f. When used with a noun object, **falloir** means *to need*.

Combien de *temps* lui *faudra-t-il?*	How much time will it take him (= will he need)?
Il nous *faut* les *fonds* qu'ils nous doivent.	We need the funds they owe us.

pouvoir, to be able (physically), to be permitted to

a. **Pouvoir**, like **devoir**, is translated by different English verbs in the various tenses.

Elle ne *peut* pas voyager à présent; elle s'est cassé la jambe.	She cannot travel at present; she has broken her leg.
Je ne *peux* pas lire sans lunettes.	I cannot read without glasses.

Puis-je partir maintenant?	May I leave now?
Pouvait-il les voir?	Could he (= Was he able to) see them?
Pourrait-il les voir?	Could he (= Would he be able to) see them?
Aurait-il *pu* les voir?	Could he have seen them?

b. **Pouvoir** may also express *possibility.*

Elle *peut* être enrhumée.	She may have a cold.
Ils *ont pu* quitter le pays.	They may have left the country.
Vous *auriez pu* tomber.	You might have fallen.

savoir, to be able (mentally), to know how

a. **Savoir** with the meanings given above is used with the infinitive.

Sa mère ne *sait* pas coudre.	His mother cannot (= does not know how to) sew.
Savez-vous lire le français?	Can you read French?

b. **Savoir** may also mean *to know* (a fact). In the passé composé and the passé simple, **savoir** means *found out, learned.*

Savez-vous son numéro de téléphone?	Do you know his telephone number?
Nous *avons su* hier qu'on avait déjà établi une station spatiale.	We found out yesterday that a space station had already been set up.

c. **Savoir** is often used idiomatically in the conditional, especially in softening a question, request, or negative statement.

Sauriez-vous m'indiquer la route de Paris?	Can you show me the road to Paris?
Je ne *saurais* vous l'expliquer.	I could not explain it to you.

vouloir, to wish, want, will

a. The form **je veux** generally shows strong will as expressed in a command or blunt refusal.

—*Je veux* les vaincre, dit le général.	" I will conquer them," the general said.
Je ne veux pas me taire.	I will not (I refuse to) keep quiet.

Thus, for reasons of courtesy, the conditional **je voudrais** often replaces the present **je veux.**

Je voudrais faire sa connaissance.	I wish (would like) to meet him.

b. The imperative form **veuillez,** used with the infinitive, expresses a request politely.

Veuillez vous asseoir.	Please sit down.
Veuillez les aider.	Kindly help them.

c. The expression **vouloir bien** is used idiomatically to mean *to be willing, to be good enough to.*

Voulez-vous bien me le montrer?	Will you be good enough to show it to me? (Do you mind showing it to me?)
Je veux bien l'oublier.	I am willing to forget it.

EXERCICES

A. Compléter les phrases en employant une fois chacun des verbes suivants:

veuillez	faudra	savent	peut
a pu	doivent	voulez	a fallu
devriez	a dû	pourront	sauriez

1. Il ne nous ---------------------------- pas beaucoup de temps pour l'apprendre.

2. Combien d'argent vous ----------------------------elles?

3. Puisqu'ils sont malades, ils ne ---------------------------- pas jouer au golf avec nous.

4. Malgré sa toux, elle ------------------------- sortir: elle avait besoin de provisions.

5. Non, ils n'ont jamais appris à lire; ils ne ------------------------- pas lire.

6. Vous ne ------------------------- résister à la tentation, n'est-ce pas?

7. Il ------------------------- le retenir de force.

8. -------------------------vous bien prouver ce que vous affirmez?

9. Ne pensez pas toujours au passé; vous ------------------------- penser à l'avenir.

10. ------------------------- vous adresser à la personne qui se charge de ces affaires.

11. Elle ne ------------------------- pas écrire; elle n'a ni plume ni crayon.

12. Quelqu'un a claqué la porte tout à l'heure. Qui ------------------------- le faire?

B. Compléter la phrase en anglais:

1. Tu devras ouvrir le canapé-lit.

   --- open the convertible sofa.

2. Sauriez-vous m'aider à choisir un papier peint?

   --- choose a wallpaper?

3. Nous voulons bien faire un pique-nique.

   --- to have a picnic.

4. Elle devait nous joindre au syndicat d'initiative.

   --- meet us at the Chamber of Commerce.

5. Veuillez vous adresser au secrétaire.

   ------------------------------- apply to the secretary.

6. Puis-je assister à la répétition?

   ------------------------------- attend the rehearsal?

7. Ils ont dû vous gêner.

   --- annoyed you.

8. Il ne faut pas stationner sur les accôtements mouvants.

   --- park on the soft shoulders.

9. Auriez-vous pu vous en souvenir?

   --- remembered it?

10. A quelle heure la course doit-elle commencer?

    At what time --- to begin?

C. Écrire une phrase équivalente à chacune des phrases suivantes en employant le verbe *devoir*:

   MODÈLE: Il nous faut y aller.
   Nous devons y aller.

1. Jeanne est probablement très opiniâtre.

   ----

2. Chacun avait à assister à la conférence.

----

3. Serait-il nécessaire que tu ailles à la ville voisine?

----

4. Le voleur a dérangé sans doute tous leurs papiers.

----

5. Il faut que nous réfléchissions avant de prendre une décision.

----

6. Tout le monde serait obligé de lire le journal.

----

7. Il aurait mieux valu m'en passer.

----

8. Le loup poussa sans doute un cri effroyable.

----

9. Il faudra qu'on s'arrête au feu rouge.

----

10. Ils ont probablement dormi tard.

D. Donner *deux* traductions de chaque phrase en anglais ou en français:

1. Ils ne devraient pas s'occuper de ce qui ne les regarde pas.

----

2. Faut-il allumer ce four avec précaution?

----

3. Le garagiste a dû réparer le moteur.

----

4. Je dois me présenter pour un emploi demain matin.

----

5. Tu n'aurais pas dû te conduire de cette manière bizarre.

----

6. I will need scissors to cut this paper and cord.

---

7. Maurice must trust us completely.

---

8. Can't she pretend to be interested?

---

9. Please send my luggage up to my room.

---

10. Could you ever guess his age?

---

12. L'INFINITIF

a. The infinitive is sometimes used as the subject of a verb.

> ***Parler*** français me plaît beaucoup.   Speaking French gives me great pleasure.
> ***Réussir*** est très important.   To succeed is very important.

b. The infinitive is used primarily as the complement of another verb.

> Il affirme que la musique de jazz **peut *être*** agréable.
> Je n'**arriverai** pas à *résoudre* ce problème, moi.
> Ne **voulant** pas se *faire tremper,* il **a décidé** d'*attendre* la fin de l'orage.

c. Some verbs are followed directly by the infinitive without a preposition. The most common of these are listed below.

aimer mieux ⎫ **préférer** ⎭ to prefer	**falloir,** to be necessary
aller, to go	**laisser,** to let, allow
compter, to intend	**oser,** to dare
croire, to believe, think	**paraître,** to appear
désirer ⎫ **vouloir** ⎭ to wish, want	**pouvoir,** to be able
devoir, to have to, be (supposed) to	**regarder,** to watch
écouter, to listen	**savoir,** to know how
entendre, to hear	**sembler,** to seem
espérer, to hope	**souhaiter,** to wish
faire, to make, have, cause	**valoir mieux,** to be better
	venir, to come
	voir, to see

> Je ***crois*** m'***être*** trompé.   I think I made a mistake.
> Pourquoi n'***oseront***-ils pas le lui **dire?**   Why won't they dare tell him?
> Elle ne ***voulait*** pas nous **interrompre.**   She didn't want to interrupt us.
> Nous l'***avons vue*** **entrer** dans la banque.   We saw her enter the bank.

d. Some verbs require **à** before the following infinitive.

aider à, to help	**continuer à,** to continue
aimer (à), to like	**se décider à,** to decide
s'amuser à, to enjoy, amuse oneself (by)	**enseigner (à quelqu'un) à,** to teach (someone)
apprendre à, to learn	**s'habituer à,** to become accustomed to,
arriver à ⎫ **réussir à** ⎭ to succeed in	get used to
s'attendre à, to expect	**hésiter à,** to hesitate
avoir à, to have to	**s'intéresser à,** to be interested in
chercher à, to seek	**inviter à,** to invite
commencer à ⎫ **se mettre à** ⎭ to begin	**renoncer à,** to give up
	tarder à, to delay (in)
	tenir à, to be anxious, insist on
	venir à, to happen to

> Elle ***continue à* faire** des progrès.   She continues to make progress.
> J'***apprenais à* conduire** une voiture.   I was learning to drive a car.
> ***Vous êtes-vous habitué à* conduire** dans une grande ville?   Have you become accustomed to driving in a big city?

e. Some verbs require **de** before the following infinitive.

blâmer de, to blame for	**finir de,** to finish
cesser de, to stop	**offrir de,** to offer
craindre de, to fear, be afraid	**persuader de,** to persuade
décider de, to decide	**oublier de,** to forget
se dépêcher de } to hurry	**prier de,** to beg
se presser de	**refuser de,** to refuse
empêcher de, to prevent	**regretter de,** to regret, be sorry
essayer de } to try	**remercier de,** to thank for
tâcher de	**se souvenir de,** to remember
éviter de, to avoid	**venir de,** to have just

Ils *ont décidé de* partager la récompense.	They decided to share the reward.
Quand *cessera-t-il de* pleuvoir?	When will it stop raining?

f. Some verbs that require **de** before the infinitive take an indirect object of the person.

commander à quelqu'un de } to order someone to	
ordonner à quelqu'un de	
conseiller à quelqu'un de, to advise someone to	
défendre à quelqu'un de, to forbid someone to	
demander à quelqu'un de, to ask someone to	
dire à quelqu'un de, to tell someone to	
écrire à quelqu'un de, to write someone to	
permettre à quelqu'un de, to permit someone to	
promettre à quelqu'un de, to promise someone to	
suggérer à quelqu'un de, to suggest to someone to	

Qu'est-ce qu'il *leur a conseillé de* faire?	What did he advise them to do?
Sa mère *lui* permet *de* voyager seule.	Her mother permits her to travel alone.

g. Most adjectives and nouns are followed by **de** before a dependent infinitive.

Je suis *enchanté de* faire votre connaissance.	I'm delighted to meet you.
Sont-ils *capables d'accepter* cette responsabilité?	Are they capable of assuming that responsibility?
C'est sa *manière de* parler.	That's his way of speaking.
Défense d'entrer.	No admittance.
Aurez-vous le *temps de* les *avertir?*	Will you have time to warn them?

However, a few common adjectives are followed by **à** before the infinitive: **habile, lent, prêt, premier, dernier, seul.**

L'acteur est *habile à* s'exprimer.	The actor is skillful in expressing himself.
Qui était *le premier à* finir?	Who was the first to finish?

h. When an infinitive is *passive* in meaning, it is preceded by **à**.

Vous n'êtes pas *à blâmer.*	You are not to blame (= to be blamed).
Qu'est-ce qu'il y avait *à faire?*	What was there to do (= to be done)?
Cette boutique est *à vendre.*	This shop is for sale (= to be sold).

Note

1. The infinitive preceded by **à** is used with certain nouns to express *purpose* or *function*.

une chambre *à coucher*   **une salle** *à manger*
une machine *à laver*   **une machine** *à coudre*

2. The infinitive preceded by **à** is used in several adverbial expressions.

Il peint *à ravir.*	He paints delightfully.
Ce mendiant chante *à faire pitié.*	That beggar sings pitifully.
Le rhinocéros est laid *à faire peur.*	The rhinoceros is frightfully ugly.
A vrai dire, je l'ignore.	Truthfully, I don't know.

i. Impersonal expressions composed of **il** + **être** + *adjective* require **de** before the infinitive. In this case, the infinitive is really the subject.

Il est utile de savoir une langue étrangère.	It is useful to know a foreign language. (= To know a foreign language is useful.)
Il n'est pas possible de résoudre ce problème.	It is not possible to solve that problem. (=To solve that problem is not possible.)

Note

1. Observe the distinction between the two constructions in the following sentences:

Il était *facile de faire* le travail.	It was easy to do the work. (impersonal)
Le travail était *facile à faire.*	The work was easy to do. (passive meaning)

2. French makes clear the meaning of *it* by these two distinct constructions. The translations of these sentences into English, although identical, have two different meanings.

Il est difficile de traduire.	It is hard to translate. (= Translating is hard.)
C'est difficile à traduire.	It is hard to translate. (= Something previously mentioned: the passage, poem, etc., is hard to translate.)

j. The infinitive is the verb form used after all prepositions, except **en** (which takes the present participle).

Elle agit souvent **sans réfléchir.**	She frequently acts without thinking.
J'ai hésité **avant de** lui **répondre.**	I hesitated before answering him.

k. With **après,** the past infinitive is used.

Après *avoir dîné,* ils se sentaient mieux.	After dining, they felt better.
Après *être devenue* riche, elle a oublié ses anciens amis.	After becoming rich, she forgot her former friends.
Après *vous en être plaints,* vous le regretterez.	After you complain about it, you'll be sorry.

l. The preposition **par** with the infinitive is used to express *by* after **commencer** and **finir.** In other cases, **en** + the present participle is used to express *by* + a verb.

D'ordinaire nous *commençons par* **chanter.**	We usually begin by singing.
Ils *ont fini par* **applaudir** le conférencier.	They finally applauded the lecturer.

But:

Il s'est débarrassé des papiers **en** les **brûlant.**	He got rid of the papers by burning them.

m. The preposition **pour** is used with the infinitive in the following cases: (1) when *to* means *in order to;* (2) when the infinitive follows an expression with **assez** or **trop,** thus denoting purpose.

Faut-il souffrir *pour* **comprendre?**	Must we suffer to understand?
Ils l'ont fait *pour* me **taquiner.**	They did it to tease me.
Il a *assez* d'énergie *pour* **l'accomplir.**	He has enough energy to accomplish it.

Tu es *trop* intelligent *pour* gaspiller ton talent.	You are too intelligent to waste your talent.

n. In a comparison, **que de** is used to express *than* before an infinitive.

Nous aimons mieux faire du golf *que de* **nager.**	We would rather play golf than swim.
Je ne demande pas mieux *que de* **vivre** en paix.	I ask nothing better than to live in peace.

EXERCICES

A. Donner la préposition convenable, s'il en faut une:

1. Il y a des gens qui n'ont de leur fortune que la crainte ----------- la perdre. —RIVAROL

2. Pressez le bouton ----------- appeler l'hôtesse.

3. Il n'est pas étrange ----------- trouver des chameaux dans le désert.

4. ----------- vrai dire, je lui en sais bon gré.

5. Sa blessure le faisait cruellement ----------- souffrir.

6. Tâchons ----------- ne plus le faire.

7. Votre agent de voyage vous aidera ----------- organiser des vacances économiques.

8. Qu'il est doux ----------- plaindre

   Le sort d'un ennemi quand il n'est plus ----------- craindre. —CORNEILLE

9. Ne vaut-il pas mieux créer que ----------- détruire?

10. ----------- remplissant la cruche, il l'a renversée.

11. Ce pauvre garçon écrit ----------- faire pitié.

12. On n'a pas besoin ----------- dormir ----------- rêver.

13. Cette compagnie est fière ----------- avoir été la première ----------- inaugurer ce service.

14. C'est la meilleure route ----------- suivre.

15. Elle lui a demandé ----------- ne rien laisser en désordre.

16. ----------- s'être arrangé les cheveux, elle est partie.

17. Nous allions trop vite ----------- pouvoir nous arrêter.

18. Étiez-vous le seul ----------- remarquer l'éclipse?

19. Sera-t-il possible ----------- forcer cette serrure?

20. Un levier vous permettra ----------- régler votre fauteuil de la façon que vous voulez ----------- vous reposer le plus agréablement possible.

21. Aurons-nous le plaisir ----------- vous voir à la réception?

22. Il est temps ----------- commencer ----------- réfléchir aux responsabilités que nous allons bientôt ----------- devoir ----------- supporter.

23. Je crois qu'il est assez fort ----------- monter les valises.

24. C'est une personne ----------- éviter.

25. La politique est l'art ----------- empêcher les gens ----------- se mêler de ce qui les regarde.
    —P. VALÉRY

26. Il faut des raisons _____ parler, mais il n'en faut pas _____ se taire. —P. NICOLE

27. Vous dansez _____ ravir, mademoiselle.

28. Il ne peut guère _____ voir depuis qu'il fait des mots croisés jour et nuit.

29. Nous aimons mieux faire face au danger que _____ ne pas le voir.

30. Je me presse _____ rire de tout, de peur _____ être obligé _____ en pleurer. —BEAU-MARCHAIS

    B. Construire de nouvelles phrases en employant les verbes entre parenthèses:

      MODÈLE: (hésiter)   Ils sortent cet après-midi.
                               Ils hésitent à sortir cet après-midi.

1. (compter)   Elles dînent en ville avec nous.

----

2. (tenir)   Il vérifie le niveau de l'huile.

----

3. (préférer)   Faites-vous deux choses à la fois?

----

4. (ne pas regretter)   Elles ont traversé l'océan.

----

5. (lui défendre)   Elle profite de son obligeance.

----

6. (chercher)   Ils infligent une défaite à l'ennemi.

----

7. (espérer)   Nous vous accueillons de nouveau chez nous.

----

8. (venir de)   Reçoivent-ils de mauvaises nouvelles?

----

9. (souhaiter)   J'écoute des programmes musicaux stéréophoniques.

----

10. (croire)   Pouvez-vous le corriger?

----

11. (refuser)   Tu avoues tes défauts.

----

12. (s'amuser)   Regardent-elles tomber les flocons de neige?

----

13. (réussir)   Il achète des transistors pour son appareil.

----

14. (ne plus craindre)   Nous exposons nos opinions sur des sujets fort controversés.

----

15. (s'habituer)   Pour aller à mon bureau, j'ai pris le métro.

C. Dans chaque série, changer la première phrase en substituant les mots indiqués. Faire tout autre changement nécessaire:

1. Il lui a ordonné de n'en rien dire.

-- prié --.

2. En s'habillant elle a entendu un grand bruit.

Après ---.

3. Il est intéressant de lire.   C'est ---.

4. Nous serons enchantés de vous aider.

-- prêts --.

5. Avez-vous renoncé à suivre votre régime?

-- cessé --?

6. Elle regarde la télévision au lieu de préparer les repas.

-- en --.

7. Étiez-vous bronzé avant de vous asseoir au soleil?

-- après --?

8. Je l'ai laissé accepter cette besogne difficile.

------------------------ conseillé --.

9. Ont-ils l'intelligence de l'accomplir?

------------------ assez d'intelligence --?

10. Ayant balayé le linoléum, la bonne l'a lavé.

Après ---.

D. Compléter les phrases en français:

1. --- faire du ski nautique?

Is it dangerous to water-ski?

2. ------------------ dans un lac peut être très agréable.

Swimming in a lake can be very pleasant.

3. Comment trouvez-vous ma nouvelle ---?

How do you like my new sewing machine?

4. Il ne peut pas dormir --.

He cannot sleep without snoring.

5. --- nettoyer la chambre à fond?

Did you tell her to clean the room thoroughly?

6. Il vaut mieux _____ recevoir.

It is better to give than to receive.

7. _____, tu as perdu un ami.

By betraying him, you lost a friend.

8. Ils _____ le gâteau.

They began by sharing the cake.

9. _____, il lui a décerné le prix.

After congratulating her, he awarded her the prize.

10. On dit qu'il _____ entretenir de bonnes relations diplomatiques.

They say he is skillful in maintaining good diplomatic relations.

13. LE SUBJONCTIF

FORMS OF THE SUBJUNCTIVE

The subjunctive (**le subjonctif**) is the mood of uncertainty and emotion. Verbs in the subjunctive are almost always used in a dependent clause. Such a clause is introduced principally by the conjunction **que,** but sometimes by a relative pronoun.

Although the subjunctive has four tenses, the two most frequently used are the present and the perfect. These two tenses are the only ones used in speaking.

PRESENT SUBJUNCTIVE

a. The present subjunctive of regular verbs is found by dropping the **-ant** of the present participle (or the **-ent** of the **ils** form of the present indicative) and adding the endings: **-e, -es, -e, -ions, -iez, -ent.** These endings are the same for all verbs except **avoir** and **être.**

hésiter:

j'hésit*e,* tu hésit*es,* il hésit*e,* nous hésit*ions,* vous hésit*iez,* ils hésit*ent*

remplir:

je rempliss*e,* tu rempliss*es,* il rempliss*e,* nous rempliss*ions,* vous rempliss*iez,* ils rempliss*ent*

vendre:

je vend*e,* tu vend*es,* il vend*e,* nous vend*ions,* vous vend*iez,* ils vend*ent*

Note

1. Since there is no future tense in the subjunctive, the present subjunctive is used to express both present and future time.

2. Verbs with spelling changes, such as **nettoyer, achever, appeler,** and **protéger,** follow their regular pattern of change in the present subjunctive. (See page 294.)

je nettoie, il achève, elle appelle, ils protègent

b. As with regular verbs, the stem of most irregular verbs can be found by dropping the **-ant** of the present participle or the **-ent** of the third person plural, present indicative.

INFINITIVE	PRESENT PARTICIPLE	PRESENT INDICATIVE	PRESENT SUBJUNCTIVE
traduire	traduis*ant*	ils traduis*ent*	*je traduise*
plaindre	plaign*ant*	ils plaign*ent*	*je plaigne*
lire	lis*ant*	ils lis*ent*	*je lise*
suivre	suiv*ant*	ils suiv*ent*	*je suive*

c. A few irregular verbs have a *single* irregular stem used for all forms.

faire, je *fasse*   **falloir,** il *faille*   **pouvoir,** je *puisse*   **savoir,** je *sache*

d. A number of irregular verbs have *two* stems, one for the **nous** and **vous** forms (which are the same as the **nous** and **vous** forms of the imperfect indicative) and one for the other forms. The most common of these verbs are listed below.

aller: j'*aille,* tu *ailles,* il *aille,* nous allions, vous alliez, ils *aillent*

boire: je *boive,* tu *boives,* il *boive,* nous buvions, vous buviez, ils *boivent*

croire: je *croie,* tu *croies,* il *croie,* nous croyions, vous croyiez, ils *croient*

devoir: je *doive,* tu *doives,* il *doive,* nous devions, vous deviez, ils *doivent*

envoyer: j'*envoie,* tu *envoies,* il *envoie,* nous envoyions, vous envoyiez, ils *envoient*

mourir: je *meure,* tu *meures,* il *meure,* nous mourions, vous mouriez, ils *meurent*

prendre: je *prenne,* tu *prennes,* il *prenne,* nous prenions, vous preniez, ils *prennent*

recevoir: je *reçoive,* tu *reçoives,* il *reçoive,* nous recevions, vous receviez, ils *reçoivent*

tenir: je *tienne,* tu *tiennes,* il *tienne,* nous tenions, vous teniez, ils *tiennent*

valoir: je *vaille,* tu *vailles,* il *vaille,* nous valions, vous valiez, ils *vaillent*

venir: je *vienne,* tu *viennes,* il *vienne,* nous venions, vous veniez, ils *viennent*

voir: je *voie,* tu *voies,* il *voie,* nous voyions, vous voyiez, ils *voient*

vouloir: je *veuille,* tu *veuilles,* il *veuille,* nous voulions, vous vouliez, ils *veuillent*

e. The only verbs with irregular endings are **avoir** and **être:**

avoir: j'*aie,* tu *aies,* il *ait,* nous *ayons,* vous *ayez,* ils *aient*

être: je *sois,* tu *sois,* il *soit,* nous *soyons,* vous *soyez,* ils *soient*

PERFECT SUBJUNCTIVE

a. The perfect subjunctive is formed by combining the present subjunctive of **avoir** or **être** and the past participle of the verb.

remplir: j'aie rempli, tu aies rempli, il ait rempli,
nous ayons rempli, vous ayez rempli, ils aient rempli

tomber: je sois tombé(e), tu sois tombé(e), il soit tombé,
nous soyons tombé(e)s, vous soyez tombé(e)(s), ils soient tombés

se reposer: je me sois reposé(e), tu te sois reposé(e), il se soit reposé,
nous nous soyons reposé(e)s, vous vous soyez reposé(e)(s), ils se soient reposés

b. As the subjunctive equivalent of the passé composé, the perfect subjunctive is used to express an action that has already taken place.

Note: For the imperfect and pluperfect subjunctive, see page 116.

USES OF THE SUBJUNCTIVE

The subjunctive is used in a dependent clause when the subject of the dependent clause is *different* from the subject of the main clause. The principal uses of the subjunctive are explained below.

a. The subjunctive is used after *impersonal* expressions (except those showing certainty or probability), such as:

il faut, it is necessary, must	**il est important,** it is important
il est nécessaire, it is necessary	**il est juste,** it is right
il est bon (mauvais), it is good (bad)	**il est utile,** it is useful
il est convenable, it is fitting	**il est (c'est) dommage,** it is a pity,
il est essentiel, it is essential	it is a shame
il est possible⎱ it is possible, it	**il est temps,** it is time
il se peut ⎰ may be	**il semble,** it seems
il est impossible, it is impossible	**il vaut mieux,** it is better

Il semble qu'elle **parte** demain.	It seems she will leave tomorrow.
C'est dommage que vous n'**ayez** pas **attendu.**	It's too bad you didn't wait.

Note

1. After impersonal expressions of *fact*, *certainty*, and *probability*, the *indicative* is used.

il est certain (sûr), it is certain	**il est probable,** it is probable
il est clair, it is clear	**il est vrai,** it is true
il est évident, it is evident (obvious)	**il paraît,** it appears
il me semble, it seems to me	

Il est probable qu'elle ne s'en **souvient** pas.	It is probable that she doesn't remember.
Il me semble qu'ils **ont échoué.**	It seems to me that they have failed.

Observe that when **il semble** is used with an indirect object pronoun, it is followed by the *indicative*.

2. If the sentence is both negative *and* interrogative, the *indicative* is used since an affirmation is implied. However, when these expressions are used negatively *or* interrogatively, they express doubt and take the *subjunctive*.

N'est-il pas évident que c'est un bon chauffeur?	Isn't it obvious that he's a good driver?

But:

Il n'est pas vrai qu'elles s'en **aillent.**	It is not true that they are leaving.
Vous semble-t-il que j'**aie menti?**	Does it seem to you that I have lied?

b. The subjunctive is used after expressions of *emotion* (joy, fear, sorrow, surprise, regret).

avoir peur (...ne), to be afraid	**être heureux (malheureux),** to be happy (unhappy)
craindre (...ne), to fear	
s'étonner, to be astonished, be surprised	**être désolé,** to be very sorry, grieved
regretter, to be sorry	**être enchanté,** to be delighted
être content (satisfait), to be glad (satisfied)	**être fâché,** to be angry
	être surpris, to be surprised

Ils craignent que le chien *ne* **meure.**	They fear the dog may die.
Elle est enchantée qu'ils **soient revenus.**	She is delighted that they have returned.

Note: Observe that **craindre** and **avoir peur** in declarative affirmative sentences generally take **ne** (without negative force) in the subjunctive clause. However, **ne** is omitted if the verb of fearing is negative or interrogative.

Je n'ai pas peur qu'il **salisse** sa réputation.	I'm not afraid that he may ruin his good name.

c. The subjunctive is used after expressions of *wishing*, *commanding*, *asking*, or *permitting*.

aimer mieux ⎫ to prefer	**exiger,** to demand, require
préférer ⎭	**ordonner,** to order
demander, to ask	**permettre,** to permit
défendre, to forbid	**souhaiter,** to wish
désirer, to wish, want	**tenir à ce (que),** to insist, be anxious
dire, to tell	**vouloir,** to want, wish

Dites-lui qu'il **rende** l'argent.	Tell him to return the money.
Je tiens à ce que vous le **fassiez.**	I insist you do it.

d. The subjunctive is used after expressions of *doubt* and *denial* as well as expressions of *thinking* and *hoping* used negatively or interrogatively.

douter, to doubt **nier,** to deny **ne pas être sûr (certain),** not to be sure (certain)	**croire,** to believe **penser,** to think **espérer,** to hope } only when used negatively or interrogatively

Le témoin *nie* que l'accusé **soit** coupable. The witness denies that the defendant is guilty.
Je ne crois pas qu'elle **ait** une carte de crédit. I do not think that she has a credit card.
Pensez-vous que l'avion **soit** à l'heure? Do you think that the plane will be on time?

Note

Observe that **penser, croire,** and **espérer,** used negatively *or* interrogatively, generally imply doubt and are followed by the *subjunctive*.

Sometimes both the *subjunctive* and the *indicative* are possible with these verbs depending on the thought of the speaker.

Nous ne croyons pas que ce *soit*
    son frère. (Doubt in mind of
    speaker.)
Nous ne croyons pas que c'*est* son
    frère. (Certainty in mind of
    speaker.)
} We do not believe it's his brother.

However, when these verbs are used in affirmative sentences or are used negatively *and* interrogatively, they are followed by the *indicative* since no doubt is implied.

Ils pensent qu'il *cédera* à leurs désirs. They think he will give in to them.
N'espérez-vous-pas qu'on *établira* avant Don't you hope that they will set up a
    peu un hôtel sur la lune?   hotel on the moon before long?

e. If both the main verb and the dependent verb have the *same* subject, the *infinitive* is generally used in French instead of the subjunctive.

Elle est contente d'*avoir reçu* le télégramme. She is glad she received the telegram.
Je croyais le *connaître*. I thought I knew him.

Note: Where French uses the subjunctive, English sometimes uses the infinitive.

Il est temps que je *sorte*. It is time for me *to leave*.
Je désire que tu m'*aides*. I want you *to help* me.

f. The subjunctive is used after certain other conjunctions.

afin que **pour que** } in order that, so that **avant que,** before; until (after negatives) **à moins que (...ne),** unless **bien que** **quoique** } although	**de crainte que (...ne)** } for fear that, **de peur que (...ne)** } lest **jusqu'à ce que** **en attendant que** } until **pourvu que,** provided that **sans que,** without

Elles refusent d'y aller *à moins que* They refuse to go unless you go with them.
    vous *ne* les **accompagniez.**
Ne le faites pas *sans que* je le **sache.** Don't do it without my knowing it.

Note

1. **A moins que, de crainte que,** and **de peur que** are generally followed by **ne** before the subjunctive verb. **Ne** is also used at times with **avant que,** especially if doubt is implied.

Je ne lui en dirai rien **de crainte** (**peur**) **qu**'il **ne veuille** nous surprendre.	I won't say anything to him about it lest he may want to surprise us.
L'aurore paraît toujours **avant que** le soleil **soit** levé.	The dawn appears always before the sun has risen.
Il désire arriver sur le quai **avant que** le train **ne parte.**	He wants to arrive on the platform before the train leaves.

2. When both the main clause and the dependent clause have the same subject, the corresponding *preposition,* if there is one, is generally substituted for the *conjunction.* The preposition is then used with the *infinitive.*

Il est entré **sans** frapper.	He came in without knocking.
Réfléchissez **avant de** répondre.	Think before you answer.

3. After the verb **attendre,** *until* is generally expressed by **que.**

Devrons-nous **attendre qu**'ils soient prêts?	Will we have to wait until they're ready?

4. The following common conjunctions take the *indicative:*

après que, after	**puisque,** since
aussitôt que⎫ as soon as **dès que**⎭	**quand**⎫ when **lorsque**⎭
parce que, because	**tandis que,** while, whereas
pendant que, while	

EXERCICES

A. Ajouter à chaque phrase l'expression indiquée en faisant les changements nécessaires:

1. Ils font cent kilomètres à l'heure.

   Se peut-il --?

2. Tu as fait une tache indélébile sur ton manteau.

   Je pense --.

3. Notre directeur doit revenir dans un mois.

   Il semble --.

4. Elle a éprouvé le besoin de suivre un régime.

   Croyez-vous --?

5. Les couturiers introduiront une nouvelle mode.

   Je doute --.

6. Ses sœurs lui ont envoyé une montre d'or.

   Ses sœurs sont contentes --.

7. Ils s'en vont le plus tôt possible.

   Dites-leur --.

8. La moindre émotion le tuera.

   On dit --.

9. L'un d'eux lui prendra la main.

Il est convenable _____

10. Elle s'est moquée de moi.

Je ne suis pas sûr _____

11. Il cultivera votre amitié.

Espérez-vous _____?

12. Ils se sont divertis à la soirée.

Il est clair _____

13. Je salirai ma réputation.

Je crains _____

14. Il salira sa réputation.

Je crains _____

15. Vous faites la grasse matinée tous les jours.

Il n'est pas juste _____

16. Je vous enverrai ma réponse.

Attendez _____

17. Vous vous remettrez vite.

Il me semble _____

18. Tu as dépensé tant d'argent.

Elle s'étonne _____

19. Nous entendons la triste nouvelle.

Nous sommes désolés _____

20. Il peut les protéger contre l'épidémie.

Ils tiennent à _____

B. Donner la forme convenable du verbe en italique:

1. Il faut que cet homme-là *être* un grand ignorant, car il répond à tout ce qu'on lui demande. —VOLTAIRE   _____

2. Arrosez ces fleurs avant qu'elles ne *mourir*.   _____

3. Il vaut mieux que quelqu'un *jeter* un regard sur les enfants de temps à autre.   _____

4. N'est-il pas évident que la politique prévoyante de ce ministre le *grandir* dans l'estime publique?   _____

5. La vie est un enfant qu'il faut bercer jusqu'à ce qu'il *s'endormir*. —VOLTAIRE   _____

6. Il est probable que l'herbe *revenir* l'année prochaine.   _____

7. La direction de l'hôtel a installé cet appareil pour que vous *se sentir* à l'aise.   _____

8. Elle marchait sur la pointe des pieds de peur de les *réveiller*.   _____

9. Puisque vous n'en *pouvoir* plus, arrêtez-vous maintenant.   ------------------

10. Voulez-vous qu'on *croire* du bien de vous? n'en dites pas.
    —PASCAL   ------------------

11. Est-il vrai qu'il *aller* comme on le mène?   ------------------

12. Nous finirons bientôt à moins que vous ne nous *interrompre*.   ------------------

13. Permettez que je *voir* ce qui se passe.   ------------------

14. Afin qu'elle *recevoir* beaucoup de lettres pendant ses vacances, nous lui écrirons fréquemment.   ------------------

15. Nous ferons n'importe quoi pour lui parce que nous lui en *savoir* bon gré.   ------------------

16. Ils ont couru de crainte que l'autobus ne *partir* sans eux.   ------------------

17. Monsieur..., je déteste ce que vous écrivez, mais je donnerais ma vie pour que vous *pouvoir* continuer à écrire.
    —VOLTAIRE   ------------------

18. Bien qu'ils *rentrer* tard hier soir, ils sont déjà prêts à nous accompagner.   ------------------

19. Il n'est pas certain que nous *accomplir* tout ce que nous désirons.   ------------------

20. Vous devriez pouvoir dormir toute la nuit pourvu que vous ne *boire* pas trop de café.   ------------------

C. Faire une seule phrase en reliant les deux phrases données:

MODÈLE: Alice est sa sœur. C'est possible.
Il est possible qu'Alice soit sa sœur.

1. Elle sait où le trésor est enterré. C'est probable.

----

2. Vous souffrez d'un complexe d'infériorité. Je le pense.

----

3. Cet écrivain écrira une nouvelle biographie. Le croyez-vous?

----

4. Je vérifierai le compte. C'est impossible.

----

5. Il s'assied près d'elle. Elle l'aime mieux.

----

6. Elle s'assied près de lui. Elle l'aime mieux.

----

7. Nous irons tous à l'ambassade. Est-ce nécessaire?

----

8. Il y a toujours eu des jumeaux dans la famille. C'est vrai.

----

9. Tu veux danser avec moi. J'en suis enchantée.

----

10. Son fils conduit sa voiture pendant la nuit. Il le défend.

----

11. Ils ne nous ont écrit qu'une fois. Nous le regrettons.

----

12. Quelqu'un prendra ses effets. Elle en a peur.

----

13. Je vous vois dans un tel état. J'en suis surpris.

----

14. Le candidat recevra une meilleure offre. Ils en doutent.

----

15. Il va visiter l'atelier de son ami artiste. C'est certain.

----

16. Vous n'en serez pas inquiets. Nous le préférons.

----

17. Je ne ferai pas de faux pas. C'est essentiel.

----

18. Plus de vingt ans se sont écoulés depuis ce jour. C'est dommage.

----

19. Roger jouit d'une bonne santé. Ils le souhaitent.

----

20. Nous étudions des langues étrangères. C'est utile.

D. Traduire en français:

1. Does he require each student to take notes?

----

2. She is angry that we left without her.

----

3. We won't leave without seeing her.

----

4. Will she leave without our seeing her?

----

5. It is good that you gave a suitable answer.

----

6. While they were traveling, she changed her mind about her next trip.

----

7. It will soon be time for them to wake up.

----

8. Don't you hope we can start out Sunday for Chamonix?

----

9. I will say nothing unless someone needs information.

----

10. It appears that she hurt herself getting off the bus.

----

11. Is it true that this land is worth a great deal of money?

----

12. We insist that he come to our meetings on time.

----

13. I'm sorry I cannot have dinner with you tonight.

----

14. He would like me to hold the tickets.

----

15. Do you deny that they wasted their time?

OTHER USES OF THE SUBJUNCTIVE

In addition to the uses previously explained, the subjunctive is also used in clauses introduced by certain relative pronouns.

a. The subjunctive is used in a relative clause referring to an *indefinite person* or *thing* that is sought but not yet found. In this case *doubt* is implied.

Elle cherche un parfum qui lui **plaise.**	She is looking for a perfume that she will like.
Y a-t-il une chambre où je **puisse** me reposer?	Is there a room where I can rest?
Connaissez-vous quelqu'un qui **croie** cette histoire?	Do you know anyone who believes that story?

b. The subjunctive is used in a relative clause after a *negative expression* where the existence of the person or thing is in doubt.

Il n'y a pas de parfum qui lui **plaise.**	There is no perfume that she likes.
Nous ne connaissons personne qui **puisse** le prouver.	We don't know anyone who can prove it.

Je n'ai jamais vu un film qui m'**ait** plus **amusé.**   I've never seen a film I've enjoyed more.

c. The subjunctive is used after *superlative expressions*, generally to show opinion. Such superlatives include **le seul, le premier,** and **le dernier.**

C'est *le meilleur* pilote que nous **ayons.**   He's the best pilot we have.

C'est *la seule* chose qu'on **puisse** faire.   It's the only thing one can do.

Ce sont les sandwichs *les plus délicieux* que j'**aie** jamais **mangés.**   They are the most delicious sandwiches I've ever eaten.

Note

1. The *indicative* is used in case *a* if there is no doubt about the existence of the person or thing, and in cases *b* and *c* if the speaker presents the statement as a fact.

Voici un panorama qui me *plaît.*   Here is a panorama I like.

Il n'y a personne dans cette équipe que je *connais.*   There is no one on that team whom I know.

C'est la seule facture que j'*ai reçue* ce mois.   This is the only bill that I've received this month.

2. The *indicative* is also used in case *c* if the superlative is followed by **de.**

Ce sont **les plus délicieux** *des* sandwichs que j'*ai mangés.*

d. The subjunctive is used after certain *indefinites.*

qui que, who(m)ever	**quelque . . . que**
quoi que, whatever (pronoun)	**si . . . que**
quel que, whatever (adjective)	**où que,** wherever

}however (modifying adjective or adverb)

Qui que vous **soyez** et *quoi que* vous **fassiez,** faites-le bien.   Whoever you are and whatever you do, do it well.

Quels que **soient** ses défauts, c'est un homme d'état fort estimé.   Whatever his faults may be, he is a highly esteemed statesman.

Où qu'elle **aille,** il y a toujours une activité fiévreuse.   Wherever she goes, there is always feverish activity.

Quelque puissant *qu*'il **soit,** moi, je ne l'aime pas.   However powerful he may be, I don't like him.

Si mal *qu*'elle **parle,** il paraît que tout le monde la comprend.   However badly she speaks, everyone seems to understand her.

e. The subjunctive is occasionally used alone (i.e., with no previous clause) to express a third person imperative or a wish.

Qu'il s'en *aille!*   Have him go away!

Qu'elles m'*attendent!*   Let them wait for me!

Puisse-t-il réussir!   May he succeed!

Soit.   Good! "O.K."

Sauve qui peut!   Every man for himself!

Vive le président!   Long live the President!

Ainsi *soit*-il.   Amen. So be it.

A Dieu ne *plaise!*   Heaven forbid!

f. The subjunctive is used when **que** means *if.* In conditional sentences, **si,** instead of being repeated, is often replaced by **que,** followed by the subjunctive. In this type of sentence, the same person is the subject of both verbs.

Si j'y vais de bonne heure et *que* je le *voie,* je lui donnerai votre message.   If I go there early and see him, I will give him your message.

IMPERFECT AND PLUPERFECT SUBJUNCTIVE

In addition to the present and perfect tenses, the subjunctive has two other tenses: the imperfect and pluperfect. These tenses have virtually disappeared from the spoken language and are now used only in formal writing. In practice, their use is generally restricted to the third person. However, all forms of the imperfect and pluperfect subjunctive are included here for purposes of recognition.

a. The imperfect subjunctive is found by dropping the final letter of the **je** form of the passé simple and adding the endings: *-sse, -sses, -´t, -ssions, -ssiez, -ssent*. These endings are the same for all verbs.

hésiter: j'hésitasse, tu hésitasses, il hésitât,
     nous hésitassions, vous hésitassiez, ils hésitassent

remplir: je remplisse, tu remplisses, il remplît,
     nous remplissions, vous remplissiez, ils remplissent

vendre: je vendisse, tu vendisses, il vendît,
     nous vendissions, vous vendissiez, ils vendissent

b. The pluperfect subjunctive is formed by combining the imperfect subjunctive of the auxiliary with the past participle of the verb.

remplir: j'eusse rempli, tu eusses rempli, il eût rempli,
     nous eussions rempli, vous eussiez rempli, ils eussent rempli

tomber: je fusse tombé(e), tu fusses tombé(e), il fût tombé,
     nous fussions tombé(e)s, vous fussiez tombé(e)(s), ils fussent tombés

se reposer: je me fusse reposé(e), tu te fusses reposé(e), il se fût reposé,
     nous nous fussions reposé(e)s, vous vous fussiez reposé(e)(s), ils se fussent reposés

SEQUENCE OF TENSES

a. If the main clause denotes *present* or *future* time, the dependent clause is in the *present* or *perfect* subjunctive.

Je ne **crois** pas qu'il **revienne.**	I don't think he will come back.
Je ne **crois** pas qu'il **soit revenu.**	I don't think he came back.

b. In formal or literary style, if the main clause denotes *any other* time (i.e., past or conditional), the dependent clause is in the *imperfect* or *pluperfect* subjunctive.

Je ne **croyais** pas qu'il **vînt.**	I didn't think he would come.
Je ne **croyais** pas qu'il **fût venu.**	I didn't think he had come.

Note: Recall that in conversation the subjunctive is limited to the present and perfect tenses.

Je ne **croyais** pas qu'il **vienne.**	I didn't think he would come.
Serait-il possible qu'elle l'**ait fait?**	Could she have done it? (Would it be possible for her to have done it?)

EXERCICES

A. Ajouter l'expression entre parenthèses à la proposition principale en faisant tout changement nécessaire:

  MODÈLE: (arriver) Je le ferai avant que Joseph --
      Je le ferai avant que Joseph arrive.

1. (connaître la région):

  La compagnie cherche un commis voyageur qui --

2. (pouvoir):

Une tempête violente arrive! Sauve qui --!

3. (avoir peint):

Ce portrait est le plus intéressant que cet artiste --.

4. (savoir lire le grec):

Nous avons plusieurs amis qui --.

5. (devoir):

Est-ce la dernière dette qu'il vous --?

6. (pouvoir se poser):

Ils désirent trouver un champ où les hélicoptères --------------------------------.

7. (avoir dans notre collection):

Voici le livre le plus long que nous --.

8. (avoir assisté):

C'est la conférence la plus ennuyeuse à laquelle nous -------------------------.

9. (être confortable):

Nous cherchons une chaise qui --.

10. (avoir jamais gravi):

C'est la montagne la plus élevée qu'on --.

    B. Donner la forme convenable du verbe en italique:

1. Si vite que vous *courir*, je vous attraperai. ------------------------------------

2. Connaissez-vous un spécialiste qui *pouvoir* le guérir? ------------------------

3. C'est le seul poste qu'il *vouloir* remplir. ------------------------------------

4. Qu'il *rire!* Cela m'est égal. --

5. Il n'y a personne qui *être* tout à fait content de son sort. ------------------

6. Quoi que vous *tenir* à faire, vous pourrez l'accomplir. ----------------------

7. C'est la meilleure des maisons préfabriquées que nous *avoir* vues. ----------

8. Y a-t-il des tableaux qui *valoir* des millions de francs? ----------------------

9. Quelle que *être* la cause de la tension, son existence est indiscutable. ------

10. Est-ce le premier poème que vous *avoir* composé? ----------------------------

11. Y a-t-il la possibilité d'une avalanche? A Dieu ne *plaire!* ------------------

12. J'ai besoin d'une salle où je *pouvoir* étudier. --------------------------------

13. Le professeur dit que René est le plus jeune garçon qu'il y *avoir* dans cette classe. ------------------------------------

14. Quelque tranquille qu'il *paraître*, il est sans doute fort inquiet. ------------

15. Je ne connais personne qui *s'endormir* plus vite que lui. --------------------

16. Ils cherchent l'architecte qui *construire* leur maison. ------------------------

17. Qui que vous *rencontrer* vous dira que c'est une marque supérieure. --------

18. Que celui qui est sans péché *jeter* la première pierre!   ---------------------------

19. C'est la plus utile des casseroles qu'elle *avoir* achetées.   ---------------------------

20. Quelles que *être* vos intentions, ne les révélez à personne.   ---------------------------

    C. Relier les deux phrases en employant un pronom relatif:

    MODÈLE: Voilà le bateau. Je le préfère.
                  Voilà le bateau que je préfère.

1. Avez-vous une chambre? Elle est ensoleillée. ---------------------------

----

2. Je connais un laitier. Il n'a jamais bu de lait. ---------------------------

----

3. C'est le seul pont. Il est à craindre. ---------------------------

----

4. Ce savant essaie de trouver un vaccin. Le vaccin pourra empêcher le rhume ordinaire. ----------

----

----

5. Nous avons trouvé un directeur. Il sait prendre des décisions. ---------------------------

----

6. Y a-t-il quelqu'un? Il se souvient de leur adresse. ---------------------------

----

7. Montrez-moi la meilleure serrure. Vous la vendez. ---------------------------

----

8. Cette revue demande un journaliste. Il veut voyager. ---------------------------

----

9. C'est la plus ridicule des histoires. Tu les as racontées. ---------------------------

----

10. Elle a un prétendant. Il fait la grève de la faim. ---------------------------

----

    D. Compléter la seconde phrase de chaque série:

1. Quelle que soit sa réponse, faites-la-moi savoir.

----------------------------, let me know.

2. Milton continuait à écrire bien qu'il fût aveugle.

Milton continued to write ----------------------------.

3. Était-il possible qu'on l'eût vue?

Was it possible that ----------------------------?

4. Qui que ce soit, il fait une bonne impression.

----------------------------, he makes a good impression.

5. Il n'était pas juste qu'elle lui fît la sourde oreille.

It was not right --.

6. Si faible qu'il soit, il travaille ferme tout le temps.

--, he works hard all the time.

7. Il doutait que le prisonnier se fût échappé.

He doubted that --.

8. Nous voulions qu'il vînt passer le week-end chez nous.

We wanted him --.

9. Quoi qu'elle dise, je doute que ce soit la vérité.

---, I doubt that it is the truth.

10. Il aurait fallu qu'il expliquât ses raisons.

It would have been necessary --.

11. He is looking for a wife who cooks well.

Il cherche une femme qui --- la cuisine.

12. Whatever you send, I shall be grateful to you.

---, je vous en saurai bon gré.

13. Have you ever seen an opera that lasted so long?

Avez-vous jamais vu un opéra -- si longtemps?

14. Let them be ready when I come back!

-- à mon retour!

15. This is a cheese that pleases me.

Voici un fromage qui -----------------------------------.

16. There is no one else who can draw like you.

Il n'y a personne d'autre qui -- comme toi.

17. That's the most enjoyable month I have ever spent.

C'est le mois le plus agréable ---.

18. Wherever we live, we soon get used to the customs of the people.

--, nous nous habituons bientôt aux mœurs du peuple.

19. He is the only one in the family who has been in Asia.

C'est le seul de la famille qui --.

20. Is there nothing in the world that pleases them?

N'y a-t-il rien au monde --?

14. LA PRÉPOSITION

PREPOSITIONS USED WITH PLACE NAMES

In or *to* with place names is expressed as follows:

en	*feminine* countries, continents, provinces *masculine* singular countries beginning with a *vowel*	*en* Grèce, *en* Europe, *en* Provence *en* Iran, *en* Israël, *en* Iraq
au, aux	other *masculine* countries	*au* Maroc, *aux* Pays-Bas
à	cities	*à* Londres, *à* Marseille
dans + def. art.	*modified* place names, including cities	*dans la* belle Suisse, *dans le* vieux Paris

Si vous allez *en* Europe, comptez-vous rester longtemps *aux* Pays-Bas?	If you go to Europe, do you intend to stay in the Netherlands long?
Il va rendre visite à ses amis *dans la* France qu'il connaît si bien et puis voler *à* Londres.	He is going to visit his friends in the France he knows so well and then fly to London.

Note

1. With **Danemark** and **Portugal,** either **au** or **en** may be used.

au Danemark   *au* Portugal
en Danemark   *en* Portugal

2. In current French, the use of **dans** with modified feminine place names is gradually decreasing. **En** is retained when the modifier is an integral part of the place name, and usually when a modifying adjective follows the name.

en Amérique du Sud   *en* Suisse italienne
en Asie Mineure   *en* Europe occidentale

In other cases, **dans** + *definite article* are used.

dans la douce France   *dans l'*Italie de la Renaissance

3. With names of cities, **dans** may be used instead of **à** to stress the idea of *inside* or *within* the city: *dans* Lyon, *dans* Bruxelles.

Ils ne demeurent pas *dans* Bruxelles; leur maison est aux environs de la ville.
Les armées étaient déjà arrivées *dans* Berlin.

From with place names is expressed as follows:

de	*feminine* countries, continents, provinces *masculine* singular countries beginning with a *vowel* cities	*de* Grèce, *d'*Europe, *de* Provence *d'*Iran, *d'*Israël, *d'*Iraq *de* Londres, *de* Marseille
de + def. art.	other *masculine* countries *modified* place names	*du* Maroc, *des* Pays-Bas *de la* belle Suisse, *du* vieux Paris

Ces vins sont importés *du* Maroc et *d'*Israël? Non, ils viennent *de* Bordeaux.	Are these wines imported from Morocco and Israel? No, they come from Bordeaux.

Note

1. Place names occurring in adjective phrases with **de** follow the rules given in the chart above: **le fromage** *de* **France, l'ambassadeur** *de* **Turquie, les voitures** *des* **États-Unis.**

   The article is generally retained in all other cases.

Les Pyrénées séparent l'Espagne de *la* France.	The Pyrenees separate Spain from France.
Ils discutaient de *la* Chine.	They were discussing China.
Préféraient-ils *la* Pologne à *la* Grèce?	Did they prefer Poland to Greece?

2. The definite article with modified feminine place names is becoming less frequent after **de**. It is generally dropped when the modifier is an integral part of the place name or when a modifying adjective follows the name.

   *d'*Afrique du Nord   *de* Russie centrale

3. A few cities always have a definite article in French, since the article is part of the name.

le Caire, Cairo	**le Havre,** Havre	**la Nouvelle-Orléans,** New Orleans
la Havane, Havana	**la Haye,** the Hague	**la Rochelle,** La Rochelle

   Thus, we have **au Caire** (*to* or *in Cairo*) and **de la Nouvelle-Orléans** (*from New Orleans*).

4. For a list of geographical names, see Appendix, pages 297–298.

OTHER USES OF *DE*

a. After certain adverbs expressing quantity. In this case, **de** is used *without the article* before the following noun. The most common adverbs of quantity are listed below.

assez de, enough	**peu de,** little, few
autant de, as much, as many	**plus de,** more
beaucoup de, much, many	**que de,** how much, how many
combien de, how much, how many	(used only in exclamations)
moins de, less, fewer	**tant de,** so much, so many
pas mal de, lots of	**trop de,** too much, too many

Notre hôte a *beaucoup d'*esprit.	Our host is very witty.
Cette compagnie a eu *pas mal de* problèmes.	This company has had lots of problems.

b. After nouns that indicate quantity or measure. In this case, **de** is used *without the article* before the following noun. Some common nouns of quantity are listed below.

une boîte	**un litre**	**un nombre**	**un sac**
une bouteille	**une livre**	**une paire**	**un tas** (*pile*)
une corbeille	**un mètre**	**un panier**	**une tasse**
une foule	**un morceau**	**un paquet**	**un verre**
un kilo(gramme)			

Voudriez-vous me chercher un *kilo de* cerises, une *demi-douzaine d'*artichauts, et un gros *sac de* pommes de terre.	Would you get me a kilogram of cherries, a half-dozen artichokes, and a large bag of potatoes.

Note

1. The definite article is used with adverbs and nouns of quantity *if the following noun is modified*.

Peu *des* vergers que j'ai visités étaient chargés de fruits. — Few of the orchards I visited were laden with fruit.

Je voudrais acheter une corbeille *des* meilleurs raisins. — I would like to buy a basket of the best grapes.

2. The definite article is also used with **bien** (*much, many*), **encore** (*some more, anymore*), and **la plupart** (*most*).

Bien des fonctionnaires assistaient à l'inauguration. — Many officials were present at the inauguration.

Garçon, *encore du* pain, s'il vous plaît. — Waiter, more bread, please.

La plupart des habitants sont nés ici. — Most of the inhabitants were born here.

3. If the noun is omitted after a word of quantity, the noun must be replaced by the partitive pronoun **en.**

Avez-vous assez **de fil?** J'*en* ai **trop.** — Have you enough wire? I have too much.

A-t-elle acheté **des gants?** Oui, elle *en* a acheté deux **paires.** — Did she buy any gloves? Yes, she bought two pairs.

4. Observe the distinction between the use of **de,** in the sense of *containing*, and **à,** in the sense of *designed for*.

un verre *d'*eau	a glass of water
un verre *à* eau	a water glass (= a glass for water)
une tasse *de* thé	a cup of tea
une tasse *à* thé	a tea cup (= a cup for tea)

c. After numerical collective nouns. Some common nouns of number are listed below.

une dizaine, about ten	**une cinquantaine,** about fifty
une douzaine, a dozen	**une centaine,** about a hundred
une quinzaine, about fifteen	**un millier,** (about) a thousand
une vingtaine, about twenty, a score	**un million,** a million
une trentaine, about thirty	**un milliard,** a billion

une *dizaine de* tuiles	about ten tiles
des *centaines d'*affiches	hundreds of posters
plusieurs *milliers de* vignes	several thousand vines
trois *millions de* lettres	three million letters

d. In phrases describing the material of which an object is made, *without the article*. In this case, the preposition **en** may also be used in place of **de.**

un mur *de pierre*	a stone wall
des chaussettes *de laine*	woolen socks
un escalier *en marbre*	a marble staircase
une lampe *en cristal*	a crystal lamp

For some frequently used nouns of material, see page 184.

e. In numerous adjective phrases.

un billet de théâtre	a theater ticket
une maison de campagne	a country house
ses frères de souffrance	his fellow sufferers
un bureau de tabac	a tobacco store
une boîte de nuit	a night club
un jour d'hiver	a winter day

f. Before the complements of certain verbs and in certain idioms.

Le toit était **couvert de** neige.

Sa conduite **dépend de** son humeur.

Elle était **entourée d'**amis.

Elle **se plaint** constamment **de** tout.

Nous **aurons besoin de** truffes.

Ne peut-il pas **se passer de** cigares?

g. Before the complements of certain adjectives.

J'espère être **digne de** vos louanges.

Est-on jamais **content de** son sort?

Soyez **fiers de** votre succès!

La cruche était **pleine de** cidre.

h. To express possession and relationship, where English generally uses the possessive form, *'s* or *s'*.

l'oreiller **de** l'enfant

la femme **de** M. Augier

les connaissances **de** Gauthier

les œuvres **des** auteurs

the child's pillow

Mr. Augier's wife

Walter's acquaintances

the authors' works

i. With an adjective that is used after an indefinite term such as the following:

que	**quelqu'un**	**rien**
quoi	**quelque chose**	**personne**

*Quoi de nouveau? Qu'*y a-t-il *de nouveau?*

What's new?

*Qu'est-ce qu'*il y a *de plus beau* qu'un arc-en-ciel?

What is more beautiful than a rainbow?

Quand j'achète un cadeau, je cherche *quelque chose d'utile.*

When I buy a gift, I look for something useful.

Il n'y a *rien de plus précieux* que le temps.

There is nothing more precious than time.

j. In expressions of dimension.

Le sentier a trois kilomètres **de** long (longueur).

The path is twenty kilometers long.

L'ouverture a quatre mètres **de** large (largeur).

The opening is four meters wide.

Le phare a quatre-vingts pieds **de** haut (hauteur).

The lighthouse is eighty feet high.

Alternate usage for the expressions above:

Le sentier est long (a une longueur) de trois kilomètres.

L'ouverture est large (a une largeur) de quatre mètres.

Le phare est haut (a une hauteur) de quatre-vingts pieds.

k. To denote differences in age and measurement.

Georges est plus âgé que moi **de** deux ans.

Je suis plus grand que lui **de** trois pouces.

Ma montre avance (retarde) **de** cinq minutes.

George is two years older than I.

I am three inches taller than he.

My watch is five minutes fast (slow).

l. To denote A.M. and P.M. in expressions of time.

à quatre heures **du matin**

cinq heures **de l'après-midi**

vers huit heures **du soir**

at four o'clock in the morning, at 4:00 A.M.

five o'clock in the afternoon, 5:00 P.M.

about eight o'clock in the evening, 8:00 P.M.

Note: In official announcements, such as timetables, the twenty-four-hour system is commonly used, with midnight as the zero hour.

00.25 = 12:25 A.M.   **15 heures** = 3:00 P.M.   **21 h.10** = 9:10 P.M.

OTHER USES OF *A*

a. To introduce a noun as indirect object:

On a décerné le prix **à Michel.**

They awarded the prize to Michael.

b. With **être** to denote possession:

Cette Renault *est à* mon beau-frère.   That Renault belongs to my brother-in-law.

c. In adjective phrases to denote a distinguishing characteristic:

le garçon *aux pieds nus*	the barefoot boy
la dame *à la robe rouge*	the lady with the red dress
le marché *aux puces*	the flea market
une peinture *à l'huile*	an oil painting

This category includes numerous phrases used to describe foods.

la glace *à la vanille*	vanilla ice cream
un café *au lait*	coffee with milk
la soupe *à l'oignon*	onion soup
une omelette *aux champignons*	a mushroom omelet

d. Before the complements of certain verbs:

Nous *tenons à* notre canari.	We are fond of our canary.
Elles *obéissent à* leur grand-mère.	They obey their grandmother.

e. With certain verbs of separation before the personal complement (in English = *from*):

Il *empruntait* de l'argent *à* tout le monde.	He used to borrow money from everyone.
Pourquoi a-t-elle *caché* le tambour *à* son jeune fils?	Why did she hide the drum from her young son?

f. To express the purpose for which a thing is used:

un pot *à fleurs*	a flower pot
une bouteille *à lait*	a milk bottle
un verre *à vin*	a wine glass
une épingle *à cheveux*	a hairpin

g. To express the means or manner of doing something:

écrire *au crayon*	to write in pencil
entendre *à la radio*	to hear on the radio
fait *à la main*	hand made
manger *à la française*	to eat in French style
recevoir *à bras ouverts*	to receive with open arms
aller *à pied, à bicyclette*	to go on foot, by bicycle

h. In certain expressions of distance or time:

Il demeure *à dix kilomètres* d'ici.	He lives ten kilometers from here.
La pièce fut écrite *au 17ᵉ siècle*.	The play was written in the seventeenth century.

OTHER USES OF *EN*

a. Before months, years, and seasons:

en novembre, in November   *en* 1980, in 1980   *en* automne, in the fall

Exception: **au** printemps, in the spring

b. To indicate duration of time:

J'ai peint l'appartement *en trois jours.*	I painted the apartment in three days.
On a lavé la voiture *en une demi-heure.*	They washed the car in half an hour.

However, if *in* means *at the end of*, **dans** is used.

Il y arrivera *dans un mois.*	He will arrive here in a month.

Veuillez m'attendre. Je serai prêt **dans un** | Please wait for me. I'll be ready in a moment.
moment.

c. To denote the material of which something is made:

des vêtements **en laine** woolen clothing
des chaussures **en cuir** leather footwear

Note: Compare the use of **de,** page 122, *d.*

d. In the sense of *as, in the character of:*

Nous étions déguisés **en pirates.** We were disguised as pirates.
Il m'a traité **en copain.** He treated me as a pal.

Note

En is rarely used with the definite article. Exceptions are:

*en l'*air | in the air
*en l'*honneur de | in honor of
*en l'*absence de | in the absence of
*en l'*an (1066) | in the year (1066)

USES OF *PAR*

a. To express agent or means:

Malheureusement, Henri IV fut tué **par** | Unfortunately, Henry IV was killed by Ravail-
Ravaillac. | lac.
Nous sommes arrivés **par le bac (train).** | We arrived by ferry (train).

b. To express *through* with a place:

Comptent-ils passer **par Rouen?** | Do they intend to pass through Rouen?

c. With certain verbs such as **jeter** and **regarder** to express the idea *out (of):*

Ne **jette** rien **par** la fenêtre, Pierre. | Don't throw anything out of the window, Peter.

d. In expressions indicating weather, to mean *in* or *on:*

par un temps pareil | in such weather
par un beau jour d'été | on a beautiful summer day

e. To express *a* or *per* in expressions indicating frequency of time:

deux fois **par jour** | twice a day
vingt révolutions **par minute** | twenty revolutions per minute

USES OF *CHEZ*

a. To mean *at (to) the home of, at (to) the place of business of:*

Ils vont **chez eux;** ils vont **chez le dentiste.** | They are going home; they are going to the dentist.

b. To express the ideas of *in the person of, in the works of:*

Il y a **chez elle** du talent. | She has talent. (There is talent in what she does.)
Ces idées se trouvent **chez Gide.** | These ideas are found in the works of Gide.

c. In the meaning of *among:*

C'était une coutume **chez les Romains.** | That was a custom among the Romans.

OTHER PREPOSITIONS

Vers is used in a physical sense to indicate direction; it is also used for approximation in expressing time of day.

Nous marchions *vers les saules.*	We were walking toward the willows.
L'avion a atterri *vers neuf heures.*	The plane landed about nine o'clock.

Envers implies feeling or behavior.

Vous avez été très *dur (doux) envers* eux.	You have been very harsh (lenient) toward them.

Contre is used with the verbs **se fâcher** and **changer** as well as the noun **remède.**

Pourquoi *vous fâchez-vous contre* moi?	Why do you get angry with me?
Elle *a changé* la blouse de soie *contre* des bas de nylon.	She exchanged the silk blouse for nylon stockings.
On n'a pas encore découvert de *remède contre* cette maladie enfantine.	They have not yet found a remedy for that childhood disease.

Sur, referring to measure, expresses the English *by* and *out of.*

Cette chambre a six mètres de long *sur* cinq de large.	This room is six meters long by five meters wide.
Deux *sur* trois de ces hommes demeurent en ville.	Two out of three of these men live in town.

D'après is the equivalent of *adapted from, in the style of, in imitation of, according to.*

d'après Molière	adapted from Molière
dessiner *d'après nature*	to draw from life
d'après lui	according to him

Note

1. **A, de,** and **en** are repeated before each word they govern.

Nous avons passé le temps *à* dessiner et *à* peindre.	We spent the time drawing and painting.
C'est le fils *d'*une mère autrichienne et *d'*un père irlandais.	He is the son of an Austrian mother and an Irish father.
Ne vont-ils pas *en* Norvège et *en* Suède?	Aren't they going to Norway and Sweden?

With other prepositions, the repetition is generally optional.

2. For additional expressions with prepositions, see pages 204–206; 209–210.

EXERCICES

A. Remplacer le tiret par le mot qui manque:

1. On parle russe _____ Moscou.

2. Ce sera vrai neuf fois _____ dix.

3. Le Texas est au nord _____ Mexique.

4. Quelque bien qu'on nous dise de nous on ne nous apprend rien _____ nouveau. —LA ROCHEFOUCAULD

5. Ces serviettes sont-elles faites _____ la main?

6. On a dit qu'il avait une bourse pleine _____ or.

7. Est-ce que Monet a dessiné _____ nature?

8. Il est possible qu'ils vous reçoivent _____ bras ouverts.

9. La nièce de Suzanne est plus jeune qu'elle _____ dix ans.

10. Connaissez-vous un remède _____ la pollution de l'air?

11. Les bouteilles _____ vin étaient vides.

12. Madame veut-elle encore _____ beurre?

13. Comment trouvez-vous mon beau fauteuil _____ la Louis XIV?

14. Il a agi _____ honnête homme.

15. Je ne peux pas être responsable _____ tout ce qu'il fait.

16. Nous doutons qu'on trouve cette locution _____ Corneille.

17. Si vous manquiez _____ argent, pourriez-vous _____ emprunter _____ un des vos amis?

18. Ils se dirigeaient _____ le fleuve pour vérifier le niveau de l'eau.

19. Je préfère que vous ne vous promeniez pas _____ un gros froid.

20. —Et comme dessert, monsieur? —Apportez-moi une mousse _____ chocolat, s'il vous plaît.

21. Il est gentil, n'est-ce pas, ce petit _____ yeux bleus?

22. Elles m'ont remercié _____ la faïence que je leur avais envoyée.

23. Lorsque j'y suis arrivé, elle regardait _____ la fenêtre qui donne sur le jardin.

24. A-t-il appris à écrire _____ l'encre ou écrit-il toujours _____ crayon?

25. Qu'as-tu vu _____ pittoresque sur la route des Alpes?

B. Souligner la réponse qu'on ne peut pas substituer dans la phrase pour les mots en italique:

1. Voudriez-vous demeurer en *Amérique du Sud?*
   a. Provence   *b.* Asie Mineure   *c.* Europe que vous avez vue   *d.* Afghanistan

2. On l'avait préparé en *trois jours.*
   a. juin   *b.* honneur de Jean   *c.* été   *d.* 1923

3. Quand reviendront-ils d'*Argentine?*
   a. Iran   *b.* États-Unis   *c.* Alsace   *d.* Athènes

4. Cet artiste belge a peint *beaucoup* de portraits.
   a. un grand nombre   *b.* peu   *c.* une quinzaine   *d.* bien

5. Y a-t-il de bons hôtels au *Maroc?*
   a. Chine   *b.* Canada   *c.* Chili   *d.* Havre

6. Le bâtiment a *cinq étages.*
   a. cent mètres de hauteur   *c.* une hauteur de cent mètres
   b. haut de cent mètres   *d.* cent mètres de haut

7. Il *est poli* envers tout le monde.
   a. agit d'une manière respectueuse   *b.* devient généreux   *c.* se fâche   *d.* sera dur

8. Quelles langues étrangères étudie-t-on à la *Nouvelle-Orléans?*
   a. Haye   *b.* Rochelle   *c.* Caire   *d.* Havane

9. Ce matin il y avait *une douzaine* d'oiseaux sur la pelouse.
   a. encore   *b.* une paire   *c.* moins   *d.* des centaines

10. Nous avons l'intention de partir *tout de suite.*
    a. au printemps   *b.* en une heure   *c.* vers sept heures du soir   *d.* dans vingt minutes

C. Compléter les phrases:

1. Aimez-vous bien flâner dans les rues _____ Paris historique?

2. Quand elle l'a vu _____ la télévision, elle était ivre _____ joie.

3. Pour aller au bal masqué, ils s'étaient habillés _____ clowns de cirque.

4. Pas mal _____ Américains sont partis _____ États-Unis pour aller _____ Écosse.

5. Un grand nous fait assez _____ bien quand il ne nous fait pas de mal. —BEAUMARCHAIS

6. Il écrit plusieurs fois _____ an les dernières nouvelles à ses cousins qui se trouvent _____ Suisse allemande.

7. C'était une ville _____ gaieté, comme nulle part ailleurs.

8. Je voudrais changer ce manteau _____ laine _____ un manteau _____ fourrure.

9. Il y a un parc _____ trois kilomètres de chez nous.

10. Je ne veux rien avoir _____ commun avec lui.

11. Y a-t-il beaucoup de fêtes religieuses _____ les Bretons?

12. Son amie, qui demeure _____ Japon, lui envoie souvent des lettres _____ extrême Orient.

13. Les murs du salon sont décorés _____ plusieurs portraits _____ l'huile.

14. Nous les avons rencontrés quatre fois: _____ Pays-Bas, _____ Danemark, _____ Iran, et _____ sèche Afrique.

15. Elle a pris la tasse _____ thé et l'a remplie _____ café au lait.

16. _____ combien _____ kilos _____ jambon a-t-elle besoin? Vous pouvez lui _____ donner deux kilos.

17. Au commencement de notre voyage autour du monde, nous avons volé en avion _____ San Francisco _____ Australie.

18. Que _____ fois j'ai rangé cette armoire!

19. Le terrain avait cinquante mètres _____ long _____ cent _____ large.

20. Sa situation stratégique a fait _____ France une des grandes puissances maritimes _____ Europe.

21. On m'a donné un verre _____ eau minérale que je préfère.

22. De Paris _____ Pérou, _____ Japon jusqu'à Rome,
Le plus sot animal, à mon avis, c'est l'homme. —BOILEAU

23. Le Havre est un grand port _____ commerce qui se trouve _____ fertile Normandie.

24. Assise sur un tabouret _____ ivoire, elle jouait de sa guitare.

25. Il faut se souvenir que nous ne vivons plus _____ dix-neuvième siècle.

26. Voudriez-vous faire une partie _____ bridge avec nous?

27. Le plat qui lui plaît le plus c'est le canard _____ l'orange.

28. Sont-ils arrivés _____ voiture ou _____ bicyclette? Ils sont venus _____ taxi.

29. Ils jouaient dans la cour avec une balle _____ caoutchouc.

30. Bruxelles, capitale _____ Belgique, est une des belles villes _____ Europe.

D. Compléter les phrases en traduisant les mots entre parenthèses:

1. (a crowd of people... the night club)

Il y avait _____ dans _____.

2. (in a half hour)

Si vous revenez _____, je serai prêt à partir.

3. (to Hungary and Russia)

Tu as l'intention de les accompagner _____?

4. (woman's voice)

Tout à coup, il entendit une _____ dans le corridor.

5. (a cheese omelet)

La vedette a commandé _____.

6. (covered with newspapers and magazines)

Les tables étaient _____

7. (thousands of)

Il y a _____ beaux autels en Asie.

8. (five-year-old)

Cet adolescent a l'intelligence d'un garçon _____.

9. (Most men)

_____ emploient la meilleure partie de leur vie à rendre l'autre misérable. —LA BRUYÈRE

10. (to Francis or Robert)

Cet appareil électrique appartient-il _____?

11. (with the grey beard)

Qui est ce diplomate distingué _____?

12. (is ten minutes slow)

Êtes-vous sûr que cette pendule _____?

13. (threw the flowerpot out)

Irritée, elle _____ la porte-fenêtre.

14. (According to them)

_____, ils pourront mener l'affaire à bonne fin.

15. (through Nice and Cannes)

J'espère pouvoir passer _____ en route pour l'Italie.

16. (was one hundred meters long)

Enfin ils sont arrivés au pont dangereux, qui _____ et qui menait aux collines sombres.

17. (around 8:30 A.M.)

La circulation est intense à New York _____.

18. (In the absence)

_____ du président, le secrétaire avait dirigé la séance.

19. (in today's Portugal)

Ils trouvent infiniment de charme _____

20. (in the rain)

Il s'amusait à marcher _____ le long de la plage.

EXERCICES DE RÉCAPITULATION

A. Compléter la phrase en choisissant la réponse convenable entre parenthèses:

1. Ayant assemblé des planches, les naufragés construisirent un radeau carré: trois mètres de long (sur, par) trois de large.

2. (Quel, Lequel) est cet auteur (de, à) l'imagination si vive?

3. (Pendant, Depuis) deux jours il est resté chez lui, ne sachant (que, ce que) faire de son loisir.

4. On envoya (une, un), mémoire au juge pour lui donner les détails de l'incident.

5. Voilà l'hôtel dans la cuisine (dont, duquel) on prépare des mets appétissants.

6. Ces chaussures vous donneront un confort que vous n'(avez, ayez) jamais éprouvé.

7. Sa puissance d'analyse atteint des degrés (qui, que) ne soupçonnent pas ses contemporains.

8. Il n'y avait plus (de, des) brochures qu'on avait imprimées.

9. (Ce que, Quoi que) dise l'arbitre, on l'accepte sans réserve.

10. Ne faut-il pas éviter (à, d') amener la conversation sur un sujet désagréable?

11. S'il fait beau demain et qu'il ne (pleut, pleuve) pas, pourrons-nous aller au bord de la mer?

12. Comment trouvez-vous la façon (dont, à laquelle) ce biologiste a expliqué les mécanismes de la matière vivante?

13. Plus (d', de) onze personnes (en, sur) vingt ont utilisé la garantie de cette compagnie.

14. Là, devant nous, se trouvait son portrait, peint (de, à) l'huile.

15. Est-ce que les tournedos sont bon marché cette semaine? Vous voulez rire! Je crois qu'ils coûtent plus (cher, chers) que jamais.

16. Le jardinier se fâchait (de, contre) tous ceux qui osaient cueillir ses fleurs.

17. (Pendant, Depuis) combien de temps se connaît-il en tableaux?

18. L'hôte les a-t-il reçus (à, ses) bras ouverts? En effet, je l'ai vu (par, de) mes propres yeux.

19. Colette a choisi (un, une) vase (à, en) cristal pour y mettre les chrysanthèmes.

20. Qu'as-tu fait des souliers que tu m'as (apportés, apporté)? Je les ai (faits, fait) cirer.

21. Nous souhaitons que ce programme théâtral (pourra, puisse) se répéter d'année en année.

22. C'est le siècle (où, quand) on peut faire le tour de la lune et changer son cœur usé (pour, contre) un neuf.

23. Que feront les membres du conseil (en, dans) l'absence du maire?

24. Si cet athlète veut bien se reposer, il est évident qu' (il lui faut, il doit) être épuisé.

25. C'est le meilleur des musées que nous (avons, ayons) visités.

B. Remplacer chaque tiret, si c'est nécessaire, par le mot qui manque:

1. Il y a deux mois que nous _____ avons reçu de leurs nouvelles. _____ sont-ils devenus?

2. Bien que la récolte _____ été bonne cette année, le rationnement du riz n'est pas levé.

3. Aurez-vous le temps _____ m'envoyer un petit mot pendant votre voyage? _____ sera difficile, mais je vais essayer _____ vous rendre heureux.

4. Les lumières s'éteignaient les _____ après les autres.

5. C'est _____ qui en ai eu l'idée le premier.

6. La cathédrale était déjà visible; on pouvait même _____ distinguer les vitraux.

7. De quoi vous êtes-vous servi _____ allumer le bois?

8. _____ est son métier? Est-il vrai que (qu') _____ soit chirurgien?

9. J'aime mieux cette auberge que _____ où nous sommes descendus la dernière fois.

10. Qu'est-ce qu'il y a _____ intéressant _____ faire ce soir?

11. Il avait _____ œil gauche à moitié fermé par la boule _____ neige _____ le gosse lui avait lancée.

12. Après avoir construit l'arche, Noé y fit entrer le mâle et la femelle de tous les animaux vivants, par exemple, le chien et la _____, le _____ et la chèvre, le mouton et la _____ _____, le _____ et la vache.

13. N'aura-t-il pas le plaisir _____ voyager _____ la France entière?

14. Soigneux de ses vêtements, le pauvre n'avait _____ usé _____ déchiré _____ manche de sa vieille chemise.

15. La tante de Jacques, _____ vient de perdre son mari, est retournée en Suisse.

16. Le religieux s'est agenouillé, c'est-à-dire, il s'est mis à _____, devant l'autel.

17. Dans notre salon, nous n'avons _____ meuble qui _____ été importé de Scandinavie.

18. Antoine conduit avec prudence? Bien sûr, il a l'habitude de conduire _____.

19. J'avais dû être plus fatigué que je _____ le pensais.

20. Elle a acheté deux kilos _____ abricots les plus délicieux.

21. Combien de temps y _____-il qu'on construisait ce réacteur nucléaire?

22. Reviendra-t-elle nous parler aussitôt qu'elle se _____ rendu compte de sa faute? J'espère qu'elle sera assez intelligente _____ le faire.

23. _____ s'être pressé _____ descendre, il a cherché un taxi pour aller à l'aéroport.

24. Qu'est-ce que je vois là-bas? Ce ne sont que _____ arbres. Ah non, ce ne sont pas _____ arbres; ce sont des buissons.

25. Un dieu est une divinité masculine; une _____ est une divinité féminine.

26. _____ des habitants du bourg n'était content de son sort. C'était difficile _____ comprendre.

27. Sera-t-il nécessaire _____ recopier cette facture _____ l'encre? Je crois _____ oui.

28. L'histoire de ce héros est un roman _____ rien n'a jamais altéré la grandeur.

29. Peut-être _____ ils exigeront que la question des frontières _____ réexaminée.

30. Il veut _____ établir son usine dans ce village? Soit! qu'il l'_____ ici!

31. Tu as acheté _____ beaux vêtements aujourd'hui, Cécile? Oui, voici des gants que je me suis _____.

32. Vous ne nagez pas? Non, malheureusement. Si je _____, je passerais mes vacances à une station balnéaire.

33. Si je ne me _____ _____, le train partira vers midi.

34. Il est difficile _____ dire si le cratère est d'origine volcanique ou météorique. Oui, ce n'est pas facile _____ découvrir.

35. Ce que nous voulons après ce combat acharné, _____ est un peu de repos.

36. Ce sont _____ gens sympathiques, _____ excellents concitoyens.

37. Voici le quartier _____ se trouvent la plupart _____ grands magasins.

38. Je ne me rappelle plus les plaisanteries _____ je pensais tout à l'heure.

39. _____ en contemplant le malade, elle versait _____ grosses larmes muettes.

40. Vêtu en berger, le chanteur _____ la chevelure blonde était entouré _____ pas mal _____ admiratrices.

41. C'est un restaurant on ne _____ plus soigneux, _____ une des spécialités est la soupe _____ _____ l'oignon.

42. L'équivalent de 19h.45 est _____ heures moins un quart.

43. Le ministre ne voulait pas donner une publicité inopportune à un mouvement _____ la violence ne s'était pas encore manifestée et _____ on pouvait refuser _____ prendre au sérieux.

44. Il faut penser à autrui de temps en temps. On ne doit pas songer toujours à _____.

45. A _____ bon renoncer _____ chocolat si vous continuez _____ manger tant de gâteau?

46. Regardant _____ la fenêtre, il pouvait voir un clocher dans le lointain.

47. Je vais te lire une histoire, Guy, à moins que ton père _____ te l' _____ déjà _____.

48. _____ divisé la pomme en trois parties égales, le père a donné le tiers à chacun des trois enfants.

49. Ne vaut-il pas mieux lire quelquefois un livre que _____ regarder sans cesse la télévision?

50. _____ premier siècle avant notre ère, la Gaule était occupée _____ des tribus celtiques.

C. Encercler la lettre de la réponse qui complète le mieux la phrase:

1. N'est-il pas essentiel que nous en _____ davantage?

 a. saurons   *b.* sachions   *c.* savons   *d.* savions

2. Elle est trop sensible _____ faire une telle chose.

 a. à   *b.* de   *c.* par   *d.* pour

3. Après que ses conseillers lui eurent exprimé leurs opinions, le candidat _____ remercia.

 a. leur en   *b.* les leur   *c.* leur y   *d.* les en

4. Où qu'elle _____, les gens lui paraîtront gais et libres.

 a. va   *b.* aille   *c.* sera allée   *d.* ira

5. Après un coup d'œil rapide, je me rendis compte que je connaissais _____ invités.

 a. la plupart d'   *b.* le plus d'   *c.* le plus des   *d.* la plupart des

6. Il faut éduquer les hommes pour qu'ils _____ utiliser à plein leurs loisirs.

 a. pourront   *b.* aient pu   *c.* puissent   *d.* peuvent

7. Elle a décidé de me dire _____ elle se doutait.

 a. ce dont   *b.* qu'   *c.* auquel   *d.* ce qu'

8. N'est-il pas évident qu'il _____ de toutes les ressources de la propagande?

   a. se serve   b. se servît   c. se soit servi   d. se servait

9. Es-tu souffrante aujourd'hui, Claire? Oui, _____.

   a. j'y suis   b. je la suis   c. j'en suis   d. je le suis

10. Quoi que vous _____, ayez la bonté de ne pas révéler mon confidence.

   a. ferez   b. fassiez   c. faites   d. fissiez

11. La grève a provoqué des incidents au cours _____ plusieurs personnes ont été blessées.

   a. de qui   b. desquels   c. dont   d. où

12. On donna un bal _____ du premier ministre.

   a. en honneur   b. dans l'honneur   c. en l'honneur   d. à l'honneur

13. La violette, plante des bois qui est l'emblème de la modestie, a des fleurs printanières qui sentent toujours _____.

   a. bon   b. bonnes   c. bien   d. bons

14. Il semble qu'elle _____ son accent étranger.

   a. perdait   b. avait perdu   c. ait perdu   d. perd

15. L'horloger avait _____ à réparer la montre.

   a. offert   b. fini   c. préféré   d. réussi

16. Ce sirop coûte trois francs _____ litre.

   a. pour   b. le   c. par   d. de

17. Elle nous a dit qu'elle y _____ depuis des mois.

   a. était   b. serait   c. fut   d. avait été

18. Ce n'est pas _____ marbre véritable; c'est du plastique.

   a. du   b. la   c. de   d. —

19. Pourquoi dois-tu me gêner, Paul? _____.

   a. Va-t-en   b. Vas-en   c. Vas-t'en   d. Va-t'en

20. Au crépuscule, les toits _____ des maisons faisaient contraste avec les nuages.

   a. rouges foncé   b. rouge foncé   c. rouges foncés   d. rouge foncés

21. Ses amies seront enchantées si elle _____ à leur soirée.

   a. venait   b. vienne   c. vient   d. viendra

22. Son cousin étranger lui a envoyé des _____ intéressants.

   a. timbre-poste   b. timbres-postes   c. timbres-poste   d. timbre-postes

23. Nous avions entendu dire que M. Bardet avait gagné le grand prix, _____ nous a ravis.

   a. c'est qui   b. qui   c. ce qui   d. lequel

24. Le metteur en scène se souviendra de cette représentation tant qu'il _____.

   a. vivra   b. vive   c. vit   d. ne vive

25. _____ il les fréquente, _____ il les estime.

   a. Plus...le moins   b. Le plus...le moins   c. Plus...moindre   d. Plus...moins

26. Avez-vous vu les chandails qu'elles _____?

    a. se sont tricotées *b.* se sont tricotés *c.* se sont tricoté *d.* se sont tricotées l'une à l'autre

27. Ce n'est pas nous qui _____ hésité à soutenir son innocence.

    a. aient *b.* avons *c.* ayons *d.* ont

28. Voilà des arbres sous _____ nous pourrons nous reposer.

    a. quoi *b.* ce qui *c.* lesquels *d.* ceux que

29. _____ soient ses raisons, il refuse de les divulguer.

    a. Quelles que *b.* N'importe *c.* Quelques *d.* Quelque

30. Sa grand-mère est très vieille? Oui, elle ne voit _____.

    a. rien jamais *b.* plus personne *c.* rien plus *d.* personne jamais

31. Désirait-elle qu'il _____ un parti sur-le-champ?

    a. prit *b.* prendrait *c.* eut pris *d.* prît

32. Ce poète vivait à l'époque _____ une rénovation littéraire se produisait en Europe.

    a. qu' *b.* quand *c.* où *d.* de laquelle

33. Nous _____ le méprisons _____ le respectons.

    a. ni ne...ni ne *b.* ne...ni ne *c.* ni...ni *d.* ni...ni ne

34. Ne vaut-il pas mieux donner _____ recevoir?

    a. que de *b.* que *c.* plutôt que *d.* qu'à

35. Je vais le répéter jusqu'à ce que _____.

    a. je l'apprendrai *b.* je l'apprendrais *c.* je l'apprenne *d.* je l'ai appris

36. Tout le monde sait qu'un brave homme est _____.

    a. courageux *b.* bon *c.* hardi *d.* résolu

37. Sa condition va de mal en _____.

    a. bien *b.* mal *c.* mieux *d.* pis

38. Trois maisons _____ quatre avaient des volets blancs.

    a. en *b.* dans *c.* à *d.* sur

39. Je tiens à ce que vous _____ les friandises qu'on m'a envoyées.

    a. partagiez *b.* partageriez *c.* partagez *d.* partagerez

40. Nous ne saurions deviner _____ elle s'attend.

    a. ce qu' *b.* ce dont *c.* ce à quoi *d.* celui qu'

41. Il n'y avait plus rien dans le flacon _____ parfum.

    a. à *b.* de *c.* en *d.* du

42. Il y a plusieurs ponts _____ la Seine à Paris.

    a. traversants *b.* à traverser *c.* en traversant *d.* traversant

43. Je crois que Gérard _____ aurait offert.

    a. la lui *b.* leur en *c.* nous y *d.* te les

44. Nous _____ signer le contrat.

    a. les avons conseillés de   *c.* leur avons conseillé de

    b. leur avons conseillé à   *d.* les avons conseillés à

45. On lèvera la barrière dès que le train _____.

    a. soit parti   *b.* parte   *c.* sera parti   *d.* partirait

46. Mme Larue a rejeté les offres? Oui, son mari les lui a _____ rejeter.

    a. fait   *b.* faites   *c.* faite   *d.* faits

47. Cette histoire est vraie, _____ invraisemblable qu'elle paraisse.

    a. moins   *b.* quoique   *c.* si   *d.* bien

48. Sa mère avait enseigné _____ coudre des boutons.

    a. à Louise de   *b.* Louise à   *c.* à Louise à   *d.* Louise de

49. Êtes-vous les sœurs de Richard? Non, nous _____.

    a. ne le sommes pas   *b.* n'en sommes pas   *c.* ne sommes pas   *d.* ne les sommes pas

50. Quel don! Il sait peindre _____ une manière admirable.

    a. à   *b.* dans   *c.* d'   *d.* en

    D. Relier les deux phrases en employant le mot ou l'expression en italique:

        MODÈLE: *que* Vous les verrez bientôt. Cela se peut.

             Il se peut que vous les voyiez bientôt.

1. *pourvu que:* On écrira au syndicat d'initiative des villes étrangères. On obtiendra tous les renseignements nécessaires. _____

_____

_____

2. *que:* Le même abus se reproduit de nouveau. Le faut-il? _____

_____

3. *à:* Ces joueurs remporteront la victoire. Nous les aiderons. _____

_____

4. *que:* Son diamant vaut quatre mille francs. Elle n'en est pas sûre. _____

_____

5. *si:* La nostalgie de l'été vous prendra. Sachez partir à la recherche du soleil. _____

_____

6. *pronom relatif:* C'est un animal bizarre. Je n'en ai jamais entendu parler. _____

_____

7. *que:* Il y a un trésor dans cette caisse. Est-ce possible? _____

_____

8. *ni...ni:* Nous ne voulons pas qu'il neige. Nous ne voulons pas qu'il pleuve. _____

_____

9. *pronom relatif:* C'est la seule langue. J'ai appris à écrire la langue. _____

_____

10. *pour:* N'avaient-ils pas tout fait? Ils ont évité l'accident. --

11. *que:* Ce thé vient de Ceylan. N'est-ce pas vrai? --

12. *pendant que:* Le petit collait son front aux vitres. Les passants le regardaient. -------------------

13. *pronom relatif:* Mon camarade m'a proposé une partie de cartes. Je le cherche. ----------------

14. *si:* Elle aurait eu froid aux pieds. Je lui aurais donné encore une couverture. -------------------

15. *bien que:* Je m'endors immédiatement. Je ne dors pas longtemps. ----------------------------

16. *que:* Notre avocat n'a pas perdu son procès. Nous le souhaitons. ----------------------------

17. *pronom relatif:* Ce sont les conséquences fâcheuses de cette lutte. Nous les déplorons. --------

18. *quelque:* Cette femme est naïve. Elle sait se tirer d'affaire. ----------------------------

19. *pour que:* Vos cheveux resteront vigoureux. Ne faut-il pas les aider? ------------------------

20. *au lieu de:* Le monsieur m'a offert l'abri de son parapluie. Il s'en est allé tout seul. ----------------

21. *pronom relatif:* C'est le nageur le plus fort. Je le connais. ----------------------------

22. *dès que:* La boisson est chaude. Je t'en donnerai un verre. ----------------------------

23. *que:* Cette couleur tiendra bien. Est-ce certain? --

24. *si:* Vous mettriez de côté chaque mois un peu d'argent. Vous équilibreriez mieux votre budget. ----

25. *de:* Nous nous sommes trompés. Nous le regrettons. ----------------------------

26. *que:* Elle apprendra la nouvelle par les journaux. Nous le craignons. ------------------

----

27. *en:* Alain fait la queue. Il aperçoit une de ses connaissances. ------------------

----

28. *pronom relatif:* Pourquoi m'a-t-on posé tant de questions? Je ne pouvais pas y répondre. ------------

----

29. *que:* Nous l'avertirons du danger. Ce sera important. ------------------

----

30. *ni:* Les spectateurs ne s'amusaient pas. Ils ne s'ennuyaient pas. ------------------

----

31. *à moins que:* L'expérience réussira. Il perdra la confiance de ses disciples. ------------------

----

32. *pronom relatif:* Tu te sers de tout. Il paraît que tu le ruines. ------------------

----

33. *que:* Vous vous êtes querellés à cause de moi. J'en ai peur. ------------------

----

34. *si:* Le prisonnier leur en saura bon gré. Les témoins n'en sont pas certains. ------------------

----

35. *pronom relatif:* Les visiteurs ne voudraient-ils pas voir la salle? Le conseil de Sécurité s'y réunit. ------

----

----

36. *que:* Delphine est rentrée tard hier soir. Pourquoi sa mère en est-elle si fâchée? ------------------

----

----

37. *de:* J'exige la perfection. Mon grand-père me l'a conseillé. ------------------

----

38. *pronom relatif:* Qu'est-ce qu'elle voulait dire? Personne ne le comprenait. ------------------

----

39. *que:* Tu recevras son télégramme. Nous avons décidé d'attendre. ------------------

----

40. *pronom relatif:* Elle attire sans cesse une foule de curieux et d'admirateurs. C'est l'actrice célèbre. ----

----

----

41. *sans:* J'ai regardé au loin. Je n'ai rien vu. ------------------

----

42. *pronom relatif:* Un étudiant comprend l'allemand. Y en a-t-il un? --------------------------------

----

43. *à:* Les savants sont les premiers. Ils se rendent compte que la science est en train de changer le monde. --

----

----

44. *pronom relatif:* Qu'est-ce qui est arrivé? En êtes-vous au courant? ---------------------------

----

45. *après:* L'ouvrière l'a échappé belle. Elle a fondu en larmes. ------------------------------

----

46. *pronom relatif:* C'est un dramaturge renommé. Ses pièces ont été traduites dans presque toutes les

langues. --

----

47. *après que:* Lucie s'est réveillée. Nous descendrons en ville. ------------------------------

----

48. *pronom relatif:* Le frère de cette ouvreuse est un de mes amis. Il travaille chez le pharmacien. --------

----

----

49. *de:* On étudie la microbiologie. Ce sera nécessaire? ------------------------------------

----

50. *pronom relatif:* Quelqu'un voit tout en rose. Le connaissez-vous? --------------------------

----

E. Encercler la lettre de la réponse qu'on *ne peut pas* substituer dans la phrase pour l'expression en italique:

1. Comment *peuvent*-ils défendre ce qu'ils ont fait?
    a. osent   *b.* souhaitent   *c.* cherchent   *d.* espèrent

2. Je n'en ferai rien pourvu que vous *m'écoutiez.*
    a. étudiez   *b.* rentriez tôt   *c.* vous taisiez   *d.* ne me trahissiez pas

3. *Le rédacteur* y avait remarqué la légère erreur.
    a. On   *b.* Aucun   *c.* Chacun   *d.* Quelqu'un

4. *Il paraît* que Michèle tombera dans le piège.
    a. Il est clair   *b.* Il est convenable   *c.* Il est probable   *d.* Il me semble

5. Savez-vous quand l'héritier reviendra du *Japon?*
    a. Havre   *b.* Pérou   *c.* Moyen-Orient   *d.* Norvège

6. Tout le monde voulait voir les *cygnes.*
    a. hors-d'œuvre   *b.* abat-jour   *c.* chef-d'œuvre   *d.* cerfs-volants

7. Pourquoi ne lui ont-ils pas *dit* d'en avoir soin?
    a. demandé   *b.* prié   *c.* conseillé   *d.* suggéré

8. Êtes-vous *diligents?* Bien entendu, nous le sommes.
    a. étrangères   *b.* tout à fait contents   *c.* les nouveaux mariés   *d.* musiciens

9. Cette route *a cent kilomètres de long.*
   - *a.* a une longueur de cent kilomètres
   - *c.* est longue de cent kilomètres
   - *b.* a cent kilomètres de longue
   - *d.* a cent kilomètres de longueur

10. Je ne crois pas qu'ils en *aient pris.*
    - *a.* aient découverts   *b.* soient venus   *c.* achètent beaucoup   *d.* soient fiers

11. Pourquoi devrait-elle être inquiète de *me* la raconter?
    - *a.* lui   *b.* nous   *c.* te   *d.* vous

12. Vous êtes toujours *prompt* à me donner des renseignements.
    - *a.* prêt   *b.* le premier   *c.* lent   *d.* capable

13. Il nous avait *promis* de les amener au cirque.
    - *a.* écrit   *b.* défendu   *c.* invité   *d.* commandé

14. *Je n'ai jamais vu* un secrétaire qui sache toujours garder son sang-froid.
    - *a.* Il n'y a pas   *b.* Elle cherche   *c.* Je connais   *d.* On ne peut trouver

15. *Quel gallicisme* n'ont-ils pas compris?
    - *a.* Qui   *b.* Qu'est-ce que   *c.* Lesquels   *d.* Que

16. A quelle page se trouve le récit qui vous intéresse tellement? A la page *trente.*
    - *a.* deux cents   *b.* cent vingt   *c.* quatre-vingt   *d.* soixante et onze

17. *Je m'étonne* que Suzanne suive ce régime.
    - *a.* Il est temps   *b.* Exigez donc   *c.* Ils pensent   *d.* Le médecin désire

18. Sur l'horizon, *beaucoup* de cheminées d'usine se dressaient contre le ciel bleu.
    - *a.* une vingtaine   *b.* peu   *c.* une foule   *d.* bien

19. Le marchand retiré *avait décidé* de vivre en paix.
    - *a.* s'était habitué   *b.* sera content   *c.* a essayé   *d.* ne cessait jamais

20. Ils ont l'intention de s'en aller vite *de peur que* vous ne les voyiez.
    - *a.* avant que   *b.* sans que   *c.* à moins que   *d.* de crainte que

21. Reconnaîtriez-vous le nom de cette *locataire?*
    - *a.* victime   *b.* témoin   *c.* personne   *d.* artiste

22. *Nous regrettons* qu'il bâtisse sa villa en face de la nôtre.
    - *a.* Je suis désolée   *b.* Nous défendrons   *c.* Elle préfère   *d.* Nous croyons

23. Qu'est-ce que ces archéologues ont découvert en *Grèce?*
    - *a.* Uruguay   *b.* Afrique du Nord   *c.* Chili   *d.* Pologne

24. Ce monsieur *hésite* à se mêler des affaires d'autrui.
    - *a.* tient   *b.* s'amusait   *c.* a refusé   *d.* continuera

25. Vous changerez d'avis *lorsque* vous verrez l'avion supersonique.
    - *a.* si   *b.* dès que   *c.* après que   *d.* aussitôt que

26. Pour quelle raison désirent-ils partir *après-demain?*
    - *a.* d'aujourd'hui en quinze   *b.* dans deux mois   *c.* au bout de trois semaines   *d.* en cinq jours

27. *Je nie* que cela soit arrivé comme vous l'avez décrit.
    - *a.* Nous ne pensons pas   *b.* C'est dommage   *c.* J'espère   *d.* Elle est malheureuse

28. *Qui* lui a causé tant de douleur?
    - *a.* Qui est-ce qui   *b.* Qu'est-ce qui   *c.* Lequel   *d.* Qui est-ce que

29. *Est-il juste* que je dépende à jamais de mes parents?
    - *a.* Vaut-il mieux   *b.* N'est-il pas évident   *c.* Faut-il   *d.* N'est-il pas impossible

30. Il a exécuté seul le projet *afin de* me déranger.
    - *a.* au lieu de   *b.* sans   *c.* après   *d.* pour ne pas

II. Étude de Vocabulaire

1. SYNONYMES

Although synonyms are words equivalent or nearly equivalent in meaning, they are not identical. The choice between synonyms can be determined only with reference to a specific context.

achever, terminer, finir, compléter, to complete, finish

s'accoutumer à, s'habituer à, se faire à, to become accustomed to

acquérir, obtenir, to obtain, get

actuel, présent, present

l'adresse (*f*), **l'habileté** (*f*), **la dextérité,** skill

l'affiche (*f*), **la pancarte, le placard, l'écriteau** (*m*), **l'enseigne** (*f*), sign, poster

l'aliment (*m*), **la nourriture,** food

l'amas (*m*), **le tas,** pile, heap

amoureux, épris, in love

amusant, comique, drôle, plaisant, risible, funny

l'angoisse (*f*), **l'anxiété** (*f*), **l'inquiétude** (*f*), anxiety, concern

l'astre (*m*), **l'étoile** (*f*), star

augmenter, grandir, increase, grow

aussitôt, immédiatement, sur-le-champ, at once, immediately

autrefois, jadis, formerly

avertir, prévenir, to warn, notify

la bague, l'anneau (*m*), ring

la besogne, la tâche, task, job

bête, sot, stupide, stupid, foolish

la bêtise, la sottise, stupidity, nonsense

bizarre, étrange, singulier, drôle, curieux, strange, peculiar

la blessure, la plaie, wound

briser, casser, to break

le brouillard, la brume, fog

le but, la fin, l'objectif (*m*), **l'intention** (*f*), aim, goal, purpose

le cadavre, le mort, corpse

célèbre, illustre, éminent, renommé, famous

le célibataire, le garçon, bachelor

le chagrin, la douleur, la peine, grief, pain

châtier, punir, to punish

conduire, mener, diriger, to lead

la conséquence, le résultat, outcome, result

la coutume, l'habitude (*f*), **l'usage** (*m*), custom, practice

croître, pousser, to grow

davantage, plus, more

le début, le commencement, beginning

le dédain, le mépris, scorn

dérober, voler, to steal

désagréable, ennuyeux, embêtant, tiresome, unpleasant, annoying

désormais, dorénavant, henceforth

le destin, la destinée, le sort, destiny, fate

le don, le cadeau, le présent, gift

effrayer, épouvanter, to frighten

l'éloge (*m*), **la louange,** praise

émerveillé, étonné, surpris, surprised

ému, agité, bouleversé, excited, upset

enchanter, ravir, to delight

enfoncer, plonger, to thrust in

l'ennemi (*m*), **l'adversaire** (*m*), **le rival,** opponent, enemy

ennuyer, embêter, importuner, gêner, to bother

entêté, têtu, obstiné, opiniâtre, stubborn

épouvantable, affreux, effroyable, frightful

l'espèce (*f*), **le genre, la sorte,** kind, sort

établir, fonder, to set up, found

l'étang (*m*), **la mare,** pond

l'état (*m*), **la condition,** state, condition

l'étoffe (*f*), **le drap, la toile, le tissu,** cloth, fabric

la façon, la manière, manner, way

le flot, la vague, l'onde (*f*), wave

frémir, trembler, to quiver, shake, tremble

haïr, détester, to hate

l'haleine (*f*), **le souffle,** breath

la hauteur, l'altitude (*f*), **l'élévation** (*f*), height

inattendu, imprévu, unexpected

inquiéter, troubler, tourmenter, to worry, disturb

interdire, défendre, to forbid

lâche, poltron, cowardly

lancer, jeter, to throw, hurl

lier, joindre, attacher, unir, to tie, join, bind

le logis, l'habitation (*f*), **le domicile, la demeure,** dwelling, residence

lourd, pesant, heavy

luire, briller, shine

lutter, combattre, to fight, struggle

malade, souffrant, sick, ailing

le marin, le matelot, sailor

mêler, mélanger, to mix

le métier, la profession, trade, occupation, profession

mignon, délicat, gentil, dainty, delicate, cute
la misère, la pauvreté, poverty
mouillé, humide, wet
le navire, le vaisseau, ship
le négociant, le commerçant, le marchand, merchant, tradesman
net, propre, clean
les noces (f), le mariage, wedding
l'œuvre (f), l'ouvrage (m), work
l'opinion (f), l'avis (m), opinion
l'orage (m), la tempête, storm
l'ouvrier (m), le travailleur, worker
pareil, égal, semblable, similar
la pelouse, le gazon, lawn
peureux, craintif, timid, fearful
pourtant, cependant, toutefois, néanmoins, however, nevertheless
quotidien, journalier, daily
la reconnaissance, la gratitude, gratitude
redouter, craindre, to fear
réduire, diminuer, to reduce
remuer, bouger, to move
la rente, le revenu, income
renvoyer, congédier, to dismiss

répandre, distribuer, to spread, give out
résonner, retentir, to resound, echo
réussir à, arriver à, parvenir à, to succeed in
le revenant, le fantôme, le spectre, l'esprit (m), ghost
rire de, se moquer de, to laugh at, make fun of
le sang-froid, l'aplomb (m), self-assurance, composure
sauf, excepté, except
la séance, la réunion, meeting (gathering)
secouer, agiter, to shake
la signification, le sens, meaning
le songe, le rêve, dream
soulager, apaiser, calmer, to soothe
tâcher, essayer, tenter, to try
la teinte, la couleur, color, hue
la terre, le sol, ground, earth
le tricot, le chandail, sweater
l'usine (f), la fabrique, factory
le vacarme, la clameur, le tumulte, uproar, din, racket
le vœu, le souhait, wish
la voie, le chemin, la route, road, way
vouloir dire, signifier, to mean

EXERCICES

A. Choisir le synonyme du mot en italique:

1. *gêner:* joindre, embêter, inquiéter, s'habituer

2. *onde:* flot, avis, don, tempête

3. *rente:* enseigne, toile, habitation, revenu

4. *actuel:* vrai, singulier, présent, véritable

5. *entêté:* têtu, émerveillé, net, craintif

6. *fonder:* compléter, tourmenter, conduire, établir

7. *risible:* lourd, plaisant, opiniâtre, gentil

8. *effroyable:* souffrant, épouvantable, égal, bête

9. *bouleversé:* ému, sot, renommé, amusant

10. *sort:* usage, fabrique, destin, pauvreté

11. *lâche:* pesant, obstiné, célèbre, poltron

12. *toutefois:* pourtant, partout, ailleurs, plutôt

13. *marin:* adversaire, fiancé, négociant, matelot

14. *but:* noces, intention, coutume, écriteau

15. *aplomb:* angoisse, misère, sang-froid, conseil

B. Donner un synonyme de l'expression en italique:

1. Il portait *un tricot* sans manches.   --

2. Le blé *croît* presque partout dans cette province.   --

3. Ce qui entend le plus de *bêtises* dans le monde est peut-être un tableau de musée. —LES GONCOURT   --------------------------------

4. Que *signifie* ce gallicisme?   --------------------------------

5. *Le début* de son discours était extraordinaire.   --------------------------------

6. Elle tenait à la main *une espèce* de long rouleau de papier.   --------------------------------

7. Les gosses aimaient patiner sur *l'étang*.   --------------------------------

8. Je ne peux pas y penser sans *frémir*.   --------------------------------

9. C'est *l'ouvrage* que l'on attendait depuis dix ans.   --------------------------------

10. Il regrette que *la séance* n'ait duré que deux heures.   --------------------------------

11. Nous avons accepté *une besogne* difficile.   --------------------------------

12. Ils ont décidé de le faire *sur-le-champ*.   --------------------------------

13. Pourquoi leur parle-t-il avec *dédain?*   --------------------------------

14. Le résultat du référendum était *imprévu*.   --------------------------------

15. Comment trouvez-vous *la façon* dont il danse?   --------------------------------

16. L'enfant n'a pas compris *la signification* du mot.   --------------------------------

17. Ce jeu exige beaucoup *d'adresse*.   --------------------------------

18. Il avait l'air *d'un mort*.   --------------------------------

19. La cloche *résonne* dans la vallée entière.   --------------------------------

20. D'abord le médecin examina *la blessure* de la victime.   --------------------------------

21. *Le vacarme* dans la rue a réveillé tout le quartier.   --------------------------------

22. A cause *du brouillard*, on ne pouvait guère voir la cheminée.   --------------------------------

23. Il paraît qu'elle pleurait; elle a les yeux *humides*.   --------------------------------

24. Je pouvais à peine exprimer *ma gratitude*.   --------------------------------

25. Nous croyions voir *un revenant*.   --------------------------------

C. Choisir dans chaque groupe les *deux* mots qui sont équivalents ou presque équivalents:

1. pancarte, vaisseau, terre, navire, marine

2. genre, destinée, éloge, louange, marchand

3. affiche, placard, moustique, baignoire, niveau

4. davantage, dorénavant néanmoins, parfois, désormais

5. tissu, élévation, étoffe, chiffre, papier

6. fin, usine, chagrin, hauteur, douleur

7. drap, mariage, vague, demeure, logis

8. nourriture, trahison, nuage, aliment, volaille

9. état, couleur, tonnerre, teinte, sol

10. peureux, semblable, embêtant, ennuyeux, propre

11. calmer, jeter, prévenir, s'accoutumer, avertir

12. voie, orage, vue, chemin, domicile

13. illustre, délicat, comique, pareil, mignon

14. souhait, peine, vœu, objectif, opinion

15. agité, drôle, désagréable, affreux, bizarre

D. Choisir dans la liste des mots indiqués ci-dessous un synonyme de chaque mot en italique:

grandir	enchanter	importuner	briser
unir	renvoyer	plonger	soulager
remuer	achever	parvenir	distribuer
tâcher	punir	acquérir	diriger
défendre	lancer	combattre	agiter

1. *ennuyer* ---------------------------

2. *ravir* ---------------------------

3. *obtenir* ---------------------------

4. *enfoncer* ---------------------------

5. *augmenter* ---------------------------

6. *interdire* ---------------------------

7. *lutter* ---------------------------

8. *secouer* ---------------------------

9. *châtier* ---------------------------

10. *lier* ---------------------------

11. *congédier* ---------------------------

12. *répandre* ---------------------------

13. *tenter* ---------------------------

14. *bouger* ---------------------------

15. *apaiser* ---------------------------

E. Donner deux mots français pour exprimer chacune des idées suivantes:

1. corps céleste, lumineux par lui-même   --

2. prendre furtivement ou par force le bien d'autrui   --

3. dans le passé   --

4. genre de travail habituel d'une personne   --

5. terrain couvert d'une herbe courte et épaisse   --

6. accumulation de choses réunies comme en une masse   --

7. rendre moins grand   --

8. faire peur à   --

9. qui aime avec passion   --

10. personne qui travaille   --

11. avoir de l'aversion, de l'antipathie pour quelqu'un ou pour quelque chose   --

12. à l'exception de   --

13. jeter une vive lumière   --

14. mettre ensemble des choses diverses   --

15. petit cercle d'or, d'argent, etc., que l'on met au doigt   --

16. avoir peur de

17. air qui sort des poumons pendant l'expira-
tion

18. homme qui n'est pas marié

19. qui se fait chaque jour

20. ensemble d'images qui se présentent à l'esprit
durant le sommeil

2. ANTONYMES

The following list of antonyms includes both contradictory and contrasting terms.

affirmer, to affirm — **nier,** to deny

aider, to help — { **nuire (à),** to harm / **gêner,** to hinder

aîné, elder, eldest — **cadet,** younger, youngest

allumer, to light — **éteindre,** to put out, turn off

attirer, to attract — **repousser,** to repel

augmenter, to increase — { **diminuer** / **réduire** } to decrease

avancer, to move forward — **reculer,** to move back

avare, miserly — **dépensier,** extravagant

la baisse, fall — **la hausse,** rise

bavard, talkative — { **silencieux** / **taciturne** } taciturn

la beauté, beauty — **la laideur,** ugliness

bénir, to bless — **maudire,** to curse

le bonheur, happiness, good fortune — **le malheur,** unhappiness, misfortune

la bonté, goodness, kindness — { **la méchanceté,** wickedness, malice / **la cruauté,** cruelty

calmer, to calm — **agiter,** to excite

clair, light — **foncé,** dark

courageux, brave — **lâche,** cowardly

créer, to create — **détruire,** to destroy

dedans, inside — **dehors,** outside

le départ, departure — { **l'arrivée** (f), arrival / **le retour,** return

doux, sweet — { **amer,** bitter / **aigre,** sour

économiser, to save — { **dépenser,** to spend / **gaspiller,** to waste

éloigner, to move away — **(r)approcher,** to bring near

embarquer, to embark — **débarquer,** to disembark

ennuyeux, boring — { **amusant,** amusing / **intéressant,** interesting

espérer, to hope — **désespérer,** to despair

l'est (m), east — **l'ouest** (m), west

éveiller, to wake — **endormir,** to put to sleep

la femelle, female — **le mâle,** male

geler, to freeze — **fondre,** to melt

haïr, to hate — **aimer,** to love, like

honnête, honest — **malhonnête,** dishonest

la honte, shame — { **l'orgueil** (m) / **la fierté** } pride

humide, moist, wet — **sec,** dry

illustre, famous — **inconnu,** unknown

innocent, innocent — **coupable,** guilty

la joie, joy — **la tristesse,** sadness

large, wide — **étroit,** narrow

lever, to raise — **baisser,** to lower

la liberté, freedom — **l'esclavage** (m), slavery

louer, to praise — { **blâmer,** to blame / **censurer,** to find fault with, censure

majeur, major, of age

mépriser, to scorn

méridional, southern

mince, thin

mouiller, to wet
le nain, dwarf
négliger, to neglect
le nord, north
occidental, western
l'ouverture (*f*), opening
pair, even
partout, everywhere

permettre, to allow

pousser, to push
la propreté, cleanliness
reconnaissant, grateful
remplir, to fill

la richesse, wealth

savoir, to know
semer, to sow
souple, pliant, flexible
la veille, eve, day before
la vente, sale
la victoire, victory
la vitesse, speed

mineur, minor, under age
{**respecter,** to respect
{**estimer,** to esteem
septentrional, northern
{**épais,** thick
{**gros,** stout
sécher, to dry
le géant, giant
soigner, to take care of
le sud, south
oriental, eastern
la fermeture, closing
impair, odd
(ne) nulle part, nowhere
{**défendre**}
{**interdire**} to forbid
tirer, to pull
la saleté, filth
ingrat, ungrateful
vider, to empty
{**la pauvreté**}
{**la misère**} poverty
ignorer, not to know
récolter, to reap, harvest
raide, stiff, unbending
le lendemain, next day
l'achat (*m*), purchase
la défaite, defeat
la lenteur, slowness

EXERCICES

A. Choisir l'antonyme du mot en italique:

1. *économiser:* diminuer, interdire, gaspiller

2. *repousser:* débarquer, attirer, éloigner

3. *haïr:* blâmer, négliger, aimer

4. *mépriser:* estimer, ignorer, ravir

5. *réduire:* approcher, embarquer, augmenter

6. *défaite:* pauvreté, cruauté, victoire

7. *bénir:* maudire, dépenser, louer

8. *mouiller:* censurer, respecter, sécher

9. *inconnu:* mineur, illustre, taciturne

10. *agiter:* calmer, nuire, soigner

B. Choisir dans la liste des mots indiqués ci-dessous l'antonyme de chaque mot en italique:

veille	amer	lâche	retour
fierté	liberté	majeur	amusant
silencieux	honte	tristesse	mince
propreté	baisse	méchanceté	ingrat
lenteur	souple	ouverture	richesse

1. *raide*   -------------------------

2. *courageux*   -------------------------

3. *fermeture*   -------------------------

4. *hausse*   -------------------------

5. *joie*   -------------------------

6. *saleté*   -------------------------

7. *bavard*   -------------------------

8. *épais*   -------------------------

9. *misère*   -------------------------

10. *bonté*   -------------------------

11. *reconnaissant*   ----------------------------   **14.** *vitesse*   ----------------------------

12. *lendemain*   ----------------------------   **15.** *esclavage*   ----------------------------

13. *orgueil*   ----------------------------

C. Donner le contraire de l'expression en italique:

1. Voulez-vous que je *vide* cette carafe tout de suite?   ----------------------------

2. C'était une étoffe d'un bleu *foncé*.   ----------------------------

3. Son père lui a *défendu* de jouer dans la chaussée.   ----------------------------

4. Pourquoi avaient-ils cherché à vous *nuire?*   ----------------------------

5. Nous avons assisté à *l'arrivée* du sénateur.   ----------------------------

6. Elle est certaine que c'est un homme *honnête*.   ----------------------------

7. Nous *espérons* qu'ils réussissent cette fois.   ----------------------------

8. On dit que sa femme est *avare*.   ----------------------------

9. Ce pays est borné *au sud* par l'océan.   ----------------------------

10. Elles croient que sa visite leur portera *malheur*.   ----------------------------

11. Il a passé beaucoup de temps dans les pays de l'hémisphère *septentrional*.   ----------------------------

12. Si vous permettez, je vais *lever* le store.   ----------------------------

13. Nous *ne* le voyons *nulle part*.   ----------------------------

14. Ils sont arrivés à temps pour *l'achat* des marchandises.   ----------------------------

15. Est-ce qu'on doit *pousser* cette porte?   ----------------------------

D. Compléter les phrases en écrivant le contraire des mots en italique:

1. Il vaut mieux *créer* que de ---------------------------- .

2. Ces raisins sont *aigres?* Non, ils sont ---------------------------- .

3. Le soleil se lève à *l'est* et se couche à ---------------------------- .

4. Ma musique vous a *éveillé?* Au contraire, elle m'a ---------------------------- .

5. Il ne *recule* devant rien; il ---------------------------- sans cesse.

6. Quelle sorte de climat ce pays a-t-il, *humide* ou ----------------------------?

7. Je doute que *la femelle* soit plus dangereuse que ---------------------------- .

8. Vas-tu l'*affirmer* ou le ----------------------------?

9. L'absence est à l'amour ce qu'est au feu le vent;

Il *éteint* le petit, il ---------------------------- le grand. —BUSSY-RABUTIN

10. Charles est votre frère *aîné?* Non, c'est mon frère ---------------------------- .

11. Un nombre *pair* est exactement divisible par 2; un nombre ---------------------------- ne l'est pas.

12. Il faut *semer* dans la jeunesse pour ---------------------------- dans l'âge mûr.

13. Au cirque, le *nain* parlait au ---------------------------- .

14. Tout le monde préfère *la beauté* à _____.

15. Ont-ils l'intention de dîner *dehors* ou _____?

16. S'il fait froid, l'eau va *geler;* s'il fait chaud, la neige va _____.

17. Comptez-vous nous *gêner* ou nous _____?

18. Il vaut mieux hasarder de sauver un _____ que de condamner un *innocent.*
—VOLTAIRE

19. Les rues sont *étroites* mais les avenues sont _____.

20. Avez-vous trouvé le discours *intéressant* ou _____?

3. FAMILLES DE MOTS

Words having a common root and related in meaning are often referred to as a word family. The following list includes examples.

battre, to beat
se battre, to fight
abattre, to knock down
l'abattoir (*m*), slaughterhouse
combattre, to fight
le combat, fight, battle
le combattant, fighter, combatant

chaud, warm, hot
chauffer, to warm, heat
le chauffeur, driver (of vehicle)
le chauffage, heating
la chaleur, heat, warmth
chaleureux, warm, cordial, enthusiastic

le cheveu, (single) hair
chevelu, long-haired, hairy
la chevelure, hair, head of hair

chômer, to be out of work, be idle
le chômeur, unemployed worker
le chômage, unemployment

courir, to run
la course, race, errand
le courant, current
le courrier, mail
couramment, fluently
concourir, to compete
le concours, competition
parcourir, to travel through, skim through
le précurseur, forerunner, precursor

cueillir, to gather, pick
accueillir, to welcome, greet
l'accueil (*m*), welcome, reception
recueillir, to collect, gather
le recueil, collection, compilation

donner, to give
le don, gift, talent
doué, gifted
douer, to endow (figuratively)
doter, to endow (literally and figuratively), to give a dowry
la dot, dowry

douter de, to doubt
se douter de, to suspect
douteux, doubtful

l'esprit (*m*), mind, spirit, wit
spirituel, spiritual, witty

ivre, drunk, intoxicated
l'ivresse (*f*), intoxication
l'ivrogne (*m*), drunkard
enivrer, to intoxicate
s'enivrer, to become intoxicated, get drunk

lent, slow
la lenteur, slowness
ralentir, to slow down

lier, to tie, fasten
le lien, bond
relier, to bind, connect
la reliure, binding (of a book)

loin (adverbe), far
lointain (adjectif), distant, far(-off)
éloigner, to move (something) away, remove
s'éloigner, to withdraw, move away

louer, to praise
la louange, praise

louer, to rent, hire
le loyer, rent
le locataire, tenant
la location, hiring, renting

la mer, sea
la mare, pond
la marée, tide
marin (adjectif), of the sea, marine
le marin, sailor
la marine, navy

le meurtre, murder
le meurtrier, murderer
meurtrir, to bruise

pécher, to sin
le péché, sin
le pécheur, sinner

pêcher, to fish
la pêche, fishing
le pêcheur, fisherman

plaisanter, to joke
plaisant, funny
la plaisanterie, joke

pouvoir, to be able
le pouvoir, means, ability, power
la puissance, strength, force, authority, power
puissant, powerful, strong, mighty

soigner, to take care of
le soin, care
soigneux, careful, tidy
soigné, carefully done, trim, neat

la terre, earth, land, ground
le terrain, piece of ground, plot of land
le territoire, territory
terrestre, earthly, terrestrial, (pertaining to the) ground
atterrir, to land
l'atterrissage (m), landing

enterrer, to bury
l'enterrement (m), burial
souterrain, underground, subterranean

la vitre, pane (of glass)
la vitrine, glass case, store window
le vitrail (pl. = **les vitraux**), stained-glass window

voir, to see
entrevoir, to catch a glimpse of
prévoir, to foresee
la vue, sight, view
l'entrevue (f), interview
imprévu, unforeseen, unexpected
visible, visible
invisible, invisible

EXERCICES

A. Donner *un nom* qui appartient à la même famille que chacun des verbes suivants:

MODÈLE: courir: *la course*

1. pécher _____
2. chômer _____
3. recueillir _____
4. combattre _____
5. meurtrir _____
6. voir _____
7. doter _____
8. concourir _____
9. atterrir _____
10. ralentir _____
11. enivrer _____
12. soigner _____
13. chauffer _____
14. pouvoir _____
15. lier _____

B. Choisir le mot qui n'est pas de la même famille que les autres:

1. mare, marié, marin, mer
2. dot, don, doué, dont
3. chaudière, chaussure, chauffage, chaleur
4. courte, concours, précurseur, courant
5. loyer, locataire, louer, locution
6. courrier, parcourir, couronne, couramment
7. accueil, cuiller, recueil, cueillir
8. terrain, atterrir, terreur, enterrement
9. devoir, entrevue, invisible, prévoir
10. combat, bâtiment, battre, abattoir

C. Choisir la réponse convenable entre parenthèses:

1. Ils ont poursuivi tout tranquillement leur souper sans même (douter, se douter) de l'accident.

2. Nous vous souhaitons un bon vol et nous espérons vous (cueillir, accueillir) de nouveau à bord.

3. Tout le monde sait que les (liens, louanges) du sang sont souvent on ne peut plus forts.

4. A-t-il été dans la dernière guerre? Oui, c'est un ancien (abattoir, combattant).

5. Les visiteurs admiraient les (vitraux, vitrines) magnifiques de la cathédrale gothique.

6. Une (mare, marée) est une petite étendue d'eau dormante.

7. Il avait été blessé dans la (chaleur, chaudière) du combat.

8. Juger d'avance qu'une chose doit arriver c'est (la prévoir, l'entrevoir).

9. Chaque année les élèves se présentent à un (recueil, concours) pour choisir le meilleur de la classe.

10. Mon cœur (bat, se bat) vite quand je sais que je dois subir un examen.

11. Le meurtrier est resté en ville pour (éloigner, relier) les soupçons.

12. On allait (accueillir, recueillir) les abricots meurtris qui étaient tombés par terre.

D. Compléter chaque phrase en écrivant un des mots indiqués ci-dessous:

accueil	course	lenteur	meurtre	terrain
cheveu	dot	loyer	pouvoir	vitre
courant	esprit	mare	soin	vue

1. Il voudrait que je lui donne la permission de commencer, mais cela n'est pas en mon _____

2. Vous avez fait mal à François? Mais non, je ne lui ai pas touché un _____.

3. Un _____ commis avec préméditation est un assassinat.

4. M. et Mme Valentin cherchent un _____ pour y faire bâtir une jolie villa.

5. Le Gulf Stream est un _____ marin qui adoucit le climat de la France.

6. Elle vient de laver la _____ avec un chiffon propre. Maintenant on peut regarder par la fenêtre.

7. Le locataire s'est rendu compte un peu tard que le prix du _____ était trop élevé pour lui.

8. Étaient-elles heureuses de le voir? Non, il a reçu un assez mauvais _____.

9. Ayez _____ de ma montre-bracelet; c'est un cadeau de mes collègues.

10. La _____ est le bien qu'apporte quelquefois une femme en mariage.

E. Remplacer les mots en italique par une expression équivalente:

1. Tout le monde admirait *ses beaux cheveux* et son teint bronzé. _____

2. Moi, je préfère lire des contes *plaisants* surtout avant de m'endormir. _____

3. Je ne connais personne qui aime *combattre* sans raison. _____

4. C'est dommage que la tempête *inattendue* ait ruiné la récolte. _____

5. Voltaire donnait souvent des réponses *pleines d'esprit* aux questions qu'on lui posait. _____

6. Mon professeur parle *facilement* plusieurs langues étrangères; il est très érudit. _____

7. On était d'accord que c'était une victoire *incertaine;* personne n'a crié victoire. _____

8. Pour empêcher les accidents, les voitures doivent *aller plus lentement* aux carrefours. _____

9. C'est une nation *qui a de grandes forces* et qui sert de modèle aux autres. _____

10. Elle *avait examiné rapidement* le recueil pour voir s'il l'intéressait. _____

11. Puisqu'ils n'ont jamais visité des pays *loin d'ici*, leur horizon des connaissances humaines est limité. _____

12. L'accueil que les spectateurs ont donné au journaliste était très *cordial*. _____

F. Donner le mot qui correspond à la définition:

1. l'état d'une personne ivre

2. rendre chaud

3. l'oscillation périodique du niveau de la mer, sous l'influence de la lune et du soleil

4. un conducteur d'automobile

5. le pouvoir de commander, l'autorité d'agir

6. la partie du sol qu'occupe un pays

7. celui des cinq sens par lequel on aperçoit les objets

8. un homme qui manque à une règle morale

9. la totalité des lettres que l'on écrit ou que l'on reçoit

10. une chose dite ou faite pour amuser

G. Écrire le mot qui manque pour compléter la phrase:

1. Une personne _____ a de longs cheveux.

2. L'armée est composée de soldats; la _____ est composée de marins.

3. L'industrie française de la _____ est active sur les côtes, spécialement en Bretagne.

4. Un homme _____ a des dons naturels.

5. La couverture dont un livre est relié s'appelle la _____.

6. Un _____ est une personne qui s'enivre fréquemment.

7. Mettre un mort dans un trou creusé en terre c'est l'_____, et la cérémonie qui accompagne la mise en terre s'appelle l'_____.

8. Un métro est un chemin de fer _____.

9. Une chose qu'on ne peut voir est _____; si on peut la voir, elle est _____.

10. Un avion qui touche terre _____, et cette action s'appelle l'_____.

11. Un ouvrier qui manque de travail _____. C'est un _____, et la période d'inactivité s'appelle le _____.

12. Un artisan qui apporte du soin à ce qu'il fait est un artisan _____.

4. DISTINCTIONS A NOTER

Some words are frequently confused. Distinctions in meaning and usage are pointed out in the following list:

l'**apparence** (*f*), appearance, look, aspect
l'**apparition** (*f*), appearance (act of appearing)

la **chaîne**, chain
le **chêne**, oak

la **chenille**, caterpillar
la **cheville**, ankle

le **col**, collar; mountain pass
la **colle**, paste
le **cou**, neck
le **collier**, necklace

le **compte**, account, bill
le **comte**, count (title)
le **conte**, short story

la **confiance**, confidence
la **confidence**, secret

confortable, comfortable (of *things*)
bien (invariable), comfortable (of *people*)

la **côte**, rib; coast, hillside
le **côté**, side, direction

la **cour**, court (royal or legal); courtyard, yard
le **cours**, course (in school; of a river; of a moving object)
la **course**, race, errand
le **court**, court (tennis)

le **cuir**, leather, skin, hide
cuire, to cook

la **date**, date (time)
la **datte**, date (fruit)

le **dessein**, design, plan, project, scheme
le **dessin**, design, drawing, sketch

devenir, to become
deviner, to guess

en avance, early, ahead of time
en avant, forward, ahead (of motion)

étendre, to spread, stretch out
éteindre, to extinguish, put out

le **flacon**, flask
le **flocon**, flake

la **foi**, faith
la **fois**, time, occasion
le **foie**, liver

fonder, to found, set up
fondre, to melt

le **guéridon**, one-legged round table
la **guérison**, recovery, cure

la **langue**, tongue, language (of a people)
le **langage**, language (in general); manner of speaking; speech (of an individual, of a group, of animals)

le **matelas**, mattress
le **matelot**, sailor

mondain, worldly, earthly, mundane
mondial, worldwide

le **moral**, morale (state of mind)
la **morale**, moral (of story or fable)

le **mort, la morte**, dead person, deceased
la **mort**, death

le **mot**, word
la **parole**, spoken word, promise

la **note**, bill (in general), account
l'**addition** (*f*), bill, check (in restaurant)
la **facture**, bill (of sale)
le **billet**, bill (money), banknote

se passer, to happen
se passer de, to do without

la **pâte**, paste, dough
le **pâté**, pie of chopped meat
la **patte**, paw (of animal), foot (of bird)

le **peuple**, people (= nation)
les **gens** (*m. pl.*), persons, people (in general)
les **personnes** (*f. pl.*), people (= persons, individuals)
le **monde**, people, society, world

la **phrase**, sentence (grammar)
la **sentence**, judgment, sentence, verdict

plus tôt, sooner, earlier
plutôt, rather

le **pouce**, thumb; inch
la **puce**, flea

présenter, to introduce, present
introduire, to insert, bring in, admit

le **procédé**, process, procedure
le **procès**, lawsuit, trial

répondre, to answer
répandre, to spread, scatter, give out
réussir, to succeed (be successful)
succéder à, to succeed (follow after)

le roseau, reed
la rosée, dew
le rosier, rosebush

le saut, leap, jump
le sceau, seal, stamp
le seau, pail

sensible, sensitive, perceptible
sensé, sensible
censé, reputed, supposed

siffler, to whistle
souffler, to blow, to puff

le souper, supper
le soupir, sigh

le sourire, smile
la souris, mouse

la tache, stain
la tâche, task

tacher, to stain
tâcher, to try

tremper, to soak, drench
tromper, to deceive

le vaisseau, vessel, ship
la vaisselle, crockery, dishes

la veille, eve, day before; vigil
la vieille, old woman

veiller, to sit up, stay awake, watch
vieillir, to grow old

le ver, worm
le verre, glass
le vers, verse, line of poetry
vers, toward

le volant, steering wheel
le volet, shutter

EXERCICES

A. Choisir la réponse convenable entre parenthèses:

1. Je vais vous faire une petite (confiance, confidence) mais j'espère bien que vous n'en parlerez à personne.

2. La nuit (réussit, succède) au jour.

3. On appelle énigmatique (le sourire, la souris) de la Joconde, chef-d'œuvre de Léonard de Vinci.

4. Après le repas, la mère et la fille ont lavé (le vaisseau, la vaisselle).

5. Il faut avoir (foi, fois) en l'avenir, n'est-ce pas?

6. Le professeur pouvait comprendre (la langue, le langage) des oiseaux.

7. (La facture, Le billet) est le petit mémoire où un vendeur indique le prix des marchandises qu'il livre à quelqu'un.

8. Elle a rempli son (flacon, flocon) de parfum.

9. Il vérifia son (comte, compte), le paya, et s'éloigna.

10. Les (cours, courses) de chevaux attirent beaucoup de (peuple, monde).

11. Quel bel appartement! On peut être fort (bien, confortable) ici.

12. Êtes-vous, comme moi, très (sensée, sensible) au froid?

13. Un hexagone a six angles et, par conséquent, six (côtes, côtés).

14. Le président a signé le document et y a mis le (sceau, seau) de l'État.

15. Beaucoup d'autres monarques essayèrent d'imiter (la cour, le cours) de Louis XIV.

16. L'humanité doit marcher toujours en (avance, avant).

17. Walt Disney est devenu célèbre par ses merveilleux (desseins, dessins) animés qui, cinématographiés, donnent l'(apparence, apparition) du mouvement.

18. On travaillait (la pâte, le pâté) pour faire des petits pains.

19. Nous avons aujourd'hui de nouveaux (procédés, procès) pour fabriquer les tissus.

20. (Quelle course, Quel cours) compte-t-il suivre le semestre prochain, la chimie ou la physique?

21. On dit que le (comte, conte) Roland périt dans (le col, la colle) de Roncevaux dans les Pyrénées.

22. L'hôtesse a (introduit, présenté) l'artiste aux autres invités.

23. —On me dit que la vieille a été très malade. —Oui, elle a été entre la vie et (le, la) mort.

24. Les deux sœurs, qui étaient arrivées (plus tôt, plutôt), avaient déjà (répondu, répandu) la mauvaise nouvelle partout dans le village.

25. Quand voulez-vous visiter le Marché aux (pouces, puces)?

26. Le chasseur portait un manteau de (cuir, cuire).

27. Avant de quitter l'hôtel, les touristes ont réglé leur (billet, note).

28. Le médecin, en l'assurant qu'il guérirait, lui a avoué que (le guéridon, la guérison) ne serait pas rapide.

29. Elle est entrée dans la mer seulement jusqu'aux (chenilles, chevilles).

30. La dernière fois que j'ai visité la vallée du Rhône, le mistral (soufflait, sifflait) violemment.

31. Je ne crois pas que vous ayez (confiance, confidence) en moi.

32. Les astronomes voulaient suivre (le cours, la course) de la nouvelle étoile.

33. On peut tirer (un moral, une morale) de chacune des fables de la Fontaine.

34. Le bateau était attaché par (une chaîne, un chêne).

35. Pour faire adhérer l'étiquette, le (matelas, matelot) s'est servi de (col, colle).

36. Dans le bureau, cinq (personnes, gens) attendaient l'arrivée de l'avocat.

37. Le vieillard édenté avait l'habitude de (tremper, tromper) son pain dans sa tasse de café.

38. L'homme possède douze paires de (côtes, côtés).

39. Le ministre ambitieux (tacha, tâcha) d'(étendre, éteindre) son propre pouvoir.

40. En déracinant la plante, il a trouvé un gros (ver, vers) de terre.

    B. Compléter les phrases:

1. Qui aurait cru que cette _____, laide et nuisible, se nourrisant de nos végétaux, deviendrait un jour un beau papillon!

2. Un court est un terrain où l'on joue au _____.

3. Pour marcher, la plupart des animaux ont quatre _____.

4. Ils ont appris à se passer _____ cigarettes.

5. Le _____ est la partie d'un vêtement qui entoure le cou.

6. A cause de la chaleur, la glace commençait à _____.

7. Le _____ est une plante qui produit des roses.

8. Une _____ est un assemblage de mots présentant un sens complet.

9. Je n'aime pas la viande crue; je préfère la faire _____.

10. Les vitres d'une fenêtre sont des panneaux de _____.

C. Donner le mot qui correspond à la définition :

1. prédire ce qui doit arriver   ----------------------------

2. la note de la dépense faite dans un restaurant   ----------------------------

3. faire cesser de brûler ou de briller   ----------------------------

4. la partie qui joint la tête au corps   ----------------------------

5. devenir vieux   ----------------------------

6. le jugement ou le verdict rendu par un juge   ----------------------------

7. l'ensemble des mots du langage propre à un peuple ou à une nation   ----------------------------

8. qui a du bon sens   ----------------------------

9. le jour qui précède celui dont on parle   ----------------------------

10. l'affaire que l'on porte devant un tribunal   ----------------------------

11. l'ensemble de fines gouttelettes d'eau qu'on trouve sur l'herbe le matin   ----------------------------

12. le récipient cylindrique de bois ou de métal propre à transporter de l'eau   ----------------------------

13. l'appareil de direction dans une automobile   ----------------------------

14. l'ornement qui se porte autour du cou   ----------------------------

15. la respiration forte et prolongée, occasionnée par une émotion ou la douleur   ----------------------------

D. Compléter chaque phrase en écrivant un des mots indiqués à droite :

1. Des ------------------------ de neige tombaient silencieusement.

2. Il va célébrer bientôt son anniversaire. Quelle en est la ------------------------?

3. Personne n'est ------------------------ savoir qu'il a gagné le prix.

4. Ce lit n'est pas très ------------------------. Il n'a pas de ------------------------.

5. Il a ------------------------ la clef dans la serrure et a ouvert la porte.

6. Après avoir mangé son pâté de ------------------------ gras, il en avait des ------------------------ sur sa cravate.

7. "------------------------ la mort que l'esclavage," exclama le patriote.

8. La réunion a eu lieu dans la ------------------------ du lycée.

9. L'infirmière tenait à ------------------------ toute la nuit sur la malade.

10. Les acrobates ont exécuté un ------------------------ dangereux.

11. Jean-Paul Sartre, théoricien de l'existentialisme, jouit d'une renommée ------------------------.

12. Les ------------------------ sont des plantes qui croissent au bord des eaux.

13. Pour mieux voir, il a ouvert les ------------------------; il faisait déjà jour.

14. Puisqu'ils sont arrivés en ------------------------ au théâtre, ils ont décidé de prendre du café.

15. La rime est le retour du même son à la fin de deux ou plusieurs ------------------------.

avance
avant
bien
censé
confortable
contes
cour
court
date
datte
flocons
foie
introduit
matelas
mondaine
mondiale
plutôt
présenté
roseaux
saut
taches
tâches
veiller
vers
vieillir
vitrines
volets

5. FAUX AMIS

Faux amis are deceptive cognates, words in French and English that are identical or almost identical in form but different in meaning. Some pairs of *faux amis* have similar origins; others are not related at all. Those listed here are among the most frequently misinterpreted.

FRENCH WORD AND MEANING	DECEPTIVE ENGLISH COGNATE AND FRENCH EQUIVALENT
achever, to complete, finish	to achieve, **accomplir, réaliser**
actuel, present, current	actual, **réel, véritable**
arrêt (*m*), stop	arrest, **arrestation** (*f*)
attendre, to wait (for)	to attend, **assister à**
	to attend to, **s'occuper de, faire attention à**
attirer, to attract	to attire, **vêtir, habiller**
averse (*f*), sudden shower, downpour	averse (adj.), **contraire, opposé**
avertir, to warn, inform	to avert, **détourner**
ballot (*m*), bale, bundle	ballot, **scrutin** (*m.*)
baraque (*f*), hut, shanty	barracks, **caserne** (*f*)
blanquette (*f*), stewed veal	blanket, **couverture** (*f*)
blesser, to wound, hurt	to bless, **bénir**
bond (*m*), bound, leap	bond (= tie), **lien** (*m*)
bride (*f*), bridle	bride, **mariée** (*f*)
brigadier (*m*), corporal (cavalry)	brigadier, **général de brigade**
canot (*m*), (open) boat, rowboat	canoe, **pirogue** (*f*)
cap (*m*), cape (geography)	cap, **casquette** (*f*) (with peak), **bonnet** (*m*) (brimless)
caution (*f*), bail	caution, **précaution** (*f*); **avis** (*m*)
cave (*f*), cellar	cave, **caverne** (*f*), **antre** (*m*)
chair (*f*), flesh	chair, **chaise** (*f*)
chandelier (*m*), candlestick	chandelier, **lustre** (*m*)
charte (*f*), charter	chart, **carte marine** (*f*)
chat (*m*), cat	chat, **causerie** (*f*)
citron (*m*), lemon	citron, **cédrat** (*m*)
coin (*m*), corner	coin, **pièce** (*f*) **de monnaie**
complexion (*f*), disposition, constitution	complexion, **teint** (*m*)
confection, construction; ready-made clothing	confection, **confiserie** (*f*)
dancing (*m*), dance hall	dancing, **danse** (*f*)
demander, to ask (for)	to demand, **exiger, réclamer**
dérober, to steal	to disrobe, **se déshabiller**
dévotion (*f*), devoutness, piety	devotion, **dévouement** (*m*)
dresser, to erect, set up; to train (animals)	to dress, **(s')habiller**
éditeur (*m*), publisher	editor, **rédacteur** (*m*)
fabrique (*f*), factory	fabric, **tissu** (*m*), **étoffe** (*f*)
fat, conceited, vain	fat, **gras, gros**
fée (*f*), fairy	fee, **honoraires** (*m. pl.*)
figure (of people) (*f*), face	figure, **taille** (*f*), **stature** (*f*)
filer, to spin; to run away	to file, **limer** (with metal), **classer** (documents)
fond (*m*), bottom	fond, **affectueux, tendre**
	to be fond of, **aimer**
gale (*f*), itch; scab	gale, **tempête** (*f*), **grand vent** (*m*)
gaze (*f*), gauze	gaze, **regard fixe** (*m*)
gendre (*m*), son-in-law	gender, **genre** (*m*)
glace (*f*), ice, ice cream, mirror	glass, **verre** (*m*)
habit (*m*), full-dress suit	habit, **habitude** (*f*)
habits (*m. pl.*), clothes, garments	

157

hasard (*m*), chance | hazard, **danger** (*m*), **péril** (*m*), **risque** (*m*)
hurler, to yell, howl | to hurl, **lancer avec violence**
if (*m*), yew (tree) | if, **si**
ignorer, not to know | to ignore, **ne pas tenir compte de, passer sous silence, négliger à dessein, feindre de ne pas voir**

injure (*f*), wrong, insult | injury, **blessure** (*f*), **dommage** (*m*)
inhabité, uninhabited | inhabited, **habité**
joli, pretty | jolly, **gai**
journée (*f*), day (time) | journey, **voyage** (*m*), **trajet** (*m*)
labourer, to plough, till | to labor, **travailler, se donner de la peine**
lame (*f*), blade | lame, **boiteux, estropié**
lard (*m*), bacon | lard, **saindoux** (*m*)
large, wide | large, **gros, grand**
lecture (*f*), reading | lecture, **conférence** (*f*)
legs (*m*), legacy | legs, **jambes** (*f. pl.*)
lent, slow | Lent, **Carême** (*m*)
librairie (*f*), bookstore | library, **bibliothèque** (*f*)
lie (*f*), dregs, sediment | lie, **mensonge** (*m*)
lime (*f*), file (tool) | lime, **chaux** (*f*) (mineral), **limon** (*m*) (fruit)
location (*f*), hiring, renting | location, **situation** (*f*)
main (*f*), hand | main, **principal** (adj.), **conduit** (*m*) (pipe)
manger, to eat | manger, **mangeoire** (*f*), **crèche** (*f*)
mat, dull, unpolished | mat (floor), **natte** (*f*)
messe (*f*), mass (Catholic) | mess, **désordre** (*m*), **confusion** (*f*)
mince, thin, meager | to mince, **émincer, hacher**
nappe (*f*), tablecloth | nap, **somme** (*m*)
ombrelle (*f*), parasol | umbrella, **parapluie** (*m*)
opportunité (*f*), timeliness, opportuneness | opportunity, **occasion** (*f*)
or, now, well | or, **ou**
or (*m*), gold | ore, **minerai** (*m*)
pain (*m*), bread | pain, **douleur** (*f*), **peine** (*f*) (mental)
pair, equal, even | pair, **paire** (*f*)
parer, to adorn | to pare, **peler**
part (*f*), share, portion | part, **partie** (*f*)
partition (*f*), score (music) | partition, **cloison** (*f*)
phrase (*f*), sentence | phrase, **locution** (*f*)
physicien (*m*), physicist | physician, **médecin** (*m*)
pin (*m*), pine (tree) | pin, **épingle** (*f*)
plate (*fem.* of **plat**), flat | plate, **assiette** (*f*) (dish), **plaque** (*f*) (metal)
prétendre, to claim, assert | pretend, **faire semblant, feindre**
prune (*f*), plum | prune, **pruneau** (*m*)
raisin (*m*), grape | raisin, **raisin sec** (*m*)
rate (*f*), spleen | rate, **taux** (*m*), **tarif** (*m*)
rayon (*m*), ray (of light), shelf, department (of store) | rayon, **rayonne** (*f*)
regard (*m*), look, glance | regard, **égard** (*m*)
rein (*m*), kidney | rein, **rêne** (*f*)
relier, to bind, connect | to rely on, **compter sur, se fier à**
rente (*f*), income | rent, **loyer** (*m*)
ressort (*m*), spring (metal) | resort, **station** (**d'été, balnéaire,** etc.), **ressource** (*f*)
rester, to stay, remain | to rest, **se reposer**
ride (*f*), wrinkle | ride, **promenade** (*f*)
sale, dirty | sale, **vente** (*f*)
sort (*m*), fate, lot | sort, **sorte** (*f*), **espèce** (*f*)

store (*m*), shade (window)   store, **magasin** (*m*)
sympathique, congenial, likable   sympathetic, **compatissant**
talon (*m*), heel   talon (of bird), **serre** (*f*)
tirer, to pull, draw   to tire, (**se**) **fatiguer**, (**se**) **lasser**
transpirer, to perspire   to transpire, **se passer, avoir lieu**
user, to consume, wear out   to use, **employer, se servir de**
vent (*m*), wind   vent, **passage** (*m*), **trou** (*m*)
veste (*f*), short jacket   vest, **gilet** (*m*)
viande (*f*), meat   viands, **comestibles** (*m. pl.*)
wagon (*m*), coach, car (railroad)   wagon, **charrette** (*f*)

EXERCICES

A. Choisir la réponse convenable entre parenthèses:

1. Sur quel (pin, rayon) de l'armoire a-t-elle mis les épingles?

2. C'est une ouvrière de (complexion, rêne) délicate.

3. L'or n'avait pas d'éclat; c'était de l'or (réel, mat).

4. Son ami fournira (caution, chair) pour lui afin qu'il puisse retourner à sa famille.

5. Les touristes s'amusaient à regarder la paysanne qui (filait, labourait) de la laine.

6. La (lime, lie) est le dépôt qui se forme dans un liquide et qui tombe au (vent, fond) du récipient.

7. Quel est le (gendre, genre) de ce nom?

8. Après plusieurs heures au soleil, l'athlète avait le (teint, lustre) bronzé.

9. L'aimant (attire, avertit) le fer.

10. Quel est son métier? Il (lime, dresse) des animaux de cirque.

11. Mme Armand espère que son enfant, en grandissant, perdra (cet habit, cette habitude) désagréable.

12. Aurons-nous (l'occasion, l'opportunité) de faire une partie (du trajet, de la journée) en avion?

B. Remplacer les mots en italique par des expressions équivalentes:

1. La culture de la vigne *réclame* beaucoup de soins.   -------------------------------

2. On l'a accablé *de paroles offensantes.*   -------------------------------

3. L'artiste compte *achever* l'œuvre cette semaine.   -------------------------------

4. Roger est toujours très satisfait de lui-même; c'est un *vaniteux!*   -------------------------------

5. Le brigadier demeurait dans *le logement des militaires.*   -------------------------------

6. Que pensez-vous de l'état *présent* des choses? Quel désordre!   -------------------------------

7. La *piété* joue un rôle important dans la vie des Bretons.   -------------------------------

8. Elle *feignait* d'avoir accompli quelque chose d'extraordinaire.   -------------------------------

9. C'était un homme de grande *stature*, qui ressemblait à un géant de Rabelais.   -------------------------------

10. Le pêcheur portait une *coiffure avec visière.*   -------------------------------

11. L'explorateur avait découvert une île *qui n'avait pas d'habitants.*   -------------------------------

12. Le jour de Pâques, chaque membre de la famille mit ses *vêtements* neufs pour aller à la messe.   -------------------------------

C. Encercler la lettre de l'explication convenable du mot:

1. dérober

    a. changer de direction   *c.* se dévouer à une cause

    b. prendre furtivement le bien d'autrui   *d.* ôter les vêtements

2. sort

    a. risque   *c.* action de quitter la scène

    b. endroit par où l'on sort   *d.* destinée

3. cédrat

    a. fruit à peau épaisse   *c.* événement imprévu

    b. bateau léger   *d.* tissu servant à couvrir

4. antre

    a. cave   *c.* caverne

    b. étoile   *d.* angle formé par deux lignes

5. hurler

    a. rendre durable   *c.* pousser des cris prolongés

    b. saisir par autorité de justice   *d.* jeter avec force

6. saindoux

    a. support pour maintenir une chandelle   *c.* précaution

    b. graisse de porc   *d.* partie du corps humain

7. ballot

    a. regard fixe   *c.* homme estropié

    b. mode de votation public   *d.* paquet de marchandises

8. ressort

    a. objet élastique en métal   *c.* lieu de séjour temporaire

    b. prix du loyer   *d.* profit réalisé par certaines entreprises

9. cap

    a. roche contenant un métal utile   *c.* petit tapis de paille

    b. coiffure d'homme ou de femme   *d.* pointe de terre élevée qui s'avance dans la mer

10. serres

    a. morceaux de métal très minces   *c.* ongles des oiseaux de proie

    b. comestibles   *d.* blessures produites par un instrument tranchant

11. hacher

    a. couper en petits morceaux   *c.* passer sous silence

    b. achever complètement   *d.* faire attention à

12. baraque

    a. dommage causé par le vent   *c.* magasin élégant

    b. maison mal bâtie   *d.* logement de soldats

D. Compléter chaque phrase en écrivant un des mots indiqués à droite:

1. La ------------------------------ est une étoffe légère et transparente.

2. Deux bœufs tiraient une ------------------------------ remplie de sacs de farine.

3. Le vent était violent; c'était une véritable ------------------------------!

4. S'il fait trop frais, je peux te donner encore une ------------------------------.

5. Le médecin lui a donné un onguent pour guérir la ------------------------------.

6. Ce sera une ------------------------------ au comptant ou à crédit?

7. Sauriez-vous me dire le ------------------------------ d'intérêt en ce moment?

8. Il faut avoir ------------------------------ aux talents de cet ingénieur.

9. La ------------------------------ se trouve près de l'estomac.

10. Une ------------------------------ est un ensemble de deux personnes unies par quelque

------------------------------.

arrestation
canot
charrette
chaux
couverture
égard
gale
gaze
lard
lien
paire
rate
rédacteur
taux
tempête
vente

E. Trouver dans la seconde colonne le mot associé à celui de la première colonne:

1. *scrutin* ------------------------------ privilèges

2. *blanquette* ------------------------------ musique

3. *legs* ------------------------------ chemin de fer

4. *bond* ------------------------------ crèche

5. *vêtements* ------------------------------ vote

6. *pirogue* ------------------------------ confection

7. *if* ------------------------------ soleil

8. *wagon* ------------------------------ testament

9. *confiserie* ------------------------------ bateau

10. *charte* ------------------------------ mur

11. *honoraires* ------------------------------ viande

12. *mangeoire* ------------------------------ saut

13. *partition* ------------------------------ arbre

14. *rayon* ------------------------------ sucre

15. *cloison* ------------------------------ paiement

F. Comment s'appelle:

1. celui qui publie et met en vente l'œuvre d'un écrivain? ------------------------------

2. la partie postérieure du pied de l'homme? ------------------------------

3. une prune séchée au soleil? ------------------------------

4. l'endroit où s'arrête un véhicule public? ------------------------------

5. un rideau de tissu qui se lève et se baisse devant une fenêtre? ------------------------------

6. l'action de lire? ------------------------------

7. un être fantastique que l'on représente comme une jolie femme douée d'un pouvoir surnaturel? ....

8. une conversation familière? ....

9. l'ensemble de certains comptoirs d'un magasin réservés au même genre de marchandises? ....

10. une pluie subite et abondante? ....

11. la partie du harnais d'un cheval servant à le conduire? ....

12. un pli du visage qui est ordinairement l'effet de l'âge? ....

13. le vêtement court et sans manches qui se porte sous le veston? ....

14. un établissement public où l'on danse? ....

15. l'espace de temps qui s'écoule depuis le lever jusqu'au coucher du soleil? ....

6. VOCABULAIRE CLASSIFIÉ: LA VIE PERSONNELLE

The words selected for the classified vocabularies in this unit are those considered useful in conversation and reading at this level. Certain elementary words have been included for purposes of review.

la famille

le beau-fils ⎫
le gendre ⎬ son-in-law

le beau-frère, brother-in-law
le beau-père, father-in-law
la belle-mère, mother-in-law
la belle-sœur, sister-in-law
le (la) célibataire, unmarried person; bachelor
l'époux, husband
l'épouse, wife
le (la) gosse, (familiar) youngster, "kid"
l'hôte (m), host
l'hôtesse (f), hostess
le jumeau, twin
l'orphelin (m), orphan
le prétendant, suitor

le veuf, widower
la veuve, widow
le prénom, first name
le surnom, nickname
l'écriture (f), handwriting
les fiançailles (f), engagement
la dot, dowry
les noces (f), wedding
la lune de miel, honeymoon
le ménage, household
la ménagère, housekeeper
les étrennes (f), New Year's gifts
bercer, to rock
tenir de, to resemble, take after

le corps humain

l'allure (f), bearing, gait, speed
l'âme (f), soul
l'artère (f), artery
la barbe, beard
la boucle, curl
le cerveau ⎫
la cervelle ⎬ brain
la chair, flesh
la cheville, ankle
le cil, eyelash
le coude, elbow
la cuisse, thigh
la dent de sagesse, wisdom tooth
le dos, back
l'épaule (f), shoulder
l'embonpoint (m), stoutness
l'estomac (m), stomach
l'être (m), being
les favoris (m), sideburns
la figure ⎫
le visage ⎬ face
le foie, liver
le front, forehead
le géant, giant
les gencives (f), gums
le genou, knee
la gorge, throat
la hanche, hip
la jambe, leg
la joue, cheek
la lèvre, lip
la mâchoire, jaw
le menton, chin

la moue, pout
la narine, nostril
le nerf, nerve
l'ongle (m), nail
l'orteil (m), toe
l'os (m), bone
le palais, palate
la paume, palm
la paupière, eyelid
la peau, skin
le poignet, wrist
le poing, fist
le pouce, thumb
le pouls, pulse
le poumon, lung
la prunelle ⎫
la pupille ⎬ pupil (of eye)
le rein, kidney
la ride, wrinkle
le sang, blood
le sein, breast
le souffle   ⎫
l'haleine (f) ⎬ breath
le sourcil, eyebrow
le squelette, skeleton
la taille, waist, figure
le talon, heel
le teint, complexion
la veine, vein
le ventre, belly
les sens (m), senses
le goût, taste
l'odorat (m), smell

l'ouïe (f), hearing
le toucher, touch
la vue, sight
aveugle, blind
boiteux, lame
chauve, bald
dur d'oreille, hard of hearing
muet, dumb
rauque, hoarse
sourd, deaf
avaler, to swallow
bâiller, to yawn
cligner de l'œil, to wink, blink

épuiser, to exhaust
froncer, to frown
grandir, to grow up, grow tall
grossir, to get fat
hausser les épaules, to shrug one's shoulders
mâcher, to chew
maigrir, to get thin
se moucher, to blow one's nose
respirer, to breathe
ronfler, to snore
secouer la tête ⎫
hocher la tête ⎭ to shake (toss) one's head
sentir, to feel, smell

pensées et sentiments

l'accueil (m), welcome, greeting
l'avare (m), miser
le chagrin, sorrow, grief
la colère, anger
la croyance, belief
le dégoût, disgust
la haine, hatred
l'humeur (f), mood
l'injure (f), insult
la jalousie, jealousy
la larme, tear
la louange, praise
le mensonge, lie
les mœurs (f), manners, customs
l'orgueil (m), pride, arrogance
la paresse, laziness
la prière, prayer
la reconnaissance, gratitude
la revanche, revenge
la sagesse, wisdom
le sang-froid, composure, coolness
le sanglot, sob
le souci, worry, care
la souffrance, suffering
le soupçon, suspicion
le soupir, sigh
la trahison, treachery
le vœu, wish, vow
la volonté, will
le désespoir, despair
l'élan (m), impulse, dash
l'enfer (m), hell

le paradis, heaven
la fierté, pride
la foi, faith
la gaîté, gaiety
agité, upset
désolé, very sorry, distressed
dévoué, devoted
digne, worthy
ému, moved, touched
ennuyeux, boring, tiresome, annoying
entêté, stubborn
épatant, "great," "swell" (popular usage)
épouvantable, frightful
étourdi, thoughtless
formidable, dreadful, "tremendous"
honteux, shameful, ashamed
incroyable, unbelievable, incredible
indigne, unworthy
inouï, extraordinary, unheard of
inquiet, uneasy, worried
mignon, darling, cute
morne, dull, gloomy
pénible, painful
sympathique, congenial
affliger, to afflict, grieve
choquer, to shock
éprouver, to feel
être brouillé (avec), to be on bad terms with
frémir, to shudder, tremble
gémir, to groan, moan
soupçonner, to suspect

la santé

l'aspirine (f), aspirin
la béquille, crutch
la bronchite, bronchitis
le cauchemar, nightmare
la chirurgie, surgery
la connaissance, consciousness
la crise, crisis, attack

la cuillerée, spoonful
le délire, delirium
la dentifrice, toothpaste
la douleur, pain, grief
la fièvre, fever
la grippe, grippe, influenza
la guérison, cure

le **hoquet,** hiccup
l'**infirmière** (*f*), nurse
le **malaise,** discomfort, indisposition
le **médicament,** medicine
la **mine,** appearance, look
la **nausée,** nausea
l'**ordonnance** (*f*), prescription
le **pansement,** bandage, dressing
la **pharmacie,** drugstore
le **pharmacien,** pharmacist
la **pilule,** pill
la **pneumonie,** pneumonia
le **remède,** remedy, cure
le **rhume (de cerveau),** (head) cold
la **rougeole,** measles
le **secours,** help, relief
la **souffrance,** suffering
la **sueur,** perspiration, sweat
le **symptôme,** symptom
la **toux,** cough
le **vaccin,** vaccine
le **vertige,** dizziness
bien portant, healthy, well
maladif, sickly

nuisible, harmful
sain, healthy
souffrant, unwell, ailing, indisposed
affaiblir, to weaken
donner les premiers soins, to administer first aid
enfler, to swell
s'enrhumer, to catch cold
éternuer, to sneeze
être enrhumé, to have a cold
s'évanouir, to faint
garder le lit, to stay in bed
pâlir, to turn pale
se remettre, to recover
saigner, to bleed
secourir, to help, aid
se sentir, to feel
soigner, to treat, take care of
soulager, to relieve
suivre un régime, to be on a diet
tousser, to cough
transpirer, to perspire
vieillir, to grow old

la toilette

le **bas,** stocking
la **botte,** boot
la **boucle,** buckle
la **boucle d'oreille,** earring
la **bourse**
le **porte-monnaie** } change-purse
le **bouton,** button
la **brosse à dents,** toothbrush
le **cache-nez,** muffler
la **casquette,** cap
la **ceinture,** belt
la **chaussette,** sock
la **chaussure,** shoe, footwear
la **chemise,** shirt
la **coiffure,** head covering, hair style
le **complet,** suit (man's)
le **tailleur,** suit (woman's)
la **confection,** ready-made clothing
le **corsage,** blouse
le **diamant,** diamond
la **doublure,** lining
l'**écharpe** (*f*), scarf
l'**épingle** (*f*), pin
la **fermeture éclair,** zipper
le **gilet,** vest
l'**imperméable** (*m*), raincoat
la **jaquette,** jacket (woman's)
la **jupe,** skirt
le **jupon,** slip, petticoat

le **lacet,** lace (of shoe)
le **linge,** linen
les **lunettes** (*f*), eyeglasses
le **maillot de bain,** swimsuit
la **manche,** sleeve
le **manteau,** overcoat (woman's or man's)
l'**ondulation permanente,** permanent wave
le **pardessus,** overcoat (man's)
le **nœud,** knot, bow
l'**ombrelle** (*f*), parasol
la **paire,** pair
le **paletot,** topcoat
le **pantalon,** pants, trousers
la **pantoufle,** bedroom slipper
le **peigne,** comb
le **peignoir,** dressing gown
la **perle,** pearl
la **pointure,** size (hats, gloves, shoes)
le **portefeuille,** wallet
le **pyjama,** pajamas
le **rasoir,** razor
le **ruban,** ribbon
le **smoking,** tuxedo, dinner jacket
les **sous-vêtements** (*m*), underwear
le **tablier,** apron
la **taille,** size (of clothing)
la **tenue,** manner of dress, dress
le **veston,** jacket, coat (man's)
le **voile,** veil

à la mode, in style, fashionable
se chausser, to put on one's shoes
se coiffer, to put one's hat on, arrange one's hair
coudre, to sew

faire sa toilette, to dress
nettoyer à sec, to dry clean
ôter, to take off
repasser, to press, iron

sports et jeux

l'alpinisme (m), mountain climbing
la boxe, boxing
le canotage, boating, rowing
la chasse, hunting
la course, running, race
le cyclisme, bicycling
les dames (f), checkers
les échecs (m), chess
l'épée (f), sword
l'escrime (f), fencing
la lutte, wrestling
la natation, swimming
le patinage, skating
la pêche, fishing
la proie, prey
le ski nautique, water skiing
l'arbitre (m), umpire, referee
l'as (m), ace, crack player
l'équipe (f), team
le bond, leap, jump
le but, goal
le canot, rowboat
le chasseur, hunter
le cri, shout

le filet, net
la flèche, arrow
le fusil, rifle, gun
le fouet, whip
le gibier, game (= animals)
le jouet, toy
le loisir, leisure
la médaille, medal
le pari, bet
le patin, skate
le pistolet, pistol
la piste, track, trail
le sifflet, whistle
le traîneau, sled, sleigh
bondir, to leap
chasser, to hunt
s'élancer, to rush forward
glisser, to slip, slide
lancer, to throw, hurl
remporter la victoire, to win a victory
se rendre, to surrender
viser, to aim
vaincre, to conquer, defeat

arts et spectacles

les actualités (f), current events, newsreels
l'assistance (f), audience
l'atelier (m), studio, workshop
la berceuse, lullaby
le chef-d'œuvre, masterpiece
le chœur, chorus, choir
le cirque, circus
le comédien, actor
le discours, speech
le disque, record (phonograph)
la distribution, cast
le don, gift
l'écran (m), screen
l'entracte (m), intermission, interlude
le génie, genius
l'intrigue (f), plot
le lever du rideau, rise of the curtain

le livret, libretto
le metteur en scène, director
la mise en scène, setting
l'œuvre (f), work
l'orgue (m), organ
le personnage, character
la répétition, rehearsal
la représentation, performance
le romancier, novelist
la scène, stage
le souffleur, prompter
le spectateur, spectator
le tambour, drum, drummer
la vedette, star
le vestiaire, cloak room
bis, encore
photographier, to photograph

EXERCICES

A. Identifier la partie du corps:

1. partie extérieure de la bouche, qui couvre les dents   -------------------------

2. le plus gros des doigts de la main   -------------------------

3. organe recouvrant le corps   -------------------------

  4. spirale de cheveux frisés   ----------------------------

  5. tube qui conduit le sang du cœur aux organes   ----------------------------

  6. partie de la jambe qui s'étend de la hanche au genou   ----------------------------

  7. région du visage, allant de la naissance des cheveux jusqu'aux sourcils   ----------------------------

  8. chacune des deux ouvertures du nez   ----------------------------

  9. partie postérieure du pied   ----------------------------

10. partie du visage au-dessous de la bouche   ----------------------------

B. Choisir la réponse entre parenthèses qui complète le mieux la phrase:

1. Est-ce que (cette toux, ce paletot, ce médicament, cette doublure) pourra le soulager?

2. L'air est chassé avec violence par le nez quand on (se chausse, éternue, tousse, a le hoquet).

3. Un squelette n'a pas de (chair, cheville, coude, dos).

4. Quand on agite fortement la tête, on la (vise, coiffe, fronce, secoue).

5. —Je voudrais essayer un de ces peignoirs.

—Bien, madame, quel [quelle] est votre (symptôme, taille, fièvre, figure)?

6. Le marin avait les bras tatoués (du ventre, de la pupille, du poignet, de la hanche) jusqu'à l'épaule.

7. Si vous suivez ce (rein, cerveau, régime, rhume), vous serez en bonne voie de (tenue, chirurgie, délire, guérison) et ne (grossirez, respirerez, mâcherez, vieillirez) plus.

8. On met un pansement sur (une pointure, une plaie, une pantoufle, un remède).

9. La mâchoire est l'os qui porte (les rides, les dents, les paupières, les poumons).

10. Il a mal à la gorge. C'est pourquoi sa voix est (rauque, enflée, sourde, chauve).

11. François tient de (son surnom, ses étrennes, sa barbe, son père).

12. Un mort n'a pas de (prunelle, sein, favoris, pouls).

13. (L'âme, Le jumeau, La crise, L'écriture) est le principe spirituel dans l'homme, par opposition au corps.

14. Puisqu'il s'est blessé le pied, il doit se servir de (gosses, peignes, béquilles, cils).

15. Pour assister à cette soirée de gala, il lui faudra acheter (une casquette, un smoking, un imperméable, une chaussette).

16. Une personne qui gémit (s'avance comme en glissant, éprouve de la joie, tue des animaux sauvages, exprime sa douleur par des sons plaintifs).

17. On choisit un arbitre pour (photographier des événements amusants, guérir une maladie mentale, veiller à la régularité d'épreuves sportives, faire du canotage).

18. Quand on frémit, (on tremble d'émotion, on part en courant, on pousse des cris, on est honteux de sa conduite).

19. Pour prendre le poisson, il s'est servi d'un (filet, but, pari, dégoût).

20. On est sûr de voir un écran (au lever du rideau, au cinéma, à la bibliothèque, au cirque).

21. Une personne qui a trop d'orgueil (croit qu'elle est au-dessus des autres, fait souvent l'éloge d'autrui, donne des coups de sifflet, pousse des soupirs).

22. En conduisant ses chevaux, le fermier les excitait avec (le loisir, la chasse, le don, le fouet).

23. Un as est (un jeu populaire, le gibier qu'on tue en chassant, une personne qui excelle en quelque chose, une parole offensante).

24. Le cri de " bis " indiquait que (la femme était dans une situation dangereuse, l'œuvre avait plu à l'assistance, la vedette était en colère, le malade souffrait les tourments de l'enfer).

25. On va au vestiaire pour (lancer des flèches, déposer des vêtements, jouer aux échecs, écouter des prières).

26. Henri ne ment jamais. En effet, il a de la (haine, croyance, fierté, louange) pour le mensonge.

27. Le sport où l'on se bat à coups de poing est (la chasse, l'escrime, la boxe, le ski nautique).

28. Auras-tu (ton élan, ta revanche, ta reconnaissance, ton tambour) pour le mal que tu as reçu?

29. Quand un enfant pousse des sanglots, il est généralement (mignon, sympathique, entêté, agité).

30. Ce sont des hommes de bonne (injure, paresse, volonté, souffrance).

C. Trouver dans la seconde colonne le mot associé à celui de la première colonne:

1. *dames* ------------------------------ chanteurs
2. *paradis* ------------------------------ traître
3. *chœur* ------------------------------ jeu
4. *souci* ------------------------------ ciel
5. *distribution* ------------------------------ courir
6. *trahison* ------------------------------ tristesse
7. *course* ------------------------------ acteurs
8. *foi* ------------------------------ maîtrise de soi
9. *chagrin* ------------------------------ inquiet
10. *sang-froid* ------------------------------ confiance

D. Identifier le vêtement, la partie du vêtement, ou l'ornement:

1. cette longue écharpe sert à garantir du froid le cou et le bas du visage ------------------------------

2. jupe de dessous ------------------------------

3. ornement que les femmes attachent à leurs oreilles ------------------------------

4. une femme qui travaille dans la cuisine met cette pièce d'étoffe devant elle pour préserver ses vêtements ------------------------------

5. chaussure de cuir ou de caoutchouc qui enferme le pied et la jambe ------------------------------

6. les hommes portent ce vêtement par-dessus les autres pour se protéger du froid ------------------------------

7. blouse ou partie haute du vêtement féminin ------------------------------

8. partie du vêtement qui couvre le bras ------------------------------

9. ce costume de femme comprend une jaquette et une jupe ------------------------------

10. bande d'étoffe, de cuir, etc., mise autour du milieu du corps ------------------------------

E. Compléter les phrases:

1. Un orteil est un doigt du --------------------------.

2. Elle est en train de s'habiller? Oui, elle ------------------------- sa toilette.

3. Une femme qui a perdu son époux est une -------------------------.

4. Les gencives et le palais se trouvent dans la -------------------------.

5. Se sentant un peu affaibli, le malade a décidé de ------------------------- le lit.

6. Peu à peu la fermeture ------------------------- remplace les boutons.

7. La paume est le creux de la -------------------------.

8. Un complet comprend un veston, un gilet, et un -------------------------.

9. Une personne qui saigne perd du -------------------------.

10. Sur la plage, on porte généralement un ------------------------- de bain.

11. La sœur de ma femme est ma -------------------------.

12. Jacques est le ------------------------- de Jacques Dubois.

13. Pour lier ses souliers, il a acheté une paire de -------------------------.

14. Un ------------------------- est un enfant qui a perdu son père et sa mère.

15. Les nouveaux-mariés ont passé leur lune de ------------------------- en Provence.

16. Un célibataire n'est pas -------------------------.

17. A-t-elle déjà fait préparer chez le pharmacien ------------------------- que le médecin lui a donnée?

18. Les cinq sens sont: le goût, -------------------------, -------------------------, -------------------------, et la vue.

19. Un homme qui marche en inclinant le corps d'un côté plus que de l'autre est -------------------------.

20. Pour nettoyer mes dents, je mets un peu de ------------------------- sur ma ------------------------- à dents.

21. Le dentiste a dû lui arracher une de ses quatre dents de ------------------------- parce que le nerf de la molaire était mort.

22. Ne sachant que répondre, il a haussé les -------------------------.

23. Les ------------------------- couvrent le dessus des bouts des doigts.

24. Regardez les taches sur cette robe. Je devrai la faire ------------------------- à sec.

25. En me voyant, il a cligné de -------------------------.

26. Un cauchemar est un ------------------------- pénible.

27. Pour faire du patinage, il faut avoir des -------------------------.

28. Le ------------------------- est la perte de l'espérance.

29. Un avare désire garder son -------------------------.

30. Le contraire de "digne" est -------------------------.

31. Pendant les répétitions, le ------------------------- en scène règle les mouvements des acteurs.

32. Le sport des ascensions en montagne est -------------------------.

33. Quand on -------------------------, on fait un ou plusieurs bonds.

34. Pour faire du cyclisme, on a besoin d'une -------------------------.

35. Vous avez l'air gai aujourd'hui! Oui, je suis de bonne -------------------------.

36. Les ------------------------- sont les usages particuliers à un pays ou à une classe.

37. Si un comédien oublie ses paroles pendant une représentation, le _____ est là pour l'aider.

38. Une chose qui est difficile à croire est une chose _____.

39. On les a bien reçus? Oui, ils ont reçu un bon _____.

40. Les paroles d'un opéra se trouvent dans le _____.

F. Encercler la lettre de l'explication convenable du mot:

1. ombrelle

    a. manque de lumière   *c.* petit parasol de dame

    b. ensemble de feuilles et de branches   *d.* maladie de la cervelle

2. s'évanouir

    a. contracter les sourcils   *c.* perdre connaissance

    b. paraître mince   *d.* être souffrant

3. moue

    a. grimace faite en allongeant les lèvres   *c.* qui cède facilement au toucher

    b. vêtement de jeune fille   *d.* femme qui a soin du ménage

4. transpirer

    a. exhaler de la sueur   *c.* avoir lieu

    b. avoir mauvaise mine   *d.* repasser un vêtement

5. bâiller

    a. faire du bruit pendant le sommeil   *c.* balancer un enfant dans son berceau

    b. diminuer de hauteur   *d.* respirer en ouvrant la bouche en grand et involontairement

6. malaise

    a. sensation d'un trouble physiologique   *c.* qualité morale

    b. conduite bizarre   *d.* manque de propreté

7. prétendant

    a. celui qui aspire à la main d'une femme   *c.* mari de la sœur ou de la belle-sœur

    b. personne qui fait semblant de faire quelque chose   *d.* homme qui se croit malade

8. vertige

    a. partie de la colonne vertébrale   *c.* sentiment d'un défaut d'équilibre dans l'espace

    b. mal d'estomac   *d.* tous les vêtements à l'usage d'une personne

9. rougeole

    a. matière qui fournit une couleur rouge pour teindre une étoffe

    b. maladie contagieuse, surtout des enfants

    c. cri violent causé par des douleurs

    d. teinte qui paraît sur la peau du visage et qui révèle une émotion

10. allure

    a. promesse mutuelle de mariage

    b. façon de marcher

    c. tout ce qui nourrit

    d. force qui attire un corps

    G. Donner le mot qui correspond à la définition:

1. objet qui sert à amuser les enfants   ------------------------------

2. intervalle entre les actes d'une pièce de théâtre   ------------------------------

3. art de nager   ------------------------------

4. auteur de romans   ------------------------------

5. sentiment de celui qui est jaloux   ------------------------------

6. liquide qui coule des yeux quand on pleure   ------------------------------

7. combat de deux personnes, corps à corps et sans armes   ------------------------------

8. celui qui regarde un spectacle   ------------------------------

9. trace laissée par une personne ou par un animal   ------------------------------

10. qualité de celui qui est sage   ------------------------------

11. récit des événements les plus récents, des faits principaux du moment   ------------------------------

12. véhicule muni de patins, que l'on fait glisser sur la neige   ------------------------------

13. lieu où travaillent des artistes ou des ouvriers   ------------------------------

14. chanson pour endormir les enfants   ------------------------------

15. partie d'un théâtre où jouent les acteurs   ------------------------------

7. VOCABULAIRE CLASSIFIÉ: LES REPAS

les viandes et la volaille

l'agneau (*m*), lamb
le bifteck, beefsteak
le bœuf, beef
la côtelette, cutlet, chop
l'entrecôte (*f*), rib steak
l'escargot (*m*), snail
le foie, liver
le gigot, leg of mutton
le jambon, ham
la langue, tongue
le lapin, rabbit
le lard, bacon
le porc, pork
le ragoût, stew
le rognon, kidney
le rosbif, roast beef

le rôti, roast
la saucisse, sausage, frankfurter
le saucisson, sausage, bologna
le tournedos, tenderloin steak
le veau, veal
la volaille, poultry
le canard, duck
la dinde }
le dindon } turkey
le faisan, pheasant
l'oie (*f*), goose
le poulet, chicken
à point, medium
bien cuit, well done
saignant, rare

les poissons

l'anchois (*m*), anchovy
l'anguille (*f*), eel
la coquille Saint-Jacques, scallop
le crabe, crab
la crevette, shrimp
l'écrevisse (*f*), crayfish
les fruits (*m*) de mer, seafood
le hareng, herring
le homard, lobster

l'huître (*f*), oyster
la langouste, crayfish, rock lobster
le maquereau, mackerel
la morue, cod
la moule, mussel
le saumon (fumé), (smoked) salmon
le thon, tuna
la truite, trout

les légumes

l'ail (*m*), garlic
l'artichaut (*m*), artichoke
l'asperge (*f*), asparagus
l'aubergine (*f*), eggplant
la betterave, beet
la carotte, carrot
le céleri, celery
le champignon, mushroom
le chou, cabbage
le chou-fleur, cauliflower
les choux de Bruxelles, Brussels sprouts
le concombre, cucumber
le cornichon, pickle

le cresson, watercress
les épinards (*m*), spinach
les haricots verts, stringbeans
la laitue, lettuce
le navet, turnip
l'oignon (*m*), onion
la patate, sweet potato
le persil, parsley
les petits pois, green peas
la purée de pommes (de terre), mashed potatoes
le radis, radish
la tomate, tomato

les fruits

l'abricot (*m*), apricot
l'amande (*f*), almond
l'ananas (*m*), pineapple
la banane, banana
la cacahuète (cacahouète), peanut
la cerise, cherry
le citron, lemon
la datte, date

la figue, fig
la fraise, strawberry
la framboise, raspberry
le limon, lime
la mandarine, tangerine
le marron, chestnut
le melon, cantaloupe
la noisette, hazelnut

la noix, walnut
la noix de coco, coconut
le (la) pamplemousse, grapefruit
la pastèque, watermelon
la pêche, peach

la prune, plum
le pruneau, prune
le raisin, grape
le raisin sec, raisin

le service de table

l'argenterie (f), silverware
l'assiette (f), plate
le bol, bowl
la carafe, decanter
le couteau, knife
le couvert, place setting
la cruche, pitcher
la cuiller, spoon

la fourchette, fork
la nappe, tablecloth
le plateau, tray
la salière, salt shaker
la serviette, napkin
la soucoupe, saucer
le sucrier, sugar bowl

termes variés

le gourmet, epicure, gourmet
la boisson, drink
la consommation, drink (in a café)
la bière (blonde, brune), (light, dark) beer
la citronnade, lemonade
l'eau-de-vie (f), brandy
le jus de fruit, fruit juice
le lait pasteurisé, pasteurized milk
le vin mousseux, sparkling wine
les hors-d'œuvre (m), appetizers
le mets, dish (of food)
le plat, dish (container or contents)
le petit pain, roll
le pain grillé, toast
la croûte, crust
la farine, flour
la miette, crumb
la goutte, drop
le sandwich (au fromage, au jambon), (cheese, ham) sandwich
la tranche, slice
l'œuf (m) à la coque, soft-boiled egg
l'oeuf dur, hard-boiled egg
l'œuf brouillé, scrambled egg
l'œuf sur le plat, fried egg
la boîte de sardines, can of sardines
la céréale, cereal
le riz, rice
la confiture, jam, preserves
l'épice (f), spice
l'huile (f), oil
le vinaigre, vinegar
le sel, salt
le poivre, pepper
la moutarde, mustard

le miel, honey
le sirop, syrup
la choucroute, sauerkraut
la crêpe, pancake
le flan, custard
la pâtisserie, pastry
le parfum, flavor (of ice cream)
la vanille, vanilla
le cornet de glace, ice cream cone
le rafraîchissement, refreshment
la saveur, taste
le pique-nique, picnic
la recette, recipe
affamé, starved
appétissant, appetizing
comestible, edible
congelé, frozen
fade, tasteless
mûr, ripe
rassis, stale
sucré, sweet, sweetened
avaler, to swallow
bouillir, to boil
digérer, to digest
faire cuire (quelque chose), to cook (something)
faire la vaisselle, to wash the dishes
farcir, to stuff
frire, to fry
griller, to broil
jeûner, to fast
se mettre à table, to sit down at the table
mettre le couvert, set the table
trancher, to slice
verser, to pour

EXERCICES

A. Compléter la phrase:

1. La ------------------------- est une petite assiette qui se place sous une tasse.

2. Quel _____ de glace préférez-vous? Moi, je préfère la glace à la vanille.

3. Un mets _____ excite l'appétit.

4. Pour son petit, qui n'a pas encore de dents, elle a commandé une _____ de pommes.

5. Dans les pays anglo-saxons, on appelle le _____ "grapefruit."

6. Vous avez bien faim? Certainement, je suis _____.

7. Un mets sans saveur est un mets _____.

8. Garçon, du pain frais, s'il vous plaît. Nous n'aimons pas le pain _____.

9. La _____ comprend une variété d'oiseaux comestibles: le poulet, le canard, le dindon, le faisan, et l'oie.

10. Les fruits complètement développés, en état d'être mangés, sont des fruits _____.

11. Une salière est une pièce de vaisselle pour mettre le _____ sur la table; on met le sucre dans un _____.

12. Chaque après-midi, les gosses mangent leur tartine, cette tranche de pain recouverte de beurre et de _____.

13. Le lait de la _____ de coco est généralement délicieux.

14. Le saucisson est une grosse _____, crue ou cuite.

15. La France produit beaucoup de blé dont on tire la _____, utilisée à la fabrication du pain.

16. Les choux de _____ ressemblent à de très petits choux.

17. Avant de se mettre à table pour manger, on doit mettre le _____.

18. Je vais commander un sandwich _____ fromage.

19. Plusieurs légumes sont verts, par exemple: les haricots verts, les petits pois, le _____, l' _____, et les _____.

20. J'ai acheté une _____ de sardines à l'huile et sans peau.

B. Choisir le mot ou l'expression qui n'est pas de la même catégorie que les autres:

1. écrevisse, rognon, langouste, homard

2. riz, hareng, anguille, maquereau

3. flan, consommation, crêpe, pâtisserie

4. champignon, patate, betterave, plateau

5. cornet, poivre, moutarde, épice

6. brouillé, sur le plat, recette, dur

7. noix, cacahuète, navet, marron

8. ananas, moule, coquille Saint-Jacques, crevette

9. agneau, foie, jambon, ail

10. mandarine, bol, abricot, framboise

11. saignant, mousseux, bien cuit, à point

12. cruche, cresson, aubergine, chou-fleur

13. frire, cuire, huître, bouillir

14. entrecôte, gigot, tournedos, truite

15. morue, thon, anchois, aiguille

C. Répondre aux questions:

1. Ils ont mangé une substance sucrée et parfumée produite par des abeilles.

   Qu'est-ce qu'ils ont mangé? _____

2. En Amérique on appelle ce fruit le " melon d'eau."

   Comment l'appelle-t-on en France? ---

3. Sa mère fait passer le lait de la bouteille dans des verres.

   Que fait sa mère? -- --------------------------

4. La pensée de ces condiments me fait venir l'eau à la bouche! Ce sont des concombres cueillis très jeunes et conservés dans du vinaigre.

   A quoi est-ce que je pense? ---

5. Ils ont pris un repas de plaisir en plein air sur l'herbe.

   Comment appelle-t-on un tel repas? ---

6. Chaque fois qu'elle coupe ce légume jaune, en forme de bulbe, elle pleure. Quelle odeur forte!

   Quel légume coupe-t-elle? --

7. Je mange la partie extérieure du pain.

   Qu'est-ce que je mange? --

8. Assis au café, le monsieur mangeait un sandwich et buvait une boisson blonde, légèrement alcoolisée.

   Quelle était la boisson? --

9. Elle a laissé tomber une petite partie du pain quand elle l'a coupé.

   Qu'est-ce qui est tombé? --

10. Le gourmet a commandé un plat de viande et de légumes, coupés en morceaux et cuits dans une sauce.

   Comment appelle-t-on un tel plat? ---

11. Pendant le repas, la table était couverte d'un beau linge.

   Quel était ce linge? --

12. Louise a décidé de jeûner aujourd'hui.

   Que va-t-elle manger? ---

13. Il y avait sur la table une sorte de bouteille à base large et à col étroit, remplie d'une boisson.

   Comment appelle-t-on cette espèce de bouteille? ---

14. Ce client commande toujours des œufs cuits légèrement dans leur coquille, de façon que le jaune reste liquide.

   Quelle sorte d'œufs commande-t-il? --

15. Nous aimons cette conserve de choux salés et fermentés.

   Quelle est la conserve? ---

8. VOCABULAIRE CLASSIFIÉ: LA VILLE ET LA CAMPAGNE

la ville

l'affiche (*f*) } notice, poster
l'écriteau (*m*) }
l'argot (*m*), slang
la banlieue, suburbs
la boîte aux lettres, letter box
la boîte de nuit, night club
la brasserie, beer-shop, restaurant
la cabine de téléphone, telephone booth
la chaussée, roadway, highway
la circulation, traffic
les environs (*m*), neighborhood, surroundings
la foule, crowd
le gamin, urchin, youngster
le gratte-ciel, skyscraper
le haut-parleur, loudspeaker
l'hôtel (*m*) de ville, city hall
l'immeuble (*m*), apartment house
l'incendie (*m*), fire
le kiosque, vendor's stand, kiosk

la librairie, bookstore
le passant, passer-by
le piéton, pedestrian
la poste restante, general delivery
la radiodiffusion, broadcasting
la revue, magazine
la ruelle, lane, alley
le stade, stadium
la télévision, television
la terrasse, terrace, sidewalk (of café)
la T.S.F. (télégraphie sans fil), radio
le vacarme, uproar
le voisinage, neighborhood
bousculer, to jostle, upset
flâner, to stroll
stationner, to park
bruyant, noisy
climatisé, air-conditioned

l'habitation

l'abat-jour (*m*), lampshade
l'abri (*m*), shelter
l'aiguille (*f*), needle, hand (of clock)
l'ampoule (*f*) électrique, electric bulb
l'armoire (*f*), closet (furniture)
le placard, closet (in wall)
l'aspirateur (*m*), vacuum cleaner
la baignoire, bathtub
le balai, broom
le berceau, cradle
le bouchon, stopper, cork
le tire-bouchon, corkscrew
le cadre, frame
le canapé, sofa
le canapé-lit, sofa bed
la casserole, saucepan, pot
la cendre, ash
le cendrier, ashtray
la chandelle, candle
le chauffage central, central heating
les ciseaux (*m*), scissors
la climatisation, air-conditioning
le clou, nail
la commode, bureau
le commutateur, switch
le congélateur, freezer
le coup de sonnette, ring
le coussin, cushion
la couverture, blanket, cover
le dé (à coudre), thimble
la douche, shower
le drap, (bed)sheet, cloth

l'échelle (*f*), ladder
l'éponge (*f*), sponge
l'étincelle (*f*), spark
l'éventail (*m*), fan
l'évier (*m*), sink
le fer à repasser, iron
le fil, thread, wire
le four, oven
le fourneau } stove
la cuisinière }
le foyer, fireplace, hearth, home
la fumée, smoke
le gaz, gas
le grenier, attic
le grille-pain, toaster
la lame, blade
le lavabo, washbasin
le lave-vaisselle, dishwasher
la machine à coudre, sewing machine
la machine à laver, washing machine
le magnétophone, tape recorder
le manche, handle
la marmite, pot
le marteau, hammer
le mobilier, furniture (collectively)
le nettoyage, cleaning
l'ordure (*f*), garbage, refuse
l'oreiller (*m*), pillow
l'outil (*m*), tool
le panier à linge, hamper
le papier peint, wallpaper
le paravent, screen

le **piano à queue,** grand piano
la **piscine,** swimming pool
la **planche à repasser,** ironing board
le **poste de radio,** radio set
la **poudre,** powder
la **poussière,** dust
le **radiateur,** radiator
le **rayon,** shelf
le **réfrigérateur,** refrigerator
le **rez-de-chaussée,** ground floor
le **robinet,** faucet
le **savon,** soap
la **serrure,** lock
la **serviette,** towel, briefcase
le **seuil,** threshold, doorstep

la **sonnette,** bell
le **sous-sol,** basement
le **store,** shade
le **tabouret,** stool
le **poste de télévision,** television set
le **tuyau,** pipe (for water, gas, etc.)
le **volet,** shutter
abriter, to shelter
balayer, to sweep
chauffer, to heat
cirer, to wax, polish
déménager, to move (out)
éclairer, to light
faire le ménage, to do the housekeeping
faire la cuisine, to do the cooking

la campagne

l'**auberge** (*f*), inn
la **basse-cour,** farmyard, poultry yard
le **berger,** shepherd
la **boue,** mud
le **caillou,** pebble
le **champ,** field
la **charrue,** plow
la **chaumière,** cottage
le **cimetière,** cemetery
le **clocher,** steeple, bell tower
l'**écurie** (*f*), stable
l'**étable** (*f*), cow-shed, barn
le **marais,** swamp
le **massif,** mountain range
le **moulin,** mill
le **nid,** nest
le **paysage,** landscape, countryside
la **pelle,** shovel
la **pente,** slope

le **pré,** meadow
le **puits,** well
le **ruisseau,** stream
le **sable,** sand
le **sentier,** path
la **serre,** greenhouse
le **sol,** soil
le **troupeau,** flock, herd
le **verger,** orchard
arroser, to water
creuser, to dig
cueillir, to pick, gather
fleurir, to flower, bloom
labourer, to till
mûrir, to ripen
scier, to saw
semer, to sow
traire, to milk

arbres, fleurs, et plantes

le **bouleau,** birch
le **cerisier,** cherry tree
le **châtaignier** ⎫
le **marronnier** ⎬ chestnut tree
le **chêne,** oak
l'**érable** (*m*), maple
l'**oranger** (*m*), orange tree
l'**orme** (*m*), elm
le **palmier,** palm tree
le **pêcher,** peach tree
le **peuplier,** poplar tree
le **pin,** pine
le **platane,** plane tree
le **poirier,** pear tree
le **pommier,** apple tree
le **prunier,** plum tree
le **sapin,** fir
le **saule,** willow

le **chrysanthème,** chrysanthemum
le **coquelicot,** poppy (wild)
le **pavot,** poppy (cultivated)
la **dent-de-lion,** dandelion
le **géranium,** geranium
le **gui,** mistletoe
le **lilas,** lilac
le **lis,** lily
la **marguerite,** daisy
le **muguet,** lily of the valley
l'**œillet** (*m*), carnation, pink
la **pensée,** pansy
la **pivoine,** peony
le **tournesol,** sunflower
le **trèfle,** clover
la **tulipe,** tulip
la **violette,** violet
l'**avoine** (*f*), oats

le **blé,** wheat
le **buisson,** bush
l'**écorce** (*f*), bark
l'**épine** (*f*), thorn
le **feuillage,** foliage
le **foin,** hay
le **grain,** grain
la **graine,** seed
la **grappe,** bunch (of grapes)
la **haie,** hedge
le **maïs,** corn

la **mauvaise herbe,** weed
la **mousse,** moss
l'**orge** (*f*), barley
la **paille,** straw
la **racine,** root
le **roseau,** reed
la **sève,** sap
la **tige,** stem
le **tronc,** trunk (of tree)
la **vigne,** vine

les animaux

l'**abeille** (*f*), bee
l'**agneau** (*m*), lamb
l'**aigle** (*m*), eagle
l'**alouette** (*f*), lark
l'**âne,** donkey, jackass
l'**araignée** (*f*), spider
la **baleine,** whale
le **bec,** beak
la **bête,** animal, beast
le **bœuf,** ox
la **brebis** }
le **mouton** } sheep
le **caniche,** poodle
le **cerf,** deer
le **chameau,** camel
la **chenille,** caterpillar
la **chèvre** }
le **bouc** } goat
la **cigale,** cricket
la **cigogne,** stork
le **cochon,** pig
la **colombe,** dove
le **coq,** rooster
le **corbeau,** crow
la **corne,** horn
le **cygne,** swan
l'**écureuil** (*m*), squirrel
les **fauves** (*m*), wild beasts
le **fer à cheval,** horseshoe
la **fourmi,** ant
la **girafe,** giraffe
la **grenouille,** frog
la **griffe,** claw, talon
la **gueule,** mouth (of animal)
le **hibou,** owl
l'**hirondelle** (*f*), swallow
le **lapin,** rabbit

le **lièvre,** hare
le **loup,** wolf
le **merle,** blackbird
le **moineau,** sparrow
la **mouche,** fly
la **mouette,** seagull
le **moustique,** mosquito
l'**ours** (*m*), bear
le **paon,** peacock
le **papillon,** butterfly
la **patte,** paw, foot, leg
la **perdrix,** partridge
le **perroquet,** parrot
le **pic,** woodpecker
le **porc,** pig
la **poule,** hen
la **queue,** tail
le **renard,** fox
le **rossignol,** nightingale
le **rouge-gorge,** robin
le **sabot,** hoof
le **serin,** canary
le **singe,** monkey
la **souris,** mouse
le **taureau,** bull
la **tortue,** turtle
le **vautour,** vulture
le **veau,** calf
aboyer, to bark
apprivoiser, to tame
hurler, to howl
miauler, to mew
mugir, to bellow
pondre des œufs, to lay eggs
ronger, to gnaw
rugir, to roar

EXERCICES

A. Encercler la lettre de l'explication convenable du mot:

1. marmite

   a. mouvement d'un fluide
   b. insecte qui pique la peau de l'homme
   c. arbre des pays froids
   d. récipient dans lequel on fait cuire les aliments

2. pente

    a. inclinaison d'un terrain

    b. petite prairie

    c. outil à manche

    d. plante qui pousse près des ruisseaux

3. vacarme

    a. réunion d'animaux domestiques

    b. chemin étroit

    c. bruit tumultueux

    d. proximité des lieux

4. chaumière

    a. milieu d'une rue réservé aux voitures

    b. petite maison rustique

    c. étendue de terre labourable

    d. oiseau de mer

5. foyer

    a. lieu où l'on fait le feu

    b. construction qui abrite du froid des plantes délicates

    c. pièce principale d'une serrure

    d. abri pour les animaux

6. caillou

    a. coquille qu'on trouve sur le sable

    b. enfant qui joue dans les rues

    c. pierre de petite dimension

    d. genre de fleur ornementale

7. grenier

    a. escalier portatif

    b. partie la plus haute d'un bâtiment

    c. terrain où l'on cultive des fleurs

    d. herbe séchée pour la nourriture des animaux domestiques

8. lame

    a. langage particulier à un groupe

    b. qui marche avec difficulté

    c. plante des marais aux petits fruits

    d. morceau de métal, plat et très mince

9. paon

    a. rideau qui se lève et se baisse devant une fenêtre

    b. lieu pour les courses de taureaux

    c. oiseau au plumage magnifique

    d. ensemble des plantes fleuries

10. déménager

    a. rendre un animal moins sauvage

    b. changer de logement

    c. faire le ménage

    d. s'arrêter momentanément en un lieu

B. Choisir la réponse entre parenthèses qui complète le mieux la phrase:

1. Dans sa cuisine, elle a des (marais, clochers, haies, casseroles) de toutes tailles.

2. L'orme est un (arbre, animal, buisson, fruit).

3. Pour enlever la poussière, on se sert d'un (abat-jour, aspirateur, ruisseau, moulin).

4. Le passant a été (ciré, bousculé, flâné, climatisé) par la foule.

5. Un oiseau connu comme un chanteur remarquable est le (rossignol, hibou, perroquet, perdrix).

6. (La fumée, La serre, Le commutateur, Le châtaignier) se trouve sur le mur à votre droite.

7. Ce produit élimine les (draps, mauvaises herbes, étincelles, coussins) du gazon.

8. Le lion (mugit, aboie, miaule, rugit).

9. Pour faire couler l'eau, il faut tourner le (volet, four, pin, robinet).

10. Le caniche est un (chien, oiseau, fleur, arbre).

C. Pour retirer le bouchon d'une bouteille, on a besoin d'un *tire-bouchon*. De quoi a-t-on besoin pour:

1. griller des tranches de pain? -------------------------------------

2. protéger le doigt qui pousse l'aiguille en cousant? -------------------------------------

3. repasser des vêtements? -------------------------------------

4. s'essuyer après le bain? -------------------------------------

5. agiter l'air autour de soi quand il fait chaud? -------------------------------------

6. loger des vaches? -------------------------------------

7. pouvoir fermer la porte au moyen d'une clé? -------------------------------------

8. fixer un clou dans une planche de bois? -------------------------------------

9. soutenir la tête quand on est couché? -------------------------------------

10. couper le papier, le fil, et le tissu? -------------------------------------

D. Trouver dans la seconde colonne le mot qui est associé à celui de la première colonne:

1. *grain* -------------------------------------   bière

2. *outil* -------------------------------------   véhicule

3. *circulation* -------------------------------------   autorité municipale

4. *arbre* -------------------------------------   eau

5. *évier* -------------------------------------   couverture

6. *fauves* -------------------------------------   courrier

7. *lit* -------------------------------------   pelle

8. *brasserie* -------------------------------------   radiateur

9. *semer* -------------------------------------   rayons

10. *armoire* -------------------------------------   moutons

11. *massif* -------------------------------------   charrue

12. *oiseau* -------------------------------------   graines

13. *hôtel de ville* -------------------------------------   avoine

14. *labourer* -------------------------------------   chevaux

15. *chauffage central* -------------------------------------   montagne

16. *fleur* -------------------------------------   chenille

17. *poste restante* -------------------------------------   tigres

18. *berger* -------------------------------------   œillet

19. *écurie* -------------------------------------   colombe

20. *papillon* -------------------------------------   saule

E. Souligner le mot qui n'est pas de la même catégorie que les autres:

1. merle, lièvre, alouette, moineau

2. muguet, pivoine, coquelicot, marronnier

3. ours, serin, cerf, chameau

4. sapin, tortue, érable, bouleau

5. fourneau, lavabo, douche, baignoire

6. cigogne, pic, grenouille, cygne

7. coq, griffe, patte, sabot

8. pensée, lis, pavot, paravent

9. congélateur, lave-vaisselle, marais, magnéto-phone

10. foin, orge, ordure, maïs

11. vautour, fourmi, mouche, moustique

12. tournesol, boue, marguerite, trèfle

13. hirondelle, mouette, écureuil, rouge-gorge

14. bouc, épine, tige, écorce

15. peuplier, gui, platane, chêne

F. Compléter la phrase:

1. L'agneau est le petit de la ----------------------------.

2. Il a mis deux ampoules dans la lampe pour bien ------------------------- la pièce.

3. La vigne produit des ---------------------------.

4. Y a-t-il beaucoup de bruit dans le voisinage? Oui, c'est un quartier très ---------------------------------.

5. L'oiseau national des États-Unis est ----------------------------.

6. Où allez-vous célébrer votre anniversaire? Nous irons probablement à une boîte de ---------------------.

7. Le plus grand des animaux marins est la ---------------------------.

8. Pour les concerts de gala, on a toujours un piano à ----------------------------.

9. Le coup de ---------------------------- nous a avertis que quelqu'un était à la porte.

10. Quatre arbres fruitiers sont le pommier, le ---------------------------, le -----------------------------, et le ----------------------------.

11. La bouche d'un animal s'appelle la ----------------------------.

12. La ---------------------------- est le liquide qui circule dans les diverses parties des arbres et des plantes.

G. Identifier:

1. trou profond creusé dans le sol pour en tirer de l'eau ----------------------------------

2. habitation à plusieurs étages ----------------------------------

3. abri établi pour la vente des journaux ou des fleurs sur la voie publique ----------------------------------

4. personne qui va à pied ----------------------------------

5. tube circulaire servant au passage d'un fluide ----------------------------------

6. bordure qui entoure un tableau ----------------------------------

7. partie d'un arbre, depuis la naissance des racines jusqu'à celle des branches ----------------------------------

8. papier dont on tapisse un appartement ----------------------------------

9. armoire construite dans un mur ----------------------------------

10. partie du trottoir le long d'un café et où sont installées des tables ----------------------------------

11. petite rue étroite   -------------------------------

12. lieu planté d'arbres fruitiers   -------------------------------

13. organe dur et pointu que porte la tête de beaucoup d'animaux   -------------------------------

14. bassin artificiel pour la natation   -------------------------------

15. tirer le lait des vaches   -------------------------------

16. petit siège à quatre pieds, sans dossier et sans bras   -------------------------------

17. lieu où l'on enterre les morts   -------------------------------

18. environs d'une ville   -------------------------------

19. petit récipient où les fumeurs déposent la cendre de tabac   -------------------------------

20. brosse à long manche, utilisée pour nettoyer le plancher   -------------------------------

21. étage d'un bâtiment au niveau du sol   -------------------------------

22. long siège à dossier pour plusieurs personnes   -------------------------------

23. substance légère et poreuse, employée à différents usages domestiques à cause de sa propriété de retenir les liquides   -------------------------------

24. construction que font les oiseaux pour y déposer leurs œufs   -------------------------------

25. lit d'un tout jeune enfant   -------------------------------

9. VOCABULAIRE CLASSIFIÉ: EN VOYAGEANT

le transport

le véhicule, vehicle
l'aile (*f*), fender
le frein, brake
le pare-brise, windshield
le pare-chocs, bumper
le phare, headlight
le pneu, tire
la portière, door (of a vehicle)
la roue, wheel
le volant, steering wheel
le cric, jack
l'essuie-glace (*m*), windshield wiper
l'essence (*f*), gasoline
le permis de conduire, driving license
l'autoroute (*f*), superhighway
le feu rouge (vert), red (green) light
la panne, breakdown, engine trouble
le poste d'essence, gasoline station
la station service, service station
le carrefour, crossroads
le camion, truck
la caravane, trailer
l'avion (*m*) **à réaction,** jet plane
le bateau à voile, sailboat
le chaland, barge
le métro(politain), subway
la moto(cyclette), motorcycle
le navire, ship
le paquebot, liner, steamer
le radeau, raft
le remorqueur, tugboat
le vaisseau, vessel
le vapeur, steamboat
le vélo, bike
l'aéroport (*m*), airport
l'arrêt (*m*), stop
les bagages (*m*), baggage

le bureau de renseignements, information bureau
le carnet de tickets, book of tickets
la consigne, baggage room
la correspondance, transfer
la couchette, berth
la douane, customs
le douanier, customs officer
l'équipage (*m*), crew
l'étiquette (*f*), label
le guichet, ticket window
l'hélice (*f*), propeller
le hors-bord, outboard motor
l'horaire (*m*), timetable
le naufrage, shipwreck
le passage à niveau, railroad crossing
le pèlerin, pilgrim
le pèlerinage, pilgrimage
le quai, wharf, platform (of railroad station)
le réseau, network
la salle d'attente, waiting room
le séjour, stay, sojourn
le trajet, journey, passage
la traversée, crossing, voyage
la vitesse, speed
la voie, track, way
le vol, flight
atterrir, to land
décoller, to take off (of planes)
conduire, to drive
débarquer, to disembark
embarquer, to embark
déraper, to skid
doubler, to pass (on the road)
ralentir, to slow down
stationner, to park
virer, to turn
à bord, aboard, on board

la géographie

l'abîme (*m*), abyss
le bourg, town
le cap, cape
la cime, top, summit
la colline, hill
la coquille, shell
le cours d'eau, stream, waterway
le détroit, strait
l'embouchure (*f*), mouth (of river)
la falaise, cliff
le pic, peak

la presqu'île, peninsula
le rivage, shore
la roche, rock
le rocher, rock, boulder
le sommet, summit, top
la superficie, area
l'univers (*m*), universe
borné, bounded
mondial, worldwide
rocheux, rocky

le temps

l'arc-en-ciel (*m*), rainbow
l'aversc (*f*), shower, downpour
la brise, breeze
la chaleur, heat
le coup de tonnerre, thunderclap
le coup de vent, gust of wind
le courant d'air, draft
l'éclair (*m*), flash of lightning
la flaque, puddle
le flocon de neige, snowflake
la foudre, thunderbolt
le froid, cold

la grêle, hail
le nuage, cloud
l'orage (*m*) ⎫
la tempête ⎬ storm
l'ouragan (*m*), hurricane
le rayon de soleil, sunbeam
la sécheresse, dryness, drought
les ténèbres (*f*), darkness, shadows
le tourbillon, whirlwind
fondre, to melt
geler, to freeze
couvert, overcast

divisions du temps

l'année (*f*) bissextile, leap year
l'aube (*f*) ⎫
l'aurore (*f*) ⎬ dawn
le cadran, dial, face (of clock)
le calendrier, calendar
le coucher du soleil, sunset
le lever du soleil, sunrise
le crépuscule, twilight
l'ère (*f*), era
l'horloge (*f*), large clock

l'aiguille (*f*), hand of clock
la pendule, clock
le réveille-matin, alarm clock
le surlendemain, two days later
autrefois, formerly
désormais, henceforth
avancer, to run fast (of clocks)
retarder, to run slow (of clocks)
remonter, to wind; date back to

produits et matièrs

l'acier (*m*) inoxydable, stainless steel
l'aluminium (*m*), aluminum
l'argent (*m*), silver
le béton, concrete
la brique, brick
le caoutchouc, rubber
le carton, cardboard
le ciment, cement
la cire, wax
le coton, cotton
le cristal, crystal
le cuir, leather
le cuivre, copper
la dentelle, lace
le diamant, diamond
l'étain (*m*), tin, pewter
l'étoffe (*f*), fabric, material

le fer, iron
le feutre, felt
la flanelle, flannel
la fourrure, fur
la laine, wool
le lin, linen
le marbre, marble
le nylon, nylon
l'or (*m*), gold
la paille, straw
le plastique, plastic
le plomb, lead
la porcelaine, porcelain, china
la soie, silk
le tissu, cloth, fabric
la toile, linen cloth
le velours, velvet

EXERCICES

A. Encercler la lettre de l'explication convenable du mot:

1. séjour

   a. plateforme qui s'étend le long des voies d'une gare

   b. tissu léger fait avec des fils d'argent ou d'or

   c. lieu où s'arrêtent les voitures publiques pour prendre des voyageurs

   d. temps que l'on passe dans un endroit

2. naufrage

    a. accident qui détruit un bateau sur la mer

    b. un ciel couvert

    c. partie d'une voiture

    d. substance minérale solide

3. aile

    a. objet en cristal

    b. garde-boue placé au-dessus des roues d'une automobile

    c. petite mare

    d. oiseau de mer

4. ouragan

    a. cyclone tropical

    b. enveloppe solide et dure d'un animal marin

    c. pointe de terre élevée qui s'avance dans la mer

    d. système de division du temps

5. déraper

    a. quitter un navire

    b. mettre à terre

    c. naviguer vers la source

    d. glisser de côté

6. chaland

    a. vêtement qui protège contre le froid

    b. courant d'air

    c. fibre textile synthétique

    d. bateau à fond plat qui transporte des marchandises

7. pèlerin

    a. petit écriteau qui indique le prix ou le contenu d'un objet

    b. personne qui fait un voyage religieux

    c. papier plus ou moins grossier

    d. paroles échangées pendant un trajet

8. plomb

    a. métal très dense, d'un gris bleuâtre

    b. fruit du plombier

    c. objet indispensable en voyageant

    d. pierre précieuse

9. équipage

    a. groupe de voyageurs

    b. aller et venue d'un lieu à un autre

    c. ensemble des hommes assurant le service d'un navire

    d. relation entre deux choses égales

10. crépuscule

    a. tissu de coton

    b. lumière qui suit le soleil couchant

    c. petite carte géographique

    d. lieu où se croisent plusieurs chemins

    B. Trouver dans la seconde colonne le mot associé à celui de la première colonne:

1. *averse*	pierre
2. *passage à niveau*	chemins
3. *embouchure*	lit
4. *carrefour*	pare-brise
5. *essuie-glace*	avion
6. *à voile*	pluie
7. *guichet*	billet
8. *rocher*	bateau
9. *volant*	direction
10. *hors-bord*	chemin de fer
11. *superficie*	couleurs
12. *arc-en-ciel*	fleuve
13. *à réaction*	bicyclette
14. *couchette*	moteur
15. *vélo*	surface

    C. Compléter chaque phrase en écrivant une fois l'un des mots indiqués ci-dessous:

arrêt	falaise	métro	sécheresse	velours
cime	flocons	panne	toile	vitesse
diamants	foudre	pare-chocs	trajet	voies
douane	horaire	phares	traversée	

1. La chaleur faisait fondre les ------------------------- de neige.

2. Le sommet d'une montagne ou d'un arbre est la -------------------------.

3. Il est défendu de traverser les -------------------------.

4. Nous sommes en -------------------------; le moteur s'est arrêté.

5. Pour savoir les heures où les trains arrivent et partent, j'ai regardé un -------------------------

6. Je vous souhaite une agréable -------------------------.

7. La lumière et le bruit causés par la ------------------------- l'ont effrayée.

8. La ------------------------- est un tissu de lin.

9. Pourquoi allez-vous à toute -------------------------? N'avez-vous pas la patience de conduire prudemment?

10. Faut-il payer à la ------------------------- pour faire entrer des cigarettes et du tabac?

11. Ils font chaque matin le _____ de leur maison à l'université.

12. Elle portait un petit bonnet de _____ noir.

13. Y a-t-il un _____ d'autobus au coin de cette rue?

14. En conduisant sa voiture sur les routes la nuit, on doit allumer les _____.

15. Quatre stations du _____ ont été équipées d'appareils à air conditionné.

D. Choisir le mot ou l'expression qui n'est pas de la même catégorie que les autres:

1. aube, abîme, aurore, lever du soleil

2. feutre, cuir, fourrure, cric

3. hélice, tonnerre, tempête, tourbillon

4. étain, cuivre, pic, aluminium

5. embouchure, carnet, rivage, détroit

6. conduire, virer, geler, doubler

7. brique, réseau, ciment, béton

8. navire, vapeur, remorqueur, caravane

9. ténèbres, cadrans, aiguilles, horloges

10. caoutchouc, paille, radeau, cire

E. Donner le mot qui correspond à la définition:

1. pierre très dure et très polie qui sert à faire de beaux édifices   _____

2. sorte d'enveloppe en caoutchouc qu'on met autour des roues des voitures   _____

3. grand bateau qui transporte des voyageurs à travers la mer   _____

4. action d'aller dans l'air   _____

5. lumière très rapide qu'on voit dans un orage   _____

6. le monde entier; l'ensemble de ce qui existe   _____

7. petite pendule qu'on peut faire sonner à une certaine heure pour être réveillé   _____

8. pluie froide avec des grains de glace très durs, comme de petites pierres   _____

9. liquide tiré du pétrole, qui sert à faire marcher les autos   _____

10. endroit d'une gare où l'on peut mettre ses bagages pour qu'ils soient gardés   _____

F. Compléter les phrases:

1. Un vaisseau est un grand _____.

2. Une voiture, une bicyclette, et un camion sont des _____.

3. Est-ce que l'humidité rouille ce métal? Mais non, ce n'est pas du fer; c'est de l'acier _____.

4. La _____ est la porte d'un véhicule.

5. Le fleuve, la rivière, et le canal sont des _____ d'eau.

6. Un petit vent frais et doux s'appelle une _____.

7. Après qu'elle montrera qu'elle sait conduire une auto, on lui donnera un _____ **de** conduire.

8. Le _____ est un appareil qui permet d'arrêter un véhicule ou d'aller moins vite.

9. Une motocyclette est un véhicule à _____ roues avec un _____.

10. En traversant le pont, le chauffeur a _____, c'est-à-dire, il est allé plus lentement.

10. VOCABULAIRE CLASSIFIÉ: LA VIE ÉCONOMIQUE ET POLITIQUE

métiers et professions

l'agent de police, policeman (city)
le gendarme, policeman (state)
l'artisan (*m*), craftsman, working man
l'astronaute (*m*), astronaut
l'astronome (*m*), astronomer
l'aubergiste (*m*), innkeeper
le banquier, banker
le bibliothécaire, librarian
le bijoutier, jeweler
la blanchisseuse, laundress
le bûcheron, woodcutter
la carrière, career
le charcutier, pork-butcher
le charpentier ⎫
le menuisier ⎬ carpenter
le chasseur, bellboy, porter
le chimiste, chemist
le chirurgien, surgeon
le coiffeur, barber, hairdresser
le commerçant ⎫
le marchand ⎬ merchant, tradesman
le commis, clerk (in office or store)
le commis voyageur, traveling salesman
le contrôleur, conductor (railroad)
le cordonnier, shoemaker
le couturier ⎫
la couturière ⎬ dressmaker
le (la) dactylo, typist
le dramaturge, dramatist
le droit, law
l'écrivain (*m*), writer
l'éditeur (*m*), publisher
l'enseignement (*m*), teaching
l'évêque, bishop
le fabricant, manufacturer
le facteur, postman
le fleuriste, florist
le forgeron, blacksmith
le génie, engineering

l'horloger (*m*), watchmaker
l'homme d'état, statesman
l'hôtelier (*m*), hotel manager, innkeeper
l'imprimeur (*m*), printer
l'industriel (*m*), industrialist
l'infirmière (*f*), nurse
l'ingénieur (*m*), engineer
l'instituteur (*m*) ⎫
l'institutrice (*f*) ⎬ teacher (elementary school)
le jardinier, gardener
le journaliste, reporter, journalist
le juge, judge
le laitier, milkman
le libraire, bookseller
le maçon, mason
le mécanicien, mechanic
la médecine, medicine (science)
le mendiant, beggar
le métier, trade, occupation
le mineur, miner
la modiste, milliner
le moine, monk
le négociant, (wholesale) merchant
la nonne, nun
l'opticien, optician
l'ouvrier (*m*), workman (manual)
l'ouvreuse (*f*), usher (female)
le pasteur, minister, pastor
le pêcheur, fisherman
le pharmacien, pharmacist
le photographe, photographer
le physicien, physicist
le plombier, plumber
le pompier, fireman
le prêtre, priest
le rabbin, rabbi
le tailleur, tailor
le vendeur, salesman
la vendeuse, saleswoman

l'économie

l'action (*f*), share (of stock)
les affaires (*f*), business
l'amende (*f*), fine
l'annonce (*f*), advertisement
l'argent comptant, cash
l'assurance (*f*), insurance
la balance, scale
les biens (*m*), property, goods

la bijouterie, jewelry store
la blanchisserie, laundry
la Bourse, Stock Exchange
la caisse d'épargne, savings bank
la charcuterie, pork butcher's shop, delicatessen
le colis, parcel, package
le compte, account
le coup de téléphone, telephone call

le courrier, mail
la dette, debt
la devanture, shop window
l'échantillon (m), sample
l'élevage (m), cattle breeding
l'emploi (m), job
l'épicerie (f), grocery store
l'exemplaire (m), copy
l'expérience (f), experiment
la facture, bill, invoice
les frais (m), expenses, charges
les gages (m), wages
la grève, strike
l'héritier (m), heir
l'impôt (m), tax
l'imprimerie (f), press, printing, printing house
la machine à écrire, typewriter
le magasin de comestibles, food store
la marchandise, merchandise

la marque, make, brand, trade-mark
les matières premières, raw materials
le niveau, level
le patron, boss
la perte, loss
le poids, weight
la quincaillerie, hardware store
la récompense, reward
la remise, discount
la rente, income
la société anonyme, corporation
la succursale, branch (of store, bank, firm)
le supermarché, supermarket
le tarif, rate, fare, tariff
le trésor, treasure
la valeur, value
la vente, sale
expédier, to ship
fabriquer, to manufacture

la politique et l'histoire

l'ambassade (f), embassy
l'amiral (m), admiral
la caserne, barracks
le chevalier, knight
le colon, colonist
le complot, plot, conspiracy
le coup d'état, seizure of power
le défilé, parade
l'égalité (f), equality
l'époque (f), period, epoch
l'événement (m), event
la flotte, fleet
le fonctionnaire, civil servant, official
la loi, law, rule
le maire, mayor
la mairie, town hall
le ministère, ministry

le Moyen Age, the Middle Ages
la noblesse, nobility
le palais de justice, courthouse
le parti, party (political)
la politique, politics
la preuve, proof
le procès, lawsuit, trial
le procès-verbal, report, minutes
la puissance, power
le règne, reign
le royaume, kingdom
le seigneur, lord
le sergent, sergeant
le signalement, description
le témoin, witness
le testament, will
élire, to elect

EXERCICES

A. Un magistrat chargé de rendre la justice s'appelle *un juge*. Comment s'appelle:

1. un médecin qui se spécialise en opérations? ---------------------------------------

2. une personne qui confectionne des vêtements de femme? ---------------------------------------

3. un homme qui cultive les jardins? ---------------------------------------

4. celui qui fait ou vend des bijoux? ---------------------------------------

5. un employé dans un bureau ou dans une maison de commerce? ---------------------------------------

6. un homme qui répare les chaussures? ---------------------------------------

7. une personne qui écrit à la machine? ---------------------------------------

8. un savant qui étudie la position et le mouvement des corps célestes? ---------------------------------------

9. une personne qui pratique la chimie?   ------------------------------------

10. une femme chargée de placer les spectateurs dans un théâtre?   ------------------------------------

11. un homme qui dirige une banque?   ------------------------------------

12. celui qui a comme profession de couper les cheveux?   ------------------------------------

13. une personne qui instruit les enfants dans une école primaire?   ------------------------------------

14. un homme qui s'occupe de la photographie?   ------------------------------------

15. un auteur dramatique?   ------------------------------------

16. un savant qui étudie la physique?   ------------------------------------

17. une femme qui soigne les malades à l'hôpital?   ------------------------------------

18. un homme qui publie et met en vente l'œuvre d'un écrivain?   ------------------------------------

19. un employé des postes qui distribue les lettres?   ------------------------------------

20. un commerçant en livres?   ------------------------------------

21. un homme appartenant à un corps organisé pour combattre les incendies?   ------------------------------------

22. un fabricant ou un marchand d'instruments d'optique?   ------------------------------------

23. celui qui cultive ou vend des fleurs?   ------------------------------------

24. un homme dont le métier est de réparer des machines?   ------------------------------------

25. un ouvrier qui sait forger à la main?   ------------------------------------

26. une personne dont la profession est de vendre?   ------------------------------------

27. celle qui crée et vend des chapeaux de femme?   ------------------------------------

28. un homme qui tient une auberge?   ------------------------------------

29. celui qui fabrique, vend ou répare des horloges et des montres?   ------------------------------------

30. un homme qui mendie?   ------------------------------------

B. Choisir l'explication convenable du mot:

1. signalement

   a. pièce de métal frappé en l'honneur d'un personnage célèbre

   b. signe spécial employé par un commerçant

   c. appareil qui règle la marche des véhicules

   d. description de quelqu'un

2. échantillon

   a. état de ce qui est dû ou reçu

   b. métier du musicien

   c. petite quantité d'un produit qui permet d'en apprécier les qualités

   d. ensemble des pouvoirs de l'État

3. frais

    a. gages d'un domestique

    b. dépenses occasionnées par une entreprise

    c. règle nécessaire ou obligatoire

    d. condition des viandes d'une boucherie

4. coup d'état

    a. punition ou souffrance corporelle

    b. arme courte et pointue

    c. conquête du pouvoir politique par des moyens illégaux

    d. requête pour demander une faveur

5. remise

    a. réduction faite sur le prix

    b. tableau indiquant le coût des marchandises

    c. force exercée sur un corps par la pesanteur

    d. partie du profit réalisé par certaines entreprises

6. témoin

    a. emblème de la justice

    b. personne qui peut certifier quelque chose

    c. celui qui cultive une terre en payant le loyer en nature

    d. personne qui remplit un emploi spécialisé

7. facture

    a. note détaillée de marchandises vendues

    b. lieu où l'on fabrique des produits

    c. contribution exigée par l'État

    d. fait historique important

8. grève

    a. marche de personnes et de voitures

    b. petite partie d'un liquide

    c. interruption concertée du travail

    d. don que l'on fait à quelqu'un en reconnaissance d'un service

9. caserne

    a. arme automatique de petit calibre

    b. établissement financier dépendant d'un autre

    c. excavation naturelle vaste et profonde

    d. logement réservé aux militaires

10. menuisier

    a. chef d'une entreprise commerciale

b. ouvrier qui exécute des ouvrages légers en bois

c. personne qui commande un dîner à prix fixe au restaurant

d. commerçant en produits laitiers

C. Choisir le mot de la seconde colonne qui est associé au mot de la première colonne:

1. *le bûcheron*	-------------------------------------	le procès-verbal
2. *l'ingénieur*	-------------------------------------	le Moyen Age
3. *le royaume*	-------------------------------------	la devanture
4. *l'amiral*	-------------------------------------	l'armée
5. *l'époque*	-------------------------------------	le seigneur
6. *le charcutier*	-------------------------------------	la flotte
7. *la boutique*	-------------------------------------	les animaux
8. *le professeur*	-------------------------------------	le chemin de fer
9. *le moine*	-------------------------------------	le procès
10. *la noblesse*	-------------------------------------	la cathédrale
11. *l'avocat*	-------------------------------------	le bois
12. *l'évêque*	-------------------------------------	l'enseignement
13. *la séance*	-------------------------------------	le génie
14. *le contrôleur*	-------------------------------------	le commerce
15. *le négociant*	-------------------------------------	les vêtements
16. *l'élevage*	-------------------------------------	le testament
17. *l'homme d'état*	-------------------------------------	le monastère
18. *le tailleur*	-------------------------------------	le règne
19. *le sergent*	-------------------------------------	la chair de porc
20. *l'héritier*	-------------------------------------	la politique

D. Compléter chaque phrase en écrivant, seulement une fois, l'un des mots indiqués ci-dessous:

actions	blanchisseuse	exemplaire	nonne
affaires	carrière	expériences	pasteur
amende	colis	fabricant	plombier
anonyme	commis voyageur	journaliste	quincaillerie
artisan	complot	matières premières	rabbin
assurance	comptant	niveau	

1. Le prêtre, le --------------------------, et le --------------------------- font partie du clergé.

2. Vous avez de l'argent --------------------------? Non, je vais vous donner un chèque.

3. Les agents ont découvert le -------------------------- contre l'État.

4. Après avoir lavé le linge, la -------------------------------- l'a repassé.

5. Parce qu'il n'avait pas remarqué le feu rouge, il a dû payer une --------------------------.

6. L'eau ne coule pas bien dans le lavabo et dans la baignoire. Nous cherchons un bon ----------------- ---------- qui sache les réparer.

7. Pour expédier le _____, nous avons dû en déclarer la valeur.

8. Où puis-je me procurer un _____ de cette œuvre?

9. Votre frère est vendeur dans un grand magasin? Non, il va de ville en ville. C'est un _____

_____.

10. Au laboratoire, les étudiants faisaient des _____ biologiques.

11. Après avoir visité la Bourse, il a décidé d'acheter encore cent _____ de cette

société _____

12. Quel était le _____ des prix au mois de décembre?

13. C'est un _____ excellent, qui fait des objets à la main avec l'aide des membres de sa famille.

14. Une de leurs sœurs est une _____ dans ce couvent.

15. L' _____ n'est chère qu'avant l'accident.

16. Ses _____ appellent fréquemment l'industriel à Paris.

17. Qu'est-ce qu'il fabrique? C'est un _____ de textiles.

18. Le minerai de fer et le coton sont des _____.

19. Elle est allée à la _____ pour acheter une casserole et un tire-bouchon.

20. Quelle _____ a-t-il choisie? Il espère devenir _____; il aime écrire.

III. Locutions Idiomatiques

Numerous idiomatic expressions have been distributed throughout this book, especially at points where they are related to the topics studied in the chapters. Most of these idioms are found in the unit dealing with structure and usage.

Unit III presents, with examples, idiomatic expressions not stressed elsewhere in the book. Included with the new expressions are certain others studied previously but considered important for review at this level.

A reference list of elementary idioms is provided in the Appendix, pages 295–296.

1. LOCUTIONS VERBALES—I

avoir beau + infinitif, to do (something) in vain.
(The reason that the action is *in vain* must be added.)

Elle *avait beau rassurer* son amie, celle-ci ne la croyait pas.

avoir bonne (mauvaise) mine, to look well (ill)

Après avoir passé quinze jours à la campagne, il *avait bonne mine.*

avoir (recevoir) des nouvelles de, to hear from

Ont-ils eu récemment *des nouvelles de* Claude? Non, ils *n'ont pas reçu de ses nouvelles.*

avoir le cœur serré, to be sad at heart

Chaque fois qu'ils pensent aux misères de la guerre, ils *ont le cœur serré.*

avoir le mal du pays, to be homesick

Après un voyage de deux mois, toute la famille *avait le mal du pays.*

avoir soin (de), to be careful (to)

Ayez soin de ralentir au carrefour; la circulation y est souvent dangereuse.

être bien (mal) mis, to be well (badly) dressed

Tout le monde avait remarqué que la vedette *était* très *bien mise.*

être des nôtres (vôtres, leurs), to be one of us (you, them), to join us (you, them)

Serez-vous des nôtres demain soir? Non, je regrette de ne pouvoir *être des vôtres;* je ne serai pas en ville.

être en état de, to be fit to, able to

A présent, nous *ne sommes pas en état de* vous aider.

être en train de, to be busy (doing something), be in the act of

Alain n'est pas là? Non, il *est en train de* réparer les robinets.

faire + infinitif, to have something done, have (make) someone do (something)

J'*ai fait jouer* la chanson.	I had the song played.
J'*ai fait jouer* Louise.	I had (made) Louise play.
Je l'*ai fait jouer.*	I had it played. I had her play.
J'*ai fait jouer* la chanson à Louise.	I had Louise play the song.
Je l'*ai fait jouer* à Louise.	I had Louise play it.
Je lui *ai fait jouer* la chanson.	I had her play the song.
Je la lui *ai fait jouer.*	I had her play it.
Faites-la-lui *jouer.*	Have her play it.
Ne la lui *faites* pas *jouer.*	Don't have her play it.

Note: Observe the following points in this construction, often referred to as *causative faire:*
1. The verb **faire** is followed directly by the infinitive.
2. If there is a single object, thing or person, it is direct.
3. If there are two objects, the thing is direct and the person indirect.
4. Pronoun objects are used with the verb **faire** rather than with the following infinitive.
5. The past participle, **fait,** does not follow the rule of agreement; it is invariable.

faire savoir (à quelqu'un), to let (someone) know, notify

Vous auriez dû leur *faire savoir* l'heure de votre arrivée.

faire venir, to send for

Il voudrait *faire venir* un artiste qui puisse peindre son portrait.

faire de la peine (à quelqu'un), to distress, vex, grieve (someone)

Ses manières rudes leur *font de la peine.*

faire du sport (du ski, du tennis, etc.**),** to go in for sports (skiing, tennis, etc.)

En hiver nous *faisons du ski* dans les Alpes; en été nous préférons *faire du tennis.*

faire de l'auto-stop, to hitchhike

Comment est-il arrivé à Nîmes? Je crois qu'il *a fait de l'auto-stop.*

faire du mal à, to harm (morally, mentally)

Nous espérons que leurs mensonges *ne feront pas de mal à* notre réputation.

faire mal à, to hurt (physically)

Les coups qu'il avait reçus *lui avaient fait mal.*

faire la grasse matinée, to sleep late

Je ne dois pas *faire la grasse matinée* aujourd'hui; j'ai trop à faire.

faire la queue, to stand on line

On *faisait la queue* devant le guichet pour prendre des billets.

faire la sourde oreille, to turn a deaf ear, pretend not to hear

Si la conversation ne lui plaît pas, elle *fait la sourde oreille.*

faire le ménage, to do the housework

Yvonne aide sa mère à *faire le ménage.*

faire partie de, to be a member of, belong to

Ces hôtels *font partie de* l'Association Hôtelière.

faire une partie de, to play a game of

Ils vont *faire une partie de bridge* dès qu'ils auront trouvé un quatrième partenaire.

faire sa médecine (son droit), to study medicine (law)

Vous allez à l'université maintenant, Georges? Oui, j'y *fais ma médecine.*

faire semblant de, to pretend to, make believe

Quand il m'a rencontré, il *a fait semblant de* ne pas me reconnaître.

se faire tard, to be getting late

Le soleil se couche déjà? —Oui, il *se fait tard.*

prendre part à, to take part in, join in, share (in)

Les Lambert décidèrent de ne pas *prendre part à* la cérémonie.

rendre (+ adjectif), to make (+ adjective)

Les bonnes nouvelles la *rendront heureuse*.

tenir compte de, to take into account, take into consideration

En jugeant ce coupable, il faudra *tenir compte de* sa jeunesse.

tenir (+ adjectif), to keep (+ adjective)

Il *tenait* les yeux *fermés*.

tenir à, to be eager to, insist on, value

Tenez-vous à partir si tôt? Oui, j'y tiens.

Il *tient* beaucoup *à* la médaille qu'il a gagnée.

tenir de, to take after, resemble

Tout le monde dit qu'elles *tiennent de* leur mère.

EXERCICES

A. Compléter chaque phrase en écrivant, seulement une fois, l'un des mots indiqués ci-dessous:

a	mis	reçoit	savoir
faire	partie	rend	semblant
mal	pays	rendre	soin

1. Rien ne nous _____ si grands qu'une grande douleur. —MUSSET

2. De quel comité faites-vous _____?

3. Puisqu'il avait le mal du _____, il voulait rentrer à sa terre natale.

4. Pour ne pas réveiller les enfants, elle a _____ de parler bas.

5. En tombant hier, je me suis fait _____ au pied.

6. Quand vous l'aurez fini, faites-le-moi _____.

7. Il est évident qu'elle a été très malade; elle _____ mauvaise mine.

8. Il _____ des nouvelles de son fils presque tous les jours.

9. Pour être heureux avec les femmes, il faut les _____ heureuses sans le leur _____ sentir. —SAINT-JUST

10. On doit admirer ce monsieur: il est toujours si bien _____.

B. Récrire les phrases suivantes en employant une locution contenant le verbe indiqué:

1. (faire)   Robert étudie le droit à l'université de Grenoble. _____

_____

2. (tenir)   Elles ont un grand désir de quitter la ville. _____

_____

3. (prendre)   N'ont-ils pas participé à l'entreprise? _____

_____

4. (faire)   Envoyez chercher quelqu'un qui puisse nous donner de bons conseils. ------------

----

5. (être)   Le menuisier ne pouvait plus gagner sa vie. ---

----

6. (faire)   Ils pratiquent le ski tous les hivers dans les Alpes. -------------------------------

----

7. (faire)   Pourquoi avez-vous feint de ne pas les voir? ------------------------------------

----

8. (tenir)   Je l'ai reconnu immédiatement; il ressemble à son père. -----------------------

----

9. (faire)   Ses problèmes incessants leur causent du chagrin. ------------------------------

----

10. (faire)   Où votre frère a-t-il suivi des cours de médecine? -----------------------------

----

11. (faire)   La boîte qui est tombée a blessé le piéton. ------------------------------------

----

12. (tenir)   Allez-vous prendre en considération leur niveau de vie? ----------------------

----

C. Compléter les phrases:

1. Elle a changé d'avis? Oui, nous --------- avons fait changer d'avis.

2. Quand je suis très fatiguée, je fais la ---------------------- matinée.

3. Une personne qui éprouve du chagrin a le cœur -------------------.

4. Comment! Il refuse de boire son lait? Mais, faites --------------------- boire.

5. Il a ---------------- croire qu'il la connaît, il se trompe amèrement.

6. C'est la lune que je vois? Oui, il se ----------------- tard; il est déjà sept heures.

7. Qu'est-ce que tu fais, Alice? Je suis en ------------------- de coudre cette jupe.

8. Une personne qui fait la sourde oreille fait semblant de ne pas ---------------------------.

9. Elle s'est ---------------- faire un manteau de fourrure.

10. Vous jouez au golf? Non, mais je veux bien faire une --------------------- de tennis avec vous.

11. Où est la lettre qu'elle a ---------------- écrire?

12. Avez-vous fait laver les fenêtres à la domestique? Oui, je -----------------------------------
laver.

D. Compléter les phrases en français:

1. Pourra-t-elle ------------------------------------ frais toute la semaine?

Will she be able to keep them fresh all week?

2. Qu'est-ce qui --- l'invitation?

What made her accept the invitation?

3. Tous ces athlètes -- de l'équipe de football?

Are all these athletes members of the football team?

4. Je refuse de --; c'est trop dangereux.

I refuse to hitchhike; it's too dangerous.

5. Vos plaisanteries ne peuvent pas --.

Your jokes cannot harm him.

6. Nous ------------------------- ce que vous fassiez peau neuve.

We insist that you turn over a new leaf.

7. Quand cette mère --?

When can that mother do her housework?

8. Elle --, elle n'accomplit rien.

She is working in vain; she is accomplishing nothing.

9. Sera-t-il --- quand nous sortirons?

Will he join their party or ours when we go out?

10. Nous --- pendant une heure.

We stood on line for an hour.

2. LOCUTIONS VERBALES —II

s'agir de (used impersonally with **il**), to be a question of, be about

De quoi *s'agit-il? Il s'agit de* mon avenir. Voilà ce *dont il s'agit.*

aller à la rencontre de
aller au-devant de } to go to meet

Nous sommes *allés à la rencontre* (*au-devant*) *de* nos invités.

battre des mains, to applaud

Quand le clown parut, les enfants *battirent des mains.*

changer de, to change (one thing for another of its kind)

A cause de sa maladie, il sera obligé de *changer de* métier.

se connaître à (en), to be an expert in, know all about

Elle *se connaît à* l'horlogerie. *Se connaît-il en* poésie? Oui, il *s'y connaît.*

donner
serrer } **la main,** to shake hands

Avant de partir, ils *se sont donné la main.* Le directeur m'a félicité en me *serrant la main.*

donner sur, to face, look out on

Cette chambre *donne sur* un grand boulevard.

l'échapper belle, to have a narrow escape

Elle *l'a échappé belle;* le camion a failli l'écraser.

entendre dire que, to hear that

Nous *avons entendu dire que* cette fabrique est une cause de la pollution de l'air.

entendre parler de, to hear of

As-tu jamais *entendu parler de* cette belle île au sable blanc?

fondre en larmes, to burst into tears

En apprenant la triste nouvelle, elle *a fondu en larmes.*

hausser les épaules, to shrug one's shoulders

Au lieu de me donner une réponse, il *a haussé les épaules.*

hocher la tête, to shake one's head, to nod

Quand elle lui a demandé son opinion, il *a hoché la tête.*

jeter un coup d'œil (sur), to glance (at)

Il *a jeté un coup d'œil sur* le tableau qu'elle peignait.

jouir de, to enjoy (what one possesses)

Combien d'hommes d'état *jouissent de* l'estime publique?

manquer à quelqu'un, to be missed by

Comme *vous lui manquez!*   How he misses you! (= How you are missed by him!)

manquer de (+ nom), to lack, to be lacking in

> Vous *manquez de* patience.　　　　You lack patience.
> Il *manque de* savoir-vivre.　　　　He is lacking in manners.

manquer de (+ infinitif), to come near (doing something), to fail to

> J'*ai manqué de* tomber.　　　　I almost fell.
> *Ne manquez pas de* retenir vos places.　　Don't fail to reserve your seats.

se mêler de, to interfere with

> *Ne vous mêlez pas de* ce qui ne vous regarde pas.

mettre à la porte, to dismiss, turn out, expel

> Quand l'ouvrier a refusé de finir la tâche, on l'*a mis à la porte.*

se mettre en colère, to lose one's temper, get angry

> Au lieu d'essayer de résoudre le problème, il *s'est mis en colère.*

perdre connaissance, to faint

> En apercevant le squelette, elle *a perdu connaissance.*

perdre de vue, to lose sight of

> En s'éloignant de la côte, on *perdait de vue* les gratte-ciel.

pleuvoir à verse, to rain hard, pour

> Mets ton imperméable, Jérôme; on dit qu'il va *pleuvoir à verse.*

n'en pouvoir plus, to be exhausted

> Après avoir visité trois musées, elle *n'en pouvait plus.*

prendre garde de, to take care not to

> *Prenez garde de* vous brûler si vous allumez ce bois.

prendre le parti de, to decide to, make up one's mind to

> Il *a pris le parti d'*avouer ses fautes.

remporter la victoire, to win the victory

> Il paraît que Jules César *remporta la victoire* dans chacune de ses batailles.

se rendre compte de (*or* que), to take into account, realize

> Il faut *se rendre compte de* sa jeunesse.
> Il faut *se rendre compte qu'*il est très jeune.

rire au nez de, to laugh in (one's) face

> Il n'avait pas peur de *rire au nez de* ses ennemis.

sauter aux yeux, to be evident

> Elle est bien élevée; cela *saute aux yeux.*

savoir bon gré à quelqu'un de quelque chose, to be grateful to someone for something

> *Leur sait-il bon gré du* secours qu'ils lui ont offert? Oui, il *leur en sait bon gré.*

suivre un cours, to take a course

> Comment trouvez-vous le *cours* de physique que *vous suivez* ce semestre?

se tirer d'affaire, to get along, manage

Pourra-t-elle *se tirer d'affaire* si elle ne comprend pas le français?

valoir la peine de, to be worthwhile

Vaut-il la peine de lui téléphoner? Non, cela *n'en vaut pas la peine.*

voir tout en rose, to look at the bright side of things

C'est un optimiste; il *voit tout en rose.*

en vouloir à, to have a grudge against, be angry with

En veut-elle au marchand? Non, je doute qu'elle *lui en veuille.*

EXERCICES

A. Récrire les phrases suivantes en employant une locution contenant le verbe indiqué:

1. (prendre)   Vous avez donc décidé de poursuivre votre but? _____

2. (fondre)   Chaque fois qu'elle pense à la mort de son chien, elle pleure beaucoup. _____

3. (manquer)   J'ai failli perdre mon portefeuille. _____

4. (battre)   En voyant l'astronaute, tout le monde a applaudi. _____

5. (mettre)   Quand on lui a dit la vérité, il s'est fâché. _____

6. (savoir)   Je vous suis reconnaissant de tout ce que vous avez fait. _____

7. (pouvoir)   Après avoir travaillé toute la journée, il éprouvait une grande fatigue. _____

8. (mêler)   Qu'il ne s'occupe pas de mes affaires! _____

9. (vouloir)   Pourquoi avez-vous un sentiment de rancune contre moi? _____

10. (pleuvoir)   La pluie est tombée abondamment. _____

B. Écrire la lettre de la réponse convenable:

1. Où a-t-il disparu? Je ne sais pas, je l'ai _____.

   a. vu perdre   *b.* perdu de vue   *c.* sauté aux yeux   *d.* perdu connaissance

2. Comment va votre grand-mère? Elle _____ d'une santé formidable.

   a. jouit   *b.* prend garde   *c.* change   *d.* perd

3. Est-il allé au-devant d'elle? Oui, _____.

    a. il lui faut toujours marcher devant   *c.* il a de mauvaises manières

    b. il ne voulait pas la déranger   *d.* il est allé à sa rencontre

4. _____ garde de toucher aux objets dans l'étalage.

    a. Ayez   *b.* Donnez   *c.* Prenez   *d.* Rendez

5. Ils sont sains et saufs? Oui, ils l'ont échappé _____.

    a. bien   *b.* beau   *c.* bon   *d.* belle

6. Au revoir, mon ami, tu penseras à moi de temps en temps? Certainement, _____.

    a. je te manquerai   *b.* je m'en mêlerai   *c.* tu me manqueras   *d.* je n'en pourrai plus

7. Vous connaissez son dernier roman? Non, mais j'en ai _____.

    a. entendu parler   *b.* joui   *c.* manqué   *d.* entendu dire

8. Comment a-t-elle réagi à la nouvelle? Je ne sais pas; elle n'a fait que _____ les épaules.

    a. hocher   *b.* serrer   *c.* hausser   *d.* jeter

9. On m'a dit que tu es expert en art. Oui, _____.

    a. j'en connais   *b.* je m'y connais   *c.* l'art me connaît   *d.* je le connais

10. Vous voyez la solution du problème? Oui, _____.

    a. je ne perds pas connaissance   *b.* cela saute aux yeux   *c.* j'ai entendu dire   *d.* il en veut

C. Compléter la phrase par le mot qui manque:

1. En faisant sa connaissance, je lui ai _____ la main.

2. La fenêtre donnait _____ le toit d'une espèce de hangar.

3. Est-il question de son ignorance? Non, il _____ de la façon dont il nous parle.

4. Ne manquez pas _____ me téléphoner aussitôt que vous reviendrez.

5. Le capitaine savait que l'ennemi allait _____ la victoire.

6. Nous avons entendu _____ qu'il est amoureux d'elle.

7. Attendez-moi un instant; je vais changer _____ souliers.

8. Il vaut toujours la _____ d'étudier avec diligence.

9. S'il ne cesse pas de me dire des sottises, je vais le _____ à la porte.

10. Tout à coup, il a jeté un _____ d'œil sur nous.

11. Il faisait si chaud que plusieurs femmes ont _____ connaissance.

12. Je comprenais ce qu'elle voulait dire quand elle a hoché la _____.

13. Si je ne trouve pas de place, comment pourrai-je me _____ d'affaire?

14. Ils sont toujours très tranquilles; ils ne manquent jamais _____ sang-froid.

15. J'espère que vous vous rendrez _____ de ce que je vous ai révélé.

D. Traduire en français:

1. Which course will you take next term?

   ----

2. I had a narrow escape.

   ----

3. She burst into tears.

   ----

4. Why do you always shrug your shoulders?

   ----

5. He laughed in John's face.

   ----

6. Will she miss her sister?

   ----

7. We are grateful to them for it.

   ----

8. Martine almost fainted.

   ----

9. He is careful not to lose sight of her.

   ----

10. I made up my mind to look at the bright side of things.

   ----

3. LOCUTIONS AVEC *A* ET *DE*

à bout de forces, exhausted

> J'ai travaillé du matin au soir; je suis *à bout de forces*.

à fond, thoroughly

> Ce professeur connaît *à fond* la littérature française du 19ᵉ siècle.

à force de, by dint of

> *A force d*'étudier et de travailler, il est devenu avocat.

à l'abri de, sheltered from, safe from

> Ils se sont mis *à l'abri de* la pluie.

à la dérobée, stealthily, on the sly

> Quand je l'ai cherché, j'ai découvert qu'il était sorti *à la dérobée*.

à l'aise, well off, comfortable, comfortably

> Cet homme est *à l'aise*. Il ne manque de rien.
> On est toujours *à l'aise* dans cet hôtel.

à la légère, lightly, without due consideration

> Vous ne devriez pas traiter *à la légère* une affaire si importante.

à la longue, in the long run

> *A la longue,* ils s'habitueront au climat dur du pays.

à l'écart, aside, apart, aloof

> Pourquoi se tient-il *à l'écart* des affaires publiques?

à l'envers, inside out

> Très pressée, elle avait mis ses bas *à l'envers*.

à l'exception de, with the exception of

> Ils avaient visité tous les continents *à l'exception de* l'Australie.

à part, aside

> Il m'a pris *à part* pour m'expliquer son embarras.

à partir de, from, beginning with

> Nous serons occupés *à partir de* onze heures.

à plusieurs reprises, repeatedly

> Elles ont téléphoné *à plusieurs reprises* sans obtenir de réponse.

à la recherche de, in search of

> Mes amis, qui viennent d'arriver ici, sont *à la recherche d*'un appartement.

à point, in time, just right; (of meats) medium

> Ils sont arrivés juste *à point;* on était prêt à commencer.
> Je préfère la viande cuite *à point*.

à ravir, admirably

> C'est un artiste extraordinaire; il peint *à ravir*.

à son gré, to one's liking, as one pleases

> Personne ne s'occupe de lui; il entre et sort *à son gré.*

à tort ou à raison, rightly or wrongly

> *A tort ou à raison,* il voulait épuiser toutes les possibilités.

à toute vitesse, at full speed

> La voiture roulait *à toute vitesse* quand la collision a eu lieu.

à vrai dire, in truth

> *A vrai dire,* rien ne le distingue des autres.

au besoin, in case (time) of need; in an emergency

> *Au besoin* nos amis sont toujours prêts à nous aider, n'est-ce pas?

au courant (de), informed (about)

> Qui peut se tenir *au courant de* tout ce qui arrive dans ce monde?

au-delà de, beyond

> Il voulait explorer *au-delà de* l'horizon.

au fond, fundamentally, basically, after all

> *Au fond,* c'est un problème qu'il nous faut résoudre ensemble.

au loin, in the distance

> Ils entendirent *au loin* un bruit de tonnerre.

au moyen de, by means of

> Elle pouvait l'accomplir *au moyen de* son don de persuasion.

au point de vue
du point de vue } from the point of view

> Il fallait relire le manuscrit *au (du) point de vue* de l'orthographe.

au sujet de
à propos de } about, concerning
à l'égard de

> On lui posait des questions *au sujet (à propos, à l'égard) des* médicaments contre le rhume.

d'accord, in agreement; agreed

> Il paraissait que les témoins n'étaient pas *d'accord.*
> Attendons qu'il fasse le premier pas. *D'accord!*

d'aujourd'hui en huit (quinze), a week (two weeks) from today

> —Quand as-tu l'intention d'ouvrir un compte à la banque? —*D'aujourd'hui en huit.*

de fond en comble, from top to bottom, utterly

> Nous avons pris le parti de rebâtir l'hôtel *de fond en comble.*
> Ils étaient ruinés *de fond en comble.*

de la part de, from, on behalf of

> On était venu *de la part de* l'administration pour lui offrir un contrat.

de loin, from afar

> Tout à coup, nous avons aperçu *de loin* un autre navire.

de long en large, up and down, to and fro

>Toujours inquiet, il ne cessait de marcher **de long en large.**

de même, likewise, (in) the same (way)

>Son père menait une vie paisible, et Yves souhaitait faire **de même.**

de mon (son, etc.**) côté,** for my (his, etc.) part

>**De mon côté,** j'espère pouvoir obtenir bientôt un permis de conduire.

de nos jours, nowadays

>**De nos jours** on fait beaucoup de progrès dans le domaine de l'aviation.

de parti pris, deliberately

>Avait-il falsifié le document **de parti pris?**

de quoi (+ infinitif), the means (material, reason) to; enough to

>Avez-vous **de quoi payer** la note? Non, je n'ai pas d'argent sur moi.
>Peux-tu me prêter **de quoi écrire?** Bien sûr, prends mon stylo et ce papier.

de rigueur, compulsory, obligatory

>Puisque l'habit de soirée était **de rigueur,** il ne pouvait pas les y accompagner.

de toute façon, at any rate, in any case, anyhow

>**De toute façon,** nous comptons peser le pour et le contre avant de prendre un parti.

de trop, excessive, too much, too many; in the way; unwelcome

>Vous avez dit un mot **de trop!**
>Si je suis **de trop,** je m'en vais.

d'occasion, second hand

>En flânant sur les quais, elles ont acheté plusieurs livres **d'occasion.**

du côté de, in the direction of

>Ils suivent le sentier qui mène **du côté de** la plage.

EXERCICES

A. Remplacer les mots en italique par une locution équivalente:

1. Nos félicitations, mademoiselle; vous chantez *d'une façon admirable.*   --

2. Le voleur a fui *aussi vite que possible.*   --

3. Ils ont dirigé leur radeau *vers* la rive de l'étang.   --

4. *En s'exerçant* tous les jours, il a appris à faire de l'escrime comme un mousquetaire.   --

5. Elle m'a écrit *au sujet de* ses vacances.   --

6. *Pour ma part,* je préfère une tâche moins dangereuse.   --

7. *Quoi qu'il arrive,* je ne regrette pas ce que j'ai fait.   --

8. Je l'ai pris *à l'écart* pour lui faire des confidences.   --

9. Ce journaliste a l'habileté de traiter la question *profondément.*   --

10. *En cas de nécessité*, vous pourrez lui offrir l'argent qu'il lui faudra.   ---

11. *Vraiment*, quand je pense à mon faux pas, cela me fait rougir.   ---

12. Je l'ai rencontré *plusieurs fois successivement*.   ---

B. Compléter chaque phrase en écrivant un des mots indiqués ci-dessous; employer chaque mot seulement une fois:

l'abri	d'accord	l'envers	loin	moyen
l'aise	l'écart	l'exception	longue	part
au-delà	l'égard	fond	même	quoi

1. Les muscles finissent à la ----------------------------- par perdre leur souplesse.

2. Il faut trouver de ----------------------------- allumer le feu.

3. Tout le monde y était présent à ----------------------------- du maire.

4. Il a envie de visiter les pays ----------------------------- des frontières.

5. Je pourrai faire fonctionner la machine au ----------------------------- d'une batterie.

6. Au -----------------------------, la situation n'est pas trop grave.

7. Quelle est votre opinion à ----------------------------- de la grève?

8. A la fin de la séance, tous les assistants étaient ----------------------------- qu'on avait beaucoup accompli.

9. Je veux bien les aider si vous voulez faire de -----------------------------.

10. Elle l'a admiré de -----------------------------; plus tard, elle avait l'occasion de lui parler personnellement.

11. Ces fleurs sont à ----------------------------- des insectes et des maladies.

12. Il était très embarrassé: il avait mis une de ses chaussettes à -----------------------------.

13. N'aime-t-il pas causer avec ses collègues? Il me semble qu'il reste toujours à -----------------------------.

14. On se repose à ----------------------------- dans ce fauteuil; il est très confortable.

15. L'ambassadeur leur parle de la ----------------------------- du président.

C. Écrire la lettre de la réponse convenable:

1. Une personne qui met quelque chose dans sa poche de manière à échapper à l'attention le fait --------.

    a. à fond   *b.* au besoin   *c.* à la dérobée   *d.* à plusieurs reprises

2. Si vous décidez de jouer avec nous, souvenez-vous bien que des chaussures en caoutchouc sont --------.

    a. à bout de forces   *b.* de rigueur   *c.* de fond en comble   *d.* à toute vitesse

3. Je doute qu'ils aient -------- vivre.

    a. de même   *b.* de trop   *c.* à force de   *d.* de quoi

4. Avait-il fermé la serrure de parti pris? Justement, il l'avait fait --------.

    a. sans le savoir   *b.* aveuglément   *c.* exprès   *d.* à part

5. —Alors, on se réunit ce soir à huit heures devant la Madeleine.—--------!

    a. De long en large   *b.* D'accord   *c.* Au loin   *d.* De même

6. Vos caprices ne nous plaisent pas. Personne ne peut toujours agir _____.

    a. au courant *b.* de nos jours *c.* à son gré *d.* au fond

7. Regardant par la porte-fenêtre, je me trouvais bien car j'étais _____ de la tempête.

    a. à l'abri *b.* au moyen *c.* à l'exception *d.* à partir

8. Et votre bifteck, madame, le préférez-vous saignant ou _____?

    a. à ravir *b.* à l'écart *c.* à l'aise *d.* à point

9. Je crois que vous avez agi à la légère, c'est-à-dire, _____.

    a. d'une manière courageuse *b.* sans réflexion *c.* sérieusement *d.* avec diligence

10. C'est une voiture d'occasion? Alors, elle n'est pas _____.

    a. utile *b.* belle *c.* nouvelle *d.* confortable

D. Compléter la phrase par le mot qui manque:

1. Un ouvrier qui n'en peut plus est à bout de _____.

2. Nous nous mettrons en route, si je ne me trompe, d'aujourd'hui _____ quinze.

3. A _____ de ce moment, Tartarin était le grand héros du village.

4. On a démoli le vieil hôpital de fond en _____.

5. Je vous dérange? Mais non, vous arrivez à _____ puisque nous avons besoin de vos conseils.

6. Le vendeur avait rendu au client cinq francs _____ trop.

7. Vous avez entendu les dernières nouvelles? Oui, je me tiens au _____ de tout ce qui se passe.

8. Au point de _____ moral, il n'a pas commis de crime.

9. C'était une erreur? Au contraire, elle l'a fait de _____ pris.

10. En réfléchissant, il a l'habitude de se promener de long en _____.

11. Ce philosophe est toujours à la _____ de la vérité.

12. A _____ ou à raison, j'ai l'intention de poursuivre ce but.

4. LOCUTIONS AVEC *EN* ET *PAR*; LOCUTIONS DIVERSES

en arrière, backwards, behind

> Ils leur ont demandé de faire un pas *en arrière*.
> Dépêche-toi donc! Ne reste pas *en arrière*.

en chemin
en route } on the way

> *En chemin* (*En route*) nous avons rencontré pas mal de pèlerins.

en dehors de, outside (of)

> Il est défendu de passer *en dehors de* cette limite.

en dépit de, in spite of

> *En dépit du* mauvais temps, la récolte de raisins a été excellente cette année.

en grève, on strike

> La fabrique était fermée: les ouvriers s'étaient mis *en grève*.

en gros et au détail, wholesale and retail

> Ce marchand vend ses produits alimentaires *en gros et au détail*.

en outre, moreover, besides

> On avait affiché, *en outre,* un horaire des départs et des arrivées.

en plein(e) + nom, in the full (middle) of, at the height of

> *en plein air,* in the open air
> *en plein hiver,* in the middle of winter
> *en plein jour,* in broad daylight, publicly
> *en pleine mer,* in the open sea, on the high sea(s)
> *en plein soleil,* in the hot sun

>> C'est incroyable! On a eu l'audace de commettre le crime *en plein jour*.
>> Partout ils voyaient de l'eau; ils étaient *en pleine mer*.

en somme, on the whole, in short

> La musique était excellente; l'orchestre, brillant. *En somme,* ce fut une soirée réussie.

en tout cas, in any case, at all events

> *En tout cas,* rien ne pourra m'arrêter de les voir.

en un clin d'œil, in the twinkling of an eye, in "no time"

> Il avait corrigé toutes les fautes *en un clin d'œil*.

en un mot, in short

> Elle est belle, intelligente et charmante. *En un mot,* c'est une femme idéale.

par-dessus le marché, into the bargain, in addition

> Le conférencier avait perdu une de ses lentilles de contact, et la lumière s'est éteinte *par-dessus le marché*.

par exemple! (*intensive*), indeed! the idea! you don't say so!

> Je n'accepterai jamais leurs conseils, *par exemple!*

par hasard, by chance

Si, *par hasard,* elle découvrait la vérité, que ferait-elle?

par le temps qui court, nowadays

Par le temps qui court, la science contribue énormément à la vie humaine.

par mégarde, inadvertently

En se précipitant vers l'incendie, le père avait bousculé un passant *par mégarde.*

par terre, on the ground, on the floor

Que pensez-vous de ceux qui jettent leurs papiers *par terre* au lieu de les mettre dans la corbeille?

pour ainsi dire, so to speak

Afin d'animer la discussion, il se fait l'avocat du diable, *pour ainsi dire.*

sans faute, without fail

Je vous assure que vous aurez de mes nouvelles *sans faute.*

sur terre et sur mer, on land and sea

La façon de voyager lui est égale; il est heureux *sur terre et sur mer.*

Allons donc! Indeed! Nonsense!

Vous croyez pouvoir me tromper? *Allons donc!*

bon gré mal gré, willy-nilly, whether one wants to or not

Il semble que nous devions nous en passer *bon gré mal gré.*

bras dessus bras dessous, arm in arm

Les fiancés flânaient *bras dessus bras dessous* sur les quais.

comme il faut, proper, properly

C'est un jeune homme très *comme il faut;* il a de très bonnes manières.
Mlle Rochefort se conduit toujours *comme il faut.*

faute de, for lack of

*Faute d'*ordres précis, ils ne savaient que répondre.

grâce à, thanks to

Grâce à ces écouteurs (earphones), vous pouvez écouter la musique que vous aimez.

pas le moins du monde, not in the least, by no means

Avez-vous envie d'explorer cette caverne mystérieuse? *Pas le moins du monde!*

sens dessus dessous, upside down, topsy-turvy

En rentrant chez lui, il a trouvé ses affaires *sens dessus dessous.*

tant bien que mal, after a fashion, so-so, rather badly

La jeune mariée sait faire la cuisine? Oh, *tant bien que mal.*

tour à tour, in turn, by turns

Tour à tour, ils pratiquaient sur lui la respiration artificielle.

tous les deux jours, tous les trois mois, tous les quatre ans, every two days, every three months, every four years

On ramasse les ordures *tous les deux jours.*

tout de même⎫ just the same
quand même⎭

Armand ne voulait pas suivre cette route, mais il l'a fait ***tout de même*** (***quand même***).

une bonne fois⎫
une fois pour toutes⎭ once and for all

Est-ce que l'utilisation de rayons laser nous permettra ***une bonne fois*** (***une fois pour toutes***) de communiquer avez d'autres civilisations?

y compris..., including... (invariable; placed before its noun)

Ils ont cinquante mille francs de revenu, ***y compris*** ce qu'ils gagnent de la ferme où ils logent.

EXERCICES

A.   Compléter la phrase par le mot qui manque:

1. Le fil qui les tenait s'étant cassé, les perles tombèrent _____ terre.

2. _____ à son climat, la Côte d'Azur jouit d'une belle saison tout le long de l'année.

3. Ils avaient perdu de vue la terre; on était maintenant en _____ mer.

4. —As-tu réussi à réparer le moteur?—_____ bien que mal.

5. Je voudrais lui acheter le collier, mais il est fort cher, _____ exemple!

6. Il est évident que sa fille est bien élevée. Sans doute, elle est très comme il _____.

7. Tu devras reculer un peu. Fais quelques pas en _____, s'il te plaît.

8. Cet appareil a rendu possible la transmission de signaux sur terre et sur _____.

9. Ils préfèrent la nourriture congelée à un bon repas? Allons _____!

10. Les employés, mécontents de leur salaire actuel, étaient en _____: ils refusaient de travailler.

11. C'est impossible! Ce que vous voulez faire est en _____ de toutes les règles.

12. Ce médicament soulage la douleur et stimule la circulation par-dessus le _____.

13. Les deux fermiers labouraient les champs _____ à tour.

14. Tout le monde était déjà arrivé à la soirée, y _____ les Thibaud.

15. Cet industriel est un géant, pour _____ dire, dans son domaine.

B. Remplacer les mots en italique par une locution équivalente:

1. Puisqu'il faisait si beau dans le jardin, ils ont décidé de dîner *dehors*.   _____

2. *Aujourd'hui* presque tout le monde a envie de voyager à l'étranger.   _____

3. J'espère vous rembourser dans six mois. *De toute façon*, je vous donnerai des garanties suffisantes.   _____

4. *A cause du manque de* viande, on a dû manger du poisson.   _____

5. Vous vous intéressez à l'étude des océans? *Pas du tout*.   _____

6. Il paraît que la fusée avait disparu *en un instant*.   _____

7. *Malgré* tous leurs efforts, ils ne pouvaient pas empêcher le sable d'être emporté par les vagues.

_____

8. J'ai pris le parti *une fois pour toutes* de renoncer au tabac.

_____

9. Dans cette vallée, il fait presque toujours doux. *En un mot*, le climat y est idéal.

_____

10. Ils ont accompli *passablement* ce qu'ils s'étaient mis à faire.

_____

11. L'incident s'est passé *au milieu de l'hiver;* la neige tombait partout.

_____

12. Quand la foule était partie, la salle était *dans un grand désordre.*

_____

13. Il n'a pas de choix: il doit gagner sa vie *de gré ou de force.*

_____

14. Savez-vous ce qui est arrivé *en route?* C'est incroyable!

_____

15. Né orphelin, il devint un grand ministre *quand même.*

_____

C. Compléter les phrases en français:

1. _____ il a sélectionné la neuvième chaîne et a vu un film excellent.

By chance he tuned in on Channel 9 and saw an excellent film.

2. Achètent-ils leurs marchandises _____ ou _____?

Do they purchase their merchandise wholesale or retail?

3. En _____, il faisait trop chaud pour que nous restions en _____ soleil.

Besides, it was too warm for us to stay in the hot sun.

4. Enfin les deux ventilateurs fonctionnaient, _____ sa patience.

Finally the two fans were working, thanks to his patience.

5. Nous marchions lentement _____ sur le boulevard.

We were walking slowly arm in arm on the boulevard.

6. _____, Robin des Bois devint l'ami des pauvres.

In short, Robin Hood became the friend of the poor.

7. Elle a l'habitude de prendre son thé chaque jour à quatre heures _____

She is accustomed to having her tea each day at four o'clock without fail.

8. _____, il avait claqué la porte en sortant.

Inadvertently, he had slammed the door when he left.

9. Quelques-uns de nos amis visitent l'Europe _____

Some of our friends visit Europe every two years.

10. L'incident avait eu lieu en _____.

The incident had taken place in broad daylight.

5. PHRASES IDIOMATIQUES

Ainsi soit-il.
So be it. Amen.

A quoi / Où } voulez-vous en venir?
What are you driving at?

Cela fait mon affaire.
That's just what I need. That's the very thing I want.

Cela laisse à désirer.
That's not quite satisfactory. There is room for improvement.

Cela me va comme un gant.
That fits me to a T.

Cela ne me regarde pas.
That's not my business. That does not concern me.

Cela ne sert à rien.
That's useless. That serves no purpose.

Cela revient au même.
That amounts to the same thing.

Cela va de soi.
That goes without saying.

C'en est assez!
Enough of that! That will do!

C'en est fait de nous (moi, etc.).
We are (I am, etc.) done for.

C'est à peine si je le connais.
I hardly know him.

C'est à prendre ou à laisser.
Take it or leave it.

C'est bien le cas de le dire.
You said it! You can say that again!

C'est le cadet de mes soucis.
That's the least of my worries.

C'est trop fort.
That's the limit. That's going too far.

Dites bien des choses de ma part à votre frère. / Rappelez-moi au bon souvenir de votre frère. }
Give my kindest regards to your brother.

Elle a la chair de poule.
She has gooseflesh.

Faites comme bon vous semble.
Do as you think best. Do just as you please.

Faites comme chez vous.
Make yourself at home.

Il a toujours le mot pour rire.
He is always ready with a joke. He is full of fun.

Il fait d'une pierre deux coups.
He is killing two birds with one stone.

Il leur reste vingt francs.
They have twenty francs left.

Il me tarde d'aller au carnaval.
I am most anxious (I'm "dying") to go to the carnival.

Il y va de votre vie.
Your life is at stake.

Je crois que oui (non).
I think so (not).

Je me suis trompé de chapeau.
I took the wrong hat.

Je n'en ai pas les moyens.
I can't afford it.

Je ne suis pas en train ce matin. / Je ne suis pas dans mon assiette ce matin. }
I'm not myself (I'm out of sorts, I'm not up to par) this morning.

Je n'y puis rien.
I can't help it.

Je n'y suis pour rien.
I have nothing to do with it. I'm not involved in it.

Laissez-moi tranquille.
Leave me alone.

Le sort en est jeté.
The die is cast.

Le temps est à la pluie.
It looks like rain.

Mêlez-vous de vos affaires.
Mind your own business.

Ne vous en faites pas. (familiar)
Don't worry (about it).

Qu'est-il devenu?
What has become of him?

Rien ne presse.
There's no hurry.

Soyez le bienvenu (la bienvenue)!
Welcome!

Voulez-vous me donner un coup de main?
Will you lend me a hand?

EXERCICES

A. Compléter la phrase par le mot qui manque:

1. Quel plaisir de vous accueillir! Soyez le _____!

2. Son absence vous trouble? Au contraire, c'est le cadet de mes _____.

3. Voici tout ce que je peux vous offrir. C'est à prendre ou à _____.

4. Faut-il le faire tout de suite? Non, rien ne _____.

5. Pouvez-vous vous servir de cette machine à coudre? Bien sûr, cela _____ justement mon affaire.

6. —Où sont vos devoirs, Alain? —Je ne les ai pas, monsieur; je me suis _____ de cahier.

7. Ce matin j'ai visité l'hôpital, et en route je suis allée à la banque. J'ai pu donc faire d'une pierre deux _____.

8. M. Verrier voudrait acheter une maison pour la famille mais il n'en a pas encore les _____.

9. On n'y peut rien faire. Le _____ en est jeté.

10. Le cauchemar m'avait tant effrayé que j'avais toujours la chair de _____.

11. —Ce travail vous plaît? —Pas tout à fait. Cela _____ beaucoup à désirer.

12. Je suis enchanté de vous revoir, messieurs. _____ comme chez vous, s'il vous plaît.

13. Ça ne nous concerne pas. Nous n'y sommes pour _____.

14. —Il fait un temps de chien aujourd'hui. —C'est bien le _____ de le dire!

15. —Qu'est-ce que vous suggérez que je fasse? —Faites comme _____ vous semble.

B. Remplacer les mots en italique par une locution équivalente:

1. Votre fils est toujours très comme il faut, n'est-ce pas? *Cela va sans dire.*

2. A-t-on déjà ouvert la boutique? *Je le pense.*

3. Il me semble que *cela lui convient parfaitement.*

4. Quel jour affreux! *On dirait qu'il va pleuvoir.*

5. Je ne suis pas *en train* aujourd'hui.

6. Si l'on commence ce soir ou demain matin, *c'est la même chose.*

7. Je ne veux pas écouter ses plaintes. *Ce n'est pas mon affaire.*

8. *Dites bien des choses de ma part* à vos sœurs.

9. *Ne vous inquiétez pas;* tout ira mieux demain.

10. J'ai dépensé beaucoup d'argent, mais *j'ai encore* mille francs.

C. Compléter les phrases en français:

1. Je ne peux pas bouger ce piano. Pouvez-vous _____ _____?

I can't move this piano. Can you lend me a hand?

2. Louis me revient. Il a toujours _____.

I like Louis. He is full of fun.

3. "Ainsi _____." C'était la fin de la prière.

"Amen." The prayer was over.

4. _____ est assez! Cela ne sert _____.

Enough of that! That serves no purpose.

5. Qu'est-ce que j'ai fait? _____ de moi!

What did I do? I am done for!

6. C'est à peine _____ l'entend.

He scarcely hears her.

7. Que _____ quand elle partira?

What will become of them when she leaves?

8. C'est _____! Ils devraient _____leurs affaires.

That's going too far! They should mind their own business.

9. Ne brûle-t-elle pas de voir les châteaux de la Loire? Oui, il lui _____ aussi d'aller à Paris.

Isn't she "dying" to see the castles of the Loire? Yes, she is also most anxious to go to Paris.

10. Laissez-moi _____. Je _____ rien.

Leave me alone. I cannot help it.

11. Si le danger continue, _____ sa vie.

If the danger continues, his life is at stake.

12. Je ne le comprends pas. Où veut-il _____?

I don't understand him. What is he driving at?

6. LOCUTIONS AVANCÉES

à ce que..., according to what..., as far as...

    *A ce qu'*il paraît, son offre tient toujours.

A d'autres! Nonsense! I don't believe a word!

    Vous avez un chien qui sait compter? *A d'autres!*

à l'insu de, without the knowledge of

    On avait installé l'appareil *à l'insu du* propriétaire (*à son insu*).

à perte de vue, as far as the eye can see

    Il y avait dans la plaine des fleurs *à perte de vue*.

à portée de, within reach of

    Le bateau n'était plus *à portée de* notre voix.

à tâtons, gropingly

    Le chauffeur avançait *à tâtons* dans cette rue obscure.

à tort et à travers, at random, without rhyme or reason

    Réfléchissez bien! Vous ne voulez rien décider *à tort et à travers*.

à tour de rôle, by turns, alternately, in rotation

    Les deux infirmières soignaient la malade *à tour de rôle*.

à tout bout de champ
à tout propos } at every turn, on every occasion

    Ce commerçant se vante de son succès *à tout bout de champ* (*à tout propos*).

à toutes jambes, as fast as one's legs will carry him, at full speed

    En voyant le danger de la marée, il s'est enfui *à toutes jambes*.

à vue d'œil, perceptibly, visibly

    Tout le monde était d'accord que l'enfant avait grandi *à vue d'œil*.

abuser de, to misuse, take (an unfair) advantage of

    Est-ce que vous *n'abusez pas de* leur hospitalité?

aimer la bonne chère, to be fond of good living

    Lequel d'entre nous *n'aime pas la bonne chère?*

au bout du compte, after all, when all is said and done

    Au bout du compte, le plan que nous avons choisi offre les plus grands avantages.

au fur et à mesure, (in proportion) as, progressively

    Le fils envoyait l'argent à ses parents *au fur et à mesure* qu'il le gagnait.

au pied de la lettre, literally

    Il ne faut pas prendre tout ce qu'elles disent *au pied de la lettre*.

avoir affaire à (avec) quelqu'un, to deal with, have to do with someone

    Chaque jour nous *avons affaire à (avec)* toutes sortes de gens.

couper les cheveux en quatre, to split hairs

Au lieu de *couper les cheveux en quatre,* essayons de trouver une solution pratique.

crier à tue-tête, to shout at the top of one's voice

Il n'y a pas besoin de *crier à tue-tête;* nous avons un microphone.

de gré ou de force, willy-nilly, voluntarily or by force

Le maire devra tenir sa promesse *de gré ou de force.*

de travers, amiss, awry, the wrong way

Pourquoi est-ce que tout va *de travers* aujourd'hui?

dormir à la belle étoile, to sleep outdoors

Qu'est-ce qu'il y a de plus agréable que de *dormir à la belle étoile* en été!

dormir sur les deux oreilles, to sleep soundly; to have no cause for anxiety

Elle n'a plus de dettes. Maintenant elle peut *dormir sur les deux oreilles.*

en venir aux mains, to come to blows

A cause du concours, les deux rivaux *en sont venus aux mains.*

être né coiffé, to have been born under a lucky star, with a silver spoon in one's mouth

Tout ce qu'elle fait réussit; elle *est* certainement *née coiffée.*

faire d'une mouche un éléphant, to make a mountain out of a molehill

N'exagérez pas l'affaire. Vous *faites d'une mouche un éléphant.*

faire venir l'eau à la bouche, to make one's mouth water

L'odeur de ces cornichons *fait venir l'eau à la bouche,* n'est-ce pas?

joindre les deux bouts, to make ends meet

Puisque son mari chôme à présent, elle trouve difficile de *joindre les deux bouts.*

n'avoir rien à voir à, to have nothing to do with, not to be concerned with

Ces détails *n'ont rien à voir à* l'entreprise.

passer une nuit blanche, to spend a sleepless night

Il est possible que vous *ayez passé une nuit blanche* parce que vous aviez bu trop de café.

pour comble de malheur, to make matters worse, to crown one's troubles

Nous avions manqué le train, et *pour comble de malheur* j'ai perdu mon portefeuille.

prendre de l'embonpoint
prendre du corps } to put on weight, get fat

Si vous continuez à manger tant de pâtisserie, vous allez *prendre de l'embonpoint (du corps).*

prendre en grippe, to take a dislike to

Il ne vous a pas fait de mal. Pourquoi l'*avez-vous pris en grippe?*

prendre sur le fait, to catch in the act

Edmond a essayé de cacher le télégramme, mais on l'*a pris sur le fait.*

s'y prendre, to go about it, to manage it

Je voudrais lui venir en aide, mais je ne sais pas *m'y prendre.*

rebrousser chemin, to turn back, retrace one's steps

A cause de la tempête, nous avons décidé de ***rebrousser chemin.***

remuer ciel et terre, to move heaven and earth

Cet ambitieux va ***remuer ciel et terre*** pour atteindre son but.

tel quel, just as it is, in the same condition

Si j'emprunte la lampe, je vous la rendrai ***telle quelle.***

tourner autour du pot, to beat about the bush

Je préfère que vous me disiez la vérité sans ***tourner autour du pot.***

vivre au jour le jour, to live from hand to mouth

L'incendie les a réduits à la misère; maintenant ils ***vivent au jour le jour.***

EXERCICES

A. Compléter la locution dans chacune des phrases suivantes:

1. On dit qu'un homme qui a beaucoup de chance est né _____.

2. Puisqu'il se faisait tard, j'ai décidé de courir _____ jambes.

3. Le projet est vraiment bien simple. Pourquoi donc faire _____ un éléphant?

4. Je vous ferai passer les colis au _____ et _____ mesure qu'ils arriveront.

5. Quand le problème est si important, il ne faut pas agir à tort et _____.

6. Ils croyaient pouvoir mentir sans être découverts, mais nous les avons _____ le fait.

7. Puisqu'il y a si peu à faire le soir, elle regarde la télévision à _____ de champ.

8. J'ai remarqué que si je ne suis pas mon régime au pied de la lettre, je _____ embonpoint.

9. Cette ville s'est transformée à _____ d'œil depuis notre dernière visite.

10. Il faudra nous parler franchement au lieu de _____ du pot.

B. Écrire la lettre de la réponse convenable:

1. Par une nuit noire, nous marchions _____ dans la jungle sauvage.

   a. à tue-tête   *b.* au bout du compte   *c.* à tâtons   *d.* au jour le jour

2. Quand on rebrousse chemin, _____.

   a. on quitte la route   *c.* on se trompe de direction

   b. on revient sur ses pas   *d.* on avance à toutes jambes

3. C'est justement le meuble que je cherche. Envoyez-le-moi _____.

   a. à tout propos   *b.* tel quel   *c.* de travers   *d.* à tout bout de champ

4. Ce gourmet dîne dans les meilleurs restaurants. Pourquoi pas? Il _____.

   a. aime la bonne chère   *c.* vit au jour le jour

   b. en vient aux mains   *d.* aime tourner autour du pot

5. C'est vrai que M. Dubois a pris en grippe ses anciens amis? _____.

   a. Oui, il leur rend souvent visite.   *c.* Oui, il leur en veut.

   b. Oui, ils sont en voyage ensemble.   *d.* Non, la maladie n'est pas contagieuse.

6. On m'a conseillé de suivre les instructions _____.

    a. à l'insu *b.* sur le fait *c.* à portée *d.* au pied de la lettre

7. Généralement une personne qui vit sans souci _____.

    a. passe des nuits blanches   *c.* remue ciel et terre

    b. fait d'une mouche un éléphant   *d.* peut dormir sur les deux oreilles

8. Je ne suis pas en train ce soir. Il paraît que je fais tout _____.

    a. de travers *b.* à mesure *c.* tour à tour *d.* en grippe

9. Ceux qui arrivent péniblement à faire les frais de leur ménage _____.

    a. coupent les cheveux en quatre   *c.* doivent rebrousser chemin

    b. prennent du corps   *d.* ne peuvent pas joindre les deux bouts

10. Il est en guerre ouverte avec son voisin. J'espère qu'ils n'en viendront pas _____.

    a. au corps *b.* aux mains *c.* à toutes jambes *d.* à d'autres

C. Remplacer les mots en italique par une locution équivalente contenant le mot entre parenthèses:

1. (belle)   Aussitôt qu'il fera plus chaud, nous comptons dormir *en plein air.* _____

        _____

2. (affaire)   *Nous sommes souvent en rapport avec* ce bibliothécaire. _____

        _____

3. (insu)   Ils ne pourront pas rentrer *sans que je le sache.* _____

4. (tête)   Les gosses dans la rue criaient *de toute la force de leur voix.* _____

5. (remue)   Le peintre *a recours à tous les moyens* pour achever son œuvre. _____

        _____

6. (perte)   Ces montagnes élevées s'étendent *hors de la portée de la vue.* _____

        _____

7. (force)   Tu devras faire face à tes responsabilités *volontairement ou non.* _____

        _____

8. (autres)   Comment! Vous voulez devenir cosmonaute? *Je ne veux pas le croire!* _____

9. (champ)   Elle tenait à nous interrompre *à tout propos.* _____

10. (rôle)   Les collégiens dansaient *tour à tour* avec la nouvelle étudiante. _____

        _____

D. Compléter les phrases en français:

1. Ce dindon rôti me _____.

That roast turkey makes my mouth water.

2. A _____, il n'a pas de quoi être fier.

According to what they tell me, he has nothing to be proud of.

3. Je n'aurai rien _____ votre intrigue.

I will have nothing to do with your scheme.

4. Malheureusement le cadran n'était pas -- .

Unfortunately the dial was not within reach of my hand.

5. Monsieur un tel discute trop sur les détails. Il s'amuse sans doute à -------------------------------

--- .

Mr. So-and-so argues too much over details. He undoubtedly enjoys splitting hairs.

6. Dans ces circonstances, ils ont été forcés de --

Under the circumstances, they have been forced to live from hand to mouth.

7. Pourquoi -- notre patience?

Why must you take (unfair) advantage of our patience?

8. ---, vous n'aurez jamais une occasion plus favorable.

When all is said and done, you will never have a better opportunity.

9. Le vent soufflait en tempête, et, ---, il

commença à pleuvoir à verse.

A gale wind was blowing, and, to make matters worse, it began to pour.

10. Je voudrais le congédier, mais comment dois-je -------------------------------?

I'd like to dismiss him, but how am I to go about it?

7. LOCUTIONS PROVERBIALES

A bon entendeur salut.
A bon vin point d'enseigne.
A cheval donné on ne regarde pas à la bride.[1]
Au royaume des aveugles, les borgnes sont rois.
Autres temps, autres mœurs.

Aux grands maux les grands remèdes.
Bien mal acquis ne profite jamais.
Chien qui aboie ne mord pas.
Comme on fait son lit, on se couche.

Faute de grives,[2] on mange des merles.[3]

Honni[4] soit qui mal y pense. (devise de l'ordre anglais de la Jarretière)
Il n'est pire sourd que celui qui ne veut pas entendre.
Il n'y a pas de petit chez soi.[5]
Il y a loin de la coupe aux lèvres.
Ne réveillez pas le chat qui dort.
Nul n'est prophète en son pays.
On ne peut pas avoir le drap[6] et l'argent.
Petite pluie abat grand vent.
Plus fait douceur que violence.
Plus on est de fous, plus on rit.
Qui trop embrasse mal étreint.[7]
Toute médaille[8] a son revers.
Un homme averti en vaut deux.
Un point fait à temps en épargne cent.
Une fois n'est pas coutume.

A word to the wise is sufficient.
Good wine needs no label.
Never look a gift horse in the mouth.
In the country of the blind, the one-eyed is king.
Other days, other ways. Customs change with the times.
Desperate ills require desperate remedies.
Ill-gotten gains never prosper.
Barking dogs don't bite.
As you make your bed, so must you lie on it. As ye sow, so shall ye reap.
Half a loaf is better than none. Beggars can't be choosers.
Evil to him who evil thinks.

There is none so deaf as he who will not hear.

There's no place like home.
There's many a slip 'twixt the cup and the lip.
Let sleeping dogs lie. Let well enough alone.
No man is a prophet in his own country.
You can't have your cake and eat it.
Little strokes fell mighty oaks.
Honey catches more flies than vinegar.
The more, the merrier.
Grasp all, lose all.
There are two sides to every story.
Forewarned, forearmed.
A stitch in time saves nine.
Once does not make a habit. One swallow does not make a summer.

VOCABULAIRE

[1]bride = partie du harnais d'un cheval servant à le conduire
[2]grives, *thrushes*
[3]merles, *blackbirds*
[4]honni = couvert de honte
[5]chez soi = domicile, maison
[6]drap = tissu (*cloth*)
[7]étreint = serre fortement en entourant
[8]médaille = pièce de métal donnée en prix

EXERCICES

A. Compléter le proverbe:

1. Honni soit qui _____.

2. Nul n'est prophète _____.

3. Chien qui aboie _____.

4. A bon vin _____.

5. Un homme averti _____.

6. Il y a loin _____.

7. A cheval donné _____.

8. Qui trop embrasse _____.

9. Au royaume des aveugles _____.

10. Petite pluie _____.

11. A bon entendeur _____.

12. Toute médaille _____.

13. On ne peut pas avoir _____.

14. Un point fait à temps _____.

15. Autres temps _____.

B. Donner le proverbe français qui exprime chacune des idées suivantes:

1. Personne n'est apprécié à sa vraie valeur là où il vit.

   _____

2. Les habitudes et les usages changent d'une époque à l'autre.

   _____

3. Bien des événements imprévus peuvent se passer entre un désir et sa réalisation.

   _____

4. On ne peut jouir en paix des choses obtenues par des voies illégitimes.

   _____

5. Ce qui est bon se recommande de soi-même.

   _____

6. Il faut s'attendre en bien ou en mal à ce qu'on s'est préparé par sa conduite.

   _____

7. On peut accomplir plus en agissant d'une façon agréable qu'en employant la force.

   _____

8. Avec un mérite médiocre, on brille au milieu des sots et des ignorants.

   _____

9. Souvent peu de chose suffit pour calmer une grande colère.

   _____

10. Si on ne peut rien trouver de mieux, il faut se contenter de ce qu'on a.

    _____

11. Quand on a été prévenu de ce qu'on doit craindre, on se tient doublement sur ses gardes.

    _____

12. Il faut prendre des décisions énergiques contre les maux graves et dangereux.

    _____

13. La gaieté devient plus vive avec le nombre de joyeux compagnons.

    _____

14. Qui entreprend trop de choses à la fois n'en fait aucune avec succès.

    _____

15. Il ne faut pas susciter de nouveau une affaire fâcheuse et déjà finie.

C. Donner le proverbe français qui s'applique à chaque situation:

1. Il s'était bien amusé à la campagne, mais quel plaisir de revenir à la maison!

----

2. Le soldat affamé avait envie de manger un bifteck. Puisqu'il n'y en avait pas, il a dû manger du fromage.

----

3. Après avoir écouté la plainte du locataire, le juge tenait à entendre le récit du propriétaire.

----

4. Il voulait faire sa médecine et, en même temps, sortir tous les soirs. Bien entendu, c'était impossible.

----

5. On l'avait averti une fois du danger de cette route; il ne l'a jamais oublié.

----

6. Si un arbre a une maladie sérieuse, il se peut qu'on doive le détruire.

----

7. Ses amis lui avait conseillé de ne pas mettre tout son argent dans cette entreprise, mais il avait refusé de les écouter. Quel désastre!

----

8. Elle était enchantée de recevoir les perles comme cadeau; elle ne les a pas examinées de trop près.

----

9. Le directeur d'usine avait une grosse voix, mais au fond c'était un homme sympathique et généreux.

----

10. Son fils lui avait menti une fois, mais elle savait qu'il n'était pas menteur.

IV. Esquisse de la Littérature Française

1. LE MOYEN AGE

(XIe–XVe siècle)

Le français appartient à la grande famille des langues romanes, c'est-à-dire, il doit son existence au latin. C'est au latin populaire ou vulgaire, la langue parlée par les marchands, les soldats et les colons romains, que le français doit ses origines. Au Moyen Age, cette langue parlée est divisée en deux groupes de dialectes, suivant la façon dont on disait « oui » : la *langue d'oïl* au nord de la Loire et la *langue d'oc* au sud. Les deux langues sont représentées dans la littérature du Moyen Age. Pour des raisons historiques et politiques, un dialecte de la langue d'oïl, celui qu'on parlait en Ile-de-France, le centre politique du pays, devint peu à peu la langue officielle. A travers les siècles, le français est devenu célèbre par la clarté de sa syntaxe, de son expression, et de sa pensée. Au XVIIIe siècle, l'écrivain Rivarol, en expliquant l'universalité de la langue française, affirma : « Ce qui n'est pas clair n'est pas français. »

Au commencement du IXe siècle, cette langue parlée n'est ni le latin ni le français moderne. C'est de cette époque que date le premier document qui existe de cette langue romane, *les Serments de Strasbourg*. Ce traité d'alliance fut conclu en 842 par Louis le Germanique et Charles le Chauve, petits-fils de Charlemagne.

La littérature française débuta au XIe et au XIIe siècle par une poésie spontanée, œuvre des poètes-musiciens, les troubadours au midi et les trouvères au nord. Tous deux étaient experts dans les chansons d'amour inspirées par la vie chevaleresque. La langue d'oc créa une littérature appelée provençale parce que la Provence fut son dernier asile. Les troubadours composaient des poèmes lyriques et les chantaient dans les châteaux et sur les places publiques. Peu à peu la littérature provençale déclina et finit par s'éteindre au commencement du XIVe siècle. Pourtant, il existe encore aujourd'hui des traces de ce dialecte, dont le représentant le plus illustre fut le poète **Frédéric Mistral** (1830–1914). Au nord, la poésie de la langue d'oïl fut représentée par les trouvères, analogues aux troubadours du midi. Leur poésie, qui traite des sujets plus sérieux, est réellement épique.

Les premières œuvres qui présentent un véritable intérêt littéraire sont les *chansons de geste*, créations originales de la littérature universelle, écrites en vers et destinées à être chantées. Ces poèmes épiques (ou épopées), principalement du XIIe et du XIIIe siècle, exaltent avec une passion patriotique et religieuse les exploits légendaires des chevaliers fameux de la société féodale. Cette société fut fondée sur deux principes : l'honneur et la foi.

La Chanson de Roland, composée au début du XIIe siècle, est la plus belle et la plus célèbre de toutes les chansons de geste. Ce premier chef-d'œuvre de la littérature française, dont l'auteur est inconnu, raconte l'histoire idéalisée de Charlemagne et de Roland (son soi-disant neveu) dans les guerres contre les Sarrasins d'Espagne.

A côté de la littérature chevaleresque se développe une littérature bourgeoise, basée sur la satire et créée pour amuser. Les *fabliaux*, qui représentent la poésie satirique, sont de courts récits qui raillent toutes les classes de la société. Ces contes réalistes sont comiques et parfois grossiers. A la fin du XIIe siècle, on vit apparaître les romans satiriques, dont le chef-d'œuvre est le *Roman de Renard*, une collection de narrations versifiées. Les animaux, qui sont les personnages symboliques du poème, éprouvent tous les sentiments et toutes les émotions des hommes. Ce monument est une peinture grotesque des vices et des abus de la société féodale.

Le théâtre sérieux du Moyen Age, qui débuta vers la fin du XIIIe siècle, fut d'inspiration religieuse, c'est-à-dire, les drames ne furent qu'une extension des cérémonies religieuses et furent representées d'abord à l'intérieur de l'église et ensuite sur la place de l'église. Les *Miracles* et les *Mystères* avaient pour sujet la vie du Christ, de la Vierge et des saints. Mais petit à petit le drame devint profane (*non-religious*). Au lieu du clergé, une troupe d'acteurs jouait les pièces dans des salles spéciales.

Le théâtre comique est représenté par les *farces*, pièces gaies et souvent spirituelles. La *Farce de Maître Pathlin*, chef-d'œuvre anonyme du XVe siècle, est la seule grande comédie avant Molière.

Au XVe siècle, la poésie prend un accent personnel et devient lyrique dans les œuvres de Charles d'Orléans et surtout de François Villon.

Charles d'Orléans (1391–1465), proche parent du roi de France et père de Louis XII, fut fait prisonnier par les Anglais en 1415 à la bataille d'Azincourt. Après vingt-cinq ans de captivité en Angleterre, il rentra en France et se retira dans son château de Blois, où il composa des poèmes d'une mélancolie légère. Ses vers sont élégants et délicats. C'est le dernier poète de la féodalité.

François Villon (1431–vers 1465) mena une vie désordonnée et aventureuse. Il fit des études à la Sorbonne, où il obtint le grade de maître ès arts. Malheureusement, il préférait fréquenter les tavernes et les brigands. Sa mauvaise conduite le fit deux fois condamner à être pendu. Sauvé, il quitta Paris et disparut, probablement avec des vagabonds. Dans ses œuvres, le *Petit Testament* et le *Grand Testament*, où il chante sa vie personnelle et le tragique humain, il rompt complètement avec le passé. Sa poésie révèle son amour de la vie et sa crainte de la mort. C'est dans une de ses ballades qu'on trouve son vers le plus cité, qui résume la fuite du temps : « Mais où sont les neiges d'antan (*yesteryear*) ? » Villon apparaît par la force de son inspiration et sa sincérité comme le premier grand poète lyrique français de l'époque moderne.

MORCEAUX CHOISIS

Ce passage est tiré de la *Chanson de Roland*. Le texte en vieux français, suivi de l'équivalent en français moderne, décrit la mort de Roland.

> Li quens Rodlanz se jut desoz un pin,
> Envers Espaigne en at tornet son vis;
> De plusors choses a remembrer lui prist:
> De tante tere come li ber conquist,
> De dolce France, des homes de son lign,
> De Charlemagne son seignor kil nodrit:
> Ne poet muder n'en plort e ne sosprit.
>
> Mais lui medisme ne vœlt mettre en oblit:
> Claimet sa colpe si priët Dieu mercit:
> « Veire paterne, ki onques ne mentis,
> Saint Lazaron de mort resurrexis,
> E Daniël des leons guaresis:
> Guaris de mei l'anme de toz perilz,
> Por les pecchiez qued en ma vide fis.»
> Son destre guant a Deu en poroffrit,
> Sainz Gabriël de sa main li at pris.
> Desor son braz teneit lo chief enclin,
> Jointes ses mains est alez a sa fin.

Le comte Roland se couche sous un pin : vers l'Espagne il a tourné son visage. De bien des choses lui vient le souvenir : de tant de terres qu'il a conquises, le baron, de douce France, des hommes de son lignage, de Charlemagne, son seigneur, qui l'a nourri ; il ne peut s'empêcher d'en pleurer et d'en soupirer. Mais il ne veut pas s'oublier lui-même ; il bat sa coulpe[1] et demande à Dieu merci : « Vrai Père, qui jamais ne mentis, qui ressuscitas des morts saint Lazare et sauvas Daniel des lions, sauve mon âme de tous les périls, pour les péchés que j'ai faits en ma vie ! » Il a offert à Dieu son gant droit. Saint Gabriel l'a pris de sa main. Sur son bras, il tient sa tête inclinée ; les mains jointes, il est allé à sa fin.

1. il témoigne du regret en se frappant la poitrine

EXERCICE

1. Comment l'auteur montre-t-il que son parfait héros reste humain ?
2. Quelles pensées et quels actes du chevalier mourant traduisent son sentiment de l'honneur féodal ? de l'honneur familial ? de patriotisme ?
3. Qu'est-ce qui prouve dans ce passage que l'amour personnel n'occupe guère de place dans les chansons de geste ?

4. Quel geste de Roland révèle que, pour lui, le service de Dieu est la continuation du service féodal?

5. Comment voit-on que Dieu accepte l'hommage de Roland?

Dans ce rondeau,[1] *Le Printemps*, Charles d'Orléans chante avec une délicatesse charmante le changement des saisons.

> Le temps a laissé son manteau
> De vent, de froidure et de pluie,
> Et s'est vêtu de broderie,[2]
> De soleil luisant, clair et beau.
>
> Il n'y a bête ni oiseau
> Qu'en[3] son jargon ne chante ou crie:
> « Le temps a laissé son manteau
> De vent, de froidure et de pluie.»
>
> Rivière, fontaine[4] et ruisseau
> Portent en livrée[5] jolie
> Gouttes d'argent d'orfèvrerie[6];
> Chacun s'habille de nouveau:
> Le temps a laissé son manteau.

1. petit poème à forme fixe, sur deux rimes, avec des répétitions
2. *embroidery*
3. Qui en
4. *spring*
5. costume, uniforme
6. objets d'art en métal précieux

EXERCICE

1. Quel contraste le poète fait-il entre les saisons?

2. Comment montre-t-il qu'il est sensible aux beautés de la nature et à la fuite du temps?

3. Relever (Point out) les exemples de personnification.

4. Quel autre titre pourrait-on suggérer pour ce poème?

5. Quel est le charme de ce rondeau?

Dans la *Ballade des Pendus*, Villon, condamné à être pendu, s'imagine déjà mort. C'est son cadavre et ceux de ses compagnons qui nous parlent. Voici la première strophe (*stanza*) de ce cri déchirant du condamné: (Noter l'omission du pronom sujet et du négatif *pas*.)

> Frères humains, qui après nous vivez,
> N'ayez les cœurs contre nous endurcis,[1]
> Car si pitié de nous pauvres avez,
> Dieu en aura plus tôt de vous merci.[2]
> Vous nous voyez ci[3] attachés cinq, six,
> Quant de[4] la chair, que trop avons nourrie,
> Elle est pieça[5] dévorée et pourrie,
> Et nous, les os, devenons cendre et poudre.
> De notre mal personne ne s'en rie,[6]
> Mais priez Dieu que tous nous veuille absoudre![7]

1. rendus durs   2. pitié   3. ici   4. de = à   5. depuis longtemps
6. personne ne s'en rie = que personne ne s'en rie
7. pardonner

EXERCICE

1. Quel appel Villon fait-il aux passants?

2. Quelle sera leur récompense s'ils accueillent sa demande?

3. Décrire ce que voient les passants.

4. Qu'est-ce qui prouve que Villon avait un profond sentiment religieux?

5. Pourquoi les vivants ne doivent-ils pas se moquer des pendus?

6. Comment le poète indique-t-il la solidarité humaine?

7. Relever un exemple du réalisme macabre de Villon.

8. Quels sentiments éprouve-t-on en lisant cette strophe?

SUJETS DE COMPOSITION ET DE CONVERSATION

1. Une scène d'automne (d'été, d'hiver).

2. On doit (ne doit pas) abolir la peine de mort.

3. Villon, génie et rebelle.

4. Autres temps, autres mœurs.

5. La conquête du temps et de l'espace.

6. Un arbre (Une vieille voiture) parle des années passées.

7. La solidarité humaine.

8. Le rôle de l'individu dans la société.

9. Innocent ou coupable?

10. Un incident surnaturel.

11. Un poème original à l'imitation du rondeau de Charles d'Orléans.

12. Les grandes lignes (*highlights*) de la littérature française du Moyen Age.

2. LA RENAISSANCE

(XVIᵉ siècle)

Au XVIᵉ siècle, la littérature française perd son caractère populaire. On découvre l'antiquité, et l'on écrit pour une élite de lettres. C'est l'époque de la Renaissance, une des périodes les plus riches en œuvres littéraires.

La Renaissance naquit en Italie, où les Français découvrirent une civilisation éblouissante qui avait pour principe l'amour de la vie. Grâce à François Iᵉʳ, patron des arts en France et fondateur du Collège de France, la cour royale attira d'Italie de nombreux artistes célèbres, des hommes de lettres, et des savants. Une rénovation littéraire, artistique et scientifique se produisit en France. L'invention de la presse d'imprimerie (vers 1450), qui fit connaître les chefs-d'œuvre des grands génies de l'antiquité, facilita le goût des lettres. C'est l'époque de l'humanisme, doctrine des humanistes qui étudient, admirent et imitent les langues et les littératures des Grecs et des Romains, et trouvent dans l'antiquité un idéal nouveau. C'est aussi la période de la Réforme, le mouvement religieux qui donna naissance au protestantisme, répandu en France surtout par le théologien français Jean Calvin, et qui contribua plus tard aux guerres de religion.

C'est **François Rabelais** (vers 1494–1553), penseur érudit, moine, médecin, et professeur d'anatomie, qui exprime le mieux l'enthousiasme humaniste de la Renaissance. Dans ses romans amusants et satiriques, *Gargantua* et *Pantagruel* (fils de Gargantua), où il raconte les aventures de deux géants imaginaires, il nous peint avec une verve étonnante la société et les mœurs de son temps. Il essaie d'amuser et d'instruire à la fois. La source de son génie se trouve dans l'amour de la vie sous toutes les formes: la vie de la chair et la vie de l'esprit. Énonçant des idées modernes sur la pédagogie, surtout une éducation naturelle, il affirme que l'homme a le devoir de développer à l'extrême toutes ses facultés, celles de son corps ainsi que celles de son esprit.

Il fonde le culte de la nature: pour lui, la nature est toujours bonne. Sa morale se résume dans le principe: «Fais ce que (tu) voudras.» Il a confiance en la nature et en la raison humaines. Joyeux conteur, Rabelais se sert d'un vocabulaire prodigieux et pittoresque. Dans ses œuvres il reproduit les moindres incidents de la réalité. C'est le créateur d'un véritable réalisme.

La poésie lyrique a aussi sa renaissance avec la Pléiade, un groupe de sept écrivains qui prennent le nom d'une constellation de sept étoiles. Ces poètes rompent avec la poésie populaire du Moyen Age et, s'inspirant de l'antiquité, s'efforcent d'enrichir la langue par des emprunts faits aux langues anciennes. Ils se proposent de renouveler la poésie française à l'imitation des auteurs grecs, latins et italiens.

Pierre de Ronsard (1524–1585), le chef érudit du groupe, est le plus grand poète du siècle. Ses œuvres nombreuses, qui comprennent les grands genres de l'antiquité—l'ode, le sonnet, l'élégie, l'épopée—révèlent son amour de la beauté de la nature et sa sincérité pénétrante. Quand il laisse parler son cœur, il est romantique. Par son goût de la perfection et son admiration pour les anciens, c'est un précurseur du classicisme. Son ami et collaborateur, Joachim du Bellay, fut le théoricien de la Pléiade et le deuxième poète par ordre de mérite.

Michel de Montaigne (1533–1592), philosophe, humaniste, et moraliste, créa un nouveau genre littéraire, l'essai, en écrivant pour son plaisir. Ses observations personnelles et morales se trouvent dans ses *Essais*, ouvrage qui a le ton d'une conversation familière. Dans ce recueil de réflexions, Montaigne ne prétend qu'analyser un seul homme, lui-même. En vérité, il peint toute l'humanité, car selon lui «Chaque homme porte la forme entière de l'humaine condition.» Montaigne apporte l'esprit de libre examen dans toutes les questions morales. L'objet principal de sa pédagogie nouvelle c'est la formation du jugement. Constatant que l'homme n'est pas capable de trouver la vérité et la justice, il recommande la modération, le bon sens, et un esprit de tolérance pour qu'on puisse jouir de la vie dans la sécurité et la paix. Son scepticisme se voit bien dans la question qu'il se pose: «Que sais-je?»

MORCEAUX CHOISIS

A Hélène est un des plus fameux des sonnets[1] de Ronsard et un des plus célèbres de la poésie française. Dans ce poème, inspiré par une jeune fille dont il est amoureux, il lui suggère qu'elle se hâte de profiter des plaisirs de cette vie si brève.

Quand vous serez bien vieille, au soir, à la chandelle,
Assise auprès du feu, dévidant et filant,[2]
Direz, chantant mes vers, en vous émerveillant:
« Ronsard me célébrait du temps que j'étais belle.»

Lors[3] vous n'aurez servante oyant[4] telle nouvelle,
Déjà sous le labeur[5] à demi sommeillant,
Qui au bruit de mon nom ne s'aille réveillant,[6]
Bénissant votre nom de louange immortelle.[7]

Je serai sous la terre, et, fantôme sans os,
Par les ombres myrteux[8] je prendrai mon repos;
Vous serez au foyer une vieille accroupie,[9]

Regrettant mon amour et votre fier dédain.
Vivez, si m'en croyez, n'attendez à demain;
Cueillez dès aujourd'hui les roses de la vie.

1. Le sonnet est un poème en quatorze vers d'origine italienne. Il comprend deux strophes de quatre vers et deux strophes de trois vers.
2. *unwinding thread and spinning*
3. Alors
4. entendant
5. *at her work*
6. ne se réveille pas
7. Le nom est «de louange immortelle» parce que c'est le nom de l'héroïne d'Homère, Hélène de Troie.
8. à l'ombre des myrtes (*myrtle*), consacrés à Vénus, déesse de l'amour
9. *hunched, crouching*

EXERCICE

1. Quelle cruauté trouve-t-on dans le tableau que Ronsard peint de cette femme?

2. Quel contraste le poète établit-il entre sa propre destinée et celle de son inspiratrice?

3. Comment la vieille passe-t-elle le soir?

4. A quoi pense-t-elle?

5. Citer les vers où le poète conseille à son amie de jouir de sa jeunesse.

6. Dans le premier quatrain, relever tous les éléments qui créent une impression de calme et de vie monotone.

7. Quel est l'effet des impératifs à la fin du sonnet?

Dans le sonnet suivant, *Heureux Qui Comme Ulysse*, tiré des *Regrets*, du Bellay, après un long séjour à Rome en mission diplomatique, exprime sa propre nostalgie.

Heureux qui, comme Ulysse,[1] a fait un beau voyage,
Ou comme celui-là qui conquit la toison,[2]
Et puis est retourné, plein d'usage[3] et raison,
Vivre entre ses parents le reste de son âge!

Quand reverrai-je, hélas, de mon petit village
Fumer la cheminée, et en quelle saison
Reverrai-je le clos[4] de ma pauvre maison,
Qui m'est une province, et beaucoup davantage?

Plus me plaît le séjour[5] qu'ont bâti mes aïeux[6]
Que des palais romains le front audacieux[7];
Plus que le marbre dur me plaît l'ardoise[8] fine,

Plus mon Loire[9] gaulois que le Tibre latin,
Plus mon petit Liré[10] que le mont Palatin,[11]
Et plus que l'air marin la douceur angevine.[12]

1. le héros de l'Odyssée, qui erra dix ans après la guerre de Troie avant de retrouver sa patrie
2. la Toison (*fleece*) d'or que Jason, chef des Argonautes, alla conquérir
3. expérience   4. jardin   5. la demeure   6. ancêtres   7. fier
8. L'Anjou est le pays des toits d'ardoise (*slate*).
9. la Loire
10. village natal de du Bellay
11. une des sept collines de Rome
12. la douceur du climat de l'Anjou

EXERCICE

1. Pourquoi le poète dit-il qu'Ulysse et Jason furent heureux?

2. Quel avantage ces héros avaient-ils à leur retour?

3. Indiquer toutes les oppositions entre la froide grandeur de Rome et le charme du pays natal.

4. Où trouve-t-on cet « air marin »?

5. Comment le poète signale-t-il la petitesse et l'humilité du village natal?

6. De quoi du Bellay souffre-t-il?

7. Qu'est-ce qui fait croire que du Bellay est sincère?

8. Expliquer le rapport logique entre le premier et le deuxième quatrain.

9. Quel est l'effet de l'emploi des possessifs?

10. Relever des exemples d'inversion, c'est-à-dire, d'un ordre anormal de la phrase.

Dans ce passage des *Essais*, Montaigne parle de l'art de voyager.

J'ai la complexion du corps libre,[1] et le goût commun[2] autant qu'homme du monde. La diversité des façons d'une nation à autre ne me touche que par le plaisir de la variété. Chaque usage a sa raison. Soient[3] des assiettes d'étain,[4] de bois, de terre; bouilli ou rôti; beurre ou huile de noix ou d'olive; chaud ou froid, tout m'est un[5]; et si un que, vieillissant, j'accuse cette généreuse faculté et aurais besoin que la délicatesse et le choix arrêtât l'indiscrétion[6] de mon appétit et parfois soulageât mon estomac. Quand j'ai été ailleurs qu'en France, et que, pour me faire courtoisie on m'a demandé si je voulais être servi à la française, je m'en suis moqué et me suis toujours jeté aux tables les plus épaisses[7] d'étrangers.

J'ai honte de voir nos hommes[8] enivrés de cette sotte humeur de s'effaroucher[9] des formes[10] contraires aux leurs: il leur semble être hors de leur élément quand ils sont hors de leur village. Où qu'ils aillent, ils se tiennent à leurs façons et abominent les étrangères. Retrouvent-ils un compatriote en Hongrie, ils festoient[11] cette aventure: les voilà à se rallier et à se recoudre[12] ensemble, à condamner tant de mœurs barbares qu'ils voient. Pourquoi non barbares, puisqu'elles ne sont françaises? Encore sont-ce les plus habiles[13] qui les ont reconnues, pour en médire.[14] La plupart ne prennent l'aller que pour le venir.[15] Ils voyagent couverts[16] et resserrés[17] d'une prudence taciturne et incommunicable, se défendant de la contagion d'un air inconnu.

1. qui s'adapte facilement à tout
2. pareil à celui de tout le monde
3. Que ce soient . . .
4. métal blanc, léger, et malléable
5. tout m'est égal
6. l'intempérance
7. les plus fournies
8. compatriotes
9. se troubler

10. manières d'agir
11. célèbrent par un banquet
12. se réunir
13. savants
14. dire du mal
15. ne partent que pour revenir
16. cachés
17. enfermés dans

EXERCICE

1. Selon ce passage, quelle sorte de personne l'auteur des *Essais* est-il?
2. Quel profit cherche-t-il dans ses voyages?
3. Quelle espèce de cuisine préfère-t-il?
4. Qu'est-ce qui ne lui importe pas dans le repas?
5. Que regrette-t-il quelquefois quand il dîne à l'étranger?
6. Qui choisit-il comme compagnons de table?
7. Quelle est l'attitude de la plupart des Français qui voyagent à l'étranger?
8. Qu'est-ce qui plaît à ces compatriotes dans leurs voyages?
9. Selon Montaigne, quelle est leur raison principale pour voyager?
10. Relever les exemples de l'ironie dont se sert l'auteur dans ce passage.

SUJETS DE COMPOSITION ET DE CONVERSATION

1. Jeune ou vieux, on doit mettre à profit le jour présent.
2. Chaque pays a son charme; sachez le découvrir!
3. Peut-on être national et international à la fois?
4. Qu'il est agréable (désagréable), après un séjour à l'étranger, de rentrer chez soi!
5. Une comparaison entre la vie de campagne et la vie de ville.
6. On ne s'instruit pas seulement au moyen des livres.
7. Savoir s'adapter est essentiel au bonheur personnel.
8. Je m'intéresse aux coutumes et aux mœurs d'autres peuples.
9. Il ne faut jamais se moquer des étrangers.
10. Un sonnet original.
11. Les contributions de Rabelais, de Ronsard, et de Montaigne à la littérature française.
12. L'esprit de la Renaissance.

3. LE DIX-SEPTIÈME SIÈCLE

Au XVIIe siècle, il y a un mouvement de réaction dans tous les domaines contre le désordre et l'anarchie du siècle précédent. Après une longue période de troubles politiques et de confusion, la paix religieuse est rétablie, les luttes civiles sont terminées, et l'autorité du roi est restaurée. C'est l'époque de l'absolutisme royal sous Richelieu, Louis XIII et Louis XIV. Celui-ci, à son avènement, devient le maître absolu de la France et le souverain le plus puissant d'Europe. Son règne personnel est une époque de gloire littéraire et artistique. Versailles établit entre le roi, les artistes et la noblesse une parfaite unité de goût. C'est l'*âge d'or* de la littérature française.

L'histoire de la littérature reflète les mêmes tendances qui se remarquent dans le gouvernement. Dans la première moitié du XVIIe siècle, les auteurs, en essayant de mettre de l'ordre dans les genres littéraires et les formes de la pensée, préparent la voie aux écrivains qui, à partir de 1660 environ, expriment l'idéal classique. La deuxième moitié du siècle marque l'apogée du classicisme, doctrine littéraire qui consiste dans l'heureux équilibre entre deux principes contradictoires: le goût de la vérité, qui est une aspiration du goût public de cette époque, et le goût de la beauté, dû à l'influence de la tradition antique. Les auteurs classiques veulent clarifier et épurer la langue et atteindre un certain idéal artistique. Ils refusent de laisser prédominer l'imagination; pour eux, l'ordre et la clarté sont des vertus supérieures. Quoiqu'ils imitent les anciens, les écrivains classiques s'efforcent de peindre des types qui appartiennent à tous les temps et à tous les pays. Leurs œuvres tendent à la perfection par la régularité de la forme, par l'harmonie de la composition, et par la précision de l'expression. Le classicisme est un mouvement de discipline dans tous les genres.

En plus de la monarchie absolue et la renaissance catholique—les querelles religieuses avaient fortifié le catholicisme comme religion d'État—d'autres influences contribuèrent à établir l'ordre dans les lettres. Pour assurer le perfectionnement du français, le cardinal Richelieu fonda en 1635 l'Académie française, qui allait exercer une influence régulatrice sur la littérature. L'Académie avait le droit de diriger le goût littéraire et de fixer le bon usage en matière de langage.

Les salons, aussi, avec leur société « précieuse », imposèrent à la littérature des conventions assez sévères. Pendant la première moitié du siècle, le salon principal était l'Hôtel de Rambouillet, où la marquise de Rambouillet réunissait autour d'elle toutes les célébrités du temps: gens du monde, femmes distinguées et hommes de lettres. La conversation fut le grand plaisir des réunions, où l'on s'occupait surtout de questions littéraires. Après quelque temps, le ton de ces réunions devint prétentieux et donna naissance à la « préciosité »—la recherche excessive des expressions rares et artificielles jusqu'à devenir ridicules. Par exemple, au lieu de dire *les dents* et *le miroir*, on préférait *l'ameublement de la bouche* et *le conseiller des grâces*. Dans les *Précieuses ridicules*, Molière satirise ces exagérations de l'esprit précieux. Pourtant, malgré leurs excès, les précieux ont exercé de bonnes influences sur la littérature en stimulant l'amour de la conversation, en répandant le goût de l'analyse psychologique et en encourageant les écrivains à composer avec finesse.

C'est **François de Malherbe** (1555–1628), poète et critique, qui ouvre la voie au classicisme en énonçant ses théories littéraires. S'opposant nettement aux enrichissements savants et artificiels de la Pléiade, il préfère le pur français de Paris et l'expression claire, simple et impersonnelle. Il rejette la fantaisie et l'inspiration en f veur de la raison. Il met beaucoup de soin à faire ses vers puisqu'il les veut parfaits. En formulant des règles rigoureuses, Malherbe discipline la poésie et représente un idéal classique. Plus tard, Boileau, le grand critique du XVIIe siècle, célébrera Malherbe comme le maître de la poésie française:

> « Enfin Malherbe vint et le premier en France
> Fit sentir dans les vers une juste cadence... »

Deux philosophes illustres dominent la pensée française pendant la première moitié du siècle: Descartes et Pascal.

René Descartes (1596–1650), mathématicien et philosophe, énonce des théories qui s'accordent parfaitement avec l'idéal d'ordre et de raison du classicisme. Dans son *Discours de la méthode*, il rejette l'autorité et la tradition et, en définissant le rôle de la raison dans la recherche scientifique, il institue une méthode nouvelle de raisonnement basée sur le doute. En réfléchissant à sa propre existence, il exprime son célèbre axiome: « Je pense, donc je suis. » Descartes est convaincu que « le bon sens est la chose du monde la mieux partagée. » Pendant la seconde moitié du siècle et surtout au dix-huitième siècle, on devait appliquer sa doctrine philosophique, le *cartésianisme*, aux problèmes politiques et religieux.

La vie de **Blaise Pascal** (1623–1662), philosophe, mathématicien, et physicien, explique son œuvre. Enfant prodige, il montra une précocité incroyable pour les mathématiques et fit des expériences scientifiques extraordinaires. Après un accident, il se retira à Port-Royal, qui était le centre du *jansénisme*, une sorte de puritanisme catholique. Dans les *Provinciales*, Pascal défend les jansénistes contre leurs adversaires, les jésuites. Ses *Pensées*, où il cherche à démontrer la vérité de la religion chrétienne, contiennent des pages émouvantes. Au point de vue moral, il oriente la pensée de son temps vers l'étude des imperfections et des vices. Sa rigueur janséniste s'exprime en une prose claire, simple et puissante. Par son souci du naturel et de la vérité, Pascal fait partie de l'école classique.

En ce qui concerne le théâtre, le XVIIᵉ siècle diffère du précédent car il est riche en œuvres dramatiques. Les théoriciens formulent les règles des trois unités: action, temps et lieu. D'après ces règles dramatiques, la pièce entière doit se développer en une seule action principale, dans tout l'espace d'une journée, et dans le même lieu. Pour encourager les dramaturges, on établit en 1680, par ordre de Louis XIV, un théâtre national, la Comédie-Française.

Les deux grands poètes dramatiques du XVIIᵉ siècle sont Corneille et Racine.

Pierre Corneille (1606–1684), le créateur de l'art classique au théâtre, inaugure la grande époque dramatique et donne à la tragédie sa structure régulière. Ses héros intellectuels et surhumains, attirés par les sentiments les plus élevés, doivent choisir dans leurs conflits psychologiques entre le devoir et la passion. C'est toujours le devoir qui l'emporte. Pour Corneille, la volonté est la vertu suprême puisque la dignité de l'homme consiste dans la liberté de pouvoir déterminer sa propre destinée. Ses personnages reflètent cette foi dans le devoir, dans la volonté et dans la raison qui caractérise la littérature et la vie du XVIIᵉ siècle. Les tragédies de Corneille comprennent *le Cid*, *Horace*, *Cinna*, et *Polyeucte*.

Jean Racine (1639–1699), plus discipliné, se propose plutôt de peindre les hommes tels qu'ils sont. Il veut une action simple et claire. Racine suit sans effort les règles des trois unités, et c'est avec lui que la tragédie classique arrive à sa perfection. Chez lui aussi il y a la lutte entre le devoir et la passion, mais cette fois c'est la passion qui finit par triompher et qui entraîne les héros à leur perte. Tandis que Corneille préfère l'héroïsme, Racine préfère la tendresse. Celui-ci représente l'analyste du cœur humain par excellence. Grâce à sa langue élégante et à ses vers harmonieux, Racine réussit à combiner une violence de passion et une perfection de forme. Parmi ses œuvres principales citons: *Andromaque*, *Britannicus*, *Phèdre*, et *Athalie*.

Quant aux comédies classiques, le plus grand artiste français est **Molière**, pseudonyme de Jean-Baptiste Poquelin (1622–1673). Auteur et acteur, il dirigea pendant quinze ans une troupe de comédiens ambulants. Installé enfin au Palais-Royal de Paris, il jouit de la faveur de Louis XIV et donna de nombreuses comédies pour les divertissements de la Cour et pour le public. Il mourut en jouant une de ses pièces.

Molière, qui était peintre et critique des mœurs de son siècle, nous révèle en même temps les traits des hommes de tous les siècles. Il peint des types éternels plutôt que des individus. Pour atteindre son but moral, il s'attaque aux défauts et aux vices humains—avarice, hypocrisie, vanité, ignorance, pédanterie, coquetterie, fausse science des médecins—et les tourne en ridicule. Il utilise des effets comiques de toutes sortes, depuis la farce la plus bouffonne jusqu'à la comédie la plus élevée. Molière nous recommande le bon sens, la modération, et tout ce qui est naturel et raisonnable, c'est-à-dire, il prêche l'idéal classique. Ses pièces, comme celles de Shakespeare, jouissent encore d'une renommée universelle. Quelques-uns de ses chefs-d'œuvre sont: *les Précieuses ridicules*, *le Misanthrope*, *le Médecin malgré lui*, *l'Avare*, *le Tartuffe*, *le Bourgeois gentilhomme*, et *les Femmes savantes*.

Il est évident que chaque artiste peint la société du XVIIᵉ siècle et de la vie humaine d'une façon différente. De son côté, le poète **Jean de la Fontaine** (1621–1695), appelé «l'inimitable», le fait sous le couvert du règne animal. Ses *Fables* en vers, dont il emprunte les sujets à Ésope et à d'autres modèles, sont des chefs-d'œuvre de morale et de style, des tableaux animés qui révèlent une ironie très personnelle. Doué d'une originalité et d'un esprit d'observation remarquables, il sait rendre vraisemblable et naturel un monde irréel; ses animaux agissent comme des hommes mais restent des animaux. Comme les autres classiques, il admire l'antiquité tout en cherchant la vérité, la clarté, et la forme parfaite.

Le duc de **la Rochefoucauld** (1613–1680) s'est rendu immortel par son brillant recueil de *Maximes*, publié en 1665. Sa philosophie amère de la vie exprime son dégoût d'un monde où les meilleurs sentiments sont, malgré les apparences, dictés par l'intérêt personnel. Citons quelques exemples de ses maximes:

Nos vertus ne sont le plus souvent que des vices déguisés.
Le refus de la louange est un désir d'être loué deux fois.
On ne donne rien si libéralement que ses conseils.
Nous avons tous assez de force pour supporter les maux d'autrui.
Si l'on juge l'amour par la plupart de ses effets, il ressemble plus
à la haine qu'à l'amitié.

Dans la littérature épistolaire, **Mme de Sévigné** (1626–1696) est le grand artiste. C'est à sa fille mariée qu'elle adressa la plupart de ses *Lettres*. Dans cette correspondance, qui vaut par la fraîcheur de l'imagination, par la vivacité d'esprit, et par le sens commun, la marquise exprime des sentiments personnels en donnant une peinture vivante des événements et des mœurs de l'époque.

D'autres écrivains illustres du XVIIe siècle comprennent les suivants:

Boileau (1636–1711), poète, satiriste, et surtout critique impitoyable de tout ce qui s'écarte du classicisme, contribua à fixer l'idéal de l'école classique: le goût de la raison, venu du cartésianisme, et le goût de la beauté, venu des œuvres grecques et latines.

La Bruyère (1645–1696), moraliste et philosophe social, composa les *Caractères*, où l'on trouve un tableau vivant et souvent cruel des mœurs de son temps. Il espéra remédier par ses œuvres aux maux de la société. Il apporte une finesse et une pénétration dans son analyse du cœur humain.

Bossuet (1627–1704), évêque, historien, et l'orateur le plus éloquent du siècle, défendit la religion catholique et la politique religieuse de Louis XIV. Lui, aussi, est un moraliste sévère.

Vers la fin du siècle, une grande discussion divise le monde littéraire. Chez plusieurs écrivains, l'admiration pour l'antiquité devient un véritable culte. D'autres, pourtant, contestent la supériorité des « Anciens » et soutiennent le mérite des « Modernes.» C'est le début de la violente « Querelle des Anciens et des Modernes,» qui se terminera au XVIIIe siècle par le triomphe des Modernes et la diminution du respect de l'antiquité et de l'idéal classique.

MORCEAUX CHOISIS

Au commencement de son *Discours de la méthode*, la première grande œuvre philosophique et scientifique en français, Descartes exprime quelques-unes de ses observations sur la raison humaine.

Le bon sens est la chose du monde la mieux partagée, car chacun pense en être si bien pourvu, que ceux mêmes qui sont les plus difficiles à contenter en toute autre chose n'ont point coutume d'en désirer plus qu'ils n'en ont. En quoi[1] il n'est pas vraisemblable[2] que tous se trompent; mais plutôt cela témoigne que la puissance de bien juger et de distinguer le vrai d'avec le faux, qui est proprement ce qu'on nomme le bon sens ou la raison, est naturellement égale en tous les hommes, et ainsi que la diversité de nos opinions ne vient pas de ce que les uns sont plus raisonnables que les autres, mais seulement de ce que nous conduisons nos pensées par diverses voies, et ne considérons pas les mêmes choses. Car ce n'est pas assez d'avoir l'esprit bon, mais le principal est de l'appliquer bien. Les plus grandes âmes[3] sont capables des plus grands vices aussi bien que des plus grandes vertus; et ceux qui ne marchent que fort lentement peuvent avancer beaucoup davantage, s'ils suivent toujours le droit chemin, que ne font ceux qui courent et qui s'en éloignent...

1. à cet égard
2. probable
3. esprits

EXERCICE

1. Quelle est, selon Descartes, la définition du bon sens?

2. Qu'est-ce qui lui fait croire que « le bon sens est la chose du monde la mieux partagée »?

3. Si la raison est égale en tous les hommes, comment peut-on expliquer tant d'opinions différentes?

4. Que faut-il faire en ce qui concerne le bon sens?

5. Selon Descartes, comment doit-on progresser?

Voici divers extraits tirés des *Pensées* de Pascal:

Je puis bien concevoir un homme sans mains, pieds, tête (car ce n'est que l'expérience qui nous apprend que la tête est plus nécessaire que les pieds). Mais je ne puis concevoir l'homme sans pensée: ce serait une pierre ou une brute.

L'homme n'est qu'un roseau, le plus faible de la nature; mais c'est un roseau pensant. Il ne faut pas que l'univers s'arme pour l'écraser; une vapeur, une goutte d'eau suffit pour le tuer. Mais quand[1] l'univers l'écraserait, l'homme serait encore plus noble que ce qui le tue, parce qu'il sait qu'il meurt et l'avantage[2] que l'univers a sur lui; l'univers n'en sait rien.

Toute notre dignité consiste donc en la pensée. C'est de là qu'il faut nous relever, et non de l'espace et de la durée, que nous ne saurions remplir. Travaillons donc à bien penser: voilà le principe de la morale.

———

Que chacun examine ses pensées, il les trouvera toujours occupées au passé et à l'avenir. Nous ne pensons presque point au présent; et si nous y pensons, ce n'est que pour en prendre la lumière pour disposer de l'avenir. Le présent n'est jamais notre fin: le passé et le présent sont nos moyens; le seul avenir est notre fin. Ainsi nous ne vivons jamais, mais nous espérons de vivre; et, nous disposant[3] toujours à être heureux, il est inévitable que nous ne le soyons jamais.

———

Le cœur a ses raisons que la raison ne connaît pas; on le sait en mille choses.

———

Pourquoi me tuez-vous? —Eh quoi! ne demeurez-vous pas de l'autre côté de l'eau? Mon ami, si vous demeuriez de ce côté, je serais un assassin; cela serait injuste de vous tuer de la sorte. Mais puisque vous demeurez de l'autre côté, je suis un brave, et cela est juste.

———

Qui voudra connaître à plein la vanité de l'homme n'a qu'à considérer les causes et les effets de l'amour... Le nez de Cléopâtre, s'il eût été plus court, toute la face de la terre aurait changé.

1. même si
2. deuxième complément de *sait*
3. nous préparant

EXERCICE

1. Qu'est-ce qui rend l'homme supérieur à la nature, aux machines, et aux bêtes?

2. Quelle règle Pascal nous offre-t-il pour réaliser pleinement notre être?

3. Pourquoi l'homme est-il constamment inquiet?

4. Par quelle expression pittoresque Pascal souligne-t-il l'importance des détails en histoire?

5. Quelle phrase de Pascal exprime bien la complexité du cœur humain?

6. Dans quelle pensée citée ci-dessus emploie-t-il l'ironie pour mettre en relief ses sentiments sur la justice et la guerre?

Ce monologue constitue une scène de l'acte premier du *Cid*, tragédie de Corneille. Le vieux don Diègue a été nommé gouverneur (celui qui est chargé de l'éducation) du prince. Le comte, envieux de cet honneur, qu'il désire pour lui-même, vient de se quereller avec don Diègue et de lui lancer des insultes.

DON DIÈGUE

Ô rage! ô désespoir! ô vieillesse ennemie!
N'ai-je donc tant vécu que pour cette infamie?
Et ne suis-je blanchi dans les travaux guerriers
Que pour voir en un jour flétrir[1] tant de lauriers?[2]
Mon bras, qu'avec respect toute l'Espagne admire,
Mon bras, qui tant de fois a sauvé cet empire,
Tant de fois affermi le trône de son roi,
Trahit donc ma querelle, et ne fait rien pour moi?
Ô cruel souvenir de ma gloire passée!
Oeuvre de tant de jours en un jour effacée!
Nouvelle dignité,[3] fatale à mon bonheur!
Précipice élevé d'où tombe mon honneur!
Faut-il de votre éclat[4] voir triompher le Comte,
Et mourir sans vengeance, ou vivre dans la honte?
Comte, sois de mon prince à présent gouverneur:
Ce haut rang n'admet point un homme sans honneur;
Et ton jaloux orgueil, par cet affront insigne,[5]
Malgré le choix du Roi, m'en a su rendre indigne.
Et toi, de mes exploits glorieux instrument,
Mais d'un corps tout de glace inutile ornement,
Fer,[6] jadis tant à craindre, et qui, dans cette offense,
M'as servi de parade,[7] et non pas de défense,
Va, quitte désormais le dernier des humains,
Passe, pour me venger, en de meilleurs mains.

1. disparaître, mourir
2. Les lauriers étaient le symbole de la gloire.
3. son nouveau poste de gouverneur
4. gloire
5. extraordinaire
6. épée
7. ornement inutile

EXERCICE

1. Pourquoi don Diègue en veut-il à sa vieillesse?

2. De quelle perte soudaine se plaint-il?

3. Qu'est-ce qu'il a fait pour sa patrie?

4. Quelle décision ne veut-il pas prendre?

5. Pourquoi se considère-t-il comme indigne?

6. Quel choix fait-il enfin?

7. Quels traits du caractère de don Diègue se révèlent dans son monologue?

8. Relever toutes les comparaisons exprimées ou sous-entendues dans ce discours.

9. Pourquoi ce récit est-il dramatique?

10. Suggérer un titre convenable à ce passage.

Dans *le Tartuffe*, Molière s'attaque aux faux dévots.

Orgon a accueilli chez lui un homme qu'il admire, Tartuffe. Mais Tartuffe est vraiment un imposteur qui se fait passer pour dévot. Dans cette scène du premier acte, Orgon revient chez lui, et Cléante, son beau-frère, le reçoit. Orgon demande à Dorine, la confidente de sa femme, ce qui est arrivé en son absence.

ORGON

Ah! mon frère, bonjour.

CLÉANTE

Je sortais, et j'ai joie à vous voir de retour.
La campagne à présent n'est pas beaucoup fleurie.

ORGON

Dorine... Mon beau-frère, attendez, je vous prie:
Vous voulez bien souffrir pour m'ôter de souci
Que je m'informe un peu des nouvelles d'ici.
Tout s'est-il, ces deux jours, passé de bonne sorte?
Qu'est-ce qu'on fait céans?[1] comme[2] est-ce qu'on s'y porte?

DORINE

Madame eut avant-hier la fièvre jusqu'au soir,
Avec un mal de tête étrange à concevoir.

ORGON

Et Tartuffe?

DORINE

Tartuffe? il se porte à merveille,
Gros et gras, le teint frais, et la bouche vermeille.

ORGON

Le pauvre homme!

DORINE

Le soir, elle eut un grand dégoût,
Et ne put au souper toucher à rien du tout,
Tant sa douleur de tête était encor cruelle!

ORGON

Et Tartuffe?

DORINE

Il soupa, lui tout seul, devant elle;
Et fort dévotement il mangea deux perdrix,[3]
Avec une moitié de gigot[4] en hachis.[5]

ORGON

Le pauvre homme!

DORINE

La nuit se passa tout entière
Sans qu'elle pût fermer un moment la paupière;
Des chaleurs l'empêchaient de pouvoir sommeiller,
Et jusqu'au jour près d'elle il nous fallut veiller.

ORGON

Et Tartuffe?

DORINE

Pressé d'un sommeil agréable,
Il passa dans sa chambre au sortir de la table,
Et dans son lit bien chaud il se mit tout soudain,
Où sans trouble il dormit jusques au lendemain.

ORGON

Le pauvre homme!

DORINE

A la fin, par nos raisons gagnée,
Elle se résolut à souffrir la saignée[6];
Et le soulagement suivit tout aussitôt.

ORGON

Et Tartuffe?

DORINE

Il reprit courage comme il faut
Et contre tous les maux fortifiant son âme,
Pour réparer le sang qu'avait perdu Madame,
But à son déjeuner quatre grands coups de vin.

ORGON

Le pauvre homme!

DORINE

Tous deux se portent bien enfin;
Et je vais à Madame annoncer par avance
La part que vous prenez à sa convalescence.

1. ici dedans, à la maison
2. comment
3. *partridges*
4. cuisse d'agneau
5. viande finement hachée
6. ouverture de la veine pour tirer du sang

EXERCICE

1. Ranconter toutes les souffrances de Madame.

2. Quel était l'état de Tartuffe dans chacune de ces circonstances?

3. Qu'est-ce qu'on a persuadé à Madame de faire?

4. Quel en était le résultat?

5. Décrire les traits du caractère de Tartuffe qui se révèlent ici.

6. Citer les mots où Dorine se moque de l'attachement aveugle d'Orgon pour Tartuffe.

7. Quel procédé Molière emploie-t-il pour rendre cette scène comique?

Cette fable de la Fontaine, *le Coche et la Mouche*, est parmi les plus célèbres:

> Dans un chemin montant, sablonneux,[1] malaisé,[2]
> Et de tous les côtés au soleil exposé,
>   Six forts chevaux tiraient un coche.[3]
> Femmes, moine,[4] vieillards, tout était descendu:
> L'attelage[5] suait, soufflait, était rendu.[6]
> Une mouche survient, et des chevaux s'approche,
> Prétend les animer par son bourdonnement,[7]
> Pique l'un, pique l'autre, et pense à tout moment
>   Qu'elle fait aller la machine,[8]
> S'assied sur le timon,[9] sur le nez du cocher.
>   Aussitôt que le char chemine,[10]
>   Et qu'elle voit les gens marcher,
> Elle s'en attribue uniquement la gloire;
> Va, vient, fait l'empressée[11]: il semble que ce soit
> Un sergent de bataille allant en chaque endroit
> Faire avancer ses gens, et hâter la victoire.
>   La mouche, en ce commun besoin,
> Se plaint qu'elle agit seule, et qu'elle a tout le soin;
> Qu'aucun n'aide aux chevaux à se tirer d'affaire.
> Le moine disait son bréviaire![12]
> Il prenait bien son temps![13] une femme chantait:
> C'était bien de chansons qu'alors il s'agissait!
> Dame mouche s'en va chanter à leurs oreilles,
>   Et fait cent sottises pareilles.
> Après bien du travail, le coche arrive au haut:
> «Respirons maintenant! dit la mouche aussitôt.
> J'ai tant fait que nos gens sont enfin dans la plaine.
> Çà,[14] messieurs les chevaux, payez-moi de ma peine.»
>
> Ainsi certaines gens, faisant les empressés,
>   S'introduisent dans les affaires[15]:
>   Ils font partout les nécessaires,[16]
> Et, partout importuns[17] devraient être chassés.

1. où il y a beaucoup de sable	10. la voiture se remet en marche
2. difficile	11. fait semblant d'être très affairée
3. grande diligence dans laquelle on voyageait	12. lisait son livre de prières
4. religieux	13. C'était bien le moment!
5. les chevaux	14. interjection qui marque l'impatience
6. épuisé, fatigué	15. les affaires d'autrui
7. bruit sourd que font les mouches	16. font semblant d'être indispensables
8. le coche	17. qui provoquent le déplaisir
9. pièce de bois qui sert à diriger une voiture	

EXERCICE

1. Distinguer les divers actes de ce petit drame.

2. Pourquoi les chevaux trouvaient-ils difficile de tirer le coche?

3. Quels mots mettent en relief cette difficulté?

4. Comment a-t-on essayé d'aider les bêtes?

5. Quelle comparaison l'auteur fait-il en ce qui concerne les activités de la mouche?

6. Quelle est l'attitude de la mouche envers les voyageurs?

7. Analyser le caractère de la mouche.

8. Quels traits de la mouche ressemblent à ceux d'un insecte? Lesquels ressemblent à ceux d'un être humain?

9. Relever les exemples de l'ironie ou du sarcasme dans la fable.

10. Quels sons l'auteur essaie-t-il de nous faire entendre pendant cet incident?

11. Quel temps emploie-t-il pour décrire l'action des chevaux et des gens? Quel autre pour suggérer d'une manière vivante l'activité fiévreuse de la mouche?

12. Dans quelle partie de la fable l'auteur exprime-t-il ses propres sentiments?

13. Quelle est la morale de cette fable?

14. Que veut dire aujourd'hui l'expression: « C'est la mouche du coche »?

On a dit que Mme de Sévigné a « l'imagination qui trouve le dessin, les couleurs, les ombres, les reflets » et fait entrer « dans les yeux et les esprits avec une puissance de pénétration prodigieuse, les choses qu'elle a vues.» Voici l'extrait d'une lettre adressée à la fille qu'elle aimait tant:

> Hier au soir, à Cosne,[1] nous allâmes dans un véritable enfer: ce sont des forges de Vulcain; nous y trouvâmes huit ou dix cyclopes[2] forgeant, non pas les armes d'Énée,[3] mais des ancres pour les vaisseaux; jamais vous n'avez vu redoubler des coups si justes, ni d'une si admirable cadence. Nous étions au milieu de quatre fourneaux; de temps en temps ces démons venaient autour de nous, tout fondus de sueur, avec des visages pâles, des yeux farouches,[4] des moustaches brutes, des cheveux longs et noirs; cette vue pourrait effrayer des gens moins polis que nous. Pour moi, je ne comprenais pas qu'on pût résister à nulle des volontés de ces messieurs-là dans leur enfer. Enfin nous en sortîmes avec une pluie de pièces de quatre sous dont notre bonne compagnie les rafraîchit pour faciliter notre sortie.
>
> Nous avions vu la veille, à Nevers, une course la plus hardie[5] qu'on puisse imaginer: quatres belles dans un carrosse nous ayant vu passer dans les nôtres eurent une telle envie de nous revoir qu'elles voulurent passer devant nous lorsque nous étions sur une chaussée qui n'a jamais été faite que pour un carrosse. Ce téméraire cocher nous passa sur la moustache: elles étaient à deux doigts de tomber dans la rivière; nous criions tous miséricorde[6]; elles pâmaient de rire,[7] et coururent de cette sorte, et par-dessus nous et devant nous, d'une si surprenante manière, que nous en sommes encore effrayés. Voilà, ma très chère, nos plus grandes aventures.

1. Il y avait à Cosne des ateliers de la marine royale où l'on fabriquait des clous, des câbles, des ancres.
2. géants monstrueux, n'ayant qu'un œil au milieu du front et forgeant les foudres de Zeus
3. Dans l'*Énéide* de Virgile, Vulcain, à la demande de Vénus, forge des armes pour Énée.
4. féroces, sauvages   5. conçue avec audace   6. pitié   7. elles riaient à l'excès

EXERCICE

1. Quelles ressemblances Mme de Sévigné trouve-t-elle entre cet atelier et l'enfer?

2. Quels termes emploie-t-elle pour suggérer la terreur que les forgerons inspiraient?

3. Expliquer la raison pour la « pluie de pièces.»

4. Pourquoi les « quatre belles » de la deuxième aventure voulaient-elles doubler?

5. Quelle sorte de personnes étaient-elles? Quels détails le montrent?

6. Quelle était la réaction de Mme de Sévigné et de ses compagnons? Pourquoi?

7. Qu'est-ce qu'il y a dans cette lettre qui montre la force d'imagination de Mme de Sévigné?

SUJETS DE COMPOSITION ET DE CONVERSATION

1. L'homme peut-il déterminer sa propre destinée?

2. Écrire à un(e) ami(e) une lettre pouvant avoir pour conclusion une des maximes suivantes de la Rochefoucauld:

   a. On ne donne rien si libéralement que ses conseils.

   b. On n'est jamais si heureux ni si malheureux qu'on s'imagine.

3. Ce qu'il faut faire pour être un grand écrivain.

4. Une fable originale.

5. Une anecdote qui signale l'importance du sens commun.

6. Un incident de conflit entre la raison et les émotions.

7. C'est la mouche du coche!

8. Imaginer une historiette qui traite un des défauts humains (l'avarice, la vanité, l'ignorance, l'hypocrisie, etc.).

9. Une lettre qui décrit une promenade aventureuse en voiture (en bateau, à bicyclette).

10. Composer une « pensée » originale (à l'imitation de Pascal) ou une maxime originale (à l'imitation de la Rochefoucauld).

11. Le théâtre de l'âge d'or en France.

4. LE DIX-HUITIÈME SIÈCLE

Le XVIIIᵉ siècle forme un contraste frappant avec le siècle précédent. Tandis qu'au XVIIᵉ siècle on voulait analyser et peindre l'âme humaine avec ses passions et ses défauts, le XVIIIᵉ s'attache à étudier la place que l'homme occupe dans la société. Né du rationalisme cartésien, l'esprit de libre examen qui se manifeste vers la fin du XVIIᵉ siècle atteint son plein développement au XVIIIᵉ. On prend un vif intérêt au monde physique, se tournant vers les questions politiques et sociales, vers l'observation de la nature.

On attaque la monarchie absolue et la religion traditionnelle, et l'affaiblissement de ces autorités laisse le champ libre à l'individualisme, au scepticisme, au culte de la Raison, et au désir grandissant de réaliser le bonheur de l'homme sur la terre. Cette idée que l'homme a droit au bonheur se retrouvera dans la Déclaration de l'Indépendance américaine. Le courant d'idées démocratiques devient de plus en plus puissant. On critique tout ce qui paraît nuisible aux progrès humains, toute mesure qui impose des limites aux désirs naturels des hommes. C'est un siècle qui s'intéresse à l'histoire naturelle et aux récits de voyages, une époque d'échanges intellectuels, surtout avec l'Angleterre. Pendant la première moitié du siècle, les idées nouvelles se manifestent avec une certaine modération; la seconde moitié est une période de lutte violente qui crée l'esprit révolutionnaire.

Ces tendances dans les façons de vivre et de penser se reflètent nettement dans la littérature, où la pensée philosophique et politique éclipse l'art littéraire. Puisque c'est une littérature militante, destinée à convaincre par l'analyse et la discussion des faits naturels, politiques, scientifiques, et sociaux, c'est la prose, plutôt que la poésie, qui produit les œuvres les plus importantes. Il y a un renouvellement du roman, surtout le roman philosophique, qui devient une arme de presque tous les grands écrivains: *Candide* de Voltaire, *les Lettres persanes* de Montesquieu, *la Nouvelle Héloïse* de Rousseau, *le Neveu de Rameau* de Diderot. La prose triomphe même au théâtre avec Beaumarchais, qui doit sa célébrité à des comédies étincelantes de verve et de gaieté: *le Barbier de Séville* et *le Mariage de Figaro*. La tragédie n'existe presque pas, sauf quelques ouvrages de Voltaire. Quant à la poésie lyrique, seulement vers la fin du siècle apparaît un poète illustre, André Chénier.

Les écrivains du XVIIᵉ siècle ne parlaient guère d'eux-mêmes dans leurs œuvres. Au XVIIIᵉ siècle, au contraire, la vie et la personnalité de l'écrivain se voient clairement dans ses œuvres. L'homme commence à s'étudier, à développer le penchant à la méditation, et dans cette contemplation on voit naître une mélancolie qui grandira jusqu'à l'époque romantique. La Révolution française contribuera à cette tristesse et renforcera l'esprit de pessimisme. Les écrivains qui représentent le mieux l'esprit critique et scientifique du siècle sont les grands philosophes, les principaux précurseurs de la Révolution: Voltaire, Montesquieu, Rousseau et Diderot.

Voltaire (1694–1778), dont le véritable nom était François-Marie Arouet, domina le XVIIIᵉ siècle, qu'il remplit de son activité. Il passa plusieurs années à l'étranger, surtout en Angleterre et en Prusse. S'essayant dans tous les genres, ses œuvres comprennent des comédies, des tragédies, des poésies, des traités scientifiques, des ouvrages philosophiques, des romans, des ouvrages d'histoire, des contes en prose et en vers, et une correspondance abondante. Il sut exposer avec une grande clarté les problèmes les plus compliqués. Son esprit remarquable et son charme personnel lui gagnèrent de nombreux amis parmi les personnages célèbres du temps.

Pendant la première partie de sa vie, il s'occupa surtout de littérature; après 1755, il se consacra complètement à la lutte philosophique. Doué d'un tempérament agressif, il s'attaqua à tout: à l'absolutisme, à l'injustice sociale, à la religion, aux superstitions, au fanatisme, à l'intolérance, enfin à tout ce qu'il considérait comme défauts de l'ordre social. Avec une confiance absolue dans les pouvoirs de la raison, il se fit le défenseur du genre humain et de la liberté sous tous les aspects. Voltaire eut une influence puissante sur la pensée du XVIIIᵉ siècle. Par ses critiques violentes, il détruisit le respect de l'autorité et prépara la Révolution française.

Charles de Secondat de Montesquieu (1689–1755) est un des fondateurs de la sociologie moderne. Dans *les Lettres persanes* il nous donne une satire et une critique des institutions françaises et de la vie des Européens. La conclusion qu'on tire de ce livre plaisant c'est que les principes de morale, de gouvernement, et de religion varient d'un pays à l'autre. Dans *l'Esprit des lois*, Montesquieu démontre que les lois sont l'expression de la société et changent d'un peuple à l'autre ainsi que selon les temps, les circonstances, le climat, les conditions économiques et d'autres facteurs variables. Ses idées originales et pratiques sur la législation, la séparation des pouvoirs gouvernementaux et la liberté politique contribuèrent à renverser la monarchie française et à créer la Constitution américaine.

L'œuvre de **Jean-Jacques Rousseau** (1712–1778), le théoricien de la démocratie, né en Suisse, représente la révolte contre la tradition. Il est le défenseur de la liberté et de l'égalité de l'individu, et de la souveraineté du peuple. En attaquant violemment l'ordre de la société dans son *Contrat social*, il inspire la révolte intellectuelle qui mène à la Révolution.

Rousseau croit que l'homme est naturellement bon, heureux, et libre mais que la civilisation l'a rendu méchant, misérable, et esclave: « L'homme est né libre, et partout il est dans les fers.» Il suggère un retour à la nature, à la vertu primitive. Il veut que le corps s'exerce et grandisse sans contrainte. Ses théories pédagogiques, qu'il énonce dans l'*Émile*, ont profondément influencé l'éducation moderne.

Tandis que Voltaire exalte la raison, Rousseau exalte le sentiment. Dans ses *Confessions*, œuvre autobiographique, où il met à la mode la littérature intime et personnelle, il s'analyse avec la science d'un psychologue. *La Nouvelle Héloïse* est un des premiers modèles du roman sentimental et romanesque. En effet, sa glorification de l'individualisme, sa sentimentalité, et son amour de la nature sont à la base du mouvement romantique.

Denis Diderot (1713–1784), philosophe matérialiste et athée, conteur, et critique d'art, avait une insatiable curiosité. Avec **d'Alembert,** il dirigea la publication des vingt-huit volumes de *l'Encyclopédie*, le grand arsenal de propagande des nouvelles idées philosophiques. La rédaction de cette gigantesque entreprise, qui avait pour but de faire connaître le développement des sciences, des arts, et de la pensée dans tous les domaines, dura plus de vingt ans. Elle fut réalisée avec la collaboration de tous les savants et de tous les hommes de lettres du temps. Attaquant la tradition, Diderot exprime sa foi dans le progrès de l'humanité.

MORCEAUX CHOISIS

Ceux qui cherchent des exemples parfaits de la prose française peuvent les trouver dans les contes philosophiques de Voltaire, dont les plus célèbres sont *Candide* et *Zadig*. Les épisodes de ces récits servent de prétexte à une critique politique, religieuse et sociale.

Dans cet extrait de *Zadig*, le personnage de ce nom, esclave et ami du marchand Sétoc, fait abolir une coutume arabe.

Il y avait alors dans l'Arabie une coutume affreuse, venue originairement de Scythie, et qui, s'étant établie dans les Indes par le crédit des brachmanes[1] menaçait d'envahir tout l'Orient. Lorsqu'un homme marié était mort, et que sa femme bien-aimée voulait être sainte, elle se brûlait en public sur le corps de son mari. C'était une fête solennelle qui s'appelait le bûcher[2] du veuvage. La tribu dans laquelle il y avait eu le plus de femmes brûlées était la plus considérée. Un Arabe de la tribu de Sétoc étant mort, sa veuve, nommée Almona, qui était fort dévote, fit savoir le jour et l'heure où elle se jetterait dans le feu au son des tambours et des trompettes. Zadig remontra[3] à Sétoc combien cette horrible coutume était contraire au bien du genre humain; qu'on laissait brûler tous les jours de jeunes veuves qui pouvaient donner des enfants à l'État, ou du moins élever les leurs; et il le fit convenir qu'il fallait, si l'on pouvait, abolir un usage si barbare. Sétoc répondit: « Il y a plus de mille ans que les femmes sont en possession de[4] se brûler. Qui de nous osera changer une loi que le temps a consacrée? Y a-t-il rien de plus respectable qu'un ancien abus? —La raison est plus ancienne, reprit Zadig. Parlez aux chefs des tribus, et je vais trouver la jeune veuve.»

Il se fit présenter à elle; et après s'être insinué[5] dans son esprit par des louanges sur sa beauté, après lui avoir dit combien c'était dommage de mettre au feu tant de charmes, il la loua encore sur sa constance et son courage. « Vous aimiez donc prodigieusement votre mari? lui dit-il. —Moi? point du tout, répondit la dame arabe. C'était un brutal, un jaloux, un homme insupportable; mais je suis fermement résolue de me jeter sur son bûcher. —Il faut, dit Zadig, qu'il y ait apparemment un plaisir bien délicieux à être brûlée vive. —Ah! cela fait frémir la nature, dit la dame; mais il faut en passer par là. Je suis dévote; je serais perdue de réputation, et tout le monde se moquerait de moi si je ne me brûlais pas.» Zadig, l'ayant fait convenir qu'elle se brûlait pour les autres et par vanité, lui parla longtemps d'une manière à lui faire aimer un peu la vie, et parvint même à lui inspirer quelque bienveillance pour celui qui lui parlait. « Que feriez-vous enfin, lui dit-il, si la vanité de vous brûler ne vous tenait pas?—Hélas! dit la dame, je crois que je vous prierais de m'épouser.»

Zadig était trop rempli de l'idée d'Astarté[6] pour ne pas éluder[7] cette déclaration; mais il alla dans l'instant trouver les chefs des tribus, leur dit ce qui s'était passé, et leur conseilla de faire une loi par laquelle il ne serait permis à une veuve de se brûler qu'après avoir entretenu un jeune homme tête à tête pendant une heure entière. Depuis ce temps aucune dame ne se brûla en Arabie. On eut au seul Zadig l'obligation d'avoir détruit en un jour une coutume si cruelle, qui durait depuis tant de siècles. Il était donc le bienfaiteur de l'Arabie.

1. prêtres de l'Inde
2. pile de bois sur laquelle on brûle ceux qui sont condamnés au supplice du feu
3. fit comprendre à
4. ont le droit et l'habitude de
5. introduit
6. jeune femme dont Zadig est amoureux
7. éviter avec adresse

EXERCICE

1. Quel usage sacré s'était établi chez les tribus arabes de l'Inde?

2. Quelle tribu avait le plus grand prestige?

3. Qu'est-ce qui bouleversa Zadig un jour? Pourquoi?

4. Comment Sétoc défendit-il la continuation de la coutume?

5. De quels moyens Zadig se servit-il pour gagner la confiance d'Almona?

6. Pour quelles raisons la veuve tenait-elle à se suicider?

7. Qu'est-ce qui la fit changer d'avis?

8. Pourquoi Zadig refusa-t-il de prendre au sérieux l'aveu de son amour?

9. Quel changement réussit-il à effectuer dans la coutume effroyable?

10. Quel en fut le résultat?

11. Quels détails prouvent que Voltaire veut nous amuser?

12. A quoi s'attaque-t-il ici?

13. Relever l'ironie contenue dans le récit.

14. Quelle morale peut-on en tirer?

15. Suggérer un titre pour ce passage.

Dans *les Lettres persanes*, Montesquieu imagine deux voyageurs persans qui visitent la France et qui écrivent leurs impressions à leurs compatriotes. Dans la lettre suivante, Rica, qui est à Paris, écrit à son ami, Ibben, pour lui donner ses premières impressions de la capitale française.

Nous sommes à Paris depuis un mois et nous avons toujours été dans un mouvement continuel. Il faut bien des affaires avant qu'on soit logé, qu'on ait trouvé les gens à qui on est adressé, et qu'on se soit pourvu des choses nécessaires qui manquent toutes à la fois.

Paris est aussi grand qu'Ispahan[1] : les maisons y sont si hautes qu'on jurerait qu'elles ne sont habitées que par des astrologues. Tu juges bien qu'une ville bâtie en l'air qui a six ou sept maisons les unes sur les autres, est extrêmement peuplée; et quand tout le monde est descendu dans la rue, il s'y fait un bel embarras.

Tu ne le croiras pas peut-être, depuis un mois que je suis ici, je n'y ai encore vu marcher personne. Il n'y a point de gens au monde qui tirent mieux parti[2] de leur machine[3] que les Français; ils courent, ils volent: les voitures lentes d'Asie, le pas réglé de nos chameaux, les feraient tomber en syncope.[4] Pour moi, qui ne suis pas fait à ce train[5] et qui vais souvent à pied sans changer d'allure, j'enrage quelquefois comme un chrétien: car encore passe qu'on m'éclabousse[6] depuis les pieds jusqu'à la tête, mais je ne puis pardonner les coups de coude que je reçois régulièrement et périodiquement. Un homme qui vient après moi et qui me passe me fait faire demi-tour; et un autre qui me croise[7] de l'autre côté me remet soudain où le premier m'avait pris; et je n'ai pas fait cent pas, que je suis plus brisé que si j'avais fait dix lieues.[8]

1. ville de Perse   2. tirer parti de = utiliser   3. corps
4. tomber en syncope = perdre connaissance
5. vitesse   6. *splash*   7. passe
8. lieue = ancienne mesure d'environ quatre kilomètres

EXERCICE

1. Qu'est-ce qui étonne Rica depuis son arrivée à Paris?

2. Quel contraste note-t-il entre l'architecture des deux pays?

3. Quelle différence signale-t-il entre l'allure des Parisiens et celle des Persans?

4. Quel embarras Rica peut-il tolérer?

5. A quoi ne s'est-il pas encore habitué?

6. Qu'est-ce qu'il y a de comique ou d'exagéré dans cette description de la vie parisienne?

7. Relever les traits satiriques et les railleries légères qui s'y trouvent.

8. Quelles ressemblances peut-on trouver entre la vie parisienne telle que Montesquieu la décrit et la vie dans une ville américaine d'aujourd'hui?

Selon Rousseau, les *Confessions* veulent être «le seul portrait d'homme peint exactement d'après nature et dans toute sa vérité.» Voici le début de cette œuvre que l'on considère comme un grand document humain.

Je forme une entreprise qui n'eut jamais d'exemple, et dont l'exécution n'aura point d'imitateur. Je veux montrer à mes semblables[1] un homme dans toute la vérité de la nature; et cet homme, ce sera moi.

Moi seul. Je sens mon cœur, et je connais les hommes. Je ne suis fait comme aucun de ceux que j'ai vus; j'ose croire n'être fait comme aucun de ceux qui existent. Si je ne vaux pas mieux, au moins je suis autre. Si la nature a bien ou mal fait de briser le moule[2] dans lequel elle m'a jeté, c'est ce dont on ne peut juger qu'après m'avoir lu.

Que la trompette du jugement dernier sonne quand elle voudra, je viendrai, ce livre à la main, me présenter devant le souverain Juge. Je dirai hautement: «Voilà ce que j'ai fait, ce que j'ai pensé, ce que je fus. J'ai dit le bien et le mal avec la même franchise. Je n'ai rien tu[3] de mauvais, rien ajouté de bon; et, s'il m'est arrivé d'employer quelque ornement indifférent, ce n'a jamais été que pour remplir un vide occasionné par mon défaut de mémoire. J'ai pu supposer vrai ce que je savais avoir pu l'être, jamais ce que je savais être faux. Je me suis montré tel que je fus; méprisable et vil quand je l'ai été, bon, généreux, sublime, quand je l'ai été; j'ai dévoilé[4] mon intérieur[5] tel que tu l'as vu toi-même, Être éternel.

Rassemble autour de moi l'innombrable foule de mes semblables; qu'ils écoutent mes confessions, qu'ils gémissent de mes indignités, qu'ils rougissent de mes misères. Que chacun d'eux découvre à son tour son cœur au pied de ton trône avec la même sincérité; et puis qu'un seul te dise, s'il l'ose: *Je fus meilleur que cet homme-là.*»

1. *fellow-men*   4. révélé
2. forme   5. âme
3. participe passé de « taire »

EXERCICE

Dire si, selon Rousseau, les déclarations suivantes sont vraies ou fausses:

1. Il croit n'avoir jamais rien fait de mauvais.

2. Personne ne pourra imiter l'ouvrage qu'il écrit.

3. Il tient à faire connaître tous ses secrets et à tout le monde.

4. Il est différent des autres êtres humains qu'il connaît.

5. Ses semblables ont, sans doute, la même sincérité que lui.

6. Il ne cache ni ses fautes ni ses embarras.

7. Il se considère comme supérieur à la plus grande partie de l'humanité.

8. C'est un individualiste.

9. Il doute qu'il y ait un autre homme qui le surpasse en mérite.

10. Personne avant lui n'a écrit de telles confessions.

11. La nature, en le créant, avait employé un modèle brisé.

12. Il sera prêt à dire la vérité à tous les témoins de sa mort.

13. Il connaît bien le genre humain.

14. Il a l'habitude d'oublier ce qu'il fait.

15. Il se peut qu'il y ait d'autres hommes qui lui ressemblent parfaitement.

Les paragraphes suivants parurent dans un article sur l'autorité politique, écrit par Diderot pour *l'Encyclopédie*.

Aucun homme n'a reçu de la nature le droit de commander aux autres. La liberté est un présent du ciel, et chaque individu de la même espèce a le droit d'en jouir aussitôt qu'il jouit de la raison. Si la nature a établi quelque *autorité*, c'est la puissance paternelle: mais la puissance paternelle a ses bornes[1]; et dans l'état de nature elle finirait aussitôt que les enfants seraient en état de se conduire. Toute autre *autorité* vient d'une autre origine que la nature. Qu'on examine bien et on la fera toujours remonter à l'une de ces deux sources: ou la force et la violence de celui qui s'en est emparé,[2] ou le consentement de ceux qui s'y sont soumis par un contrat fait ou supposé entre eux et celui à qui ils ont déféré l'*autorité*.

La puissance qui s'acquiert par la violence n'est qu'une usurpation et ne dure qu'autant que la force de celui qui commande l'emporte sur celle de ceux qui obéissent; en sorte que si ces derniers deviennent à leur tour les plus forts, et qu'ils secouent le joug,[3] ils le font avec autant de droit et de justice que l'autre qui le leur avait imposé. La même loi qui a fait l'*autorité* la défait alors: c'est la loi du plus fort.

Quelquefois l'*autorité* qui s'établit par la violence change de nature; c'est lorsqu'elle continue et se maintient du consentement exprès de ceux qu'on a soumis: mais elle rentre par là dans la seconde espèce dont je vais parler; et celui qui se l'était arrogée[4] devenant alors prince cesse d'être tyran.[5]

La puissance qui vient du consentement des peuples suppose nécessairement des conditions qui en rendent l'usage légitime utile à la société, avantageux à la république[6], et qui la fixent et la restreignent entre des limites; car l'homme ne peut ni ne doit se donner entièrement et sans réserve à un autre homme, parce qu'il a un maître supérieur au-dessus de tout, à qui seul il appartient tout entier. C'est Dieu...

Le prince tient de ses sujets mêmes l'autorité qu'il a sur eux; et cette autorité est bornée par les lois de la nature et de l'État... Le prince ne peut donc disposer de[7] son pouvoir et de ses sujets sans le consentement de la nation et indépendamment du choix marqué dans le contrat de soumission... Les conditions de ce pacte sont différentes dans les différents États. Mais partout la nation est en droit de maintenir envers et contre tout le contrat qu'elle a fait; aucune puissance ne peut le changer; et quand il n'a plus lieu,[8] elle rentre dans le droit et dans la pleine liberté d'en passer un nouveau avec qui et comme il lui plaît. C'est ce qui arriverait en France si, par le plus grand des malheurs, la famille entière régnante venait à s'éteindre jusque dans ses moindres rejetons[9]: alors le sceptre et la couronne retourneraient à la nation.

1. limites
2. qui s'en est emparé = qui l'a saisie
3. ils secouent le joug = ils s'affranchissent de la servitude
4. s'arroger = prendre illégalement
5. usurpateur
6. État
7. faire ce qu'il veut de
8. est inapplicable
9. descendants

EXERCICE

1. D'où vient la liberté, selon Diderot?

2. Quelle est la base de l'autorité?

3. Quelles sont les limites de cette autorité?

4. Mentionner deux autres sources de l'autorité.

5. Expliquer le raisonnement par lequel Diderot rejette ces deux sources.

6. Quand le tyran devient-il prince?

7. Quelle est la nature de l'autorité de celui-ci?

8. Rechercher dans le texte la ferme condamnation du droit divin et de l'absolutisme.

9. Relever les mots de Diderot qui tendent à établir l'esprit d'indépendance et de révolte.

10. Que deviendrait l'autorité en France si toute la famille royale mourait?

11. En quoi consiste l'audace de cet article?

SUJETS DE COMPOSITION ET DE CONVERSATION

1. Une coutume ridicule que je voudrais abolir.

2. «Liberté, Égalité, Fraternité»: peut-on jamais réaliser cet idéal?

3. Analyser, en donnant des exemples, l'affirmation de Rousseau que «L'homme est né libre, et partout il est dans les fers.»

4. Les progrès récents du genre humain.

5. Un contraste entre la vie et les mœurs de deux peuples (de deux villes).

6. Faire des suggestions constructives pour améliorer l'éducation de nos jeunes gens.

7. Citer des exemples qui montrent de nos jours l'attitude des Américains envers l'autorité.

8. Écrire une lettre persane, à la manière de Montesquieu, basée sur une situation actuelle aux États-Unis.

9. La personne que je suis. (Un portrait de moi à l'imitation de Rousseau.)

10. Pourquoi j'ai envie d'aller à la lune.

11. Le plaisir que l'on éprouve à faire du bien.

12. Les grands philosophes, précurseurs de la Révolution française, et leur influence sur la pensée contemporaine.

5. LE DIX-NEUVIÈME SIÈCLE

La Révolution française avait vivement excité les émotions et avait détruit toutes les illusions sur le progrès et le bonheur. Sans espoir et se rendant compte de leur impuissance, les hommes du début du XIXe siècle se livrèrent à un pessimisme caractérisé par un sentiment de malaise inexprimable qu'on a nommé le « mal du siècle.» En se révoltant contre les règles, on réagit violemment contre la tradition classique. Le résultat de cette réaction est le romantisme, qui n'est pas seulement une attitude à l'égard de la littérature mais aussi une attitude à l'égard de la vie.

Le trait principal du mouvement littéraire est l'individualisme, qui a son origine dans les œuvres de Rousseau. Dans la littérature romantique, la personnalité de l'écrivain s'exprime librement. On ne peut séparer la vie de l'écrivain de son œuvre; le « moi » est admirable. Plutôt qu'une littérature d'idées, c'est une littérature d'introspection, de sensibilité, d'émotion, et d'imagination. Parmi les autres caractéristiques du romantisme, il faut mentionner la mélancolie, le désespoir, l'exagération, l'attrait du surnaturel et de la mort, l'exotisme, et le culte du Moyen Age.

La période pré-romantique (1800–1820) commence avec deux génies, les avant-coureurs du romantisme, qui ont exercé une influence considérable sur le mouvement même. **Mme de Staël,** la théoricienne du romantisme, exalte la tristesse et l'enthousiasme en proclamant les droits de la passion. **Chateaubriand,** le grand interprète des nouvelles aspirations, décrit les beautés morales et artistiques du christianisme. Ses récits de voyages et ses romans exotiques révèlent une sensibilité prodigieuse et une imagination remarquable. Son style unit l'éloquence de la passion à la couleur des descriptions.

De 1820 à 1850 environ, c'est l'époque romantique littéraire, la période des chefs-d'œuvre les plus marquants de la poésie romantique. Cette poésie maintient que le poète doit avoir pleine liberté de peindre ses sentiments et ses passions, de donner libre cours à son imagination. La nature, l'histoire, et l'exotisme—sujets préférés des romantiques—servent de prétexte à cette expression. Le roman historique, qui est étroitement associé au goût pour l'histoire, surtout la vie pittoresque du Moyen Age, offre aux romantiques inquiets un moyen de s'échapper de la réalité.

Le romantisme produisit deux grands poètes: Lamartine et Victor Hugo.

Alphonse de Lamartine (1790–1869), homme politique et diplomate, fut le premier des lyriques romantiques. Dans ses *Méditations*, il rêve et médite devant la nature, qui sert de cadre à ses sentiments. Sa poésie est riche d'imagination, de tendresse, d'originalité, et d'harmonie.

Victor Hugo (1802–1885), poète et auteur dramatique, romancier et philosophe social, fut le géant, le chef incontesté, de l'école. Il remplit toute l'époque romantique de sa production variée. Ses vers, pleins de mouvement et de couleur, expriment tous les sentiments humains dans toutes les formes de la poésie, depuis l'élégie jusqu'à la satire. On a dit que Hugo est le plus grand peintre et le plus grand musicien de la langue française. Il est renommé aussi pour ses pièces de théâtre, *Hernani*, qui introduisit le romantisme au théâtre, et *Ruy Blas*, et surtout pour ses romans, *les Misérables* et *Notre-Dame de Paris*.

D'autres écrivains de l'école romantique comprennent les suivants:

Alfred de Vigny, poète désenchanté et dramaturge pessimiste, était tourmenté par le problème des souffrances humaines et de l'indifférence de la nature et des hommes.

Alfred de Musset, le poète de la jeunesse, écrivit des vers d'amour où il exprime sa propre tristesse et celle de ses contemporains. Il composa aussi des comédies, pleines de grâce et de fantaisie.

George Sand (nom de plume d'Aurore Dupin), l'amie de Musset et du compositeur Chopin, est l'auteur de romans de passion et surtout de romans rustiques, où elle dépeint la vie paysanne et la nature.

Alexandre Dumas père écrivit des drames romantiques, mais il est mieux connu pour ses innombrables romans historiques, comme *les Trois Mousquetaires* et *le Comte de Monte-Cristo*, qui sont universellement populaires encore aujourd'hui.

Stendhal, pseudonyme de Henri Beyle, reflète dans ses romans psychologiques tels que *le Rouge et le noir* l'influence du romantisme.

Prosper Mérimée, l'auteur de *Carmen*, combine dans ses romans et ses nouvelles (*novelettes*) des éléments du romantisme avec son récit objectif et réaliste.

Théophile Gautier, poète et romancier, d'abord passionné du romantisme, écrivit plus tard une poésie plus impersonnelle où il s'attache surtout à la beauté de la forme.

Avec **Honoré de Balzac** (1799–1850), le roman évolue du romantisme vers le réalisme. Balzac est romantique par son inspiration, sa puissance d'imagination, et sa chaleur de sentiments. Il est réaliste par ses dons d'observation et son amour du détail, c'est-à-dire, par sa peinture exacte de toutes les classes sociales et de tous les types humains. Balzac peint un tableau des mœurs et des problèmes de son temps dans *la Comédie humaine*, une série de vingt-quatre romans admirables et de nombreuses nouvelles. Deux romans fameux de ce chef-d'œuvre sont *Eugénie Grandet* et *le Père Goriot*.

MORCEAUX CHOISIS

René, petit roman où Chateaubriand prête au héros des traits de son propre caractère, nous offre la peinture d'une âme inquiète. Le héros, tourmenté par l'ennui et le néant[1] des choses terrestres, ne croit plus au bonheur. Pour lui, la vie n'a plus de sens, ne vaut pas la peine d'être vécue. Ce désespoir de René deviendra le « mal du siècle » qui est, à certains égards, le mal de la jeunesse.

La solitude absolue, le spectacle de la nature me plongèrent bientôt dans un état presque impossible à décrire. Sans parents, sans amis, pour ainsi dire seul sur la terre, n'ayant point encore aimé, j'étais accablé d'une surabondance[2] de vie. Quelquefois je rougissais subitement, et je sentais couler dans mon cœur des ruisseaux d'une lave[3] ardente[4]; quelquefois, je poussais des cris involontaires, et la nuit était également troublée de mes songes et de mes veilles.[5] Il me manquait quelque chose pour remplir l'abîme[6] de mon existence; je descendais dans la vallée, je m'élevais sur la montagne, appelant de toute la force de mes désirs l'idéal objet d'une flamme future; je l'embrassais dans les vents, je croyais l'entendre dans les gémissements[7] du fleuve; tout était ce fantôme imaginaire, et les astres[8] dans les cieux, et le principe même de la vie dans l'univers.

Toutefois cet état de calme et de trouble, d'indigence et de richesse, n'était pas sans quelques charmes: un jour je m'étais amusé à effeuiller[9] une branche de saule[10] sur un ruisseau, et à attacher une idée à chaque feuille que le courant entraînait.[11] Un roi qui craint de perdre sa couronne par une révolution subite ne ressent pas des angoisses plus vives que les miennes à chaque accident qui menaçait les débris de mon rameau.[12] O faiblesse des mortels! ô enfance du cœur humain, qui ne vieillit jamais! Voilà donc à quel degré de puérilité notre superbe raison peut descendre! Et encore est-il vrai que bien des hommes attachent leur destinée à des choses d'aussi peu de valeur que mes feuilles de saule.

Mais comment exprimer cette foule de sensations fugitives que j'éprouvais dans mes promenades? Les sons que rendent les passions dans le vide d'un cœur solitaire ressemblent au murmure que les vents et les eaux font entendre dans le silence d'un désert: on en jouit, mais on ne peut les peindre.

1. rien; ce qui n'existe point
2. excès dans l'abondance
3. matière émise par un volcan
4. qui brûle
5. privations de sommeil
6. endroit profond
7. plaintes douloureuses
8. étoiles
9. ôter les feuilles
10. *willow*
11. emportait
12. petite branche d'arbre

EXERCICE

1. Quel est le sentiment de René quand il se trouve dans un endroit isolé?

2. Quels spectacles de la nature plongent son âme dans la rêverie?

3. Relever les parties du récit qui révèlent:

a. un cœur plein dans un monde vide;

b. des aspirations vagues vers l'infini;

c. une incurable mélancolie;

d. le dégoût de la vie;

e. une imagination puissante;

f. le goût de la tristesse.

4. Quel divertissement René découvre-t-il un jour pour le détourner de la réalité?

5. Quelle analogie établit-il entre son inquiétude à lui et celle d'un monarque?

6. Comment l'auteur donne-t-il à son récit un caractère dramatique?

7. Quelle image symbolique trouve-t-il de la solitude inexprimable?

8. A quels égards Chateaubriand se montre-t-il le disciple de Rousseau?

9. Relever les éléments du romantisme évidents dans ce passage.

10. Quels sentiments ce récit inspire-t-il au lecteur?

Au sujet du poème suivant, *l'Automne*, qui se trouve dans les *Méditations*, Lamartine dit: « Ces vers sont cette lutte entre l'instinct de tristesse qui fait accepter la mort et l'instinct de bonheur qui fait regretter la vie.»

Salut, bois couronnés d'un reste de verdure,
Feuillages jaunissants sur les gazons épars![1]
Salut, derniers beaux jours! le deuil de la nature
Convient à la douleur et plaît à mes regards.

Je suis d'un pas rêveur le sentier solitaire;
J'aime à revoir encor, pour la dernière fois,
Ce soleil pâlissant, dont la faible lumière
Perce à peine à mes pieds l'obscurité des bois.

Oui, dans ces jours d'automne où la nature expire,
A ses regards voilés je trouve plus d'attraits;
C'est l'adieu d'un ami, c'est le dernier sourire
Des lèvres que la mort va fermer pour jamais.

Ainsi, prêt à quitter l'horizon de la vie,
Pleurant de mes longs jours l'espoir[2] évanoui,[3]
Je me retourne encore, et d'un regard d'envie
Je contemple ses biens[4] dont je n'ai pas joui.

Terre, soleil, vallons, belle et douce nature,
Je vous dois une larme aux bords de mon tombeau;
L'air est si parfumé! la lumière est si pure!
Aux regards d'un mourant le soleil est si beau!

Je voudrais maintenant vider jusqu'à la lie[5]
Ce calice[6] mêlé de nectar et de fiel[7]:
Au fond de cette coupe où je buvais la vie,
Peut-être restait-il une goutte de miel!

Peut-être l'avenir me gardait-il encore
Un retour de bonheur dont l'espoir est perdu!
Peut-être, dans la foule, une âme que j'ignore
Aurait compris mon âme, et m'aurait répondu!...

La fleur tombe en livrant ses parfums au zéphire[8];
A la vie, au soleil, ce sont là ses adieux:
Moi, je meurs; et mon âme, au moment qu'elle expire,
S'exhale comme un son triste et mélodieux.

1. *scattered* (se rapporte à *feuillages*)
2. l'espoir de vivre longtemps
3. disparu
4. les biens de la vie
5. dépôt qui se forme dans un liquide et qui tombe au fond du récipient
6. vase sacré (vider le calice jusqu'à la lie = endurer jusqu'au bout les plus grandes afflictions)
7. bile, amertume
8. vent doux et agréable

EXERCICE

1. De quoi le poète se plaint-il?

2. Pourquoi Lamartine a-t-il choisi cette saison comme sujet de son poème?

3. Relever les vers qui expriment « l'instinct de tristesse.»

4. Quels vers révèlent l'obsession de la mort?

5. Quels vers expriment « l'instinct de bonheur »?

6. Dans quelle strophe l'auteur retrouve-t-il le goût de vivre?

7. Lequel de ces sentiments l'emporte dans ce poème?

8. Expliquer le sens de « le deuil de la nature.»

9. Analyser la comparaison entre la mort de la fleur et celle de l'âme du poète.

10. Quels autres symboles Lamartine emploie-t-il?

11. Citer un exemple de la personnification.

12. Montrer que, dans ce poème, la nature ne sert que de prétexte à l'expression des sentiments du poète.

Dans *Notre-Dame de Paris*, Hugo, après avoir décrit le Paris du XVe siècle, nous invite à imaginer ce que pouvait être, au temps du sonneur Quasimodo, l'éveil des carillons.

Montez, un matin de grande fête, au soleil levant de Pâques ou de la Pentecôte, montez sur quelque point élevé d'où vous dominiez la capitale entière, et assistez à l'éveil des carillons. Voyez, à un signal parti du ciel, car c'est le soleil qui le donne, ces mille églises tressaillir[1] à la fois. Ce sont d'abord des tintements[2] épars, allant d'une église à l'autre, comme lorsque des musiciens s'avertissent qu'on va commencer. Puis, tout à coup, voyez, car il semble qu'en certains instants l'oreille aussi a sa vue, voyez s'élever au même moment de chaque clocher comme une colonne de bruit, comme une fumée d'harmonie. D'abord la vibration de chaque cloche monte droite, pure, et pour ainsi dire isolée des autres, dans le ciel splendide du matin. Puis, peu à peu, en grossissant, elle se fondent, elles se mêlent, elles s'effacent l'une dans l'autre, elles s'amalgament dans un magnifique concert. Ce n'est plus qu'une masse de vibrations sonores qui se dégage[3] sans cesse des innombrables clochers, qui flotte, ondule, bondit, tourbillonne[4] sur la ville, et prolonge bien au-delà de[5] l'horizon le cercle assourdissant de ses oscillations. . . .

Prêtez l'oreille . . . et dites si vous connaissez au monde quelque chose de plus riche, de plus joyeux, de plus doré, de plus éblouissant que ce tumulte de cloches et de sonneries; que cette fournaise[6] de musique; que ces dix mille voix d'airain[7] chantant à la fois dans des flûtes de pierre hautes de trois cents pieds; que cette cité qui n'est plus qu'un orchestre; que cette symphonie qui fait le bruit d'une tempête.

1. éprouver une agitation vive et passagère
2. vibrations prolongées
3. sort, s'échappe
4. tourne en faisant plusieurs tours

5. plus loin que
6. feu très ardent
7. *brass*

EXERCICE

1. Où doit-on aller, et quand, pour entendre cette symphonie?

2. Comment faut-il comprendre l'expression « un signal parti du ciel »?

3. Montrer comment Hugo développe tout au long du passage la comparaison entre les voix mêlées des cloches et « un magnifique concert.»

4. Que sont les « flûtes de pierre » dont parle Hugo?

5. Auquel de nos sens surtout l'auteur fait-il appel?

6. Relever les termes qui sont du vocabulaire de la musique.

7. Quels verbes l'auteur emploie-t-il pour rendre la description plus vive?

8. Qu'est-ce qu'il y a dans ce passage qui soutient l'affirmation que Victor Hugo est le plus grand peintre et le plus grand musicien de la langue française?

Dans *Eugénie Grandet*, Balzac peint le portrait du père Grandet, ravagé par une monstrueuse avarice, à laquelle il sacrifie le bonheur de sa fille Eugénie. Le vieux Grandet est sur le point de mourir.

Dès le matin, il se faisait rouler entre la cheminée de sa chambre et la porte de son cabinet, sans doute plein d'or. Il restait là sans mouvement, mais il regardait tour à tour avec anxiété ceux qui venaient le voir et la porte doublée de fer. Il se faisait rendre compte des moindres bruits qu'il entendait; et, au grand étonnement du notaire, il entendait le bâillement[1] de son chien dans la cour.

Il se réveillait de sa stupeur apparente au jour et à l'heure où il fallait recevoir des fermages,[2] faire des comptes avec les closiers[3] ou donner des quittances.[4] Il agitait alors son fauteuil à roulettes jusqu'à ce qu'il se trouvât en face de la porte de son cabinet. Il le faisait ouvrir par sa fille et veillait à ce qu'elle plaçât en secret elle-même les sacs d'argent les uns sur les autres, à ce qu'elle fermât la porte. Puis il revenait à sa place silencieusement aussitôt qu'elle lui avait rendu la précieuse clef, toujours placée dans la poche de son gilet, et qu'il tâtait[5] de temps en temps. D'ailleurs son vieil ami le notaire, sentant que la riche héritière épouserait nécessairement son neveu le président,[6] redoubla de soins et d'attentions: il venait tous les jours se mettre aux ordres de Grandet, allait à son commandement à Froidfond, aux terres, aux prés, aux vignes, vendait les récoltes, et transmutait[7] tout en or et en argent qui venait se réunir secrètement aux sacs empilés dans le cabinet.

Enfin arrivèrent les jours d'agonie,[8] pendant lesquels la forte charpente[9] du bonhomme fut aux prises avec[10] la destruction. Il voulut rester assis au coin de son feu, devant la porte de son cabinet. . . .

Quand il pouvait ouvrir les yeux, où toute sa vie s'était réfugiée, il les tournait aussitôt vers la porte du cabinet où gisaient[11] ses trésors, en disant à sa fille:

« Y sont-ils? y sont-ils? d'un ton de voix qui dénotait une sorte de peur panique.

—Oui, mon père.

—Veille à l'or! . . . Mets de l'or devant moi.»

Eugénie lui étalait des louis[12] sur une table, et il demeurait des heures entières les yeux attachés sur les louis, comme un enfant, qui au moment où il commence à voir, contemple stupidement le même objet, et, comme à un enfant, il lui échappait un sourire pénible.

« Ça me réchauffe!» disait-il quelquefois en faisant paraître sur sa figure une expression de béatitude.[13]

Lorsque le curé de la paroisse vint l'administrer,[14] ses yeux, morts en apparence depuis quelques heures, se ranimèrent à la vue de la croix, des chandeliers, du bénitier[15] d'argent qu'il regardait fixement . . . Lorsque le prêtre lui approcha des lèvres le crucifix en vermeil[16] pour lui faire baiser l'image du Christ, il fit un épouvantable geste pour le saisir, et ce dernier effort lui coûta la vie. Il appela Eugénie, qu'il ne voyait pas, quoiqu'elle fût agenouillée devant lui et qu'elle baignât de ses larmes une main déjà froide.

« Mon père, bénissez-moi, demanda-t-elle.

—Aie bien soin de tout! Tu me rendras compte de ça là-bas.»

1. *yawning*	9. assemblage des os du corps
2. loyers des fermes	10. fut aux prises avec = lutta contre
3. fermiers	11. se trouvaient
4. reçus pour des sommes payées	12. ancienne monnaie d'or
5. touchait avec la main	13. bonheur calme
6. président du tribunal	14. lui donner l'extrême-onction
7. transformait	15. récipient à eau bénite
8. dernière lutte contre la mort	16. argent doré

EXERCICES

A. Compléter les phrases selon le sens du passage:

1. Le père Grandet faisait attention au moindre bruit parce que _____.

2. Eugénie mettait dans le cabinet de son père l'argent qu'il recevait de _____.

3. M. Grandet tâtait la poche de son gilet pour s'assurer que _____.

4. Le notaire avait pour M. Grandet des attentions délicates parce qu'il _____.

5. Un sous-titre convenable à la première partie de ce récit serait: «_____.»

6. Pendant les derniers jours de sa vie, M. Grandet s'occupait à _____.

7. En voyant les objets religieux que portait le prêtre, M. Grandet _____.

8. Il est mort en essayant de _____.

9. Au lieu de bénir sa fille avant sa mort, le père Grandet _____.

10. Sa dernière phrase, «Tu me rendras compte de ça là-bas», veut dire _____.

B. Répondre aux questions suivantes:

1. Quel type humain Balzac crée-t-il dans le personnage de M. Grandet?

2. A quels égards cette peinture de Grandet est-elle sombre et cruelle?

3. Relever les parties de ce passage qui démontrent les dons d'observateur et de peintre réaliste que possédait Balzac.

Au milieu du XIXe siècle naissent des tendances nouvelles qui s'opposent à l'exaltation sentimentale du romantisme. On voit le développement rapide de l'industrie, la prédominance de la science, l'enrichissement de la classe moyenne et une situation matérielle qui lui permet de satisfaire tous ses besoins.

Depuis le Moyen Age un courant réaliste existait dans la littérature française. Au XIXe siècle, l'évolution du romantisme vers le réalisme avait commencé dans les œuvres de certains écrivains tels que Stendhal, Mérimée, Gautier, et Balzac. Mais dans la seconde moitié du siècle, un groupe d'écrivains protestent contre les exagérations des romantiques et se proclament réalistes. L'effort vers une observation objective et précise de la réalité est dû surtout à l'esprit scientifique. Cet esprit influence les œuvres littéraires et lance la période du réalisme et du naturalisme.

Le *positivisme* du philosophe **Comte** prétend que l'esprit humain doit se contenter des vérités tirées de l'observation. Il applique aux phénomènes sociaux les méthodes scientifiques. Le grand théoricien du naturalisme, **Taine,** essaie de démontrer que les œuvres littéraires sont le produit de trois causes: la race, le milieu, et le moment (le temps). Les hommes de lettres subissent fortement l'influence des philosophes et des savants contemporains. Le réalisme cherche à représenter la vie et la nature telles qu'elles sont, sans les idéaliser. La naturalisme de Zola y mêle des observations scientifiques.

Gustave Flaubert (1821–1880), quoique romancier réaliste, garde quelques traits de l'imagination romantique. On le considère comme le créateur du roman moderne. Ses ouvrages sont caractérisés par une observation et une documentation minutieuses. Dans son célèbre roman, *Madame Bovary*, où l'on peut bien voir son souci de la vérité des détails, il nous donne une peinture de la vie d'une petite ville normande.

Émile Zola (1840–1902), chef de l'école naturaliste, observa et analysa d'une façon scientifique les personnages de ses romans sociaux. Il a subi l'influence de Claude Bernard, fondateur de la physiologie moderne et de la médecine expérimentale. Dans sa série des *Rougon-Macquart*, un tableau de la société française sous le Second Empire, Zola applique la méthode scientifique à l'étude des phénomènes sociaux et, en particulier, des lois de l'hérédité. Parmi les vingt volumes de cette œuvre, citons quelques romans qui laissent une impression de puissance: *l'Assommoir, Germinal, la Bête humaine*. Zola est sans égal dans la peinture des masses. Il se distingua aussi dans l'affaire Dreyfus: il organisa une vaste campagne de presse pour défendre l'innocence du capitaine et écrivit son fameux article, *J'accuse* (1898).

Edmond de Goncourt (1822–1896) et son frère **Jules de Goncourt** (1830–1870) collaboraient pour écrire des romans naturalistes où ils substituaient la pathologie à la psychologie. Les frères Goncourt ne peignent pas des types humains normaux mais plutôt des cas intéressants, qu'ils décrivent avec un enthousiasme scientifique. Leur style impressionniste a une précision intense et originale.

Guy de Maupassant (1850–1893) est le type même du romancier naturaliste. Le plus grand maître français de contes, il sait donner à ses descriptions l'apparence de la réalité. Quelques-uns de ses contes, tels que *la Parure* et *la Ficelle*, sont parmi les meilleurs du monde.

Alphonse Daudet (1840–1897), psychologue pénétrant, cherche à donner une reproduction exacte et pittoresque de la réalité. Pourtant son œuvre, où manque l'objectivité des naturalistes, exprime des émotions humaines et une sensibilité délicate. Ses romans, tels que *Tartarin de Tarascon* et *le Petit Chose*, qui représentent la vie du Midi de la France, sont surpassés par ses recueils de nouvelles, comme *Lettres de mon moulin*.

Au théâtre, **Alexandre Dumas fils** (1824–1895) essaie de défendre dans ses pièces dramatiques et brillantes, comme *la Dame aux camélias*, une thèse de morale sociale. Attiré par l'étude de problèmes sociaux, Dumas est un moraliste et un critique impitoyable des injustices de la société qu'il veut réformer. C'est Dumas fils qui introduit le réalisme au théâtre.

Vers le milieu du dix-neuvième siècle, plusieurs poètes inspirés par l'idéal classique protestent contre les exagérations du lyrisme romantique et constituent l'école parnassienne. Ces poètes intellectuels, qui défendent la théorie de « l'art pour l'art » énoncée par Théophile Gautier, se groupent autour de Leconte de Lisle. Ils ont le culte de la beauté de la forme et considèrent l'art et la littérature comme des fins en soi. Les parnassiens cherchent à composer des vers objectifs et impersonnels, tout en insistant sur la perfection de la forme.

Charles Leconte de Lisle (1818–1894), le chef érudit du Parnasse, est soucieux d'être impersonnel, mais il ne peut pas cacher son pessimisme à l'égard de la vie. Il essaie de faire revivre dans sa poésie des civilisations disparues ou lointaines.

Le symbolisme, mot qui s'applique particulièrement à la poésie, prend naissance vers 1885. Le mouvement symboliste, dont le maître est Mallarmé, avait été préparé par le génie de Baudelaire, de Verlaine, et de Rimbaud.

La personnalité étrange et complexe de **Charles Baudelaire** (1821–1867), l'inspirateur de la poésie contemporaine, se révèle dans son œuvre. On y trouve des éléments de tous les thèmes sentimentaux et intellectuels du XIXᵉ siècle. Ses vers, qui continuent le romantisme et annoncent le mouvement parnassien, sont à la base du symbolisme. Dans *les Fleurs du mal*, où il a mis l'expérience douloureuse de sa vie, il nous donne une poésie savante et mélancolique, chargée de couleur, de musique, et de parfums. C'est un artiste de goût moderne.

Paul Verlaine, qui n'aime pas la précision et la netteté du Parnasse, exprime dans sa poésie toute son âme. Sa langue est essentiellement musicale. Il eut une influence considérable sur l'école symboliste. **Arthur Rimbaud,** génie d'une précocité extraordinaire, se révolte contre l'autorité et le conformisme de la société. Ses vers sont des visions et des hallucinations souvent tragiques mais toujours d'une imagination originale. Se préoccupant peu de la rime et des règles de la poésie, il adopte le vers libre.

Les poètes symbolistes affirment que la poésie, au lieu de décrire pour éveiller des images, ne doit que *suggérer* par l'emploi de symboles, de combinaisons musicales de sons, et de rythmes. Réagissant contre la théorie traditionnelle du vers français, ils préfèrent le vers libre.

Stéphane Mallarmé (1842–1898), le vrai fondateur du symbolisme, transforme les objets en symboles. Compositeur de rêveries, comme *l'Après-midi d'un faune*, il s'exprime en une langue subtile, où la musique des mots importe plus que leur sens. Ses vers sont souvent difficiles à comprendre.

MORCEAUX CHOISIS

Le réalisme triomphe à la publication de *Madame Bovary*, roman célèbre de Flaubert et satire du romantisme féminin. Emma Bovary, l'héroïne, ne peut pas supporter la vie monotone qu'elle mène, les longues journées d'ennui qu'elle doit passer dans une petite ville normande.

> Au fond de son âme, cependant, elle attendait un événement. Comme les matelots en détresse, elle promenait sur la solitude de sa vie des yeux désespérés, cherchant

au loin quelque voile[1] blanche dans les brumes de l'horizon. Elle ne savait pas quel serait ce hasard, le vent qui le pousserait jusqu'à elle, vers quel rivage il la mènerait, s'il était chaloupe[2] ou vaisseau à trois ponts, chargé d'angoisses ou plein de félicités jusqu'aux sabords.[3] Mais chaque matin, à son réveil, elle l'espérait pour la journée, et elle écoutait tous les bruits, se levait en sursaut,[4] s'étonnait qu'il ne vînt pas, puis, au coucher du soleil, toujours plus triste, désirait être au lendemain.

Le printemps reparut. Elle eut des étouffements aux premières chaleurs, quand les poiriers fleurirent.

Dès le commencement de juillet, elle compta sur ses doigts combien de semaines lui restaient pour arriver au mois d'octobre, pensant que le marquis d'Andervilliers, peut-être, donnerait encore un bal à la Vaubyessard.[5] Mais tout septembre s'écoula sans lettres ni visites.

Après l'ennui de cette déception,[6] son cœur de nouveau resta vide, et alors la série des mêmes journées recommença.

Elles allaient donc maintenant se suivre à la file, toujours pareilles, innombrables, et n'apportant rien! Les autres existences, si plates qu'elles fussent, avaient du moins la chance d'un événement. Une aventure amenait parfois des *péripéties*[7] à l'infini, et le décor changeait. Mais, pour elle, rien n'arrivait, Dieu l'avait voulu! L'avenir était un corridor tout noir, et qui avait au fond sa porte bien fermée. Elle abandonna la musique. Pourquoi jouer? Qui l'entendrait? Puisqu'elle ne pourrait jamais, en robe de velours à manches courtes, sur un piano d'Erard,[8] dans un concert, battant de ses doigts légers les touches[9] d'ivoire, sentir, comme une brise, circuler autour d'elle un murmure d'extase, ce n'était pas la peine de s'ennuyer à étudier. Elle laissa dans l'armoire ses cartons à dessin et la tapisserie. A quoi bon? à quoi bon? La couture l'irritait.

«J'ai tout lu», se disait-elle.

Et elle restait à faire rougir les pincettes,[10] en regardant le pluie tomber.

1. *sail*
2. grand canot lourd pour le service des navires
3. ouvertures faites dans la muraille d'un navire
4. en sursaut = subitement
5. château où elle avait été invitée à un bal en octobre de l'année passée
6. fait d'être trompée dans ses espérances
7. changements subits de fortune
8. fabricant d'instruments de musique
9. *keys*
10. ustensile à deux branches, pour arranger le feu

EXERCICE

1. Expliquer la ressemblance entre l'espérance de Mme Bovary et celle des marins dans une situation périlleuse.

2. Quelle autre comparaison y a-t-il dans ce passage?

3. De quoi Mme Bovary rêvait-elle?

4. Qu'est-ce que les «étouffements» du printemps révèlent de son caractère?

5. A quoi a-t-elle renoncé? Pourquoi?

6. Comment a-t-elle passé le temps?

7. Indiquer les détails qui soulignent l'ennui de Mme Bovary.

8. Relever tous les thèmes romantiques que Flaubert veut grouper dans ce passage.

9. Comment crée-t-il l'impression de la réalité?

10. Qu'est-ce qui donne aux faits une valeur de vérité universelle?

L'Assommoir[1] de Zola est un roman sur les ravages de l'alcoolisme dans les milieux ouvriers. Le passage suivant décrit la mort de l'alcoolique, Coupeau. Sa femme, Gervaise, assiste à sa fin en présence des médecins de l'hôpital.

« Il dort », murmura le médecin en chef.

Et il fit remarquer la figure de l'homme aux deux autres. Coupeau, les paupières closes, avait de petites secousses[2] nerveuses qui lui tiraient toute la face. Il était plus affreux encore, ainsi écrasé, la mâchoire[3] saillante,[4] avec le masque déformé d'un mort qui aurait eu des cauchemars. Mais les médecins, ayant aperçu les pieds, vinrent mettre leurs nez dessus d'un air de profond intérêt. Les pieds dansaient toujours. Coupeau avait beau dormir, les pieds dansaient! Oh! leur patron pouvait ronfler, ça ne les regardait pas, ils continuaient leur train-train, sans se presser ni se ralentir. De vrais pieds mécaniques, des pieds qui prenaient leur plaisir où ils le trouvaient.

Pourtant, Gervaise, ayant vu les médecins poser leurs mains sur le torse de son homme, voulut le tâter elle aussi. Elle s'approcha doucement, lui appliqua sa main sur une épaule. Et elle la laissa une minute. Mon Dieu! qu'est-ce qui se passait donc là-dedans? Ça dansait jusqu'au fond de la viande; les os eux-mêmes devaient sauter. Des frémissements, des ondulations arrivaient de loin, coulaient pareils à une rivière, sous la peau. Quand elle appuyait un peu, elle sentait les cris de souffrance de la mœlle.[5] A l'œil nu, on voyait seulement les petites ondes creusant[6] des fossettes,[7] comme à la surface d'un tourbillon; mais, dans l'intérieur, il devait y avoir un joli ravage. Quel sacré travail! un travail de taupe![8] C'était le vitriol[9] de l'Assommoir qui donnait là-bas des coups de pioche.[10] Le corps entier en était saucé,[11] et dame! il fallait que ce travail s'achevât, émiettant,[12] emportant Coupeau, dans le tremblement général et continu de toute la carcasse.

Les médecins s'en étaient allés. Au bout d'une heure, Gervaise, restée avec l'interne, répéta à voix basse:

« Monsieur, monsieur, il est mort . . . »

Mais l'interne, qui regardait les pieds, dit non de la tête. Les pieds nus, hors du lit, dansaient toujours; ils n'étaient guère propres et ils avaient les ongles longs. Des heures encore passèrent. Tout d'un coup, ils se raidirent,[13] immobiles. Alors, l'interne se tourna vers Gervaise, en disant: « Ça y est. »[14]

La mort seule avait arrêté les pieds.

1. *saloon*
2. mouvements violents
3. os de la face portant les dents
4. qui avance, qui sort en dehors
5. *marrow*
6. faisant une cavité
7. cavités naturelles (au menton, sur les joues)

8. petit animal qui creuse des passages dans le sol (*mole*)
9. ici: eau-de-vie très forte et de mauvaise qualité
10. *pickaxe*
11. trempé
12. réduisant en miettes
13. devinrent raides
14. *That's it!*

EXERCICE

1. Quel est le rôle des médecins dans ce drame?

2. Quel est celui de Gervaise?

3. Auxquels de nos sens (la vue, l'odorat, l'ouïe, le goût, le toucher) l'auteur fait-il appel? Justifier la réponse.

4. Qu'est-ce qui l'emporte dans la description, la psychologie ou la physiologie?

5. Comment Zola donne-t-il l'impression de l'agitation du corps entier de Coupeau?

6. Qu'est-ce qu'il y a dans la description de pittoresque? de mordant?

7. Comment l'auteur suggère-t-il la mort soudaine de l'alcoolique?

8. Quelle est l'attitude de l'auteur envers Coupeau: est-il détaché ou éprouve-t-il des émotions?

9. Relever les exemples d'observation clinique dans la description.

10. Dans quel sens peut-on dire que le passage est naturaliste?

Plusieurs contes de Maupassant, inspirés par ses troubles nerveux et ses hallucinations, sont des drames de l'angoisse. *La Peur* est un bon exemple.

Un soir d'hiver, l'auteur va à la chasse. C'est une nuit de tempête, et il va avec son guide chercher asile chez des gens superstitieux qui croient que le fantôme d'un homme, tué par le père, va revenir cette nuit même. La maison est barricadée, mais une petite ouverture—un judas—près de la porte permet de voir ce qui arrive dehors.

Malgré mes efforts, je sentais bien qu'une terreur profonde tenait ces gens, et chaque fois que je cessais de parler, toutes les oreilles écoutaient au loin. Las d'assister à ces craintes imbéciles, j'allais demander à me coucher, quand le vieux garde tout à coup fit un bond de sa chaise, saisit de nouveau son fusil en bégayant[1] d'une voix égarée[2]: «Le voilà! le voilà! Je l'entends!» Les deux femmes retombèrent à genoux dans leurs coins en se cachant le visage; et les fils reprirent leurs haches.[3] J'allais tenter encore de les apaiser, quand le chien endormi s'éveilla brusquement et, levant sa tête, tendant le cou, regardant vers le feu de son œil presque éteint, il poussa un de ces lugubres hurlements[4] qui font tressaillir les voyageurs, le soir, dans la campagne. . . . Le garde, livide, cria: «Il le sent! il le sent! il était là quand je l'ai tué.» Et les deux femmes égarées se mirent, toutes les deux, à hurler avec le chien.

Malgré moi, un grand frisson me courut entre les épaules. Cette vision de l'animal dans ce lieu, à cette heure, au milieu de ces gens éperdus,[5] était effrayante à voir. . . .

Nous restions immobiles, livides, dans l'attente d'un événement affreux, l'oreille tendue, le cœur battant, bouleversés au moindre bruit. Et le chien se mit à tourner autour de la pièce, en sentant les murs et gémissant toujours. Cette bête nous rendait fous! Alors, le paysan qui m'avait amené se jeta sur elle, dans une sorte de paroxysme de terreur furieuse et, ouvrant une porte donnant sur une petite cour, jeta l'animal dehors.

Il se tut aussitôt; et nous restâmes plongés dans un silence plus terrifiant encore. Et soudain tous ensemble, nous eûmes une sorte de sursaut[6]: un être glissait contre le mur du dehors vers la forêt; puis il passa contre la porte, qu'il sembla tâter d'une main hésitante; puis on n'entendit plus rien pendant deux minutes qui firent de nous des insensés[7]; puis il revint, frôlant[8] toujours la muraille; et il gratta légèrement, comme ferait un enfant avec son ongle; puis soudain une tête apparut contre la vitre du judas, une tête blanche avec des yeux lumineux comme ceux des fauves.[9] Et un son sortit de sa bouche, un son indistinct, un murmure plaintif.

Alors un bruit formidable éclata dans la cuisine. Le vieux garde avait tiré. Et aussitôt les fils se précipitèrent, bouchèrent[10] le judas en dressant la grande table qu'ils assujettirent[11] avec le buffet.

Et je vous jure qu'au fracas du coup de fusil que je n'attendais point, j'eus une telle angoisse du cœur, de l'âme et du corps, que je me sentis défaillir,[12] prêt à mourir de peur.

Nous restâmes là jusqu'à l'aurore, incapables de bouger, de dire un mot, crispés[13] dans un affolement[14] indicible.[15]

On n'osa débarricader la sortie qu'en apercevant un mince rayon de jour.

Au pied du mur, contre la porte, le vieux chien gisait,[16] la gueule[17] brisée d'une balle.

Il était sorti de la cour en creusant un trou sous une palissade.[18]

1. prononçant avec peine	10. fermèrent
2. troublée	11. rendirent fixe
3. *axes*	12. m'affaiblir
4. cris prolongés et plaintifs	13. les muscles contractés
5. troublés par une violente émotion	14. état de terreur
6. mouvement brusque	15. qu'on ne peut exprimer
7. fous	16. était couché
8. touchant légèrement en passant	17. bouche
9. animaux sauvages	18. barrière

EXERCICE

1. Qu'est-ce que l'auteur pensait d'abord de l'angoisse de ces gens?

2. Pourquoi a-t-il changé d'avis?

3. Quels sont les divers bruits qu'on entend pendant ce drame?

4. Quelles actions de la famille favorisent la progression de la peur jusqu'au dénouement?

5. Comment le chien contribue-t-il à l'impression recherchée?

6. Pourquoi le père a-t-il tiré?

7. Par quels autres procédés Maupassant nous fait-il partager la terreur de ses personnages?

8. Relever les mots et les expressions qui renforcent l'impression de la crainte.

9. Quel est l'effet de l'explication finale?

10. Maupassant essaie-t-il d'analyser la vie ou se contente-t-il de la rendre telle qu'il la voit? Justifier la réponse.

11. Citer dans le passage des exemples de la précision de son observation.

Baudelaire est un des premiers poètes à transformer les images en symboles. Dans ce sonnet, *Recueillement*,[1] tiré des *Fleurs du mal*, il fait une confidente de sa douleur, à qui il parle comme à un être familier. Le poète regarde Paris par sa fenêtre à l'heure du soleil couchant.

> Sois sage, ô ma Douleur, et tiens-toi plus tranquille.
> Tu réclamais[2] le Soir; il descend; le voici:
> Une atmosphère obscure enveloppe la ville,
> Aux uns portant la paix, aux autres le souci.
>
> Pendant que des mortels la multitude vile,
> Sous le fouet du Plaisir, ce bourreau[3] sans merci,
> Va cueillir des remords dans la fête servile,
> Ma Douleur, donne-moi la main; viens par ici,
>
> Loin d'eux. Vois se pencher les défuntes[4] Années
> Sur les balcons du ciel, en robes surannées[5];
> Surgir du fond des eaux[6] le Regret souriant;
>
> Le Soleil moribond[7] s'endormir sous une arche,
> Et, comme un long linceul[8] traînant à l'Orient,
> Entends, ma chère, entends la douce Nuit qui marche.

1. méditation	5. qui ne sont plus d'usage; démodées
2. demandais	6. eaux de la Seine
3. celui qui exécute les condamnés	7. mourant
4. passées, mortes	8. toile dans laquelle on enveloppe les morts

EXERCICE

1. Quelle est l'idée principale de ce sonnet?

2. Comment Baudelaire s'adresse-t-il à la douleur personnifiée?

3. Comment lui donne-t-il l'aspect symbolique d'une femme?

4. Dans quels vers le poète évoque-t-il

   a. la diversité des activités urbaines?

   b. la tentation des plaisirs impurs?

   c. la douceur de sa mélancolie?

   d. l'enveloppement de la nuit?

   e. le mystère nocturne?

5. Pourquoi préfère-t-il la solitude reposante?

6. Quels spectacles offre-t-il à sa Douleur?

7. La description est-elle objective ou subjective? Expliquer.

8. De quelles créatures nées de sa méditation le poète peuple-t-il l'obscurité?

9. Quels termes emploie-t-il pour produire une image funèbre?

10. Quelles sont les impressions finales que crée ce sonnet?

11. Expliquer par quels moyens Baudelaire parvient à créer ces impressions.

Ce poème lyrique de Verlaine est de la musique avant tout, une simple et douce chanson. Il se trouve dans le recueil intitulé *Romances sans paroles.*

> Il pleure[1] dans mon cœur
> Comme il pleut sur la ville.
> Quelle est cette langueur
> Qui pénètre mon cœur?
>
> O bruit doux de la pluie
> Par terre et sur les toits!
> Pour un cœur qui s'ennuie,
> O le chant de la pluie!
>
> Il pleure sans raison
> Dans ce cœur qui s'écœure.[2]
> Quoi! nulle trahison?
> Ce deuil est sans raison.
>
> C'est bien la pire peine
> De ne savoir pourquoi,
> Sans amour et sans haine,
> Mon cœur a tant de peine!

1. construction impersonnelle sur le type de *il pleut*
2. se décourage

EXERCICE

1. De quels symboles le poète se sert-il dans ce poème?

2. Quelle sorte d'atmosphère le poète crée-t-il?

3. Comment réussit-il à la créer?

4. Qu'est-ce que Verlaine ne peut pas comprendre?

5. Quelle sorte de mots emploie-t-il pour imiter les gouttes de pluie?

6. Quel est l'effet de l'emploi de *sans* quatre fois?

7. Citer des exemples de la répétition des voyelles. Quel est l'effet de cette répétition?

8. Quel vers de chaque quatrain n'a pas de rime?

9. Dans quels vers y a-t-il une rime intérieure?

10. Comment le poète a-t-il pu produire la qualité musicale de ce poème?

SUJETS DE COMPOSITION ET DE CONVERSATION

1. Décrire d'une manière romantique une promenade en montagne ou en forêt.

2. Je suis réaliste (romantique).

3. Quelle forme le « mal du siècle » prend-il aujourd'hui?

4. Des souvenirs d'une journée d'ennui.

5. Une description réaliste de l'activité: (*a*) d'une ville vers cinq heures de l'après-midi; ou, (*b*) d'une plage en été.

6. On est mélancolique, mais on n'en sait pas la raison. On analyse les événements du jour et on en découvre la cause.

7. Un incident concernant une personne qui essayait de s'échapper de la réalité.

8. Un cauchemar (à l'imitation de Maupassant).

9. Raconter un incident qui souligne, comme le romancier naturaliste, les traits physiologiques des personnages.

10. Une victime de bonheurs illusoires.

11. Quelques paragraphes où le thème dominant est basé sur une émotion, telle que la joie, la peur, ou la pitié.

12. Une visite à l'hôpital.

13. Donner des exemples pour montrer que la littérature reflète les aspirations et les mœurs du temps.

14. Une comparaison entre la littérature française du XVIIIᵉ et du XIXᵉ siècle.

6. LE VINGTIÈME SIÈCLE

La production littéraire du XXᵉ siècle est d'une telle diversité et d'une telle abondance qu'il est difficile de la classifier. Tous les mouvements littéraires du siècle précédent se prolongent dans le vingtième; mais de nouvelles tendances aussi se révèlent, surtout après la crise de 1914, le commencement de la première guerre mondiale. Le manque d'unité est évident; on admet et tolère toutes les formules. Il y a des auteurs qui continuent à écrire des œuvres traditionnelles, et il y en a d'autres qui créent des ouvrages d'avant-garde. Tous les phénomènes de la complexité de la vie moderne se manifestent dans la littérature. On y trouve l'analyse psychologique et psychanalytique (influence de Freud), l'étude des idées politiques et sociales, la révolte, l'angoisse, la violence. La littérature reflète les bouleversements politiques, sociaux et moraux du siècle. On écrit au nom de la liberté et de la dignité de l'individu.

Bien des écrivains sont inclassables. Chacun d'eux, s'exprimant à sa propre manière, crée l'œuvre selon son propre goût. Tous ces efforts dans des directions différentes arrivent à réaliser une originalité extraordinaire.

Puisque cette littérature est si riche, nous ne pouvons mentionner ici que quelques-uns des représentants les plus célèbres.

Deux artistes embrassent les deux siècles, la dernière partie du dix-neuvième et la première partie du vingtième: Anatole France et Pierre Loti.

Anatole France (1844–1924), un romancier plein d'érudition, un philosophe spirituel, un étudiant de l'antiquité, et un suprême maître de la prose française, défend la liberté des hommes et met son art au service de la démocratie. Quoique la misère humaine lui inspire des cris de protestation, il croit que le progrès social finira par triompher. France a écrit des œuvres d'un «scepticisme souriant», d'une ironie délicate, c'est-à-dire, une ironie tempérée par la pitié (*le Crime de Sylvestre Bonnard, Crainquebille, les Dieux ont soif, le Jardin d'Épicure*). Son style élégant, d'un naturel exquis, est fidèle au goût classique.

Pierre Loti (1850–1923), dont l'art est essentiellement impressionniste, est attiré par les paysages et les civilisations exotiques. Ses voyages le conduisent dans des pays lointains, qu'il décrit dans ses romans (*Pêcheur d'Islande, Ramuntcho*). Loti, observateur remarquable et grand peintre de la mer, est un romantique d'une incurable mélancolie.

De 1900 à 1920, les œuvres sont marquées par la puissante personnalité de leurs auteurs. Certains écrivains sont difficiles à enfermer dans une catégorie, surtout ceux qui ne voient dans la littérature qu'un moyen d'exprimer leur attitude envers les problèmes de la vie.

André Gide (1869–1951), romancier, auteur dramatique et critique littéraire, dénonce l'hypocrisie sous toutes les formes. Il s'est affirmé comme un individualiste et un humaniste dans ses œuvres morales et psychologiques (*les Nourritures terrestres, la Porte étroite, l'Immoraliste, la Symphonie pastorale, les Caves du Vatican, les Faux-Monnayeurs*). Dans sa recherche du bonheur et de la vérité, et dans son mépris des règles acceptées de la morale, il révèle sa sincérité passionnée.

Romain Rolland (1866–1944) inaugure au XXᵉ siècle le *roman-fleuve*, un vaste roman organisé en épisodes successifs. *Jean-Christophe*, une œuvre épique de dix volumes, est l'histoire d'un musicien dont les luttes et les rêves sont ceux de Rolland.

Marcel Proust (1871–1922), le romancier le plus original de l'époque, a produit une véritable révolution dans la technique du roman. Au lieu d'un simple résumé des événements, il les recrée progressivement en analysant avec une observation pénétrante les impressions qui sont liées aux faits dans sa mémoire. Il exploite aussi les théories sur la psychologie de l'inconscient. Cette analyse forme la base des quinze volumes de sa série de romans intitulée *A la recherche du temps perdu*. L'œuvre de Proust a eu une influence considérable.

Les poètes du début du XXᵉ siècle, libérés de toutes les contraintes par le mouvement symboliste, produisent une poésie originale. **Guillaume Apollinaire,** le novateur le plus brillant et le plus audacieux, a orienté la poésie et l'art dans des voies inexplorées. C'est lui qui a inventé le terme de «surréalisme.»

Paul Claudel (1868–1955), poète mystique et dramaturge puissant, a vu dans le symbolisme le moyen idéal pour exprimer sa foi catholique. Son théâtre, basé aussi sur sa vision chrétienne de l'univers, est une combinaison de la tragédie et du mélodrame.

De 1920 à 1940 (l'entre-deux-guerres), les tendances précédentes se maintiennent, et de nouveaux talents se révèlent. Après la première guerre mondiale et ses horreurs paraissent le cosmopolitisme, le goût de l'excès et la recherche du bizarre. Le mouvement surréaliste fait voir une inquiétude profonde.

Le surréalisme n'est pas seulement une doctrine littéraire; c'est une révolte contre les idées conventionnelles de l'art et de la culture de la société contemporaine. Tous les arts subirent son influence. **André Breton,** le chef de l'école, fondée en 1924, a produit une poésie hallucinatoire et violente. Avec les poètes **Louis Aragon** et **Paul Éluard,** il a poursuivi le but d'exprimer la pensée pure, indépendante de tous les contrôles imposés par la raison et par les préjugés moraux et sociaux.

Un poète d'une inspiration originale, **Saint-John Perse,** choisit comme sujet le monde entier, surtout les forces naturelles telles que la mer, la pluie et le vent. Sa poésie est l'œuvre d'un homme de haute culture au goût subtil.

Certains romanciers créent des romans-fleuves, des fresques historiques basées sur leur observation de la société contemporaine. **Georges Duhamel** écrit la *Chronique des Pasquier*, histoire en 10 volumes d'une famille bourgeoise dans les vingt premières années du siècle. **Jules Romains** compose *les Hommes de bonne volonté*, un tableau panoramique en 27 volumes de la vie française, qui embrasse vingt-cinq ans, 1908–1933. **Roger Martin du Gard** écrit la série des *Thibault*, histoire en 8 volumes de deux familles dont les destinées se mêlent.

Gabrielle Colette (1873–1954) peint dans ses romans sentimentaux les passions et les tourments de l'âme féminine. Au monde des humains, elle préfère celui des animaux, surtout des chats, et des plantes. Elle charme le lecteur par sa fraîcheur, son style magique, et la qualité de son humour.

François Mauriac (1885–1970) est l'auteur de romans psychologiques, marqués par ses croyances religieuses. Il contribue aussi au théâtre, où il peint des personnages qui sont sur les voies mystérieuses de la damnation et du salut.

André Maurois (1885–1967) s'exerce dans des genres divers. Il est conteur, romancier, moraliste, et historien. Écrivain d'études pénétrantes sur l'Angleterre, il est aussi l'auteur de plusieurs biographies d'hommes illustres. Dans ses œuvres, et surtout dans ses romans, il analyse les secrets du cœur humain.

Antoine de Saint-Exupéry (1900–1944), pilote de ligne et pilote de guerre, est l'auteur de romans sur l'aviation basés sur ses expériences (*Vol de nuit, Terre des hommes, Pilote de guerre*) et de l'histoire émouvante *le Petit Prince*. Il est devenu légendaire pour son courage, sa sincérité, et son charme. Sa philosophie pratique est fondée sur la fraternité des hommes, menacée par un monde matériel.

Le théâtre français de cette période, marqué par une richesse extraordinaire, connaît de belles réussites. L'œuvre de **Jean Giraudoux** (1882–1944) le place au premier rang des dramaturges. Son talent s'exerce dans la tragédie, la comédie, et la fantaisie. Il veut faire voir aux spectateurs les graves problèmes et les vérités éternelles de ce monde. Ses pièces, pleines d'esprit et de gaieté, comprennent: *la Guerre de Troie n'aura pas lieu, Électre, Ondine,* et *la Folle de Chaillot*. Il a écrit aussi de nombreux romans.

Il y a d'autres écrivains qui excellent dans l'art dramatique:

Jean Anouilh (1910–   ), qui réussit à créer la fantaisie aussi bien que le drame, révèle une vigoureuse originalité. Ses personnages, obsédés par la détresse humaine, laissent entendre leur cri de révolte contre le conformisme social (*Antigone*).

Jules Romains (1885–   ), expert dans la satire caricaturale, crée une comédie dans la tradition de Molière (*Knock*), une satire cruelle des médecins d'aujourd'hui.

Citons aussi **Henry de Montherlant, Jean Genet,** et **Eugène Ionesco** comme dramaturges doués qui ont contribué au théâtre moderne en France.

Depuis 1940, on a vu la naissance en France des thèses existentialistes et de la philosophie de l'absurde. La seconde guerre mondiale a mis en relief les problèmes de la condition humaine. La littérature reflète cette confusion d'un monde bouleversé, et de nombreux écrivains s'efforcent de construire une éthique nouvelle. Les plus illustres de ce groupe sont sans doute Sartre et Camus.

Jean-Paul Sartre (1905–   ) est le théoricien de l'existentialisme, une philosophie de désespoir qui domine la pensée et la littérature françaises dans les années qui suivent la libération. Selon son interprétation de cette doctrine, l'homme est ce qu'il se fait; il est donc responsable, ce qui l'oblige à choisir en agissant. Sartre développe ses thèses dans son œuvre philosophique *l'Être et le néant*, dans des romans (*la Nausée*), des drames (*les Mouches, Huis clos, les Mains sales*), et des essais. Dans ces œuvres, Sartre, pourvu de remarquables talents littéraires, analyse la conscience de l'homme moderne, qui tout seul cherche à surmonter les conflits de l'existence dans un monde hostile.

Albert Camus (1913–1960) nous a légué une œuvre d'une grande richesse. Il a attaché son nom à la doctrine philosophique de l'absurde. Il affirme que le remède à la solitude humaine se trouve dans la solidarité des efforts pour améliorer notre condition. Dans ses romans (*l'Étranger, la Peste, la Chute*) et ses drames (*Caligula*), il place l'homme seul en face de l'absurdité de ce monde. Son œuvre, qui décrit les problèmes angoissants de la société contemporaine et défend l'homme contre tout ce qui menace de l'écraser, est assez proche de l'attitude existentialiste.

Parmi les Français qui ont gagné le prix Nobel de littérature se trouvent: Frédéric Mistral, Romain Rolland, Anatole France, le philosophe Henri Bergson, André Gide, François Mauriac, Albert Camus, Roger Martin du Gard, et Saint-John Perse.

Les prix littéraires les plus importants qu'on décerne chaque année en France sont les prix de l'Académie française, le prix Goncourt, et le prix Fémina.

MORCEAUX CHOISIS

Dans le *Jardin d'Épicure*, une œuvre pleine de méditations philosophiques, Anatole France parle de la lenteur du progrès humain.

Je crois que l'évolution de l'humanité est extrêmement lente et que les différences qui se produisent d'un siècle à l'autre dans les mœurs sont, à les bien mesurer, plus petites qu'on ne s'imagine. Mais elles nous frappent. Et les innombrables ressemblances que nous avons avec nos pères, nous ne les remarquons pas. Le train du monde[1] est lent. L'homme a le génie de l'imitation. Il n'invente guère. Il y a, en psychologie comme en physique, une loi de la pesanteur qui nous attache au vieux sol. Théophile Gautier, qui était à sa façon un philosophe, remarquait non sans mélancolie, que les hommes n'étaient même pas parvenus à inventer un huitième péché capital. Ce matin, en passant dans la rue, j'ai vu des maçons qui bâtissaient une maison et qui soulevaient des pierres comme les esclaves de Thèbes[2] et de Ninive.[2] J'ai vu des mariés qui sortaient de l'église pour aller au cabaret, suivis de leur cortège, et qui accomplissaient sans mélancolie les rites[3] tant de fois séculaires.[4] J'ai rencontré un poète lyrique qui m'a récité ses vers qu'il croit immortels; et pendant ce temps, des cavaliers passaient sur la chaussée, portant un casque,[5] le casque des légionnaires[6] et des hoplites,[7] le casque en bronze clair des guerriers homériques, d'où pendait encore, pour terrifier l'ennemi, la crinière[8] mouvante qui effraya l'enfant Astyanax[9] dans les bras de sa nourrice à la belle ceinture. Ces cavaliers étaient des gardes républicains. A cette vue et songeant que les boulangers de Paris cuisent le pain dans des fours, comme au temps d'Abraham,[10] j'ai murmuré la parole du Livre:[11] « Rien de nouveau sous le Soleil.» Et je ne m'étonnais plus de subir des lois civiles qui étaient déjà vieilles quand César Justinien[12] en forma un corps vénérable.

1. l'allure à laquelle le monde évolue
2. ville ancienne
3. cérémonies d'un culte
4. qui sont âgés de plusieurs siècles
5. coiffure en métal ou en cuir pour protéger la tête
6. soldats romains
7. soldats de la Grèce antique
8. *mane*
9. fils d'Hector, terrifié à l'aspect de son père, qui portait une crinière au sommet du casque
10. patriarche d'Israël, une des grandes figures de la Bible
11. la Bible
12. empereur d'Orient; fit codifier les lois du droit romain

EXERCICE

1. Quelle est la thèse que l'auteur énonce dans ce texte?

2. Énumerer les exemples qui soutiennent la thèse.

3. D'où l'auteur tire-t-il ses exemples?

4. Quelles expressions traduisent la lenteur du progrès humain?

5. Anatole France paraît-il optimiste ou pessimiste? Justifier la réponse.

6. Quelles traces d'érudition sont évidentes dans ce passage?

7. Chercher des exemples de l'ironie souriante de l'auteur.

8. Est-ce que cette thèse s'applique également à la vie actuelle chez nous? Justifier la réponse.

Dans ces paragraphes de *Jean-Christophe* par Romain Rolland, le petit Jean-Christophe, fils et petit-fils de musiciens, révèle un tempérament musical exceptionnel. A l'âge de trois ans, il éprouve ses premières émotions musicales en frappant les touches d'un vieux piano.

Il est seul. Il ouvre le piano, il approche une chaise, il se juche[1] dessus; ses épaules arrivent à hauteur du clavier[2]: c'est assez pour ce qu'il veut. Pourquoi attend-il d'être seul? Personne ne l'empêcherait de jouer, pourvu qu'il ne fît trop de bruit. Mais il a honte devant les autres, il n'ose pas. Et puis, on cause, on se remue: cela gâte le plaisir. C'est tellement plus beau, quand on est seul!... Christophe retient son souffle pour que ce soit plus silencieux encore, et aussi parce qu'il est un peu ému, comme s'il allait tirer un coup de canon. Le cœur lui bat, en appuyant le doigt sur la touche; quelquefois, il le relève, après l'avoir enfoncé à moitié, pour le poser sur une autre. Sait-on ce qui va sortir de celle-ci, plutôt que de celle-là?... Tout à coup le son monte: il y en a de profonds, il y en a d'aigus, il y en a qui tintent,[3] il y en a d'autres qui grondent. L'enfant les écoute longuement, un à un, diminuer et s'éteindre; ils se balancent comme les cloches, lorsque l'on est dans les champs, et que le vent les apporte et les éloigne tour à tour; puis, quand on prête l'oreille, on entend dans le lointain d'autres voix différentes qui se mêlent et tournent, ainsi que des vols d'insectes; elles ont l'air de vous appeler, de vous attirer loin... loin... de plus en plus loin, dans les retraites mystérieuses, où elles plongent et s'enfoncent... Les voilà disparues!...

Mais le plus beau de tout, c'est quand on met deux doigts sur deux touches à la fois. Jamais on ne sait au juste ce qui va se passer. Quelquefois, les deux esprits sont ennemis; ils s'irritent, ils se frappent, ils se haïssent, ils bourdonnent[4] d'un air vexé; leur voix s'enfle[5]; elle crie, tantôt avec colère, tantôt avec douceur. Christophe adore ce jeu: on dirait des monstres enchaînés, qui mordent leurs liens, qui heurtent les murs de leur prison; il semble qu'ils vont les rompre et faire irruption au dehors, comme ceux dont parle le livre des contes, les génies emprisonnés dans des coffrets arabes sous le sceau de Salomon. D'autres vous flattent: ils tâchent de vous enjôler[6]; mais ils ne demandent qu'à mordre et ils ont la fièvre. Christophe ne sait pas ce qu'ils veulent: ils l'attirent et le troublent; ils le font presque rougir. Et d'autres fois encore, il y a des notes qui s'aiment: les sons s'enlacent, comme on fait avec les bras, quand on se baise; ils sont gracieux et doux. Ce sont les bons esprits; ils ont des figures souriantes et sans rides; ils aiment le petit Christophe, et le petit Christophe les aime; il a les larmes aux yeux de les entendre, et il ne se lasse pas de les rappeler. Ils sont ses amis, ses chers, ses tendres amis.

1. se perche
2. rangée des touches d'un piano
3. résonnent lentement par coups espacés
4. font un bruit sourd comme celui que font les mouches
5. augmente de volume
6. tromper par des caresses, par des paroles flatteuses

EXERCICE

1. Pour quelles raisons Christophe préfère-t-il être seul?

2. Comment sait-on qu'il est encore très petit?

3. Quel effort spécial fait-il pour mieux entendre les sons musicaux?

4. A quoi l'auteur compare-t-il les divers sons des touches?

5. Que fait l'enfant pour produire des effets différents?

6. Qu'éveillent en lui les sons qu'il provoque?

7. Indiquer les termes qui montrent qu'il a une vive imagination d'enfant.

8. Relever les autres images pittoresques dont se sert l'auteur.

9. Quels détails dans le texte prouvent que Christophe est un enfant très sensible?

10. Quelle est l'impression que produit ce passage sur le lecteur?

Le poème suivant, *le Pont Mirabeau*[1] par Apollinaire, se trouve dans son recueil intitulé *Alcools*. Le poète a supprimé délibérément la ponctuation, disant que «le rythme même et la coupe des vers voilà la véritable ponctuation.»

Sous le pont Mirabeau coule la Seine
Et nos amours
Faut-il qu'il m'en souvienne
La joie venait toujours après la peine

Vienne la nuit sonne l'heure
Les jours s'en vont je demeure[2]

Les mains dans les mains restons face à face
Tandis que sous
Le pont de nos bras passe
Des éternels regards l'onde si lasse[3]

Vienne la nuit sonne l'heure
Les jours s'en vont je demeure

L'amour s'en va comme[4] cette eau courante
L'amour s'en va
Comme[5] la vie est lente
Et comme[5] l'Espérance est violente

Vienne la nuit sonne l'heure
Les jours s'en vont je demeure

Passent les jours et passent les semaines
Ni temps passé
Ni les amours reviennent
Sous le pont Mirabeau coule la Seine

Vienne la nuit sonne l'heure
Les jours s'en vont je demeure

1. Ce pont traverse la Seine à Auteuil, le quartier de Paris où le poète passa plusieurs années.
2. Que la nuit vienne, que l'heure sonne, je suis toujours là.
3. Des éternels . . . si lasse = l'onde si lasse des éternels regards
4. comme = ainsi que
5. comme = combien

EXERCICE

1. Quel est le thème principal de ce poème?

2. Relever les symboles employés par le poète pour soutenir ce thème.

3. Analyser la rime de chaque strophe.

4. Qu'est-ce qu'il y a d'original dans le rythme?

5. Quel est l'effet produit par le refrain?

6. Comment l'auteur crée-t-il dans ses vers l'impression de l'eau qui coule?

7. Qu'est-ce qui contribue à la musicalité du poème?

8. Quel est l'effet de l'absence de ponctuation?

9. Suggérer la ponctuation normale.

10. Quels éléments romantiques se trouvent dans ces vers?

Vol de nuit est une œuvre d'Antoine de Saint-Exupéry, aviateur célèbre. C'est moins un roman qu'un reportage vécu. Les paragraphes suivants décrivent la situation dangereuse d'un vol du pilote Fabien.

Sa faim de lumière était telle qu'il monta. Il monta, en corrigeant mieux les remous,[1] grâce aux repères[2] qu'offraient les étoiles. Leur aimant pâle l'attirait. Il avait peiné[3] si longtemps, à la poursuite d'une lumière, qu'il n'aurait plus lâché[4] la plus confuse. Riche d'une lueur d'auberge, il aurait tourné jusqu'à la mort, autour de ce signe dont il avait faim. Et voici qu'il montait vers des champs de lumière.

Il s'élevait peu à peu, en spirale, dans le puits qui s'était couvert et se refermait autour de lui. Et les nuages perdaient, à mesure qu'il montait, leur boue d'ombre, ils passaient contre lui, comme des vagues de plus en plus pures et blanches. Fabien émergea.

Sa surprise fut extrême: la clarté était telle qu'elle l'éblouissait. Il dut, quelques secondes, fermer les yeux. Il n'aurait jamais cru que les nuages, la nuit, pussent éblouir. Mais la pleine lune et toutes les constellations les changeaient en vagues rayonnantes.

L'avion avait gagné d'un seul coup, à la seconde même où il émergeait, un calme qui semblait extraordinaire. Pas une houle[5] ne l'inclinait. Comme une barque qui passe la digue,[6] il entrait dans les eaux réservées. Il était pris dans une part de ciel inconnue et cachée comme la baie des îles bienheureuses.[7] La tempête, au-dessous de lui, formait un monde de trois mille mètres d'épaisseur, parcouru de rafales,[8] de trombes d'eau,[9] d'éclairs, mais elle tournait vers les astres une face de cristal et de neige...

Ces nuages, au-dessous de lui, renvoyaient toute la neige qu'ils recevaient de la lune. Ceux de droite et de gauche aussi, hauts comme des tours. Il circulait un lait de lumière dans lequel baignait l'équipage. Fabien, se retournant, vit que le radio souriait.

« Ça va mieux », criait-il.

Mais la voix se perdait dans le bruit du vol, seuls communiquaient les sourires.

« Je suis tout à fait fou, pensait Fabien, de sourire: nous sommes perdus.»

1. vents impétueux
2. indices qui servent à se retrouver
3. avait peiné = s'était donné du mal
4. laissé échapper
5. mouvement ondulatoire (de la mer)
6. ouvrage dans un port qui s'oppose à la houle et assure le calme
7. allusion aux îles mythologiques où les héros passaient sans mourir
8. coups de vent violents et momentanés
9. colonnes d'eau qui tournoient rapidement

EXERCICE

1. De quelles expressions imagées l'auteur se sert-il pour indiquer l'attrait que les étoiles exercent sur Fabien?

2. A quoi l'avion est-il comparé dans son ascension vers la lumière?

3. Quelles images évoquent cette comparaison?

4. Comment l'auteur signale-t-il la brusque transition de l'ombre à la lumière?

5. Qu'est-ce qui étonna Fabien?

6. Relever les métaphores qui se trouvent dans ce récit.

7. Quels sont les sentiments successifs du pilote?

8. Expliquer l'effet que produit, à la fin du passage, l'échange des sourires entre le radio et le pilote.

Dans *la Peste*, Camus imagine qu'un épidémie affreuse ravage la ville d'Oran et l'isole du reste de l'univers. La peste, qui symbolise l'existence du mal, crée toutes sortes de problèmes moraux, sociaux, et philosophiques. L'auteur peut donc analyser les réactions individuelles et collectives des hommes. On voit dans ce récit une allégorie de notre temps.

Les habitants d'Oran refusent de reconnaître la gravité de la situation et agissent comme si tout est normal dans la ville. La scène suivante a lieu au théâtre, où l'on représente l'opéra *Orphée* de Gluck.

Installés aux places les plus chères, Cottard et Tarrou dominaient un parterre gonflé à craquer par les plus élégants de nos concitoyens. Ceux qui arrivaient s'appliquaient visiblement à ne pas manquer leur entrée. Sous la lumière éblouissante de l'avant-rideau, pendant que les musiciens accordaient discrètement leurs instruments, les silhouettes se détachaient avec précision, passaient d'un rang à l'autre, s'inclinaient avec grâce. Dans le léger brouhaha[1] d'une conversation de bon ton, les hommes reprenaient l'assurance qui leur manquait quelques heures auparavant, parmi les rues noires de la ville.[2] L'habit chassait la peste.

Pendant tout le premier acte, Orphée se plaignit avec facilité, quelques femmes en tunique[3] commentèrent avec grâce son malheur, et l'amour fut chanté en ariettes.[4] La salle réagit avec une chaleur discrète. C'est à peine si on remarqua qu'Orphée introduisait dans son air du deuxième acte des tremblements qui n'y figuraient pas, et demandait avec un léger excès de pathétique au maître des Enfers de se laisser toucher par ses pleurs. Certains gestes saccadés[5] qui lui échappèrent apparurent aux plus avisés comme un excès de stylisation qui ajoutait encore à l'interprétation du chanteur.

Il fallut le grand duo d'Orphée et d'Eurydice au troisième acte (c'était le moment où Eurydice échappait à son amant) pour qu'une certaine surprise courût dans la salle. Et comme si le chanteur n'avait attendu que ce mouvement du public, ou, plus certainement encore, comme si la rumeur venue du parterre l'avait confirmé dans ce qu'il ressentait, il choisit ce moment pour avancer vers la rampe[6] d'une façon grotesque, bras et jambes écartés dans son costume à l'antique, et pour s'écrouler[7] au milieu des bergeries du décor, qui n'avaient jamais cessé d'être anachroniques, mais qui, aux yeux des spectateurs, le devinrent pour la première fois, et de terrible façon. Car dans le même temps l'orchestre se tut, les gens du parterre se levèrent et commencèrent lentement à évacuer la salle, d'abord en silence, comme on sort d'une église, le service fini, ou d'une chambre mortuaire après une visite, les femmes rassemblant leurs jupes et sortant tête baissée, les hommes guidant leurs compagnes par le coude et leur évitant le heurt des strapontins.[8] Mais peu à peu le mouvement se précipita, le chuchotement devint exclamation et la foule afflua vers les sorties et s'y pressa, pour finir par s'y bousculer en criant. Cottard et Tarrou, qui s'étaient seulement levés, restaient en face d'une des images de ce qui était leur vie d'alors: la peste sur la scène sous l'aspect d'un histrion[9] désarticulé et dans la salle, tout un luxe devenu inutile, sous la forme d'éventails oubliés et de dentelles traînant sur le rouge des fauteuils.

1. bruit de voix confus
2. on rationnait tout, et l'éclairage public avait été réduit
3. les femmes du chœur grec
4. petites mélodies
5. brusques, irréguliers
6. rangée de lumières sur le devant de la scène
7. *collapse*
8. sièges accessoires dans les salles de spectacle
9. mauvais acteur

EXERCICE

1. Quelles sont les trois parties distinctes de cette narration?

2. Donner à chacune un titre convenable.

3. Décrire la salle avant le lever du rideau.

4. Relever les expressions qui montrent que les spectateurs: (*a*) désiraient se faire voir; (*b*) voulaient s'échapper de la réalité.

5. Quels détails du premier acte indiquaient que ce n'était pas une représentation ordinaire?

6. A quel moment les spectateurs se trouvèrent-ils face à face avec la réalité monstrueuse de la peste?

7. Analyser la croissance de la panique au théâtre.

8. Comment l'auteur montre-t-il qu'au temps de la tragédie les choses matérielles n'importent pas?

9. Relever les détails de chaque paragraphe qui prouvent que Camus comprend la psychologie de la foule.

SUJETS DE COMPOSITION ET DE CONVERSATION

1. Description d'une scène de panique.

2. Ma lutte contre la tempête (l'approche de la tempête, l'état du ciel et de l'air, les nuages, les grosses gouttes de pluie, les bruits divers, les éclairs, les oiseaux, le vent violent, l'angoisse des personnes, les effets de la tempête).

3. Composer un dialogue comique entre un poste de radio et un poste de télévision.

4. La mer, le ciel, et la terre.

5. Les principaux traits de caractère des jeunes gens modernes: leurs goûts, leurs aspirations, leurs ambitions, leurs espérances.

6. Le progrès humain au XXe siècle.

7. Rien de nouveau sous le soleil. Citer des exemples pour appuyer ou pour contester cette thèse.

8. Un conte où une maladie contagieuse influe sur la suite des événements.

9. Les souvenirs que la musique peut réveiller.

10. Les menaces qui pèsent sur l'homme moderne et les catastrophes qui peuvent ruiner son bonheur.

EXERCICES DE RÉCAPITULATION

A. Indiquer si chacune des phrases suivantes est vraie ou fausse. Si elle est fausse, la corriger:

1. Le théâtre sérieux en France prit naissance dans les cérémonies de l'église.

----

2. Dans les pièces de Corneille, la passion l'emporte sur le devoir.

----

3. Les écrivains du XVIIe siècle avaient l'habitude de mettre dans leurs ouvrages des éléments personnels.

----

4. Dans les *Fables* de la Fontaine, les animaux agissent comme des êtres humains tout en retenant leurs caractéristiques animales.

----

5. Rabelais s'intéresse surtout au développement de l'esprit de l'homme; il ne s'intéresse guère au développement de son corps.

----

6. De nombreux écrivains du XXe siècle se servent de la littérature principalement pour exprimer leur attitude envers les problèmes de la vie.

----

7. Les œuvres de Ronsard, qui comprennent les grands genres des anciens, révèlent des éléments romantiques et classiques.

----

8. Pascal, tout en rejetant la religion chrétienne, étudie les défauts et les vices de l'humanité.

----

9. Selon la doctrine de l'existentialisme, l'homme est ce qu'il se fait.

----

10. La tragédie fut une arme puissante des écrivains du XVIIIe siècle.

----

11. Paul Verlaine, dont la poésie est essentiellement musicale, faisait partie de l'école parnassienne.

----

12. Dans les *Méditations* de Lamartine, la nature ne sert que d'inspiration à l'expression des sentiments du poète.

----

13. Après la première guerre mondiale, on voit naître dans la littérature le goût de l'excès et du bizarre.

----

14. Diderot, philosophe matérialiste et athée, avait peu de confiance dans le progrès de l'humanité.

----

15. Alexandre Dumas père fut un moraliste et un critique de la société de son temps.

B. Choisir la réponse convenable entre parenthèses pour compléter la phrase:

1. Le français doit ses origines au latin (classique, vulgaire).

2. C'est (Rabelais, Montaigne) qui créa le réalisme dans la littérature française.

3. (Descartes, Pascal) fonda une méthode de raisonner basée sur le doute.

4. La province d'origine du dialecte qui est devenu la langue française est (la Normandie, l'Ile-de-France).

5. (Racine, Corneille) est l'analyste par excellence des passions humaines.

6. La philosophie de la Rochefoucauld exprime un (dégoût, amour) de la société de son temps.

7. La caractéristique la plus frappante de la langue française c'est (la clarté, la richesse de vocabulaire).

8. Au XVIIIᵉ siècle, c'est la (poésie, prose) qui produit les ouvrages les plus importants.

9. Le *Barbier de Séville* et le *Mariage de Figaro* sont des comédies de (Beaumarchais, Chénier).

10. Boileau, poète et critique, contribua à fixer l'idéal du (romantisme, classicisme).

11. (Pierre Loti, Anatole France), grand peintre de la mer et des pays lointains, est l'auteur de *Pêcheur d'Islande*.

12. Le symbolisme de la fin du XIXᵉ siècle est un mouvement qui s'applique surtout (au roman, à la poésie).

13. Alfred de Vigny, tourmenté par les souffrances de l'homme, était membre de l'école (romantique, parnassienne).

14. (André Gide, Marcel Proust), romancier, dramaturge et critique littéraire, a attaqué dans ses œuvres l'hypocrisie et les règles acceptées de la morale.

15. La (première, seconde) moitié du XIXᵉ siècle est la période des chefs-d'œuvre romantiques.

16. Dans les romans des frères Goncourt, c'est la (pathologie, psychologie) qui domine.

17. Deux écrivains du XXᵉ siècle dont les ouvrages sont marqués par l'expression de leurs croyances religieuses sont (Claudel, Rimbaud) et (Romains, Mauriac).

18. Camus affirme que pour améliorer la condition humaine il faut (la solidarité de nos efforts, un individualisme essentiel).

19. (André Maurois, Romain Rolland) inaugure le roman-fleuve au XXe siècle.

20. Leconte de Lisle, chef des (symbolistes, parnassiens) révèle dans ses œuvres un (optimisme, pessimisme) envers la vie.

C. Identifier les œuvres:

1. la plus belle des chansons de geste _____

2. deux romans bien connus de Victor Hugo _____

3. le chef-d'œuvre des farces du Moyen Age _____

4. le recueil des pensées de la Rochefoucauld _____

5. la grande série de romans de Marcel Proust _____

6. deux romans de Daudet où il peint la vie du Midi de la France _____

7. le roman où Rousseau énonce ses théories pédagogiques _____

8. le chef-d'œuvre de Balzac, une série de romans et de nouvelles _____

9. le plus grand roman satirique du Moyen Age _____

10. un conte philosophique de Voltaire _____

D. Compléter les phrases:

1. La société féodale fut fondée sur la foi et _____.

2. La langue parlée dans la France du Moyen Age consistait en deux groupes de dialectes: la langue _____ au nord de la Loire et la langue _____ au sud.

3. Les premières œuvres littéraires de France sont les _____.

4. C'est l'érudit _____ qui exprime le mieux la verve humaniste de la Renaissance.

5. Le théâtre sérieux du Moyen Age est représenté par les _____ et les _____; le théâtre comique, par les _____.

6. _____, poète du XIXe siècle, fut le plus grand représentant de la littérature provençale.

7. La _____ moitié du _____ siècle marque l'apogée du classicisme français.

8. Les humanistes admiraient les langues et les littératures des _____ et des _____.

9. Les auteurs classiques cherchaient un équilibre entre le goût de la _____ et le goût de la _____.

10. Molière satirise les exagérations de la langue artificielle et des manières prétentieuses dans sa pièce, «*les* _____ *ridicules.*»

11. Descartes est convaincu que «le _____ est la chose du monde la mieux partagée.»

12. Plusieurs écrivains français ont adopté un pseudonyme sous lequel ils ont publié leurs ouvrages. François-Marie Arouet a pris le nom de _____, et Jean-Baptiste Poquelin a choisi celui de _____.

13. Les deux plus grands poètes du romantisme étaient _____ et _____.

14. *Polyeucte*, *Britannicus* et *Athalie* sont des pièces de théâtre du _____ siècle.

15. Dans ses _____, Rousseau s'analyse avec la science d'un psychologue.

16. Les deux philosophes illustres qui dominent la pensée française pendant la première moitié du XVIIᵉ siècle sont _____ et _____.

17. Le romantisme est plus qu'une attitude à l'égard de la littérature; c'est aussi une attitude à l'égard de _____.

18. Dans ses *Lettres*, dont la plupart sont addressées à sa fille, Mme _____ donne un tableau merveilleux des mœurs du XVIIᵉ siècle.

19. Dans la « Querelle des Anciens et des Modernes », qui eut lieu vers la fin du XVIIᵉ siècle, les _____ triomphèrent.

20. En encourageant le culte de la Raison, les grands philosophes du XVIIIᵉ siècle, Voltaire, Rousseau, _____, et _____, attaquent les deux grandes autorités du temps: la _____ absolue et la _____ traditionnelle.

21. Les écrivains romantiques préféraient le roman _____, qui leur offrait l'occasion de s'échapper de la réalité.

22. Taine, le théoricien du naturalisme, cherche à prouver que trois facteurs influencent les œuvres littéraires: la _____, le _____, et le moment.

23. L'école naturaliste, dont le chef est _____, ajoute au réalisme des observations _____.

24. Dans les vers de _____, l'inspirateur de la poésie moderne, on trouve des éléments de tous les thèmes sentimentaux et intellectuels du XIXᵉ siècle.

25. La poésie de _____, le chef du symbolisme, est fréquemment difficile à comprendre.

E. Expliquer les termes suivants:

1. les chansons de geste _____
_____
_____

2. les fabliaux _____
_____
_____

3. les mystères _____
_____
_____

4. « l'âge d'or » de la littérature française _____
_____
_____

5. la préciosité --

----

6. le mal du siècle --

----

7. le réalisme --

----

8. le roman-fleuve --

----

9. le prix Goncourt --

----

10. le surréalisme --

F. Identifier les auteurs:

1. Comédien, il mourut en jouant une de ses pièces. --------------------------------------

2. On l'appelle le plus grand peintre et le plus grand musicien de la langue française. ----------------
----

3. Chef de l'école surréaliste, il a écrit des vers hallucinatoires et violents. --------------------------
----

4. Ce philosophe domina la pensée du XVIIe siècle. --

5. C'est le plus illustre des poètes de la Renaissance. --------------------------------------

6. Amie de Musset et de Chopin, elle écrivit des romans de passion et des romans rustiques. ----------
----

7. On lui doit une révolution dans la technique du roman: il lie son analyse des événements aux faits dans sa mémoire et exploite la psychologie de l'inconscient. ----------------------------------

8. Il créa le cartésianisme, philosophie qui devait avoir une influence profonde. ----------------------
----

9. Ce sont les deux génies du drame classique. --

10. Auteur de plusieurs biographies d'hommes illustres, il a écrit aussi des études sur l'Angleterre. --------
----

11. Ce pilote de ligne et de guerre est connu pour ses romans sur l'aviation. --

12. Après la deuxième guerre mondiale, sa philosophie de désespoir dominait la littérature française. --

13. Le plus grand maître de contes, il savait donner à ses descriptions l'apparence de la réalité. --

14. On appelle ce vagabond et cet ami de brigands le premier grand poète lyrique de France. --

15. Écrivain moderne, il a attaché son nom à la doctrine philosophique de l'absurde. --

G.   Choisir dans la seconde colonne l'auteur de chaque œuvre de la première colonne :

1. *le Contrat social*	-----------------------------------	Villon
2. *Madame Bovary*	-----------------------------------	Pascal
3. *le Médecin malgré lui*	-----------------------------------	Giraudoux
4. *les Hommes de bonne volonté*	-----------------------------------	Zola
5. *Lettres de mon moulin*	-----------------------------------	Montaigne
6. *le Grand Testament*	-----------------------------------	Flaubert
7. *Pensées*	-----------------------------------	Romains
8. *la Folle de Chaillot*	-----------------------------------	Balzac
9. *les Misérables*	-----------------------------------	Molière
10. *Essais*	-----------------------------------	Dumas fils
11. *la Dame aux camélias*	-----------------------------------	Corneille
12. *Caractères*	-----------------------------------	Rousseau
13. *les Fleurs du mal*	-----------------------------------	Rabelais
14. *Discours de la méthode*	-----------------------------------	Hugo
15. *les Rougon-Macquart*	-----------------------------------	Saint-Exupéry
16. *l'Esprit des lois*	-----------------------------------	Daudet
17. *le Père Goriot*	-----------------------------------	La Bruyère
18. *le Cid*	-----------------------------------	Descartes
19. *Pilote de guerre*	-----------------------------------	Baudelaire
20. *Pantagruel*	-----------------------------------	Montesquieu

H. Dans chaque phrase, indiquer la réponse qui n'est pas appropriée :

1. Michel de Montaigne

    a. créa un nouveau genre littéraire   *c.* imita les Grecs

    b. recommanda un esprit de tolérance   *d.* peignit toute l'humanité en s'analysant

2. Pierre de Ronsard

    a. révèle dans ses vers son scepticisme

    b. rompit avec la poésie populaire

    c. s'inspira de l'antiquité

    d. s'efforça d'enrichir la langue

3. Pendant la Renaissance

    a. François Ier fonda le Collège de France

    b. la littérature française reprit son caractère populaire

    c. la Réforme eut lieu

    d. on inventa la presse à imprimer

4. François Rabelais

    a. se servit d'un vocabulaire énorme

    b. peignit la société de son époque

    c. fut médecin et moine

    d. contribua aux guerres de religion

5. Les chansons de geste

    a. sont des épopées

    b. exaltent la société féodale

    c. furent composées en prose

    d. furent écrites pour être chantées

6. François Villon

    a. fut hanté par l'idée de la mort

    b. mena une vie de bohème

    c. fut fait prisonnier par les Anglais

    d. chanta sincèrement sa vie personnelle

7. Dans la France du XVIIe siècle,

    a. la poésie lyrique domine les genres littéraires

    b. l'Académie française commence à exercer son influence

    c. il y a une unité de goût entre la noblesse et les écrivains

    d. la paix religieuse est rétablie

8. Le classicisme

    a. est un mouvement de discipline

    b. essaie de peindre des types universels

    c. cherche l'harmonie de la composition

    d. veut enrichir la langue française

9. Les « précieux » encourageaient

    a. le goût de l'analyse psychologique

    b. des œuvres d'une qualité supérieure

    c. l'amour de la conversation

    d. un langage naturel

10. Dans le théâtre classique, la pièce entière devait se développer

    a. pendant une seule journée

    b. avec un nombre limité d'acteurs

    c. dans le même lieu

    d. en une seule action principale

11. Jean Racine

    a. essaie de peindre les hommes tels qu'ils sont

    b. combine dans ses pièces une violence de passion et une perfection de forme

    c. préfère l'héroïsme à la tendresse

    d. suit les règles des trois unités

12. Molière

    a. tourne en ridicule les vices humains

    b. évite la farce même

    c. peint des types éternels

    d. recommande ce qui est naturel et raisonnable

13. Au XVIIIᵉ siècle,

    a. l'esprit de libre examen atteint son plein développement

    b. on veut analyser et peindre les émotions humaines

    c. on prend un vif intérêt au monde physique

    d. on cherche à réaliser le bonheur de l'homme sur la terre

14. Voltaire

    a. suggéra que l'homme retournât à la nature

    b. défendit les pouvoirs de la raison

    c. fut doué d'un charme personnel et d'un tempérament agressif

    d. écrivit des contes, des romans, des comédies, et des tragédies

15. Montesquieu

    a. est un des fondateurs de la sociologie moderne

    b. affirme que les principes de morale et de gouvernement varient d'un pays à l'autre

    c. exerce une influence considérable sur la Constitution américaine

    d. énonce des théories importantes sur l'éducation moderne

16. Jean-Jacques Rousseau

    a. est un précurseur du romantisme

    b. veut que l'individu grandisse sans contrainte

    c. a une confiance absolue dans la puissance de la raison

    d. est le théoricien de la démocratie

17. Quelques-unes des caractéristiques de la littérature romantique sont

    a. l'expression libre de la personnalité de l'auteur

    b. la mélancolie

    c. l'exaltation des émotions

    d. l'observation scientifique

18. Le mouvement symboliste avait été préparé par

    a. Flaubert

    b. Verlaine

    c. Baudelaire

    d. Rimbaud

19. Dans ses œuvres, Émile Zola

    a. nous donne une impression de puissance

    b. garde plusieurs traits du romantisme

    c. peint la société française de son époque

    d. applique la méthode scientifique à l'étude des phénomènes sociaux

20. L'évolution du romantisme commence au XIXᵉ siècle dans les ouvrages de

    a. Stendhal

    b. Mérimée

    c. Maupassant

    d. Gautier

21. La production littéraire du XXᵉ siècle est caractérisée par

    a. l'unité

    b. l'abondance

    c. l'originalité

    d. l'individualisme

22. La poésie de Baudelaire

    a. est une poésie savante et pleine de couleur

    b. continue le romantisme et annonce le mouvement parnassien

    c. est à la base du symbolisme

    d. essaie de revivre des civilisations disparues

23. Sartre a écrit

   a. *la Nausée*

   b. *les Mouches*

   c. *Vol de Nuit*

   d. *Huis clos*

24. Parmi les romans-fleuves du XXe siècle, citons

   a. *les Thibault*

   b. *Knock*

   c. *la Chronique des Pasquier*

   d. *les Hommes de bonne volonté*

25. Les symbolistes

   a. cherchent la perfection de la forme

   b. emploient des combinaisons musicales de sons

   c. préfèrent la suggestion à la description

   d. réagissent contre la théorie traditionnelle de la poésie

26. Les auteurs de romans du XXe siècle comprennent

   a. Maurois

   b. Duhamel

   c. Martin du Gard

   d. Bergson

27. Anatole France

   a. met dans ses œuvres une ironie délicate

   b. crée des ouvrages d'avant-garde

   c. a une confiance dans le progrès social de l'homme

   d. est connu pour l'élégance de sa prose

28. Albert Camus est l'auteur de

   a. *l'Étranger*

   b. *la Peste*

   c. *l'Immoraliste*

   d. *Caligula*

29. Trois poètes qui faisaient partie du mouvement surréaliste sont

   a. Breton

   b. Saint-John Perse

   c. Éluard

   d. Aragon

30. Parmi les Français qui ont gagné le prix Nobel se trouvent

   a. Mistral

   b. Gide

   c. Camus

   d. Colette

I. Choisir dans la liste des noms indiqués ci-dessous l'auteur de chacune des citations suivantes:

Boileau	Molière	Rivarol	Verlaine
Descartes	Montaigne	Ronsard	Villon
Hugo	Pascal	Rousseau	Voltaire
La Rochefoucauld	Rabelais	Sartre	Zola

1. Le cœur a ses raisons que la raison ne connaît pas.   ------------------------------------

2. Je pense, donc je suis.   ------------------------------------

3. L'homme est né libre, et partout il est dans les fers.   ------------------------------------

4. Fais ce que (tu) voudras.   ------------------------------------

5. Enfin Malherbe vint et le premier en France
   Fit sentir dans les vers une juste cadence.   ------------------------------------

6. Chaque homme porte la forme entière de l'humaine condition.   ------------------------------------

7. Mais où sont les neiges d'antan? ------------------------------------

8. Nos vertus ne sont le plus souvent que des vices déguisés. ------------------------------------

9. Il pleure dans mon cœur
Comme il pleut sur la ville. ------------------------------------

10. Cueillez dès aujourd'hui les roses de la vie. ------------------------------------

J. Choisir dans la seconde colonne la description convenable de chaque personnage de la première colonne:

------- **1.** Malherbe   A. théoricien de la Pléiade

------- **2.** Apollinaire   B. poète précoce; emploie le vers libre

------- **3.** Musset   C. chef de la Réforme en France

------- **4.** Comte   D. poète du XVIIIe siècle

------- **5.** Gargantua   E. dramaturge moderne

------- **6.** Rimbaud   F. dernier poète de la féodalité

------- **7.** Calvin   G. géant imaginaire

------- **8.** Dumas père   H. auteur de nombreux romans historiques

------- **9.** Bossuet   I. poète romantique

-------**10.** Charles d'Orléans   J. fondateur du positivisme

-------**11.** D'Alembert   K. théoricien du classicisme

-------**12.** Anouilh   L. poète audacieux du XXe siècle

-------**13.** Pascal   M. défenseur du jansénisme

-------**14.** Du Bellay   N. orateur éloquent du XVIIe siècle

-------**15.** Chénier   O. un des directeurs de l'*Encyclopédie*

K. Expliquer le rôle que joue chacun des noms suivants dans le développement de la langue et de la littérature françaises:

1. les Serments de Strasbourg

2. les trouvères et les troubadours

3. la Chanson de Roland

4. la Pléiade

5. Louis XIV

6. l'Hôtel de Rambouillet

7. François de Malherbe

8. Molière

9. l'Académie française

10. l'Encyclopédie

11. Mme de Staël et Chateaubriand

12. Honoré de Balzac

13. Émile Zola

14. le Parnasse

15. Jean-Paul Sartre

V. Compréhension Auditive

ÉPREUVES AUDITIVES

Directions. Épreuves A–G: Le professeur lira deux fois à haute voix une phrase incomplète en donnant quatre réponses possibles pour la compléter. Écrire la lettre (*a*, *b*, *c*, ou *d*) désignant la réponse qui complète le mieux la phrase.

Directions. Épreuves H–J: Le professeur lira deux fois à haute voix une déclaration ou une question. Choisir la lettre désignant la réponse la plus convenable.

H

1. *a*. Bon, j'ai envie de manger du gâteau.
   b. Je pourrai donc m'acheter une nouvelle robe.
   c. C'est dommage que je n'aie pas besoin de bijoux.
   d. Quel parfum de glace peut-on y commander?

2. *a*. J'ai un penchant pour la danse.
   b. Ça m'amuse.
   c. Cela ne laisse pas à désirer.
   d. Je m'ennuie à mourir.

3. *a*. Oui, elle ne sait quel parti prendre.
   b. Non, elle n'a pas pris une assurance sur la vie.
   c. Oui, nécessité n'a pas de lois.
   d. Non, elle ne le ferait pour rien au monde.

4. *a*. C'est le ruisseau.
   b. Voici la volaille.
   c. C'est notre caniche.
   d. Voilà l'éventail.

5. *a*. Oui, c'est un aimant.
   b. Oui, c'est une allure.
   c. Oui, c'est un barrage.
   d. Oui, c'est une guérison.

6. *a*. Non, je peux mettre un couvert de plus.
   b. Oui, je mange généralement à la fortune du pot.
   c. Oui, je suis un régime.
   d. Non, je le préfère à point.

7. *a*. Non, il refuse d'accepter son argent.
   b. Non, il ressemble à sa mère.
   c. Oui, la différence saute aux yeux.
   d. Oui, il l'aime beaucoup.

8. *a*. Non, ils ont de très mauvaises manières.
   b. Non, ils n'ont pas de quoi le faire.
   c. Non, ils ne peuvent pas en croire leurs yeux.
   d. Si, j'ai eu le plaisir de leur société.

9. *a*. En leur donnant des soucis.
   b. En les agitant violemment.
   c. En cédant à leurs désirs.
   d. En haussant les épaules.

10. *a*. Il m'a serré la main.
    b. Il a mauvaise mine.
    c. Il a déjà déménagé.
    d. Il y a longtemps que je me défie de lui.

I

1. *a*. L'acoustique n'est pas bonne.
   b. C'est un plaisir de dîner ici.
   c. Il y a toujours de quoi s'occuper.
   d. Les bateaux ne m'intéressent pas.

2. *a*. Il est très boiteux.
   b. Personne ne l'a prévenu.
   c. On vient de la chatouiller.
   d. C'est un marchand des quatre saisons.

3. *a*. Oui, je dors debout.
   b. Certainement, de fond en comble.
   c. Oui, je voudrais y déposer mon manteau.
   d. Oui, il m'a donné un coup de téléphone.

4. *a.* Il mange trop de viande.
   b. C'est le résultat d'un accident.
   c. Il a couru à toute vitesse.
   d. Une jeune fille a refusé sa demande en mariage.

5. *a.* Oui, la tête lui tourne.
   b. Oui, il en fait toujours à sa tête.
   c. Oui, il aime les tête-à-tête.
   d. Oui, il a souvent mal à la tête.

6. *a.* On devra faire pas mal de réparations.
   b. Tous les parquets sont de chêne.
   c. L'évier est dans la cuisine.
   d. Les marches de l'escalier ne sont pas usées.

7. *a.* Je compte prendre des notes.
   b. Les lumières s'éteignent à dix heures.
   c. Le temps est à la pluie.
   d. On peut avoir besoin de monnaie.

8. *a.* Oui, il faut gagner sa vie.
   b. Oui, ils ont choisi le moindre des deux maux.
   c. Oui, ils passent leur lune de miel dans le Midi.
   d. Oui, leur vie ne tient qu'à un fil.

9. *a.* un fusil
   b. un tambour
   c. un érable
   d. un moustique

10. *a.* On peut prendre un coup de soleil.
    b. Nous sommes en pleine mer.
    c. Le réseau entier est électrifié.
    d. Ce pantalon est trop long.

J

1. *a.* Nous allons à la piscine.
   b. Je viens de garer ma voiture.
   c. Je suis toujours bien mis.
   d. C'est l'heure du dîner.

2. *a.* Oui, quelque chose l'a effrayée.
   b. Oui, elle ne connaît personne ici.
   c. Oui, elle n'étudie pas suffisamment.
   d. Oui, elle manque d'amis maintenant.

3. *a.* Oui, on pouvait entendre tomber une épingle.
   b. Oui, il se vantait de son succès.
   c. Oui, on avait pris toutes les mesures nécessaires.
   d. Oui, le désordre était affreux.

4. *a.* Oui, mais le sens est interdit.
   b. Oui, j'y suis.
   c. Non, ce n'est pas la peine.
   d. Non, rien ne presse.

5. *a.* Non, je n'ai qu'une connaissance superficielle du sujet.
   b. Non, j'y vais par vélo.
   c. Oui, c'est une source d'énergie tout à fait nouvelle.
   d. Non, je suis sujet au mal de mer.

6. *a.* Cela indique sa sagesse.
   b. Son mari a manqué de se noyer.
   c. Elle a hoché la tête.
   d. L'honneur l'exige.

7. *a.* En un clin d'œil.
   b. Entre ses dents.
   c. Sur le bout du doigt.
   d. Du coin de l'œil.

8. *a.* La tige et la mousse.
   b. Le sous-sol et l'abat-jour.
   c. L'écorce et le tronc.
   d. La pelle et le tuyau.

9. *a.* Il n'y a pas de jambon.
   b. Les vitrines sont fermées.
   c. Je ne puis tourner le robinet.
   d. Le poste ne fonctionne pas.

10. *a.* Un remorqueur qui tire un chaland.
    b. Pas mal de marais.
    c. Un traîneau avec plusieurs gamins.
    d. Une ondulation permanente.

PASSAGES AUDITIFS

Directions. Le professeur lira deux fois à haute voix une question et un passage. Choisir la lettre désignant la réponse qui convient le mieux au sens du passage.

1. Pourquoi la dame donne-t-elle cette réponse à la vendeuse?

   a. Les skis qu'elle désire acheter ne sont pas pour elle.
   b. Elle se passionne pour le ski.
   c. Elle n'a pas l'intention de faire du ski.
   d. La distance jusqu'au pôle est très longue.

2. Que croyait cet homme en écoutant les paroles de sa femme?

   a. qu'elle voulait dîner en ville
   b. qu'elle préférait le chien à lui
   c. qu'elle n'était pas une très bonne cuisinière
   d. qu'elle avait laissé tomber le gâteau

3. Qu'est-ce qui caractérise ces deux enfants?

   a. L'un est un peu plus grand que l'autre.
   b. Ils ressemblent à leur mère.
   c. Ils ont peu d'intelligence.
   d. Il est difficile de distinguer l'un de l'autre.

4. Qu'est-ce que Shaw pensait de cet homme?

   a. qu'il avait l'esprit vif
   b. qu'il manquait de talent
   c. qu'il se plaignait trop
   d. qu'il excellait en son genre

5. Pourquoi la jeune fille a-t-elle donné cette réponse?

   a. Elle trouvait difficile la décision.
   b. Elle était venue de loin.
   c. Elle n'avait pas compris la question.
   d. Elle était trop jeune pour fumer.

6. Pour quelle raison Pierre a-t-il rompu avec Martine?

   a. Elle refusait de l'épouser.
   b. Elle riait sans cesse.
   c. Elle ne voulait pas sortir avec lui.
   d. Elle tenait à se marier.

7. Qu'est-ce que cette conversation révèle?

   a. que tout le monde apprécie la littérature classique
   b. que la jeune fille n'est pas bien instruite
   c. que la starlette est inquiète
   d. que le journaliste est mal élevé

8. Pourquoi cette situation est-elle amusante?

   a. parce que le frère de l'enfant est plus jeune que lui
   b. parce que l'enfant essaie d'imiter son père
   c. parce que l'homme s'irrite pour si peu
   d. parce que l'enfant refuse de laisser parler ses parents

9. De quoi ce docteur est-il content?

   a. de la réputation favorable de la Dauphine
   b. de pouvoir causer avec le courtisan
   c. de ce qu'il est déjà renommé
   d. d'avoir été appelé à la cour

10. Que pense cette femme du jeune homme?

    a. Elle le considère comme fort impoli.
    b. Elle pense qu'il est très comme il faut.
    c. Elle le trouve vraiment sympathique.
    d. Elle croit qu'il a beaucoup d'esprit.

281

11. Selon ce musicien, pourquoi aime-t-il le titre qu'on lui donne?

    a. Le titre est flatteur.

    b. C'est un moyen d'éviter le blâme.

    c. Il est très fier de ses talents divers.

    d. A cause du titre, il gagne beaucoup d'argent.

12. Qu'est-ce que l'ami de M. Blanchet lui suggère?

    a. d'attacher une corde aux pigeons

    b. de faire parler les oiseaux futurs

    c. de changer de route

    d. de renoncer à son projet

13. Quelle idée cet homme exprime-t-il en répondant à sa fille?

    a. que la femelle crie plus fort que le mâle

    b. que le lever du soleil est plus beau à la campagne

    c. que le silence n'existe nulle part

    d. que les bruits de la campagne sont aussi bizarres que ceux de la ville

14. Pourquoi l'étranger a-t-il arrêté M. Latour?

    a. M. Latour s'était trompé de vêtement.

    b. Il croyait le connaître.

    c. Il voulait s'excuser.

    d. M. Latour n'avait pas laissé de pourboire.

15. Qu'est-ce que Mme Girard voulait?

    a. avoir le dernier mot

    b. faire une emplette

    c. disputer avec son mari

    d. causer avec M. Durand

16. Pourquoi ce client n'est-il pas satisfait?

    a. Le garçon refuse de remporter l'assiette.

    b. Le consommé est trop chaud.

    c. Le goût du bouillon ne lui plaît pas.

    d. Le garçon ne sait pas bien servir.

17. Quel facteur a influencé le plus le résultat de cet examen?

    a. la dextérité de la jeune fille

    b. le médicament qu'on avait recommandé

    c. le temps qu'il faisait

    d. la peur de l'examinateur

18. Qu'est-ce que la réponse de M. Chose indique?

    a. qu'il n'aime pas porter de vieux vêtements

    b. qu'il se plaît à travailler dans le jardin

    c. qu'il est furieux envers sa femme

    d. qu'il se considère comme très intelligent

19. Pourquoi cet homme plante-t-il de cette façon?

    a. La terre est meilleure à cette profondeur.

    b. Les oiseaux aiment manger les graines.

    c. Il n'aime pas les légumes.

    d. C'est une vallée profonde.

20. Quel est le sujet de cette anecdote?

    a. le problème actuel du piéton

    b. les plaisirs du dimanche

    c. l'anniversaire d'un des garçons

    d. la grande vitesse des voitures modernes

21. Pourquoi cette femme pense-t-elle à sa propre maison?

    a. Comme chez elle, on ne peut toucher à rien.

    b. Elle a envie d'y être.

    c. Sa maison a besoin de réparations.

    d. La propreté du château la lui rappelle.

22. Qu'est-ce que la dame considère comme essentiel à sa réception?

    a. que le pianiste joue des morceaux qu'il a composés lui-même

    b. que le musicien donne des explications aux invités

    c. que le prix du musicien ne soit pas trop élevé

    d. que les invités aient l'occasion de se parler

23. Pourquoi l'amiral donna-t-il cet ordre?

    a. pour souligner l'importance de sa flotte
    c. pour créer une nouvelle coutume

    b. pour flatter la reine
    d. pour éviter un danger grave —

24. Quel fut le secret du succès de cet homme d'état?

    a. Il faisait des discours passionnés.
    c. Il écoutait attentivement les plaintes d'autrui.

    b. Il prenait de bonnes notes.
    d. Il évitait d'offenser n'importe qui.

25. Pourquoi cet homme refuse-t-il la place qu'on lui offre?

    a. Il préfère ne pas travailler.
    c. Ce n'est pas son métier.

    b. Le salaire est insuffisant.
    d. Il craint les machines électriques.

26. Qu'est-ce que la décision du second explorateur semble indiquer?

    a. qu'il préfère ne pas trouver l'animal
    c. qu'il doute que le lion existe

    b. qu'il veut sacrifier sa vie pour la science
    d. qu'il s'amuse à attraper les bêtes sauvages

27. Pourquoi le spectateur a-t-il posé cette question?

    a. Il détestait les pièces anglaises.
    c. Il voulait se moquer de l'acteur.

    b. Son cheval était mort.
    d. Il désirait montrer sa bonne volonté.

28. Quelle conclusion peut-on tirer à l'égard de cette salle de classe?

    a. que le discipline est excellente
    c. que le directeur est un homme exigeant

    b. que le maître et ses élèves ne s'accordent pas bien ensemble
    d. que les élèves estiment fort leur maître

29. Qu'est-ce qui a provoqué cette émotion?

    a. la façon dont jouait le musicien
    c. un sentiment nostalgique

    b. la qualité de la cuisine
    d. des souvenirs d'enfance

30. Pourquoi ces deux individus étaient-ils si enthousiasmés?

    a. parce qu'ils s'admiraient l'un l'autre
    c. parce que chacun tâchait d'encourager l'autre

    b. parce que le dramaturge en savait bon gré à l'actrice
    d. parce que chacun se considérait comme un artiste de talent

31. Qu'est-ce qui inquiète ce malade?

    a. le coup d'œil du docteur
    c. le manque de confiance du chirurgien

    b. son âge avancé
    d. l'idée de se faire opérer

32. Pourquoi le lecteur a-t-il fait publier cette dernière annonce?

    a. Il connaissait bien Lucy.
    c. Il n'avait pas lu les autres messages personnels.

    b. Il était las de lire le même appel.
    d. Paul était un de ses amis.

33. Qu'est-ce qui trouble ce jeune homme?

    a. Son travail quotidien est tout à fait difficile.
    c. Il doit faire trop de choses à la fois.

    b. Il désire rester chez lui.
    d. Ce qu'il apprend ne semble avoir aucun rapport à une vie militaire.

34. Pourquoi ce monsieur fait-il cette visite?

    a. parce que sa femme refuse de sortir avec lui
    c. parce que sa femme se plaint de lui

    b. parce que les animaux lui font peur
    d. parce qu'il n'aime pas les conditions qui existent chez lui

35. Selon cette anecdote, que reproche ce monsieur à sa femme?

    a. de travailler lentement

    b. de chercher trop souvent ses conseils

    c. de le déranger quand ils sont en voiture

    d. de coudre toute la journée

36. Pourquoi ces deux hommes agissent-ils de cette manière?

    a. Ils sont très entêtés.

    b. Ils ont des affaires urgentes.

    c. Tous deux préfèrent lire.

    d. Une des voitures est tombée en panne.

37. Que prouve le résultat de cette visite?

    a. qu'on ne peut pas combattre certaines maladies

    b. que le docteur a trompé l'homme

    c. que l'homme n'a pas compris les ordres du médecin

    d. que le médicament peut produire l'effet attendu

38. Pourquoi cette femme était-elle fâchée?

    a. La banque avait fait une grosse faute.

    b. Le banquier était peu raisonnable.

    c. Elle ne comprenait pas bien la finance.

    d. Elle ne pouvait pas payer ses dettes.

39. Qu'est-ce que ces parents ont appris à leur première visite à Paris?

    a. que leur fils était un étudiant excellent

    b. que le jeune homme n'avait pas eu le temps de s'amuser

    c. que Paris ressemblait à leur propre ville

    d. que leur fils leur avait menti

40. Pourquoi le pêcheur a-t-il changé sa déclaration?

    a. Il n'avait aucune intention de garder les poissons.

    b. Il refusait de partager sa prise avec une autre personne.

    c. La déclaration pouvait lui causer des embarras.

    d. Il n'aimait pas qu'on se moque de lui.

41. De quoi ce beau-père se rend-il compte?

    a. de ce que sa fille fait tout ce que veut son mari

    b. de ce qu'on peut trouver du calme dans une salle de spectacle

    c. de ce que sa fille n'est pas très raisonnable

    d. de ce que son beau-fils fait des excuses

42. Pourquoi la femme a-t-elle fait des compliments au médecin?

    a. parce qu'il lui a fait une deuxième visite

    b. parce que son ordonnance lui servait de plusieurs façons

    c. parce qu'elle se sentait assez bien pour travailler

    d. parce que le médicament a duré longtemps

43. Qu'est-ce que ce garçon a fait pour démontrer son intelligence?

    a. Il a acheté un cadeau de Noël pour la reine.

    b. Il a gagné de l'argent en vendant son cheval.

    c. Il a persuadé à sa mère de lui acheter un jouet.

    d. Il a profité de la vente d'une communication de sa mère.

44. Pourquoi le roi a-t-il agi de cette façon?

    a. Il avait bien appris la diplomatie.

    b. Il voulait entendre une explication rassurante.

    c. Il préférait les gens qui s'exprimaient franchement.

    d. Ses dents lui faisaient mal.

45. Où ces deux hommes se sont-ils rencontrés pour la première fois?

    a. dans un accident

    b. à une agence de voitures

    c. à l'hôpital

    d. à l'école de médecine

46. Qu'est-ce que cet incident indique à propos de l'officier?

    a. Il s'éloigne de tout péril.

    b. Il est doué d'intelligence.

    c. Il sait rester calme devant le danger.

    d. C'est un homme sujet à la crainte.

47. Selon cette anecdote, quel talent extraordinaire ce roi avait-il?

    a. celui de mettre les gens à l'aise

    b. celui de se taire quand il le faut

    c. celui de parler longtemps à son entourage

    d. celui de finir les phrases d'autrui

48. Quelle manie ce propriétaire a-t-il?

    a. Il déteste le bruit.

    b. Il adore les animaux.

    c. La musique lui plaît infiniment.

    d. Il tient à ce que tout le monde l'aime bien.

49. De quoi cet homme était-il enchanté?

    a. d'avoir démontré son talent dans la cuisine

    b. d'avoir stimulé l'appétit de sa femme

    c. d'avoir développé une nouvelle formule

    d. d'avoir découvert un légume bon à manger

50. Qu'est-ce que ces gens ont appris pendant ce repas?

    a. que Coolidge n'avait aucune intention de boire la boisson qu'il préparait

    b. que leur hôte était le président du pays

    c. que les personnes illustres dînent d'une façon différente

    d. qu'à table il vaut mieux suivre l'exemple de l'hôte

Appendice

CONJUGAISONS

VERBES RÉGULIERS

infinitif	hésiter	remplir	vendre
participe présent	hésitant	remplissant	vendant
participe passé	hésité	rempli	vendu

INDICATIF

présent	j'hésite	je remplis	je vends
	tu hésites	tu remplis	tu vends
	il hésite	il remplit	il vend
	nous hésitons	nous remplissons	nous vendons
	vous hésitez	vous remplissez	vous vendez
	ils hésitent	ils remplissent	ils vendent
imparfait	j'hésitais	je remplissais	je vendais
	tu hésitais	tu remplissais	tu vendais
	il hésitait	il remplissait	il vendait
	nous hésitions	nous remplissions	nous vendions
	vous hésitiez	vous remplissiez	vous vendiez
	ils hésitaient	ils remplissaient	ils vendaient
passé simple	j'hésitai	je remplis	je vendis
	tu hésitas	tu remplis	tu vendis
	il hésita	il remplit	il vendit
	nous hésitâmes	nous remplîmes	nous vendîmes
	vous hésitâtes	vous remplîtes	vous vendîtes
	ils hésitèrent	ils remplirent	ils vendirent
futur	j'hésiterai	je remplirai	je vendrai
	tu hésiteras	tu rempliras	tu vendras
	il hésitera	il remplira	il vendra
	nous hésiterons	nous remplirons	nous vendrons
	vous hésiterez	vous remplirez	vous vendrez
	ils hésiteront	ils rempliront	ils vendront
conditionnel présent	j'hésiterais	je remplirais	je vendrais
	tu hésiterais	tu remplirais	tu vendrais
	il hésiterait	il remplirait	il vendrait
	nous hésiterions	nous remplirions	nous vendrions
	vous hésiteriez	vous rempliriez	vous vendriez
	ils hésiteraient	ils rempliraient	ils vendraient
passé composé	j'ai hésité	j'ai rempli	j'ai vendu
	tu as hésité	tu as rempli	tu as vendu
	il a hésité	il a rempli	il a vendu
	nous avons hésité	nous avons rempli	nous avons vendu
	vous avez hésité	vous avez rempli	vous avez vendu
	ils ont hésité	ils ont rempli	ils ont vendu
plus-que-parfait	j'avais hésité	j'avais rempli	j'avais vendu
	tu avais hésité	tu avais rempli	tu avais vendu
	il avait hésité	il avait rempli	il avait vendu
	nous avions hésité	nous avions rempli	nous avions vendu
	vous aviez hésité	vous aviez rempli	vous aviez vendu
	ils avaient hésité	ils avaient rempli	ils avaient vendu

futur antérieur	j'aurai hésité	j'aurai rempli	j'aurai vendu
	tu auras hésité	tu auras rempli	tu auras vendu
	il aura hésité	il aura rempli	il aura vendu
	nous aurons hésité	nous aurons rempli	nous aurons vendu
	vous aurez hésité	vous aurez rempli	vous aurez vendu
	ils auront hésité	ils auront rempli	ils auront vendu
conditionnel passé	j'aurais hésité	j'aurais rempli	j'aurais vendu
	tu aurais hésité	tu aurais rempli	tu aurais vendu
	il aurait hésité	il aurait rempli	il aurait vendu
	nous aurions hésité	nous aurions rempli	nous aurions vendu
	vous auriez hésité	vous auriez rempli	vous auriez vendu
	ils auraient hésité	ils auraient rempli	ils auraient vendu
passé antérieur	j'eus hésité	j'eus rempli	j'eus vendu
	tu eus hésité	tu eus rempli	tu eus vendu
	il eut hésité	il eut rempli	il eut vendu
	nous eûmes hésité	nous eûmes rempli	nous eûmes vendu
	vous eûtes hésité	vous eûtes rempli	vous eûtes vendu
	ils eurent hésité	ils eurent rempli	ils eurent vendu

IMPÉRATIF

hésite	remplis	vends
hésitons	remplissons	vendons
hésitez	remplissez	vendez

SUBJONCTIF

présent	j'hésite	je remplisse	je vende
	tu hésites	tu remplisses	tu vendes
	il hésite	il remplisse	il vende
	nous hésitions	nous remplissions	nous vendions
	vous hésitiez	vous remplissiez	vous vendiez
	ils hésitent	ils remplissent	ils vendent
imparfait	j'hésitasse	je remplisse	je vendisse
	tu hésitasses	tu remplisses	tu vendisses
	il hésitât	il remplît	il vendît
	nous hésitassions	nous remplissions	nous vendissions
	vous hésitassiez	vous remplissiez	vous vendissiez
	ils hésitassent	ils remplissent	ils vendissent
passé	j'aie hésité	j'aie rempli	j'aie vendu
	tu aies hésité	tu aies rempli	tu aies vendu
	il ait hésité	il ait rempli	il ait vendu
	nous ayons hésité	nous ayons rempli	nous ayons vendu
	vous ayez hésité	vous ayez rempli	vous ayez vendu
	ils aient hésité	ils aient rempli	ils aient vendu
plus-que-parfait	j'eusse hésité	j'eusse rempli	j'eusse vendu
	tu eusses hésité	tu eusses rempli	tu eusses vendu
	il eût hésité	il eût rempli	il eût vendu
	nous eussions hésité	nous eussions rempli	nous eussions vendu
	vous eussiez hésité	vous eussiez rempli	vous eussiez vendu
	ils eussent hésité	ils eussent rempli	ils eussent vendu

VERBES IRRÉGULIERS

INFINITIF	PARTICIPE PRÉSENT	PARTICIPE PASSÉ	INDICATIF PRÉSENT	PASSÉ SIMPLE	FUTUR	SUBJONCTIF PRÉSENT
accueillir	(*See* cueillir)					
aller	allant	allé (*with* être)	je vais tu vas il va nous allons vous allez ils vont	j'allai	j'irai	j'aille tu ailles il aille nous allions vous alliez ils aillent
apercevoir	(*See* recevoir)					
s'asseoir	s'asseyant	assis	je m'assieds tu t'assieds il s'assied nous nous asseyons vous vous asseyez ils s'asseyent	je m'assis	je m'assiérai je m'assoirai	je m'asseye
atteindre	(*See* peindre)					
avoir	ayant	eu	j'ai tu as il a nous avons vous avez ils ont	j'eus	j'aurai	j'aie tu aies il ait nous ayons vous ayez ils aient
battre	battant	battu	je bats tu bats il bat nous battons vous battez ils battent	je battis	je battrai	je batte
boire	buvant	bu	je bois tu bois il boit nous buvons vous buvez ils boivent	je bus	je boirai	je boive tu boives il boive nous buvions vous buviez ils boivent
conduire	conduisant	conduit	je conduis tu conduis il conduit nous conduisons vous conduisez ils conduisent	je conduisis	je conduirai	je conduise
connaître	connaissant	connu	je connais tu connais il connaît nous connaissons vous connaissez ils connaissent	je connus	je connaîtrai	je connaisse
construire	(*See* conduire)					
coudre	cousant	cousu	je couds tu couds il coud nous cousons vous cousez ils cousent	je cousis	je coudrai	je couse
courir	courant	couru	je cours tu cours il court nous courons vous courez ils courent	je courus	je courrai	je coure

INFINITIF	PARTICIPE PRÉSENT	PARTICIPE PASSÉ	INDICATIF PRÉSENT	PASSÉ SIMPLE	FUTUR	SUBJONCTIF PRÉSENT
couvrir	(*See* ouvrir)					
craindre	craignant	craint	je crains tu crains il craint nous craignons vous craignez ils craignent	je craignis	je craindrai	je craigne
croire	croyant	cru	je crois tu crois il croit nous croyons vous croyez ils croient	je crus	je croirai	je croie tu croies il croie nous croyions vous croyiez ils croient
croître	croissant	crû, crue crus, crues	je croîs tu croîs il croît nous croissons vous croissez ils croissent	je crûs tu crûs il crût nous crûmes vous crûtes ils crûrent	je croîtrai	je croisse
cueillir	cueillant	cueilli	je cueille tu cueilles il cueille nous cueillons vous cueillez ils cueillent	je cueillis	je cueillerai	je cueille
décrire	(*See* écrire)					
devoir	devant	dû, due dus, dues	je dois tu dois il doit nous devons vous devez ils doivent	je dus	je devrai	je doive tu doives il doive nous devions vous deviez ils doivent
dire	disant	dit	je dis tu dis il dit nous disons vous dites ils disent	je dis	je dirai	je dise
dormir	dormant	dormi	je dors tu dors il dort nous dormons vous dormez ils dorment	je dormis	je dormirai	je dorme
écrire	écrivant	écrit	j'écris tu écris il écrit nous écrivons vous écrivez ils écrivent	j'écrivis	j'écrirai	j'écrive
envoyer	envoyant	envoyé	j'envoie tu envoies il envoie nous envoyons vous envoyez ils envoient	j'envoyai	j'enverrai	j'envoie tu envoies il envoie nous envoyions vous envoyiez ils envoient
éteindre	(*See* peindre)					

INFINITIF	PARTICIPE PRÉSENT	PARTICIPE PASSÉ	INDICATIF PRÉSENT	PASSÉ SIMPLE	FUTUR	SUBJONCTIF PRÉSENT
être	étant	été	je suis tu es il est nous sommes vous êtes ils sont	je fus	je serai	je sois tu sois il soit nous soyons vous soyez ils soient
faire	faisant	fait	je fais tu fais il fait nous faisons vous faites ils font	je fis	je ferai	je fasse
falloir	-----------	fallu	il faut	il fallut	il faudra	il faille
fuir	fuyant	fui	je fuis tu fuis il fuit nous fuyons vous fuyez ils fuient	je fuis	je fuirai	je fuie tu fuies il fuie nous fuyions vous fuyiez ils fuient
joindre	joignant	joint	je joins tu joins il joint nous joignons vous joignez ils joignent	je joignis	je joindrai	je joigne
lire	lisant	lu	je lis tu lis il lit nous lisons vous lisez ils lisent	je lus	je lirai	je lise
mentir	(*See* sentir)					
mettre	mettant	mis	je mets tu mets il met nous mettons vous mettez ils mettent	je mis	je mettrai	je mette
mourir	mourant	mort (*with* être)	je meurs tu meurs il meurt nous mourons vous mourez ils meurent	je mourus	je mourrai	je meure tu meures il meure nous mourions vous mouriez ils meurent
naître	naissant	né (*with* être)	je nais tu nais il naît nous naissons vous naissez ils naissent	je naquis	je naîtrai	je naisse
offrir	offrant	offert	j'offre tu offres il offre nous offrons vous offrez ils offrent	j'offris	j'offrirai	j'offre

INFINITIF	PARTICIPE PRÉSENT	PARTICIPE PASSÉ	INDICATIF PRÉSENT	PASSÉ SIMPLE	FUTUR	SUBJONCTIF PRÉSENT
ouvrir	ouvrant	ouvert	j'ouvre tu ouvres il ouvre nous ouvrons vous ouvrez ils ouvrent	j'ouvris	j'ouvrirai	j'ouvre
paraître	paraissant	paru	je parais tu parais il paraît nous paraissons vous paraissez ils paraissent	je parus	je paraîtrai	je paraisse
partir	partant	parti (*with* être)	je pars tu pars il part nous partons vous partez ils partent	je partis	je partirai	je parte
peindre	peignant	peint	je peins tu peins il peint nous peignons vous peignez ils peignent	je peignis	je peindrai	je peigne
plaindre	(*See* craindre)					
plaire	plaisant	plu	je plais tu plais il plaît nous plaisons vous plaisez ils plaisent	je plus	je plairai	je plaise
pleuvoir	pleuvant	plu	il pleut	il plut	il pleuvra	il pleuve
pouvoir	pouvant	pu	je peux (puis) tu peux il peut nous pouvons vous pouvez ils peuvent	je pus	je pourrai	je puisse
prendre	prenant	pris	je prends tu prends il prend nous prenons vous prenez ils prennent	je pris	je prendrai	je prenne tu prennes il prenne nous prenions vous preniez ils prennent
produire	(*See* conduire)					
recevoir	recevant	reçu	je reçois tu reçois il reçoit nous recevons vous recevez ils reçoivent	je reçus	je recevrai	je reçoive tu reçoives il reçoive nous recevions vous receviez ils reçoivent
résoudre	résolvant	résolu	je résous tu résous il résout nous résolvons vous résolvez ils résolvent	je résolus	je résoudrai	je résolve

INFINITIF	PARTICIPE PRÉSENT	PARTICIPE PASSÉ	INDICATIF PRÉSENT	PASSÉ SIMPLE	FUTUR	SUBJONCTIF PRÉSENT
rire	riant	ri	je ris tu ris il rit nous rions vous riez ils rient	je ris	je rirai	je rie tu ries il rie nous riions vous riiez ils rient
savoir	sachant	su	je sais tu sais il sait nous savons vous savez ils savent	je sus	je saurai	je sache
sentir	sentant	senti	je sens tu sens il sent nous sentons vous sentez ils sentent	je sentis	je sentirai	je sente
servir	servant	servi	je sers tu sers il sert nous servons vous servez ils servent	je servis	je servirai	je serve
sortir	sortant	sorti (*with* être)	je sors tu sors il sort nous sortons vous sortez ils sortent	je sortis	je sortirai	je sorte
souffrir	(*See* offrir)					
suivre	suivant	suivi	je suis tu suis il suit nous suivons vous suivez ils suivent	je suivis	je suivrai	je suive
se taire	se taisant	tu	je me tais tu te tais il se tait nous nous taisons vous vous taisez ils se taisent	je me tus	je me tairai	je me taise
tenir	tenant	tenu	je tiens tu tiens il tient nous tenons vous tenez ils tiennent	je tins tu tins il tint nous tînmes vous tîntes ils tinrent	je tiendrai	je tienne tu tiennes il tienne nous tenions vous teniez ils tiennent
traduire	traduisant	traduit	je traduis tu traduis il traduit nous traduisons vous traduisez ils traduisent	je traduisis	je traduirai	je traduise

INFINITIF	PARTICIPE PRÉSENT	PARTICIPE PASSÉ	INDICATIF PRÉSENT	PASSÉ SIMPLE	FUTUR	SUBJONCTIF PRÉSENT
vaincre	vainquant	vaincu	je vaincs tu vaincs il vainc nous vainquons vous vainquez ils vainquent	je vainquis	je vaincrai	je vainque
valoir	valant	valu	je vaux tu vaux il vaut nous valons vous valez ils valent	je valus	je vaudrai	je vaille tu vailles il vaille nous valions vous valiez ils vaillent
venir	venant	venu (*with* être)	je viens tu viens il vient nous venons vous venez ils viennent	je vins tu vins il vint nous vînmes vous vîntes ils vinrent	je viendrai	je vienne tu viennes il vienne nous venions vous veniez ils viennent
vivre	vivant	vécu	je vis tu vis il vit nous vivons vous vivez ils vivent	je vécus	je vivrai	je vive
voir	voyant	vu	je vois tu vois il voit nous voyons vous voyez ils voient	je vis	je verrai	je voie tu voies il voie nous voyions vous voyiez ils voient
vouloir	voulant	voulu	je veux tu veux il veut nous voulons vous voulez ils veulent	je voulus	je voudrai	je veuille tu veuilles il veuille nous voulions vous vouliez ils veuillent

MODÈLES DE VERBES AVEC CHANGEMENTS ORTHOGRAPHIQUES

INFINITIF	PARTICIPE PRÉSENT	PARTICIPE PASSÉ	INDICATIF PRÉSENT	PASSÉ SIMPLE	FUTUR	SUBJONCTIF PRÉSENT
achever	achevant	achevé	j'achève tu achèves il achève nous achevons vous achevez ils achèvent	j'achevai	j'achèverai	j'achève tu achèves il achève nous achevions vous acheviez ils achèvent
appeler	appelant	appelé	j'appelle tu appelles il appelle nous appelons vous appelez ils appellent	j'appelai	j'appellerai	j'appelle tu appelles il appelle nous appelions vous appeliez ils appellent
˙eter	jetant	jeté	je jette tu jettes il jette nous jetons vous jetez ils jettent	je jetai	je jetterai	je jette tu jettes il jette nous jetions vous jetiez ils jettent
posséder	possédant	possédé	je possède tu possèdes il possède nous possédons vous possédez ils possèdent	je possédai	je posséderai	je possède tu possèdes il possède nous possédions vous possédiez ils possèdent
nettoyer	nettoyant	nettoyé	je nettoie tu nettoies il nettoie nous nettoyons vous nettoyez ils nettoient	je nettoyai	je nettoierai	je nettoie tu nettoies il nettoie nous nettoyions vous nettoyiez ils nettoient
annoncer	annonçant	annoncé	j'annonce tu annonces il annonce nous annonçons vous annoncez ils annoncent	j'annonçai tu annonças il annonça nous annonçâmes vous annonçâtes ils annoncèrent	j'annoncerai	j'annonce
nager	nageant	nagé	je nage tu nages il nage nous nageons vous nagez ils nagent	je nageai tu nageas il nagea nous nageâmes vous nageâtes ils nagèrent	je nagerai	je nage

IDIOTISMES ÉLÉMENTAIRES

à (à bicyclette, à pied), on, by (with means of transportation)

à (aux cheveux blonds, à la tête ronde), with (to denote characteristic)

à (à demain, au revoir), goodby until (in time expressions)

à cause de, because of, on account of

à côté de, next to, beside

à demi (à moitié), half, halfway

à droite (à gauche), on the right (left)

à haute voix, aloud

à jamais, forever

A la bonne heure! Good! Fine!

à la campagne, in the country

à la fin, finally

à la fois, at the same time

à la main, in one's hand

à la maison, at home

à la mode, in style

à l'étranger, abroad

à l'heure, on time

à l'instant, at once, immediately

à l'occasion de, on the occasion of

à merveille, wonderfully well

à moitié, half, halfway

à mon avis, in my opinion

à peine, hardly

à peu près, nearly, about, approximately

à présent, now, at present

à propos, by the way

A quoi bon? What's the use?

à temps, in time

à tout prix, at any cost

à travers, through, across

à voix basse, in a low voice

adresser la parole à, to address, speak to

aller à, to fit, suit

aller à la pêche, to go fishing

apprendre par cœur, to memorize

s'approcher de, to approach

assister à, to attend, be present at

s'attendre à, to expect

au bas de, at the bottom of

au bout de, at the end of, after

au contraire, on the contrary

au-dessous de, below, beneath

au-dessus de, above, over

au fond de, at the bottom of

au haut de, at the top of

au lieu de, instead of

au milieu de, in the middle of

au moins, at least

au pied de, at the foot of

avoir besoin de, to need

avoir de la chance, to be lucky

avoir envie de, to feel like

avoir faim, to be hungry

avoir honte de, to be ashamed of

avoir l'air (+ adjectif), to seem, look

avoir l'air (+ infinitif), to seem to, look as if

avoir la parole, to have the floor

avoir le temps de, to have (the) time to

avoir l'habitude de, to be accustomed to

avoir l'idée de, to have a notion to

avoir lieu, to take place

avoir l'intention de, to intend to

avoir l'occasion de, to have the opportunity to

avoir mal à (+ part of body), to have a pain in

avoir peur de, to be afraid of

avoir quelque chose, to have something wrong

avoir raison, to be right

avoir soif, to be thirsty

avoir sommeil, to be sleepy

avoir tort, to be wrong

bien entendu, of course

bon marché, cheap

se casser le bras (la jambe), to break one's arm (leg)

Cela m'est égal. That's all the same to me.

Cela ne fait rien. That does not matter.

c'est-à-dire, that is to say

C'est entendu. It's agreed. All right.

se charger de, to take care of

connaître de nom (de vue), to know by name (by sight)

d'abord, first, at first

d'ailleurs, besides, moreover

d'avance, in advance, beforehand

de bon appétit, heartily, with a good appetite

de bon cœur, willingly, gladly

de bonne heure, early

de jour en jour, from day to day

de l'autre côté de, on the other side of

de nouveau, again

de plus en plus, more and more

de quelle couleur . . . ? what color . . . ?

De rien. You're welcome.

de temps en temps} from time to time,
de temps à autre   } occasionally

d'habitude (d'ordinaire), usually

se douter de, to suspect

du matin au soir, from morning till night

du moins, at least

éclater de rire, to burst out laughing

en (en avion, en voiture), by (with means of transportation)

en bas, downstairs

encore une fois, again

en effet, (yes) indeed, as a matter of fact

en famille, as a family, in the privacy of the family

en haut, upstairs

en même temps, at the same time

en plein air, in the open air, outdoors

en retard, late, not on time

en ville, downtown, in (to) town

envoyer chercher, to send for

et ainsi de suite, and so forth

s'étonner de, to be surprised at

être à, to belong to

être bien aise de, to be very glad to

être d'accord avec, to agree with

être de retour, to be back

être enrhumé, to have a cold

être sur le point de, to be about to

se fâcher contre, to get angry with

faillir (+ infinitif), almost do something

faire (with impersonal il), it is . . . (pertaining to weather)

  il fait beau; il fait du tonnerre, it is fine weather; it is thundering

faire à sa tête, to do as one pleases

faire attention à, to pay attention to

faire de son mieux } **faire son possible** } to do one's best

faire des emplettes } **faire des courses** } to go shopping

faire des progrès, to make progress
faire la connaissance de, to become acquainted with, meet
faire peur à, to frighten
faire plaisir à, to please, give pleasure to
faire sa malle, to pack one's trunk
faire ses adieux, to say goodbye
faire une partie de, to play a game of
faire une promenade, to take a walk, a ride
faire (poser) une question, to ask a question
faire un voyage, to take a trip
faire voir, to show, let see
féliciter de, to congratulate on
se fier à, to trust
finir par (+ infinitif), to end by, finally do (something)
Il n'y a pas de quoi. You're welcome.
Jamais de la vie! Never! Out of the question!
jouer à, to play (a game)
jouer de, to play (a musical instrument)
le long de, along
se marier avec, to marry
se mettre à, to begin to
mettre à la poste, to mail
se mettre en route, to start out
monter à cheval, to go horseback riding
se moquer de, to make fun of, laugh at
n'importe, never mind, no matter
s'occuper de, to attend to, look after
par conséquent, therefore, consequently
par exemple, for example
par ici, this way, in this direction

par jour (semaine, mois, etc.), a (per) day (week, month, etc.)
par là, that way, in that direction
se passer de, to do without
penser à, to think of
penser de, to think of (= have an opinion of)
petit à petit } **peu à peu** } gradually, little by little

Plaît-il? What did you say? Would you mind repeating?
prendre un billet, to buy a ticket
profiter de, to profit by, take advantage of
quant à, as for
remercier de, to thank for
se rendre à, to go
rendre visite à (quelqu'un), to visit (someone)
ressembler à, to resemble, look like
rire de, to laugh at
se servir de, to use
se souvenir de, to remember
tant mieux, so much the better
tant pis, so much the worse
tarder à, to be long (late) in
tous (les) deux, both
tout à coup, suddenly
tout à fait, entirely, quite
tout à l'heure, just now, a little while ago; presently, in a little while
tout de suite, immediately, at once
valoir mieux, to be better
venir à, to happen to
venir à bout de, to succeed in, manage to
venir de, to have just
vouloir bien, to be willing, be kind enough to
vouloir dire, to mean
y être, to understand, see the point

NOMS GÉOGRAPHIQUES: CONTINENTS, PAYS, RÉGIONS

Where no article is indicated in the following list, the place name is used without the article. The name of the inhabitant of a region has the same form as the adjective except that the former is capitalized: **un Belge; la dentelle belge.**

NOM	ÉQUIVALENT EN ANGLAIS	ADJECTIF
l'Afrique (f)	Africa	africain
l'Algérie (f)	Algeria	algérien
l'Allemagne (f)	Germany	allemand
l'Amérique (f)	America	américain
l'Amérique du Nord	North America	nord-américain
l'Amérique du Sud	South America	sud-américain
l'Angleterre (f)	England	anglais
l'Antarctique (f)	the Antarctic	antarctique
l'Arabie Saoudite (f)	Saudi Arabia	arabe
l'Arctique (f)	the Arctic	arctique
l'Argentine (f)	Argentina	argentin
l'Asie (f)	Asia	asiatique
l'Asie Mineure	Asia Minor	
l'Australie (f)	Australia	australien
l'Autriche (f)	Austria	autrichien
la Belgique	Belgium	belge
la Bolivie	Bolivia	bolivien
la Bourgogne	Burgundy	bourguignon
le Brésil	Brazil	brésilien
la Bretagne	Brittany	breton
la Bulgarie	Bulgaria	bulgare
le Cambodge	Cambodia	cambodgien
le Canada	Canada	canadien
le Chili	Chile	chilien
la Chine	China	chinois
la Colombie	Colombia	colombien
le Congo	the Congo	congolais
la Corée	Korea	coréen
la Corse	Corsica	corse
Cuba (m)	Cuba	cubain
le Danemark	Denmark	danois
l'Écosse (f)	Scotland	écossais
l'Égypte (f)	Egypt	égyptien
l'Équateur (m)	Ecuador	équatorien
l'Espagne (f)	Spain	espagnol
les États-Unis (m)	the United States	américain
l'Éthiopie (f)	Ethiopia	éthiopien
l'Europe (f)	Europe	européen
la Finlande	Finland	finlandais
la Flandre	Flanders	flamand
la France	France	français
la Grande-Bretagne	Great Britain	britannique
la Grèce	Greece	grec (fem. grecque)
Haïti (m)	Haiti	haïtien
la Hollande	Holland	hollandais
la Hongrie	Hungary	hongrois
les Iles Britanniques (f)	the British Isles	
l'Inde (f)	India	indien
l'Indonésie (f)	Indonesia	indonésien
l'Irak, l'Iraq (m)	Iraq	irakien
l'Iran (m)	Iran	iranien
l'Irlande (f)	Ireland	irlandais
l'Islande (f)	Iceland	islandais
Israël (m)	Israel	israélien
l'Italie (f)	Italy	italien
le Japon	Japan	japonais
la Jordanie	Jordan	jordanien
le Laos	Laos	laotien

NOM	ÉQUIVALENT EN ANGLAIS	ADJECTIF
le Luxembourg	Luxemburg	luxembourgeois
Madagascar (*m*)	Madagascar	malgache
la Malaisie	Malaysia	malais
le Maroc	Morocco	marocain
le Mexique	Mexico	mexicain
la Normandie	Normandy	normand
la Norvège	Norway	norvégien
la Nouvelle-Zélande	New Zealand	néo-zélandais
l'Occident (*m*)	the West	occidental
l'Orient (*m*)	the East	oriental
l'Extrême-Orient	the Far East	
le Moyen-Orient	the Middle East	
le Proche-Orient	the Near East	
le Paraguay	Paraguay	paraguayen
le pays de Galles	Wales	gallois
les Pays-Bas (*m*)	the Netherlands	néerlandais
le Pérou	Peru	péruvien
la Pologne	Poland	polonais
le Portugal	Portugal	portugais
la Provence	Provence	provençal
la Roumanie	Rumania	roumain
la Russie	Russia	russe
le Sahara	the Sahara	saharien
la Sibérie	Siberia	sibérien
la Suède	Sweden	suédois
la Suisse	Switzerland	suisse
la Syrie	Syria	syrien
Tahiti (*m*)	Tahiti	tahitien
la Tchécoslovaquie	Czechoslovakia	tchécoslovaque
le Thaïlande	Thailand	thaïlandais
la Tunisie	Tunisia (Tunis)	tunisien
la Turquie	Turkey	turc (*fem.* turque)
l'U.R.S.S. (*f*)	U.S.S.R.	soviétique
(Union des républiques socialistes soviétiques)		
l'Uruguay (*m*)	Uruguay	uruguayen
le Venezuela	Venezuela	vénézuélien
le Vietnam	Vietnam	vietnamien
la Yougoslavie	Yugoslavia	yougoslave

VOCABULAIRE FRANÇAIS-ANGLAIS

This reference vocabulary consists of words frequently used on an advanced level. In addition, the list contains words needed to complete the exercises in this book. There is no attempt to cover obvious cognates or elementary words of high frequency. In general, the numerous words taught in the unit on vocabulary study and those included in the footnotes of the literature unit are not repeated here.

abaisser, to lower
abat-jour *(m)*, lampshade
abattre, to knock down, pull down
abbaye *(f)*, abbey, monastery
abeille *(f)*, bee
abîme *(m)*, abyss, chasm
abonner: s'abonner, to subscribe
aborder, to land, approach, accost
aboyer, to bark
abri *(m)*, shelter
abriter, to shelter, protect
abuser, to deceive; misuse, take advantage of
accabler, to overwhelm
accrocher, to hang up, hook
accueillir, to receive, greet, welcome
acharné, eager, stubborn, desperate
achat *(m)*, purchase
achever, to complete, finish, conclude
acier *(m)*, steel
actualités *(f pl)*, current events, newsreel
actuel, present, current
actuellement, now, at the present time
adresse *(f)*, address; skill
adversaire *(m)*, opponent, rival
affaiblir, to weaken; lessen
affamé, starving, hungry, famished
affectueux, affectionate
affiche *(f)*, poster, bill
afficher, to post, display
affliger, to afflict, distress
affreux, dreadful, frightful, horrible
agacer, to annoy, irritate
agenouiller: s'agenouiller, to kneel (down)
agité, restless, excited, troubled
agiter, to wave, shake, disturb
agneau *(m)*, lamb
aïeul *(m)*, ancestor *(pl = aïeux)*
aigle *(m)*, eagle
aigre, sour, sharp
aiguille *(f)*, needle; hand (of watch or clock)
ail *(m)*, garlic
aile *(f)*, wing

ailleurs, elsewhere; **d'ailleurs,** besides, moreover
aimant *(m)*, magnet
aîné, elder, eldest
aise *(f)*, ease, comfort
aliment *(m)*, food
allure *(f)*, walk, gait; pace, speed; aspect
alouette *(f)*, lark
alpinisme *(m)*, mountain climbing
âme *(f)*, soul
améliorer, to improve
amer, bitter
amertume *(f)*, bitterness
ameublement *(m)*, furniture
amoureux, in love, loving
ampoule *(f)*, bulb (light)
ananas *(m)*, pineapple
ange *(m)*, angel
angoisse *(f)*, anguish, distress, anxiety
anneau *(m)*, ring
année: année bissextile, leap year
annuaire *(m)*, directory; **annuaire du téléphone,** telephone book
apaiser, to appease, calm
apercevoir, to see, perceive, notice
apogée *(m)*, height, climax
appareil *(m)*, apparatus, appliance; set
appuyer: s'appuyer, to lean, rest, rely
araignée *(f)*, spider
arbitre *(m)*, umpire, referee
arc-en-ciel *(m)*, rainbow
ardoise *(f)*, slate
argent *(m)*: **argent comptant,** cash
argile *(f)*, clay
argot *(m)*, slang
armoire *(f)*, closet, wardrobe
arracher, to pull out, snatch (away), uproot
arrêt *(m)*, stop, stopping
arroser, to water, sprinkle
artichaut *(m)*, artichoke
as *(m)*, ace
asile *(m)*, refuge, asylum, retreat
asperge *(f)*, asparagus
aspirateur *(m)*, vacuum cleaner

assistant *(m)*, bystander, spectator
astre *(m)*, star, heavenly body
atelier *(m)*, studio, workshop
atteindre, to reach, attain
atterrir, to land
attirer, to attract, lure
attrait *(m)*, attraction
attraper, to catch, trap
aube *(f)*, dawn
auberge *(f)*, inn
audace *(f)*, daring, boldness
auditoire *(m)*, audience
augmenter, to increase
aumône *(f)*, charity, alms
auparavant, before, beforehand, previously
auprès (de), near, close (to)
aussitôt, immediately, at once
autel *(m)*, altar
autoroute *(f)*, superhighway, expressway
auto-stop *(m)*, hitchhiking
autrefois, formerly
autrement, otherwise
autrui, others, other people
avaler, to swallow
avant-garde *(f)*, vanguard
avare *(m)*, miser
avènement *(m)*, advent, coming
avenir *(m)*, future
averse *(f)*, shower, downpour
avertir, to warn, notify
aveu *(m)*, confession
aveugle, blind
avouer, to admit, confess

bac *(m)*, ferry
bague *(f)*, ring
baignoire *(f)*, bathtub
bâiller, to yawn
baisser, to lower
balai *(m)*, broom
balayer, to sweep
balbutier, to stammer
banlieue *(f)*, suburbs, outskirts
baraque *(f)*, hut, shanty
barrage *(m)*, dam
basse-cour *(f)*, farmyard, barnyard
bavard, talkative, loquacious
bavarder, to chat, chatter, gossip

bénir, to bless
béquille *(f)*, crutch
berceau *(m)*, cradle
bercer, to rock, lull
berger *(m)*, shepherd
besogne *(f)*, work, toil; task, job
bêtise *(f)*, stupidity, foolishness, nonsense
béton *(m)*, concrete
betterave *(f)*, beet
biens *(m pl)*, goods, possessions, belongings
bienvenue *(f)*, welcome
bière *(f)*, beer
bifteck *(m)*, beefsteak
bis, twice; encore!
bizarre, strange, odd, peculiar
blague *(f)*, humbug; joke
blé *(m)*, wheat
blessure *(f)*, wound
boisson *(f)*, beverage, drink
boîte *(f)*, box, can; **boîte de nuit,** nightclub; **boîte à musique,** jukebox
boiter, to limp
boiteux, lame
bond *(m)*, jump, leap
bondé, crammed, overcrowded
bonhomme *(m)*, simple man, good soul, old fellow
borner, to limit, restrict, bound
botte *(f)*, boot; bunch (of flowers, vegetables)
boucher, to cork, stop up, obstruct
bouchon *(m)*, cork
boucle *(f)*, buckle; bow; curl; **boucle d'oreille,** earring
boue *(f)*, mud
bouffon, comical, farcical
bouger, to move, stir, budge
bouillir, to boil
bouleverser, to upset, overthrow
bourdonner, to buzz
bourg *(m)*, small town
bourreau *(m)*, executioner
bourse *(f)*, purse; scholarship
Bourse *(f)*, Stock Exchange
bousculer, to shove, jostle, upset
bouton *(m)*, button; bud; pimple; knob (of door)
boutonner, to button, bud

brasserie (f), beerhouse, restaurant
brebis (f), ewe, sheep
bref (adv), in short, in a word
brevet (m), patent
brique (f), brick
briquet (m), lighter
brise (f), breeze
briser, to break
bronzé, suntanned
brouillard (m), fog, mist
brouillé, on bad terms, scrambled
brume (f), thick fog, haze, mist
bruyant, noisy
buisson (m), bush
but (m), goal, aim, purpose
buvard (m), blotter

cacahuète (f), peanut
cache-nez (m), muffler
cachet (m): cachet d'aspirine, aspirin tablet
cadavre (m), corpse
cadet, younger, youngest
cadran (m), dial
cadre (m), frame
caillou (m), pebble
caisse (f), case, chest; cashier's desk; caisse d'épargne, savings bank
calendrier (m), calendar
camion (m), truck
canard (m), duck, drake
canot (m), small boat
cantique (m), hymn
caoutchouc (m), rubber
caporal (m), corporal
carafe (f), decanter
carnet (m), notebook
carré, square
carrefour (m), crossroads, intersection
carton (m), cardboard
caserne (f), barracks
casquette (f), peaked cap
casserole (f), saucepan, pot
cauchemar (m), nightmare
céder, to yield, give up
ceinture (f), belt; waist
célibataire, single, unmarried
cendre (f), ash
cendrier (m), ashtray
censé, supposed
cerise (f), cherry
cerveau (m), brain, mind, intellect
cervelle (f), brain(s) (as matter)
chair (f), flesh
chaire (f), pulpit
chaleur (f), heat, warmth
chameau (m), camel
champignon (m), mushroom
chandail (m), sweater
chandelle (f), candle

charbon (m), coal
charcuterie (f), pork butcher's shop, delicatessen
charrue (f), plough
chasse (f), hunting, hunt
chasseur (m), hunter; hotel porter
chatouiller, to tickle
chauffage (m), heating
chaussée (f), road, middle of the street
chaussette (f), sock
chaussure (f), footwear, shoe
chauve, bald
chef-lieu (m), chief town (of département)
cheminée (f), fireplace, chimney; smokestack
chêne (m), oak
chenille (f), caterpillar
chevaleresque, chivalrous
chevelure (f), (head of) hair
cheville (f), ankle
chèvre (f), goat
chiffon (m), rag
chiffre (m), figure, number
chimie (f), chemistry
chirurgien (m), surgeon
chœur (m), chorus, choir
choix (m), choice, selection
chômage (m), unemployment
chou (m), cabbage
choucroute (f), sauerkraut
chou-fleur (m), cauliflower
chuchoter, to whisper
chute (f), fall
cigogne (f), stork
cil (m), eyelash
cime (f), top, summit
cimetière (m), cemetery
circulation (f), circulation; traffic
cire (f), wax
cirer, to wax, polish
ciseaux (m pl), scissors
citoyen (m), citizen
citron (m), lemon
claquer, to slam, bang, snap, click
cligner: cligner de l'œil, to wink
climatisé, air-conditioned
clocher (m), belfry; steeple
clou (m), nail
coiffure (f), hairdo, headdress
col (m), collar; pass (in mountains)
colère (f), anger
coller, to glue, paste, stick
collier (m), necklace; collar
comble (m), height, acme, summit
combustible (m), fuel
comédien (m), actor
comestible, edible
commandant (m), commander, major

commerçant (m), merchant, dealer, tradesman
commode, convenient, suitable
compris: y compris, including
concitoyen (m), fellow citizen
concours (m), competition; contest
confection (f), ready-made clothing
conférencier (m), lecturer
confiance (f), confidence, trust
confidence (f), secret
confiture (f), jam
confondre, to confuse, mistake
congédier, to dismiss, discharge
connaissance (f), acquaintance; knowledge; consciousness
conquérir, to conquer, win (over)
conseiller (m), adviser
consommation (f), consumption; drink
constater, to ascertain, find out; state
contenu (m), contents
contrainte (f), constraint; restraint
convaincre, to convince
convenir, to suit, fit
copain (m), pal, buddy
coquille (f), shell
corail (m), coral
corbeille (f), basket
corne (f), horn
cornet (m), cone
cornichon (m), gherkin, pickle
corsage (m), waist, blouse
côte (f), coast, shore; rib
coucher (m): coucher du soleil, sunset
coude (m), elbow
coudre, to sew
couler, to flow, run, slip by
coup (m), blow; coup de coude, nudge; coup de couteau, stabbing; coup d'épée, sword thrust; coup d'état, overthrow of government; coup de feu, gunshot; coup de grâce, decisive blow, finishing stroke; coup de main, helping hand; coup d'œil, glance; coup de pied, kick; coup de poing, punch; coup de soleil, sunburn; coup de sonnette, ring; coup de téléphone, telephone call; coup de tonnerre, peal of thunder; coup de vent, gust of wind

courant (m), current; courant d'air, draft
courbe (f), curve
couronner, to crown
courrier (m), mail
cours (m), course; cours d'eau, river, stream
course (f), race; errand
coussin (m), cushion
couture (f), sewing
couvent (m), convent
couvert, cloudy, overcast
couvert (m), cover; place setting
couverture (f), cover; blanket
cracher, to spit
craquer, to creak, squeak, crackle
créer, to create
crêpe (f), pancake
crépuscule (m), twilight, dusk
creuser, to hollow (out), dig (out)
creux, hollow, empty
crever, to burst, split
crevette (f), shrimp
cric (m), jack (for lifting)
crise (f), crisis; crise de nerfs, attack of nerves
croître, to grow, increase
cru, raw
cruche (f), pitcher
cueillir, to gather, pick
cuiller (f), spoon
cuir (m), leather
cuire, to cook
cuisinière (f), cook; stove
cuisse (f), thigh
cuivre (m), copper
culte (m), creed, cult, worship
cygne (m), swan

dactylo(graphe) (m & f), typist
dames (f pl), checkers
davantage, more
dé (m), thimble; die
débarquer, to land
déborder, to overflow
début (m), beginning
décerner, to award, bestow
déçu, disappointed
dedans, inside, within
défaire, to undo
défaut (m), defect, failing, fault
défilé (m), parade, procession
dégoûter, to disgust
déguster, to taste
dehors, outside
déménager, to move (out)
dentifrice (m), toothpaste, tooth powder
dépense (f), expense

déraper, to skid

dérober, to steal, rob; **se dérober,** to escape, slip away

dès, from, since, as early as

désespéré, hopeless, desperate

désespoir (m), despair

désolé, grieved, distressed

désormais, henceforth, from now on

dessein (m), scheme, plan, purpose

dessin (m), drawing, sketch, design

destin (m), destiny, fate

destinée (f), destiny, fate

détroit (m), strait

détruire, to destroy, demolish

dette (f), debt

deuil (m), mourning

devanture (f), store window

deviner, to guess

devise (f), motto

dévoué, devoted

diamant (m), diamond

digérer, to digest

digne, worthy, deserving

digue (f), dike

diminuer, to reduce, decrease, diminish

diriger, to direct, manage

discours (m), speech, talk

disque (m), record

distrait, absentminded

divertir, to amuse, entertain

dompter, to tame, subdue

don (m), gift, talent

doré, gilded

dos (m), back

dossier (m), back (of seat); file

dot (f), dowry

douane (f), customs (on imports)

doubler, to pass (a vehicle on the road); to line (clothing)

doublure (f), lining

douche (f), shower(bath)

doué, gifted, endowed

douleur (f), pain, grief

drap (m), cloth; sheet

drapeau (m), flag

dresser, to set up, raise; train; **se dresser,** to stand up, rise

eau-de-vie (f), brandy

éblouir, to dazzle

ébranler, to shake

écarter, to set aside, move apart

échantillon (m), sample

échecs (m pl), chess

échelle (f), ladder; scale

échine (f), spine

éclair (m), flash of lightning

éclaircir, to clear up, clarify

éclairer, to light, illuminate; enlighten

éclat (m), glare, lustre; glamor; burst

éclater, to burst, explode

écorce (f), bark; rind

écran (m), screen

écraser, to crush, run over

écrevisse (f), crayfish

écriteau (m), sign, notice

écriture (f), writing

écume (f), foam, froth, lather

écureuil (m), squirrel

écurie (f), stable

édredon (m), quilt

effets (m pl), belongings

effleurer, to touch lightly, graze

efforcer: s'efforcer, to strive, exert oneself

effrayer, to frighten, scare

effroyable, dreadful, frightful

égard (m), respect, consideration, regard

égarer: s'égarer, to lose one's way

égout (m), sewer

élan (m), impetus, dash

élever, to raise, bring up

élire, to elect

éloge (m), praise

éloigné, distant, remote, far

émail (m), enamel

emballer, to pack, wrap

embonpoint (m), stoutness

embouchure (f), mouth; mouthpiece

émission (f), broadcasting

emmener, to take along, take away

émouvant, moving, touching

emparer: s'emparer de, to take hold of, take possession of, seize

empêcher, to prevent

emporter, to take away, carry off

ému, moved, touched

encadrer, to frame

endroit (m), place, spot

enfer (m), hell

enfermer, to close in, confine, lock up

enfler, to swell, puff up

enfoncer, to drive in, thrust in

énoncer, to state, express

enseigne (f), sign

enseignment (m), teaching

enterrer, to bury

entêté, headstrong, stubborn

entourer, to surround

entraîner, to drag along, carry away; involve; train

entreprendre, to undertake

entrevoir, to catch sight of, catch a glimpse of

entrevue (f), interview

envahir, to invade

envelopper, to wrap

épargner, to spare, save

épatant, terrific

épée (f), sword

épice (f), spice

épinards (m pl), spinach

épine (f), thorn

épingle (f), pin

éponge (f), sponge

époque (f), period, time, epoch, era

épouse (f), wife

épouvantable, dreadful, frightful, awful

époux (m), husband

épreuve (f), test, trial

éprouver, to test, try; feel; experience

épuiser, to exhaust

épurer, to purify

équipage (m), crew

équipe (f), team

érable (m), maple

ère (f), era

escargot (m), snail

esclave (m & f), slave

escrime (f), fencing

espace (m), space; interval

espèce (f), kind, sort

esprit (m), spirit, mind, wit

esquisse (f), sketch, outline

essence (f), gasoline

estomac (m), stomach

étang (m), pond, pool

étendre, to spread, stretch (out)

étendue (f), expanse

éternuer, to sneeze

étinceler, to sparkle, glitter

étincelle (f), spark

étiquette (f), label, tag

étoffe (f), cloth, material

étouffer, to choke, stifle, suffocate

étourdi, scatterbrained; stunned, dazed

être (m), being, creature

étrennes (f pl), New Year's presents

évanouir: s'évanouir, to vanish; faint

éventail (m), fan

évêque (m), bishop

évier (m), sink

exalter, to glorify, extol

exemplaire (m), copy

exiger, to demand, exact, require

exotisme (m), exoticism

expérience (f), experience; experiment

extensible, stretch, expanding

fabricant (m), manufacturer

fabrication (f), manufacturing

fabriquer, to manufacture

fâcheux, troublesome, annoying, trying

facture (f), bill (of sale)

fade, tasteless, insipid

faïence (f), pottery, crockery

faillir (+ inf), to come near, almost (do something)

fainéant (m), idler, slacker, lazybones

faisan (m), pheasant

falaise (f), cliff

faner, to wilt, wither

fantôme (m), phantom, ghost

farcir, to stuff

farine (f), flour

farouche, wild, fierce

fée (f), fairy

feindre, to pretend

fendre, to split, cleave

féodal, feudal

fermeture (f), closing; **fermeture éclair,** zipper

féroce, ferocious, fierce

feu, late, recently deceased

feu (m), fire; **feu rouge,** red light; **feu d'artifice,** fireworks

feutre (m), felt

fiançailles (f pl), engagement

ficelle (f), string, twine

fiche (f), slip (of paper), index card

fierté (f), pride

fièvre (f), fever

figue (f), fig

fil (m), thread; wire

filer, to spin; run away, take off

filet (m), net; rack (for baggage)

fixer, to fasten, make firm

flacon (m), flask, bottle

flan (m), custard

flâner, to stroll, saunter

fléau (m), plague, scourge

flèche (f), arrow; spire

flétrir, to wither, fade

flocon (m), flake

flot (m), wave

flotte (f), fleet

foi (f), faith

foie (m), liver

foin (m), hay

foire (f), fair (carnival)

foncé, dark

fondre, to melt, thaw

forgeron (m), blacksmith

formidable, terrific, tremendous

fossé (m), ditch

fossette (f), dimple

foudre (f), thunderbolt, lightning

fouet (m), whip

fouiller, to search; dig

foule (f), crowd

four (m), oven

fourmi (f), ant

fourneau *(m)*, stove; furnace
fournir, to furnish, supply
fourrure *(f)*, fur
foyer *(m)*, fireplace, hearth; home
frais *(m pl)*, expenses, cost
fraise *(f)*, strawberry
framboise *(f)*, raspberry
franchir, to clear, jump over, cross, surmount
frein *(m)*, brake
frêle, frail, weak
frémir, to tremble, shake, shudder
fréquenter, to frequent, associate with, visit, haunt
friandises *(f pl)*, sweets
frire, to fry
frôler, to touch lightly
froncer, to wrinkle; **froncer les sourcils**, to frown
front *(m)*, forehead
frotter, to rub
fuir, to flee, run away, escape
fuite *(f)*, flight
funèbre, funereal, dismal, gloomy
fusée *(f)*, rocket
fusil *(m)*, gun, rifle

gager, to bet, wager
gages *(m pl)*, wages
gamin *(m)*, "kid," urchin
gamme *(f)*, scale; range
gare! beware!
garer, to park, put into the garage
gargouille *(f)*, gargoyle
garnir, to furnish, stock
gaspiller, to waste
gâter, to spoil
gazon *(m)*, lawn
géant *(m)*, giant
geler, to freeze
gémir, to moan, groan
gendre *(m)*, son-in-law
gêner, to hinder, be in the way, annoy, bother
génie *(m)*, genius; engineering
genre *(m)*, kind, sort; style; gender
gentilhomme *(m)*, nobleman
gibier *(m)*, game (wild animals)
gilet *(m)*, vest
glisser, to slip, slide
gomme *(f)*, eraser
gonfler, to inflate, blow up, swell
gorge *(f)*, throat; gorge
gosse *(m & f)*, "kid," youngster
goudron *(m)*, tar
gourmand, greedy; fond of good food
goût *(m)*, taste
goûter, to taste, relish, enjoy
goutte *(f)*, drop

grange *(f)*, barn
grappe *(f)*, cluster, bunch
gratte-ciel *(m)*, skyscraper
gratter, to scrape, scratch
gratuit, free
gravir, to climb
grêler, to hail
grenier *(m)*, attic, garret
grenouille *(f)*, frog
grève *(f)*, strike; beach
gréviste *(m & f)*, striker
griffe *(f)*, claw; talon
grimper, to climb
grossier, coarse, vulgar, rude
guéridon *(m)*, small round table
guérison *(f)*, recovery, cure
guerrier *(m)*, warrior
gueule *(f)*, mouth (of animal)
gui *(m)*, mistletoe
guichet, box office, ticket window

+ indicates aspirate **h**

habile, skillful, able, clever
+ **hache** *(f)*, axe
+ **hacher**, to chop, mince
+ **haine** *(f)*, hate, hatred
+ **haïr**, to hate
haleine *(f)*, breath
+ **halle** *(f)*, (covered) market
+ **hardi**, bold, daring
+ **haricot** *(m)*, bean; **haricot vert**, stringbean
+ **hasard** *(m)*, chance, risk, luck
+ **hâte** *(f)*, haste, hurry
+ **hausser**, to raise, lift up; **hausser les épaules**, to shrug one's shoulders
+ **hautain**, haughty, proud, arrogant
+ **hauteur** *(f)*, height
+ **haut-parleur** *(m)*, loudspeaker
hebdomadaire, weekly
hélas! alas!
hélice *(f)*, propellor
hériter, to inherit
héritier *(m)*, heir
heure *(f)*: **heure d'été**, daylight saving time
+ **heurter**, to knock against, bump into
+ **hibou** *(m)*, owl
+ **hisser**, to pull up, hoist
+ **hocher**, to shake, toss, nod
+ **homard** *(m)*, lobster
+ **honte** *(f)*, shame, disgrace
+ **honteux**, ashamed, shameful
+ **hoquet** *(m)*, hiccup
horaire *(m)*, timetable
horloger *(m)*, watchmaker, clockmaker
+ **hors de**, out(side) of
hôte *(m)*, host; guest

hôtel *(m)*: **hôtel de ville**, town hall
+ **houille** *(f)*, coal
+ **houle** *(f)*, swell, surge
huile *(f)*, oil
huis: **à huis clos**, behind closed doors
huître *(f)*, oyster
humeur *(f)*, mood, temper
+ **hurler**, to howl, yell

ignorer, not to know, be unaware of
immeuble *(m)*, building, apartment house
impératrice *(f)*, empress
impitoyable, pitiless
importer, to matter
importuner, to bother, pester
impôt *(m)*, tax
imprévu, unforeseen, unexpected
imprimerie *(f)*, printing; printing house
incendie *(m)*, fire
inconvénient *(m)*, disadvantage, inconvenience
incroyable, unbelievable, incredible
indigène, native
individu *(m)*, individual, fellow, person
infirmière *(f)*, nurse
infliger, to inflict, impose
ingénieur *(m)*, engineer
injure *(f)*, insult
innombrable, countless, innumerable
inouï, unheard of, extraordinary
inquiéter, to worry, disturb
interdire, to forbid, prohibit
intitulé, entitled
intrigue *(f)*, plot
introduire, to admit, insert; usher in
invraisemblable, unlikely, improbable
ivre, drunk, intoxicated
ivresse *(f)*, intoxication
ivrogne *(m)*, drunkard

jadis, formerly, of old
jalousie *(f)*, jealousy; Venetian blind
jaloux, jealous, envious
jambon *(m)*, ham
jeu *(m)*, game; play; **jeu de mots**, pun; **vieux jeu**, "old hat"
joindre, to join, connect
joue *(f)*, cheek
jouet *(m)*, toy
joujou *(m)*, toy
journalier, daily
journaliste *(m & f)*, reporter

jumeau *(m)* ⎱ twin
jumelle *(f)* ⎰
jumelles *(f pl)*, binoculars
jupe *(f)*, skirt
jurer, to swear, vow
jus *(m)*, juice

kiosque *(m)*, stand, newspaper stand

labourer, to plough
lacet *(m)*, shoelace; hairpin curve
lâche *(m)*, coward
lâcher, to loosen, release
là-dessus, thereupon
laiterie *(f)*, dairy
laitue *(f)*, lettuce
lame *(f)*, blade; wave
lancer, to throw, hurl, toss; launch
lapin *(m)*, rabbit
lard *(m)*, bacon
larme *(f)*, tear
las, lasse, tired, weary
lasser, to tire, exhaust
laurier *(m)*, laurel
lavabo *(m)*, wash basin
lécher, to lick
levier *(m)*, lever
libraire *(m)*, bookseller
librairie *(f)*, bookstore
lien *(m)*, bond, tie
lier, to tie, bind, fasten
lièvre *(m)*, hare
lime *(f)*, file
linge *(m)*, linen
lisible, legible
littoral *(m)*, coastline
livrer, to deliver, hand over; **se livrer à**, to devote oneself to
locataire *(m & f)*, tenant
location *(f)*, hiring, renting; reservation
locution *(f)*, expression, phrase, idiom
logement *(m)*, lodging, quarters, housing
logis *(m)*, dwelling, house
lointain, distant, far-off
loisir *(m)*, leisure
louange *(f)*, praise
loup *(m)*, wolf
loyer *(m)*, rent
lueur *(f)*, glimmer, gleam
lugubre, dismal, mournful
luire, to shine, gleam
lutte *(f)*, struggle
lutter, to struggle, wrestle
luxe *(m)*, luxury
lys *(m)*, lily

mâcher, to chew

mâchoire *(f)*, jaw

magie *(m)*, magic

magnétophone *(m)*, tape recorder

maigre, thin, lean, meager

maigrir, to grow thin, lose weight

maillot (de bain), swimming trunks, swim suit

maint, many a, many

mairie *(f)*, town hall

maïs *(m)*, corn

majeur, major, of age

maladif, sickly

maladroit, clumsy, awkward

malaise *(m)*, discomfort, uneasiness

mâle *(m)*, male

malin, maligne, smart, clever, shrewd, mischievous

malpropre, dirty, slovenly, untidy

manche *(m)*, handle

manche *(f)*, sleeve

mansarde *(f)*, attic, garret

marais *(m)*, marsh

marbre *(m)*, marble

marchander, to bargain

marche *(f)*, step, stair, walk, progress

mare *(f)*, pool, pond

marée *(f)*, tide

marin *(m)*, sailor

marine *(f)*, navy

marmite *(f)*, pot, saucepan

marque *(f)*, mark; brand, make

marron *(m)*, chestnut

marteau *(m)*, hammer

mastiquer, to chew

matelas *(m)*, mattress

matelot *(m)*, sailor

matière *(f)*, matter, material, subject matter; **matières premières**, raw materials

matinal *(adj)*, morning, early

maudire, to curse

méchanceté *(f)*, wickedness, malice

médaille *(f)*, medal

médicament *(m)*, medicine

méfier: se méfier (de), to distrust, mistrust

mélange *(m)*, mixture, blend

mêler, to mix, mingle

ménage *(m)*, household, family; housekeeping

ménager, to save, be sparing of, treat with respect

ménagère *(f)*, housewife, housekeeper

mendiant *(m)*, beggar

mensonge *(m)*, lie

mensuel, monthly

menuisier *(m)*, carpenter

mépris *(m)*, contempt, scorn

mépriser, to despise, scorn

méridional, southern

messe *(f)*, mass (religious service)

météo *(f)*, weather forecast

mets *(m)*, dish (of food)

metteur *(m)*: **metteur en scène**, director

meurtre *(m)*, murder

miel *(m)*, honey; **lune de miel**, honeymoon

miette *(f)*, crumb

mignon, cute, darling, dainty

mine *(f)*, look, appearance

minerai *(m)*, ore

misère *(f)*, misery; poverty

modiste *(f)*, milliner

mœurs *(f pl)*, customs, manners

moine *(m)*, monk

moineau *(m)*, sparrow

moisson *(f)*, harvest, crop

mondain, worldly

mondial, worldwide

montagnard *(m)*, mountaineer

mordre, to bite

morne, dismal, gloomy

morue *(f)*, cod

mou, molle, soft

mouche *(f)*, fly

moucher: se moucher, to blow one's nose

moue *(f)*, pout

mouette *(f)*, seagull

mouillé, wet, damp

moule *(f)*, mussel

moulin *(m)*, mill; **moulin à vent**, windmill

moustique *(m)*, mosquito

moutarde *(f)*, mustard

moyen, moyenne, average, middle

moyen *(m)*, means

moyenne *(f)*, average

mugir, to roar, bellow

muguet *(m)*, lily of the valley

mûr, ripe

muraille *(f)*, high thick wall

nain *(m)*, dwarf

nappe *(f)*, tablecloth

narine *(f)*, nostril

natal, native

natation *(f)*, swimming

naufrage *(m)*, shipwreck

navet *(m)*, turnip

navire *(m)*, ship, vessel

néanmoins, nevertheless

néant *(m)*, nothingness

négociant *(m)*, merchant, trader

nerf *(m)*, nerve

net, clean, neat

nettement, clearly, distinctly

nettoyage *(m)*, cleaning; **nettoyage à sec**, dry cleaning

nid *(m)*, nest

nier, to deny

niveau *(m)*, level

noce *(f)*, wedding

nœud *(m)*, knot; bow

noisette *(f)*, hazelnut

noix *(f)*, walnut, nut

nonne *(f)*, nun

nouer, to knot, tie

nourriture *(f)*, food, nourishment

noyer: se noyer, to drown, be drowned

nuage *(m)*, cloud

nue *(f)*, cloud

nuire, to harm, be injurious

nuisible, harmful

obéissant, obedient

obligeance *(f)*, kindness

obséder, to obsess, haunt

occasion *(f)*, opportunity, occasion, chance; **d'occasion**, second-hand, used

odorat *(m)*, sense of smell

œillet *(m)*, carnation

œuvre *(f)*, work

oie *(f)*, goose

oignon *(m)*, onion

oisif, idle; lazy

ombrelle *(f)*, parasol

onde *(f)*, wave

onduler, to ripple, wave

ongle *(m)*, nail

onguent *(m)*, ointment, salve

opiniâtre, obstinate, stubborn

opprimer, to oppress

or, now, well then

orage *(m)*, storm, thunderstorm

ordonnance *(f)*, prescription

ordure *(f)*, garbage, refuse

oreiller *(m)*, pillow

orgueil *(m)*, pride, arrogance

orner, to decorate

orphelin *(m)*, orphan

orteil *(m)*, toe

orthographe *(f)*, spelling

os *(m)*, bone

ôter, to take away, take off, remove

ou: ou bien, or else

ouïe *(f)*, sense of hearing

ouragan *(m)*, hurricane

ours *(m)*, bear

outil *(m)*, tool, implement

outre, beyond, in addition to; **en outre**, besides, moreover

ouvrage *(m)*, work

ouvreuse *(f)*, usher

paille *(f)*, straw

paisible, peaceful

paix *(f)*, peace

paletot *(m)*, overcoat

palier *(m)*, landing

pamplemousse *(m or f)*, grapefruit

pancarte *(f)*, placard

panier *(m)*, basket; **panier à linge**, hamper

panne *(f)*, breakdown (car)

pantoufle *(f)*, bedroom slipper

paon *(m)*, peacock

papillon *(m)*, butterfly

paquebot *(m)*, steamer, ocean liner

paravent *(m)*, screen

parcourir, to go over, cover, peruse

parcours *(m)*, distance, length

parer, to adorn, decorate; ward off

paresse *(f)*, laziness

pari *(m)*, bet

parier, to bet

parterre *(m)*, flowerbed; rear of orchestra (in theatre)

parure *(f)*, ornament; set of jewelry

parvenir à, to succeed in, attain

passage *(m)*: **passage à niveau**, railroad crossing

passant *(m)*, passerby

passerelle *(f)*, gangway

pastèque *(f)*, watermelon

pâte *(f)*, paste, dough; **pâte dentifrice**, toothpaste

patin *(m)*, skate

patinage *(m)*, skating

pâtisserie *(f)*, pastry; pastry shop

patron *(m)*, boss, owner, employer

patte *(f)*, paw, leg

paupière *(f)*, eyelid

paysage *(m)*, landscape

peau *(f)*, skin

pêche *(f)*, fishing; peach

péché *(m)*, sin

peignoir *(m)*, bathrobe, dressing gown

pèlerin *(m)*, pilgrim

pèlerinage *(m)*, pilgrimage

pelle *(f)*, shovel

pelouse *(f)*, lawn

pencher: se pencher, to bend, lean

pendre, to hang

pénible, painful, arduous

pente *(f)*, slope

perroquet *(m)*, parrot

pesant, heavy

peste *(f)*, plague

petit-fils *(m)*, grandson

phare *(m)*, lighthouse; headlight

physicien *(m)*, physicist

pic *(m)*, peak

pic *(m)*, woodpecker

piège *(m)*, trap

piéton *(m)*, pedestrian

pilule *(f)*, pill

pin *(m)*, pine tree

pique-nique *(m)*, picnic

piquer, to sting, stick

piscine *(f)*, swimming pool

piste *(f)*, track, trail, runway

placard *(m)*, poster; closet
plaie *(f)*, wound
plaire, to please
plaisant, amusing, funny
plaisanterie *(f)*, joke
planche *(f)*, board
plat, flat
plateau *(m)*, tray
pli *(m)*, fold, crease
plier, to fold, bend
plomb *(m)*, lead
pneu *(m)*, tire
poids *(m)*, weight
poignet *(m)*, wrist
poil *(m)*, hair
poilu, hairy
poing *(m)*, fist
pointu, pointed
pointure *(f)*, size
poitrine *(f)*, chest
poivre *(m)*, pepper
pompier *(m)*, fireman
pondre, to lay (eggs)
portefeuille *(m)*, wallet
portemanteau *(m)*, clothes hanger, clothes rack
porte-parole *(m)*, spokesman
portière *(f)*, door (of vehicle)
poste *(m)*, job; station; set; **poste émetteur**, broadcasting station; **poste d'essence**, gas station
poste *(f)*, post office; **poste restante**, general delivery
poubelle *(f)*, garbage can
pouce *(m)*, thumb; inch
poule *(f)*, hen
pouls *(m)*, pulse
poumon *(m)*, lung
pourrir, to rot
poussière *(f)*, dust
pré *(m)*, meadow
précieux, precious; affected
précurseur *(m)*, forerunner
prénom *(m)*, first name
presqu'île *(f)*, peninsula
pressé, hurried, in a hurry
presser: se presser, to hurry
prétendant *(m)*, suitor
prétendre, to claim
prêtre *(m)*, priest
preuve *(f)*, proof
prévenir, to notify, warn
prière *(f)*, prayer
proie *(f)*, prey
proposition *(f)*, clause
propreté *(f)*, cleanliness
protéger, to protect
prune *(f)*, plum
pruneau *(m)*, prune
puce *(f)*, flea
puissance *(f)*, power
puits *(m)*, well
pupille *(f)*, pupil (of eye)

quai *(m)*, wharf, pier; platform
quelconque, any (whatever)

queue *(f)*, tail; line
quiconque, whoever, anyone
quotidien, daily

raccommoder, to mend, repair, darn
racine *(f)*, root
radeau *(m)*, raft
radis *(m)*, radish
rafale *(f)*, squall; gust of wind
ragoût *(m)*, stew
raide, stiff
railler, to make fun of, ridicule
raisin *(m)*, grape; **raisin sec**, raisin
ralentir, to slow down
rampe *(f)*, banister
rang *(m)*, rank, row
ranger, to put in order, tidy, arrange
rauque, hoarse
ravir, to delight
rayon *(m)*, ray; shelf; department (of store)
réaliser, to carry out, achieve, realize
recette *(f)*, recipe; receipt
rechercher, to look for, search for, look up
récipient *(m)*, receptacle, container
réclamer, to claim, demand; complain
récolte *(f)*, harvest, crop
récompense *(f)*, reward
reconnaissance *(f)*, gratitude
reconnaissant, grateful
recueil *(m)*, collection
reculer, to move back
rédacteur *(m)*, editor; writer
rédaction *(f)*, editing; writing
rédiger, to edit, draw up, compose
redouter, to dread, fear
réduire, to reduce
réfectoire *(m)*, lunchroom
régime *(m)*, system of government; diet
règlement *(m)*, regulation
relever, to raise again; point out
relier, to connect, bind
remettre, to put back; hand over; postpone
remonter, to date back to; wind
remords *(m)*, remorse
remorqueur *(m)*, tugboat
remplaçant *(m)*, substitute
remporter, to carry off; **remporter une victoire**, to win a victory
remuer, to move, stir
renfermer, to enclose, lock up, contain

renom *(m)*, fame, renown
renommé, renowned, famous
renommée *(f)*, fame, renown
renoncer (à), to give up
renseignement *(m)*, piece of information
rente *(f)*, income
renverser, to upset, overturn
répandre, to spread, scatter
repasser, to review; iron
répétition *(f)*, rehearsal
repousser, to repel
représentation *(f)*, performance
réseau *(m)*, network
résoudre, to solve; resolve
respirer, to breathe
ressentir, to feel, experience
ressort *(m)*, spring
retenir, to hold back, detain; retain; reserve
réussite *(f)*, result; success
revanche *(f)*, revenge; **en revanche**, on the other hand; in return
réveille-matin *(m)*, alarm clock
revenant *(m)*, ghost
réverbère *(m)*, street light, lamppost
rez-de-chaussée *(m)*, ground floor
rhume *(m)*, cold
ride *(f)*, wrinkle
ridé, wrinkled
rivage *(m)*, shore, bank
riz *(m)*, rice
robinet *(m)*, faucet
roche *(f)*, rock
rocher *(m)*, rock, boulder, crag
romancier *(m)*, novelist
romanesque, romantic
ronfler, to snore
ronger, to gnaw, nibble
roseau *(m)*, reed
rosée *(f)*, dew
rossignol *(m)*, nightingale
roue *(f)*, wheel
rouiller, to rust
royaume *(m)*, kingdom
ruelle *(f)*, lane, alley
rugir, to roar
ruisseau *(m)*, stream; gutter

sable *(m)*, sand
sabot *(m)*, wooden shoe; hoof
sagesse *(f)*, wisdom
saignant, rare (of meat)
saigner, to bleed
sain, healthy, wholesome; **sain et sauf**, safe and sound
saint, holy, sacred
saler, to salt
salir, to dirty, soil
salut *(m)*, safety; salvation; greeting

sang-froid *(m)*, poise, composure
sanglant, bloody
sanglot *(m)*, sob
sangloter, to sob
sapin *(m)*, fir tree
Sarrasin *(m)*, Saracen
saucisse *(f)*, sausage (fresh or wet)
saucisson *(m)*, sausage (dry)
sauf, except
saule *(m)*, willow
saumon *(m)*, salmon
sauter, to jump, leap
savant *(m)*, scholar, scientist
saveur *(f)*, taste, flavor
sceau *(m)*, seal
scène *(f)*, stage; scene
scier, to saw
séance *(f)*, session, meeting
seau *(m)*, pail
sécher, to dry
sécheresse *(f)*, dryness, drought
secouer, to shake
secourir, to help
secours *(m)*, help
séduisant, attractive, fascinating
seigle *(m)*, rye
seigneur *(m)*, lord
sein *(m)*, breast, bosom
séjour *(m)*, stay; abode
selon, according to
semblable, similar
semblable *(m or f)*, equal, fellow-creature
semer, to sow
sensible, sensitive; perceptible
sentier *(m)*, path
sergent *(m)*, sergeant
série *(f)*, series
serrer, to press, squeeze, tighten
serrure *(f)*, lock
serviette *(f)*, napkin; towel; briefcase
seuil *(m)*, threshold
siège *(m)*, siege; seat
sifflet *(m)*, whistle
signaler, to point out
singe *(m)*, monkey
sinon, otherwise; except
sirop *(m)*, syrup
société *(f)*: **société anonyme**, corporation
soi-disant, so-called
soigner, to take care of
sol *(m)*, ground, soil
somme *(f)*, nap
sonnette *(f)*, bell
sort *(m)*, destiny, fate
sottise *(f)*, foolish act; silliness, stupidity
souci *(m)*, worry, care
soucoupe *(f)*, saucer
souffler, to blow, breathe; prompt
soufflet *(m)*, slap

souffrance *(f)*, suffering
souffrant, ailing, sick
souhait *(m)*, wish
soulager, to relieve
soulever, to lift up, raise
souligner, to underline; stress, emphasize
soupçon *(m)*, suspicion
soupçonner, to suspect
soupir *(m)*, sigh
soupirer, to sigh
source *(f)*, spring, origin
sourcil *(m)*, eyebrow
souris *(f)*, mouse
sous-sol *(m)*, basement
soutenir, to support, maintain
souterrain, underground
spirituel, witty
sportif, athletic, sporting
squelette *(m)*, skeleton
stade *(m)*, stadium
station *(f)*: **station balnéaire,** seaside resort, spa
stationner, to park
store *(m)*, shade (for window)
subir, to undergo, submit to
subtil, subtle
subventionner, to subsidize
succursale *(f)*, branch (of a firm)
sucrer, to sugar, sweeten
suer, to sweat
sueur *(f)*, sweat
suite *(f)*, continuation, result; series
suivant, according to
superficie *(f)*, area, surface
supplice *(m)*, torture, torment
supplier, to beg, implore
supprimer, to suppress, abolish
sur, on, over; out of
sur-le-champ, immediately
surlendemain *(m)*, two days later
surnom *(m)*, nickname
sympathique, congenial, likable
syndicat *(m)*, trade union; **syndicat d'initiative,** chamber of commerce, tourist office

tablier *(m)*, apron

tabouret *(m)*, stool
tache *(f)*, spot, stain
tâche *(f)*, task, job
tacher, to spot, stain
tâcher, to try
taille *(f)*, size; stature; waist
tailler, to cut, trim
talon *(m)*, heel
tambour *(m)*, drum; drummer
tant: tant que, as long as
tantôt, presently; just now
taquiner, to tease
tarder, to delay; **tarder à,** to put off, be long in; **tarder de,** to long to
tardif, tardy, late
tarif *(m)*, tariff, rate, fare
tas *(m)*, heap, pile
tâter, to feel, touch
tâtonner, to grope
taureau *(m)*, bull
taux *(m)*, rate (of pay, discount, etc.)
teint *(m)*, complexion
teinte *(f)*, tint, shade, hue
teinturerie *(f)*, dyeing
témoigner, to testify; show, manifest
témoin *(m)*, witness
tempête *(f)*, storm
tendre, to stretch, extend
ténèbres *(f pl)*, darkness, shadows
tenter, to tempt; try
terrain *(m)*, piece of land, ground
tête-à-tête *(m)*, private conversation
têtu, stubborn
thon *(m)*, tuna
tiède, lukewarm
tige *(f)*, stem
tire-bouchon *(m)*, corkscrew
tissu *(m)*, cloth, material
toile *(f)*, linen cloth; canvas; **toile d'araignée,** spider's web
toilette *(f)*, dress, costume, outfit
tombe *(f)*, tomb, grave, tombstone
tombeau *(m)*, tomb, tombstone
tonne *(f)*, ton
tonner, to thunder
tonnerre *(m)*, thunder

tordre, to twist
tortue *(f)*, turtle
touche *(f)*, key (of piano)
toucher *(m)*, touch
tourbillon *(m)*, whirlwind
tourne-disque *(m)*, record player
tournedos *(m)*, filet mignon
tournoyer, to whirl, swirl
tousser, to cough
toutefois, yet, nevertheless, however
toux *(f)*, cough
trahir, to betray
traîneau *(m)*, sled, sleigh
traire, to milk
trait *(m)*, feature, characteristic
traître *(m)*, traitor
trajet *(m)*, journey, way
tranche *(f)*, slice
trancher, to cut
transpirer, to perspire
trèfle *(m)*, clover; club (in cards)
tremper, to dip, soak, drench
trésor *(m)*, treasure
tressaillir, to start, shiver, shudder
tribu *(f)*, tribe
tricher, to cheat, trick
tricot *(m)*, knitting; sweater
tricoter, to knit
trombe *(f)*, waterspout
trottoir *(m)*, sidewalk
trou *(m)*, hole
troupeau *(m)*, herd, flock
truite *(f)*, trout
tuile *(f)*, tile
tuyau *(m)*, pipe, tube

unique, only, sole; **rue à sens unique,** one-way street
user, to consume, wear out
usine *(f)*, factory
ustensile *(m)*, utensil, implement

vacarme *(m)*, uproar, racket
vague *(f)*, wave
vaincre, to conquer, defeat
vaisseau *(m)*, vessel, ship
vaisselle *(f)*, dishes

valeur *(f)*, value
valse *(f)*, waltz
vanter: se vanter, to boast, brag
vapeur *(f)*, steam
vaurien *(m)*, good-for-nothing, scoundrel
veau *(m)*, calf; veal
vedette *(f)*, star (of stage or screen)
veille *(f)*, eve, day before
veiller, to keep watch, stay awake
vélo *(m)*, bike
velours *(m)*, velvet
vente *(f)*, sale
ventre *(m)*, belly
ver *(m)*, worm
verger *(m)*, orchard
verser, to pour
vertige *(m)*, dizziness
vertu *(f)*, virtue
verve *(f)*, zest
vestiaire *(m)*, cloakroom
veston *(m)*, jacket (man's)
vêtir, to dress, clothe
veuf *(m)*, widower
veuve *(f)*, widow
vider, to empty
vieillir, to grow old
vigne *(f)*, vine
vinaigre *(m)*, vinegar
virer, to turn
vis-à-vis, opposite; with respect to, towards
viser, to aim
vitrail *(m)*, stained-glass window
vitre *(f)*, windowpane
vitrine *(f)*, store window, showcase
vœu *(m)*, vow
voie *(f)*, way, road, track
voisinage *(m)*, neighborhood, vicinity
vol *(m)*, flight; theft
volaille *(f)*, poultry, fowl
volant *(m)*, steering wheel
volcan *(m)*, volcano
volet *(m)*, shutter
volonté *(f)*, will
vraisemblable, likely, probable

wagon *(m)*, railway car